工业和信息化部"十四五"规划教材

船舶设计原理

薛彦卓　高良田　编著

科学出版社

北京

内 容 简 介

本书介绍船舶总体设计的基本原理、方法和设计流程。全书主要内容包括：船舶设计的特点、指导原则、基本要求和工作方法，船舶设计任务书的结构和内容，船舶设计阶段的划分，船舶法规相关稳性、干舷、吨位、消防、防污染，船舶重量分类、空船重量重心和载重量及其中心的计算方法，船舶容量的校核原理和方法，船舶主尺度的限制、载重型船和布置型船主尺度确定的流程、方法及主尺度对船舶主要性能的影响，船舶型线各要素的特点和选取原则，船舶总布置设计的基本要求和设计考虑、典型商船布置的特点，船舶主机、螺旋桨、舵等主要设备参数的确定和设备选型考虑，船舶成本的估算方法、营运成本的计算及主要经济指标的评估方法等。

全书贯穿了船舶设计常用的母型改造法及设计螺旋线的思想。

本书可作为船舶与海洋工程专业及相关专业的本科生教材，也可供船舶与海洋工程及航运领域的工程技术人员、院校师生阅读和参考。

图书在版编目(CIP)数据

船舶设计原理/薛彦卓，高良田编著. —— 北京：科学出版社，2024.4
工业和信息化部"十四五"规划教材
ISBN 978-7-03-077891-8

Ⅰ. ①船⋯ Ⅱ. ①薛⋯ ②高⋯ Ⅲ. ①船舶设计—高等学校—教材
Ⅳ. ①U662

中国国家版本馆 CIP 数据核字(2023)第 249562 号

责任编辑：张丽花 朱晓颖 / 责任校对：王 瑞
责任印制：赵 博 / 封面设计：马晓敏

科学出版社 出版
北京东黄城根北街 16 号
邮政编码：100717
http://www.sciencep.com
三河市骏杰印刷有限公司印刷
科学出版社发行 各地新华书店经销
*
2024 年 4 月第 一 版 开本：787×1092 1/16
2025 年 3 月第二次印刷 印张：16 1/4
字数：395 000

定价：69.00 元
(如有印装质量问题，我社负责调换)

前　言

历史证明，强于天下者必胜于海。一个民族如果不能拥有海洋，就没有出路和希望；一个国家如果不能走向海洋，就难以登上强国舞台。21 世纪称为"海洋世纪"，海洋将成为经济发展的焦点。

党的二十大报告指出："教育、科技、人才是全面建设社会主义现代化国家的基础性、战略性支撑。必须坚持科技是第一生产力、人才是第一资源、创新是第一动力，深入实施科教兴国战略、人才强国战略、创新驱动发展战略，开辟发展新领域新赛道，不断塑造发展新动能新优势。"船舶工业作为国家战略性产业，承担着为海上运输、海洋开发、为国防建设提供装备的重要使命。经过几代造船人的努力，我国船舶工业取得了长足发展，我国已经成为世界造船大国，截至 2022 年，中国造船业三大指标已连续 13 年居世界第一。造船水平是一个国家整体工业实力的体现，其中人才培养是强国战略不可或缺的重要支撑，为船舶行业培养优秀的设计人才是涉海院校责无旁贷的使命和任务。

船舶设计是以总体设计为核心，权衡结构、轮机、电气和舾装各专业设计且应满足相关海事规则与规范要求的一项复杂的系统工程。本书主要介绍船舶设计的原理与方法。

近年来，科技进步及新船型不断发展促使船舶的设计要求和设计方法也要随之更新。本着与时俱进的想法和编写思路，本书在吸取国内外相关教材之长的基础上，融入了新内容，并呈现以下几个特点。

（1）注重内容更新。例如，引入《船舶与海上设施法定检验规则（2020）》、2023 年碳排放强度要求，在型线设计中介绍了船体曲面表达与参数化建模，在船舶经济性中采用了 2023 年的新数据等。

（2）注重教材的实用性。在分舱与破舱稳性中详细介绍了概率算法；在登记吨位中引入修正总吨及其算法；在船舶主尺度中系统引入国际主要航道对船舶主尺度的限制，并引入最新的商船设计主尺度回归公式；书中给出的众多统计公式与图表大大方便了船舶设计。

（3）注重专业知识的运用、设计分析与计算能力培养。各章强化基本概念及设计分析，思考题也贯穿了概念、分析和计算，以培养学生的计算分析及设计能力。

参与本书编写的人员有薛彦卓、陈淼、昝英飞、刘峰、刘旸和高良田。其中，陈淼编写第 1、3、4 章；高良田编写第 2、5 章；昝英飞编写第 6、7 章；刘峰编写第 8 章；刘旸编写第 9 章；薛彦卓负责全书策划、内容设计、章节编排及统稿审核等工作。

在本书编写过程中，上海交通大学、大连理工大学、华中科技大学、武汉理工大学、江苏科技大学、上海船舶研究设计院的多位专家，以及丁勇教授对本书提出了许多宝贵的建议，在此表示诚挚的感谢。本书的编写与出版得到了工业和信息化部、哈尔滨工程大学等相关领导的关心与支持，在此表示衷心感谢。本书编写时参考了兄弟院校相关教材和国内外同行的相关设计经验，在此一并向参考文献的作者顺致谢意。

由于编者水平有限，书中难免有疏漏之处，恳请广大师生及行业专家批评指正。

编　者
2023 年 10 月
于哈尔滨工程大学

目　　录

第1章　船舶设计概要 ··· 1
  1.1　船舶设计的特点和指导原则 ·· 2
    1.1.1　船舶设计的特点 ·· 2
    1.1.2　船舶设计的指导原则 ··· 3
  1.2　船舶设计的基本要求和工作方法 ··· 4
    1.2.1　船舶设计的基本要求 ··· 4
    1.2.2　船舶设计的工作方法 ··· 4
  1.3　船舶设计任务书 ·· 5
  1.4　船舶设计阶段的划分 ··· 6
  1.5　船舶总体设计简述 ·· 9
  思考题 ··· 9

第2章　船舶相关法规的内容 ··· 11
  2.1　船级社与海事机构 ··· 11
    2.1.1　船级社 ·· 11
    2.1.2　海事机构 ·· 13
  2.2　船舶完整稳性 ··· 15
    2.2.1　船舶初稳性 ·· 15
    2.2.2　大倾角稳性 ·· 18
    2.2.3　稳性校核的工况 ·· 23
  2.3　分舱与破舱稳性 ··· 24
    2.3.1　确定性破舱稳性 ·· 24
    2.3.2　概率性破舱稳性 ·· 26
  2.4　船舶干舷 ·· 39
    2.4.1　名词定义 ·· 39
    2.4.2　船舶最小干舷 ·· 42
    2.4.3　船首储备浮力 ·· 47
    2.4.4　其他季节区的船舶最小干舷 ··· 47
    2.4.5　载重线标志 ·· 48
  2.5　船舶登记吨位 ··· 48
    2.5.1　登记吨位近似估算 ··· 49
    2.5.2　国际航行船舶吨位计算 ··· 49

        2.5.3 修正总吨 ··· 51
        2.5.4 设计中的注意事项 ··· 52
    2.6 船舶消防 ··· 52
        2.6.1 船舶消防名词术语 ··· 53
        2.6.2 一般防火措施 ·· 55
        2.6.3 结构防火措施 ·· 59
        2.6.4 船舶消防设备及配备 ·· 61
    2.7 防污染及能效指数 ··· 61
        2.7.1 防污染规定 ·· 61
        2.7.2 船舶能效指数 ·· 64
        2.7.3 船舶营运碳强度指数 ·· 66
    思考题 ·· 66

第3章 船舶重量与重心 ·· 69
    3.1 重力浮力平衡及典型排水量 ··· 69
        3.1.1 重力浮力平衡 ·· 69
        3.1.2 重量重心估算的重要性及特点与方法 ·································· 70
        3.1.3 船舶典型排水量 ··· 71
    3.2 空船重量分析与估算 ·· 71
        3.2.1 船体钢料重量估算 ··· 73
        3.2.2 舾装重量估算 ·· 79
        3.2.3 机电设备重量估算 ··· 81
        3.2.4 固定压载及排水量裕度 ·· 83
    3.3 载重量估算 ·· 84
        3.3.1 人员及行李、食品及淡水重量估算 ···································· 84
        3.3.2 燃料、滑油及炉水重量估算 ··· 85
        3.3.3 备品及供应品重量估算 ·· 86
    3.4 船舶重心估算 ··· 86
        3.4.1 重心高度估算 ·· 87
        3.4.2 重心纵向位置估算 ··· 89
    思考题 ·· 89

第4章 船舶容量 ·· 91
    4.1 货船的容积 ·· 91
        4.1.1 有关概念 ·· 91
        4.1.2 所需船主体型容积 ··· 93
        4.1.3 船主体所能提供的型容积 ··· 95
        4.1.4 容积方程式 ·· 95
        4.1.5 容积校核与调整 ·· 96

- 4.2 客船的甲板面积 ... 98
- 4.3 舱容及形心位置 ... 100
  - 4.3.1 干货舱 ... 100
  - 4.3.2 液舱 ... 102
  - 4.3.3 舱容图 ... 102
- 思考题 ... 104

第 5 章 船舶主尺度 ... 105
- 5.1 主尺度与主要考虑因素 ... 105
- 5.2 主尺度限制与范围 ... 109
- 5.3 载重型船主尺度确定 ... 112
  - 5.3.1 排水量的估算与调整 ... 113
  - 5.3.2 主尺度的确定 ... 114
  - 5.3.3 重力浮力平衡和船舶主要性能校核 ... 118
- 5.4 布置型船主尺度确定 ... 120
  - 5.4.1 按任务书要求进行布置 ... 120
  - 5.4.2 主尺度及船型系数确定 ... 123
  - 5.4.3 排水量估算及性能校核 ... 126
- 思考题 ... 127

第 6 章 船舶型线 ... 128
- 6.1 主要型线要素 ... 129
  - 6.1.1 横剖面面积曲线 ... 129
  - 6.1.2 设计水线形状 ... 133
  - 6.1.3 横剖线形状 ... 135
  - 6.1.4 甲板线 ... 138
  - 6.1.5 船首和船尾轮廓线 ... 138
- 6.2 船舶型线设计 ... 141
  - 6.2.1 自行设计法 ... 141
  - 6.2.2 母型改造法 ... 144
  - 6.2.3 船模系列资料法 ... 149
  - 6.2.4 型线图绘制基本流程 ... 152
  - 6.2.5 典型船舶型线图 ... 153
- 6.3 船体参数化建模 ... 155
  - 6.3.1 船体曲面表达 ... 155
  - 6.3.2 参数化建模方法 ... 160
- 思考题 ... 161

第 7 章 船舶总布置 ... 162
- 7.1 总布置规划 ... 163

		7.1.1 主船体舱室的划分	163
		7.1.2 上层建筑的规划	169
	7.2	浮态计算与纵倾调整	172
		7.2.1 船舶浮态要求	172
		7.2.2 浮态计算	172
		7.2.3 船舶纵倾调整	173
	7.3	舱室及通道布置	174
		7.3.1 工作舱室布置	175
		7.3.2 生活舱室布置	176
		7.3.3 机舱棚布置	177
		7.3.4 通道、出入口与扶梯布置	178
	7.4	典型商船的总布置	178
		7.4.1 散货船的总布置	178
		7.4.2 集装箱船的总布置	179
		7.4.3 油船的总布置	181
	思考题		186
第8章	船舶设备选型		187
	8.1	主机选型	187
		8.1.1 主机的类型	187
		8.1.2 主机的选型流程	188
	8.2	推进器选型	193
		8.2.1 推进器的类型	193
		8.2.2 螺旋桨的主要参数	194
		8.2.3 螺旋桨主尺度的确定	197
	8.3	舵设备选型	209
		8.3.1 舵的分类与构造	209
		8.3.2 舵叶参数的确定	211
		8.3.3 舵设备零部件尺寸的确定	213
	8.4	锚泊设备	216
		8.4.1 锚泊设备的组成	216
		8.4.2 锚的分类	217
		8.4.3 锚链的种类、组成与标记	218
		8.4.4 锚泊设备的选取	219
	思考题		219
第9章	船舶经济性		221
	9.1	船价估算	221
		9.1.1 造船成本及估算方法	221

  9.1.2 船价组成及估算方法 226
  9.1.3 批量造船成本的变化规律 227
9.2 营运经济性计算 228
  9.2.1 运输能力 228
  9.2.2 资本费用 229
  9.2.3 年营运成本 230
  9.2.4 收入与利润 235
9.3 船舶主要经济指标 236
9.4 船型技术经济论证 240
  9.4.1 调查研究 240
  9.4.2 论证方案设立 241
  9.4.3 船型方案优选 245
思考题 246

参考文献 248

第1章 船舶设计概要

船舶是能航行或停泊于水域进行运输(或作业)的交通工具，不同的使用要求具有不同的技术性能、装备和结构形式。船舶的设计、建造和运营需要造船学、海洋工程、系统工程、工艺与生产工程、金融学、租船学、法学等学科的综合参与。

船舶设计高度依赖于设计师，设计师不但要有各个专业学科的相关知识，还要有丰富的实践经验。设计师积累的知识库即半经验法和从以往成功设计中积累的经验数据决定了船舶设计的水平。此外，由于船舶的设计、建造和运营之间的复杂关系，最终的船舶设计代表了经常冲突的船舶技术要求和设计参数之间的最佳折中方案。

船舶设计是一种综合、复杂的科技工作，现代船舶设计方法将船舶视为一个复杂的系统，通过建立主要工程系统之间的关系，设计和建造船舶以实现既定的目标。

船舶是航运系统的一部分，处理好港、航、船、运四者之间错综复杂的关系，不仅能使单船的技术经济性能优良，而且能使整个船队和运输系统取得良好的经济效益和社会效益。例如，船舶必须与港口和码头对接，这包括复杂的码头装卸系统、特定港口或码头之间运营的专用船，以及依赖在不同港口之间运载不同类型货物的不定期船。航线、海洋环境、货物类型、装卸量、运输设施的价值都是典型的特征，在确定一艘(或多艘)合适船舶的速度和规格时应考虑这些特征(图1-1和图1-2)。

图1-1 装载铁矿石的散装货运码头　　图1-2 码头集装箱装卸系统

船东经营船舶是为了从其投资中获得令人满意的利润，技术设计的演变可以视为整体经济或生命周期分析模型的组成部分，由此可见，在改进船舶设计时，有必要评估作业要求和船舶运行的环境，以改进可行的技术设计并证明建议的经济可行性。此外，海上的航运、勘探和生产可能会产生多种形式的污染，如石油泄漏、船舶废气排放、压载水的排放等，如图1-3所示为货船溢油，如图1-4所示为废气排放。在规划船舶设计方案时，有必要考虑对海洋和沿海生态系统的影响，以及对其他人为环境的影响。

图 1-3　货船溢油　　　　　　　　图 1-4　船舶废气排放

1.1　船舶设计的特点和指导原则

1.1.1　船舶设计的特点

船舶设计的特点包括高度系统性、总体核心性和设计过程的逐步近似等。

1) 高度系统性

船舶设计是一项高度集成的系统工程，必须贯彻系统工程的思想，既要考虑单船技术经济性能，还须从港、航、船整个系统着眼，使设计方案在预定的港口、营运航线上具有实际可行性和良好的系统经济性。

一艘船舶是由船体、轮机、电气三部分所构成的一个大系统，船体又可细分为总体、结构和舾装三部分，各部分协调配合，互相支撑，缺一不可。

2) 总体核心性

总体、结构、舾装、轮机和电气几个专业设计中，总体设计居先于一切、重于一切的地位(图 1-5)。先于一切，是因为船舶设计始于总体设计，只有基于总体设计，才可开展船体结构、轮机、电气和舾装设计；重于一切，是因为总体设计主要解决新船主尺度、总布置、型线、航行性能及经济性问题，其设计的优劣极大程度上决定了新船的技术性能和经济性，影响新船的竞争力和生命力。因此，各专业围绕总体设计，充分发挥自身功能，相互配合，使设计结果达到最佳。

3) 设计过程的逐步近似

船舶设计从使命任务分析开始逐渐展开，包括主尺度确定，水动力性能评估，总布置，重量、重心估算，舱容、吨位、干舷、稳性校核，以及经济性评估等，见图 1-6。

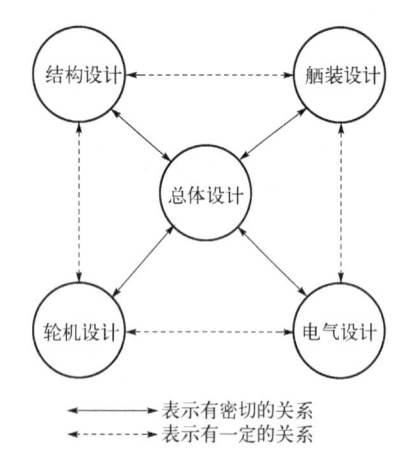

图 1-5　船舶设计各专业关系

经验表明，船舶设计不是一蹴而就的，而是要经过逐步近似、反复迭代的多次循环，每一次循环都是对上一次设计结果的检验、修正、优化和细化，直至得到权衡各方面指标的设计结果。

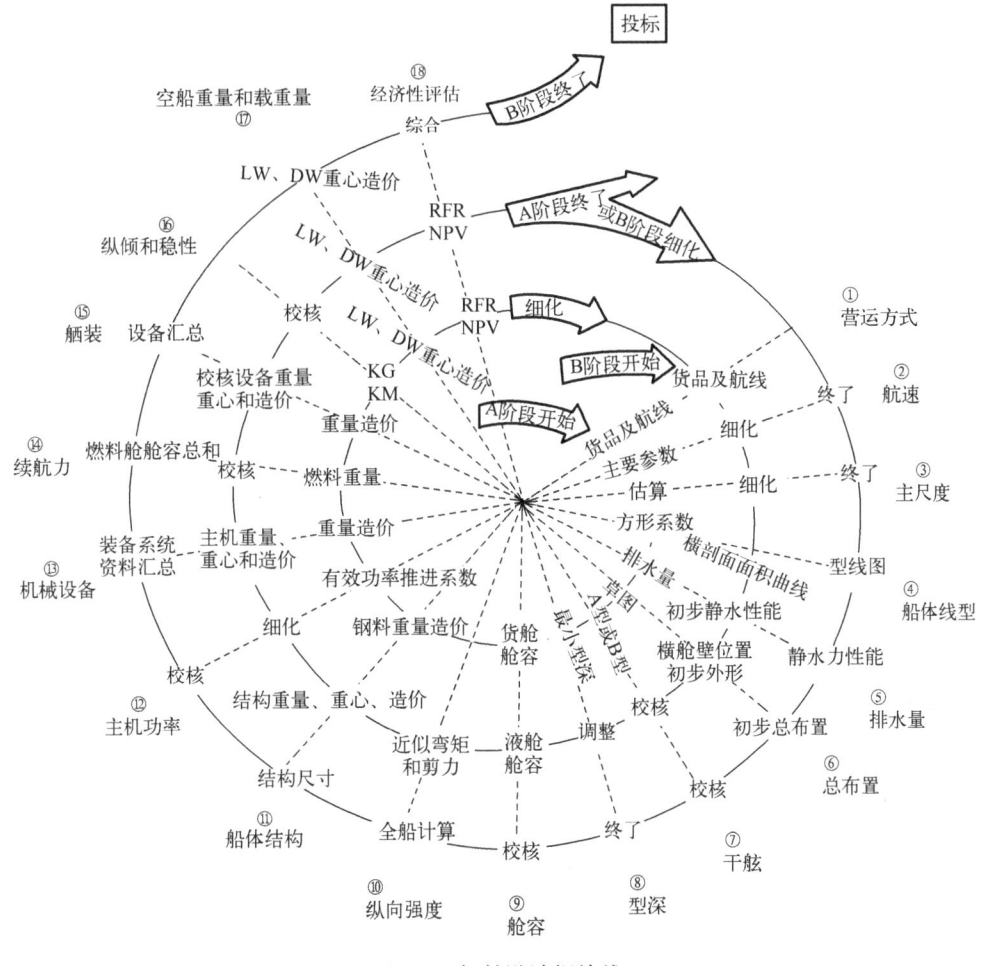

图 1-6 船舶设计螺旋线

1.1.2 船舶设计的指导原则

船舶设计应遵循的指导原则主要有三条。

(1) 遵守相关公约和规范。

船舶设计应遵守国内外的相关公约和规范。这些公约和规范大多是为了保证船舶使用和航行安全而制定的，是根据船舶长期的营运经验和不断发展的科技水平总结的成果，是船舶设计、建造、检验的重要依据。船舶设计者必须熟练掌握这些公约和规范，并在船舶实际设计中加以应用。此外，船舶设计者还应时刻关注公约和规范的更新，在设计中应用有效的公约和规范版本。

(2) 充分考虑船东的要求。

船东作为船舶的所有者和使用者，一般会根据其经验及特定情况对船舶设计提出使用、技术指标、设备、材料等方面的要求，船舶设计者应充分考虑船东的要求，对船东的合理要求应尽量给予满足。

(3) 贯彻国家技术政策。

船舶设计应认真贯彻国家在交通运输方面所制定的有关能源、动力装置、技术引进等的政策，以及在造船规划上对船型、机型的系列化规定。

船舶设计应研究世界先进技术的可行性，贯彻厉行节约、讲究经济效益的原则，还应力求标准化、系列化、通用化，重大项目要经过技术经济论证等。

1.2 船舶设计的基本要求和工作方法

1.2.1 船舶设计的基本要求

船舶设计的基本要求有适用性、经济性、安全性、可靠性、先进性，以及美观、节能、环保、智能、舒适。设计出以上性能的船舶，更具有市场竞争力。

(1) 适用性是指船舶能满足预定的使用要求。对运输船舶而言，主要是保证运输能力和提高运输质量，如装载能力、航速、装卸效率、航海性能等。保证新船的适用性是设计中处理各种矛盾时首先要考虑的因素。

(2) 船舶的经济性涉及建造成本、营运开支和营运收入、拆解成本。设计中的技术措施是否恰当和决策是否正确会对船舶的经济性产生很大的影响。在设计工作中必须把经济性放在十分重要的地位加以考虑。综观现代船舶的发展、新船型的出现和新技术的采用，无一不是受经济因素的刺激。经济是技术发展的基础和动力，技术是实现经济目的的手段和工具，两者相互渗透，相互推动。

(3) 船舶的安全是关系到人的生命和财产以及环境污染的重大问题，安全性是船舶的一项基本质量指标。

船舶使用周期长，船上重要设备和部件的可靠性对船舶安全性和经济性影响很大。某些设计或设备虽然能满足有关技术性能要求，但其可靠性可能有很大的差别。因此在设计方案的优选和设备的选用中，对可靠性问题要给予充分的重视。

(4) 设计的船舶应具有先进性，即性能优良、技术和装备先进，做到矛盾处理恰当、问题考虑周到、布置有序、造型美观。

(5) 随着人们环保意识的增强，国际上对船舶的环保性要求越来越严格，排放限值越来越高，防止船上油污、垃圾、有毒有害物质等排放对大气、海洋环境造成污染的措施不断加强。船舶设计者需全面综合地平衡整个船舶系统中的各种矛盾和因素，以降低能耗，减少排放。为实现气候稳定的目标，国际海事组织(International Maritime Organization，IMO)要求在2050年前大幅削减CO_2排放，引入了针对大多数类型的商船的能效设计指数(Energy Efficiency Design Index，EEDI)，新船的指数需要保持在规定极限值之下。

(6) 随着人工智能、大数据等技术的发展，智能化已经成为船舶发展的必然趋势。智能船舶技术能够提升船舶在航行、管理、维护保养、货物运输等环节的智能化水平，使其在激烈的市场竞争中抢占先机。基于人机工程学的船舶舱室设计，可满足船东不断提高的舒适要求。

1.2.2 船舶设计的工作方法

船舶设计的工作方法主要归纳为调查研究、收集资料；综合分析、合理解决；逐步近似、螺旋上升；统计数据、发现规律；母型改造、推陈出新。

(1) 调查研究、收集资料：要广泛收集现有的船型技术资料，如主要要素、载重量、舱容、航速、主机参数、重量重心、总布置图、型线图、船模及实船试验资料等，归纳汇总，供新船设计参考。

(2) 综合分析、合理解决：船舶是一个复杂的系统，在设计中技术性能、安全性和经济性往往都是互相矛盾的。设计工作的一项重要内容就是通过系统的分析、综合的考虑，抓住主要矛盾，兼顾次要矛盾，尊重各专业、各系统的需求，给出一个各方都可接受的折中的、合理的解决方案。

(3) 逐步近似、螺旋上升：船舶设计是一项复杂的系统工作，涉及许多方面和因素，它们相互交叉，相互影响，设计者对新船的认识有一个由表及里、由浅入深的过程。按逐步近似过程进行船舶设计，就是把复杂的设计工作分成若干循环或阶段，初步近似时只考虑少数主要因素，后续再计入较多的因素，反复几次，每一次近似都是前一次结果的补充、修正和发展，经过若干次近似后，最终可得到符合要求的设计结果。由此看来，逐步近似过程的每一次循环都不是简单的重复，而是螺旋上升的过程，进行若干次近似后总能获得平衡恰当的结果。

(4) 统计数据、发现规律：在设计中选用一些同类船型的统计资料，如统计公式、统计数据、统计图表等，这样可发现所设计船型的一般规律和趋势，便于设计者选取各类技术参数。

(5) 母型改造、推陈出新：母型改造法是指在现有船舶中选取一个与设计船技术性能相近的优秀船型作为参考，将其各项要素按照设计船的要求采用适当方法加以改造变换，即得到设计船的相应要素。有了经过实践检验的母型船作为设计船的借鉴，就能够比较有把握地选取新船的各项设计参数，大大地简化设计工作，并且可提高准确程度，减少逐步近似的次数，提高设计效率。用母型改造法设计新船要突出"改造"，即在参考母型船的过程中要有所改进和创新。母型改造法不是一种简单的拼拼凑凑，而是设计者根据新船的特点和要求，在熟练掌握船舶设计原理和方法的基础上进行创造性的工作。

1.3 船舶设计任务书

船舶设计任务书是新船设计的文字依据。它通常是由船东或买方根据船舶的使用需要，考虑技术与经济条件等实际情况，经过技术经济论证、专家咨询后编制的。

民用船舶的设计任务书通常包括如下几方面的内容：航区、航线、用途、船型、船级、动力装置、航速、续航力、自持力、结构、设备、性能、定员、尺度限制、系统等。

航区是指新船航行的区域。海船航区分为远海、近海、沿海和遮蔽航区，具体可参见中国船级社《钢制海船入级与建造规范》(2021)。内河船常按水系来分，如我国长江水系，根据风浪及水流情况，分为A、B、C级航区及J级航段，参见《内河船舶法定检验技术规则》(2019)。

对于不固定航线的船舶，通常要给出主要航行的航线或航区；对于固定航线的船舶，通常要给出停靠的港口等。

用途是指新船的装载数量与性质。客船、客货船包括人数(各等级的分配数、舱室标准)、载货吨数以及舱容要求；货船包括货物的数量及理化性质。任务书中有时给出

"载重量"，包括货物、燃料、滑油、淡水、食品等重量。有时给出"载货量"，即货物重量。货种有液货、散装货(简称散货)、杂货、集装箱等，对于一般货物，给出载重吨数；对于集装箱，给出箱数。

船型是指船舶的建筑形式，包括上层建筑、机舱部位、货舱划分、甲板层数、甲板间高等要求。

船级是指船舶的技术级别，是指船舶入哪个船级社并按该船级社的规范设计新船的要求，由船级社经验船师检验后根据船舶的用途、技术状况和航行区域等授予。沿国际航线航行的船舶应符合有关国际公约与规则，以及有关国家、地区等颁布的特殊规则的要求。

动力装置方面描述了主辅机的类型、功率、转速、台数、推进装置形式等要求。

民船的航速常分为试航航速与服务航速(经济航速)，设计任务书中给出了指定主机功率(CSR 或 MCR)及船舶吃水下的设计航速要求。

续航力是指在规定的航速和主机功率下，船上所带的燃油可供船舶连续航行的距离或时间的要求。

自持力是指船上所带淡水、食品等能供人员在海上维持的天数的要求。

结构是指船体与上层建筑的材料和结构形式、甲板负荷、舱内负荷、特殊加强等要求。

设备是指起货设备的形式及能力，以及锚和锚机、舵和舵机、安全、消防、救生、减摇、通风、空调、导航等方面的设备要求。

性能是指浮态、完整稳性、分舱与破舱稳性、耐波性及操纵性等要求。

定员指船上的编制人数，同时也有对生活设施提出的具体要求。

尺寸限制方面给出了船长受泊位长度、港域宽度、河道曲率，以及船闸、船坞等的限制；吃水受航道与港区的水深限制；船宽(型宽)受运河、船闸、进坞等的限制。有些船舶预计的航路通过某些桥梁，还需给出船的水上部分高度(也称为空高或空气吃水)的限制，如南京长江大桥高出水面 24m、珠江大桥高出水面 8.5m 等限制。

系统是指船舶系统、轮机系统、电气系统方面的描述。

设计任务书是进行船舶设计的基础。如果设计任务书中对新船的使用任务和技术要求提得不合理，即使设计者做了很大的努力，也不可能设计出一艘成功的船舶，甚至会造成重大损失。因此，在设计前期的论证分析阶段，若发现新船的使用任务和技术要求有问题，应及时向船东反映，并协商解决。

1.4 船舶设计阶段的划分

船舶的设计大体可以划分为四个阶段，如表 1-1 所示。

(1) 在合同设计工作之前，需要开展方案设计，方案设计也称为初步设计，初步设计过程通常采用技术经济评价的形式，利用基本工程经济学的方法对船舶的投资与收益综合评估。航运竞争的加剧、燃料价格的上涨以及对温室效应的担忧导致在对选定设计的最终评估中越来越多地使用经济和能源效率指数。虽然船舶设计师的主要工作是获得可行的技术设计，但如果不考虑经济、安全和环境，就不太可能在设计方案中进行体现。船舶经济性评估相当于对设计建造成本和运营成本进行权衡，要注意的是，"最佳"设计不一定有最低的设计建造成本,而是显示了整个船舶生命周期中设计建造成本和运营成本的综合性指标最优的组合。如今,人们越来越重视的并不是基于纯粹的经济性考虑来判断竞争性、替代性、功能性设计,而是经济、环境或生态标准的组合。

表 1-1 船舶的设计阶段

设计阶段		含义	技术上解决的问题
第一阶段	方案设计	其样图文件应包括确定船舶主要技术经济指标、总体概念的原则设计方案	要什么样的船
	合同设计	关系到影响造价和性能等船舶主要特征的确定	
第二阶段	基本设计	关系到船体主要结构、轮机总布置、管系和电气系统原理的确定	是什么样的船
	详细设计	关系到船舶总图和全部技术细节的图纸的确定	造什么样的船
第三阶段	生产设计	将各专业总图按区域划分成施工单元,并将其组合绘制成可供安排计划、管理和施工用的生产图	如何组织造船
第四阶段	完工设计	按照建造实际情况绘制竣工图纸,按照各项试验报告编制总体性能计算书和操作使用手册	造好的船是什么样的

(2) 合同设计阶段的主要工作是理解船舶买方的意图,给出满足买方需求的、可用于签订买卖合同的设计内容。

合同设计输出的技术文件如表 1-2 所示,主要有技术规格书、总布置图、厂商表和舯横剖面图。这四份文件可作为船舶建造商务合同的附件。

表 1-2 合同设计输出的技术文件

技术文件	承担专业	技术文件	承担专业
技术规格书	总体	厂商表	总体
船体说明书	总体	舯横剖面图、基本结构图	结构
总布置图	总体	总纵强度计算书	结构
型线图	总体	钢料预估单	结构
快速性计算书	总体	机舱布置图	轮机
稳性、干舷、舱容计算书	总体	电力负荷计算书	电气

技术规格书是以书面语言描述所设计船舶技术状态的文件,是船舶设计中最重要的文件。总布置图是以工程语言描述所设计船舶技术状态的文件,与技术规格书遥相呼应。厂商表中给出了主要设备和材料的合格供应商或制造商,设计船舶时原则上应从这些厂商中选择主要的设备和材料,如果在厂商表以外的厂商中选择主要的设备和材料,需要船东/买家和船厂在技术和商务方面达成一致。舯横剖面图描述了设计船船舯 $0.4L$ 区的船体纵横结构,以此可了解船舶的结构构造、估算主船体结构材料用量。

为配合报价,尚需根据技术规格书、总布置图和舯横剖面图,编制材料和设备清单,这是估算船舶价格的基础,可为船舶报价提供重要参考。

(3) 基本设计是对合同设计的细化,以得到一个技术形态参数和指标合理、可靠,能满足船东要求并可送审船级社的设计方案。基于合同设计,在深入分析任务书和调查研究的基础上,从全局出发,提出船体、轮机、电气不同专业方面的基本设计方案,进行分析比较，得出一个能满足要求的设计方案。

在基本设计阶段，船舶总体设计最为关键，同时展开船体基本结构、主要舾装设备、机舱布置、电力负荷及电站配置、机电设备选型等基本设计。该阶段涉及全船主要技术形态的参数和指标，应确保可靠，技术措施合理。

(4) 详细设计是基本设计的进一步展开和细化，所完成的详细设计需要送法定检验机构、入级的船级社和船厂接受审查，退审图纸文件可作为下一步生产设计的输入。基于基本设计，对各个局部的技术问题进行深入分析，开展各个分项目的详细设计和计算，调整和解决船、机、电各方面具体的问题和矛盾，最终确定新船全部的技术性能、结构强度、各种设备、材料以及订货的技术要求等。

(5) 生产设计是在确定总的建造方针前提下，基于详细设计，按建造工艺阶段、施工区域和单元，绘制计入各种工艺技术指标和管理数据的工作图表和施工图纸，提供生产信息文件，以反映施工工艺要求和生产管理过程，使详细设计描述的产品具有可制造性。

生产设计的文件既要反映施工工艺要求，又要反映组织建造的生产管理过程。生产设计不仅使详细设计描述的产品具有可制造性，而且要改正前面设计阶段可能存在的错误。生产设计中通常采用计算机辅助船舶设计系统来进行三维建模和出图。

(6) 完工设计指在船舶竣工之后，应按实际情况修改图纸及进行必要的修改计算，为用船部门提供竣工图纸和技术资料，按照实际船体型线值以及载重量测定和倾斜试验结果完善总体性能计算书。编制各项实船试验和试航报告，并根据航行和操作需要编制有关使用手册和操作手册。竣工图纸和技术资料是船舶使用和维修的重要依据，也是船舶科学研究和设计工作借鉴的宝贵资料，必须做到准确和完整。

图 1-7 为船舶设计阶段的对比，归纳汇总了船舶四个设计阶段的含义，需要解决的

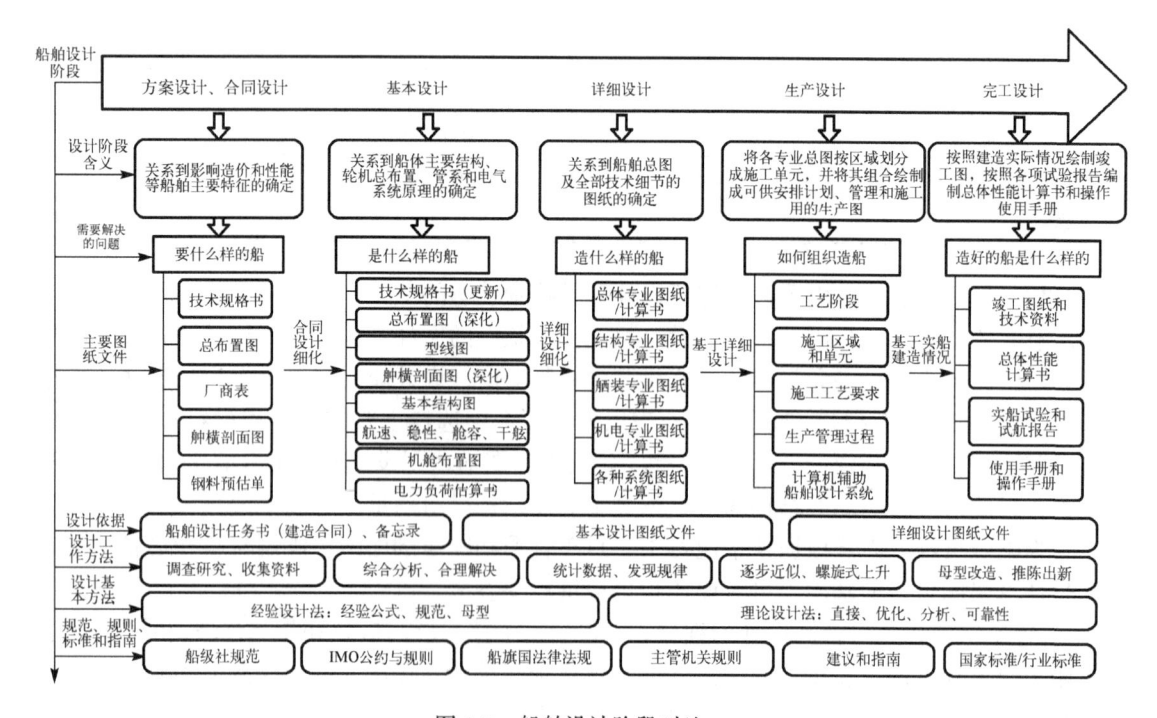

图 1-7 船舶设计阶段对比

问题,主要图纸文件,设计依据,设计工作方法,设计基本方法,应用的规范、规则、标准和指南。船舶的每一个设计阶段都是前一设计阶段的展开和细化,也是后一设计阶段的输入。

1.5 船舶总体设计简述

船舶设计按学科可细分为总体、结构、内舾装、外舾装、轮机动力、轮机系统和电气等专业,其中总体专业占主导地位。

船舶总体设计是从确定船舶的主尺度和船型生成开始,然后进行总布置和空船重量估算,在此基础上进一步分析船舶的稳性、航速、操纵性、耐波性等性能。可以说,船舶总体设计贯穿了船舶从模型水池试验到交付完工文件的整个过程。

作为总体设计理论基础的船舶静力学和船舶水动力学,在设计过程中主要解决船舶的稳性、快速性、操纵性和耐波性等问题。

总体设计的依据,或者说设计输入,主要有设计任务书,船旗国法律法规,国际海事组织公约与规则,国际劳工组织的船员公约,主管机关规则、标准和指南,船级社规范,以及船舶设计手册等。

总体设计的流程遵循设计螺旋线,前续设计是后续设计的基础,后续设计是前续设计的检验和深入。

研读设计任务书,了解船舶买方的意图和需求,调研港口航路、船旗国、国际海事组织的要求,收集国内外实船资料和相关文献。

在调研的基础上论证出合适的船型,初步确定设计船的主尺度。

选择合适的母型船,进行新船型线设计。

基于船型数据和航速要求,计算新船的阻力和推进性能,进行主机选型,给出主机参数;或者根据船型和船东给出的主机功率,进行新船航速预报。

基于新船主尺度和型线,参考母型船图纸,依据船东要求和各类公约、法规,进行新船总布置设计,进而可估算舱容,计算登记吨位(简称吨位)。

基于总布置图,开展结构设计,绘制完成基本结构图。

基于总布置图、基本结构图或母型船资料,估算新船的空船重量和重心数据,完成初步的稳性计算和干舷计算,最后进行经济性核算。

如果设计结果不能完全满足设计任务书的要求,则须进行局部的调整,直至满足要求。

船舶总体设计是全船设计的基础,其输出文件决定了船舶的主要技术性能、安全性和经济性。

船舶设计原理是研究船舶总体设计的基本理论和方法的一门应用科学。船舶设计原理的主要研究内容包括船舶重量重心、船舶容量、船舶主尺度、型线设计、船舶总布置与主要设备选型、船舶总体性能与经济性。

为了做好船舶总体设计工作,首先必须熟悉国内外相关的船舶规范、公约和法规。

思 考 题

1. 为什么说船舶设计是一项具有高度综合性的系统工程?

2. 船舶总体设计与其他部分设计的关系如何？
3. 船舶设计的指导原则和基本要求有哪些？
4. 船舶设计任务书的主要内容有哪些？其中突出的注意点是什么？
5. 船舶合同设计输出的四份主要的技术文件都是什么？其作用分别是什么？
6. 海船的航区是如何划分的？国际航行船舶有没有航区问题？
7. 现代船舶设计分哪几个阶段？基本设计阶段应完成哪些工作？
8. 什么是母型改造法？什么是逐步近似法？
9. 为什么说设计任务书是船舶设计的基本依据？民用船舶设计任务书主要包括哪些方面的内容？
10. 船舶的续航力和自持力的定义是什么？

第 2 章 船舶相关法规的内容

船舶行业经过几百年的发展，逐渐形成了以船东为中心的各利益相关方，包括国际海事组织、船旗国主管机构、港口国主管机构、租船方、船舶管理公司、保险业、股票持有者、船东、船舶建造厂、设备供应商、船级社、金融机构、船公司雇员、船员等。其中，国际海事组织、船旗国主管机构及船级社在船舶设计、建造和营运过程中发挥着十分重要的指导作用。船级社的船舶入级与建造规范、国际海事组织的公约与规则、船旗国主管机构的法规等成为船舶设计、建造和营运过程中必须遵守的技术文件。

2.1 船级社与海事机构

2.1.1 船级社

1. 船级社的起源

船舶在海上航行具有较大的风险，一旦发生海难事故，会造成严重的生命和财产损失。随着航海经验的积累、海洋水文气象知识的丰富以及造船技术的进步，人们对船舶稳性和结构不断地进行研究和探索，逐步归纳形成了保证船舶设计与建造质量的各种约定和规则，并形成了对船舶技术状态进行评估的强烈需求。

对船舶的技术状态进行评估源于海上保险业的需求。在海上保险业出现之前，船舶海难事故的所有损失将由船东承担，严重的事故甚至会造成船东的破产。

从 17 世纪中叶开始，英国海运业和保险业越来越兴旺。1668～1690 年，英国伦敦塔街(London Tower Street)有一家 Edward Lloyd 经营的咖啡馆。当时经常出入此地的海运业和保险业从事人共同发行了 Shipping News 刊物来提供海运信息，并组建了进行船舶买卖、货运业务承揽等的俱乐部(组织)。到 1760 年，其发展成称为的"Lloyd's Register of Shipping"的协会，专门评估和鉴定船舶的技术状态，这是世界上船级社的雏形。评估人由具有丰富经验的退休船长和船上工匠担任，他们凭借自己丰富的经验对船舶的技术状态进行评估、等级划分，以供保险商处理保险业务之用。

表 2-1 中列举了世界主要船级社的名称及成立时间。

表 2-1 世界主要船级社

船级社名称	英文缩写	成立时间	船级社名称	英文缩写	成立时间
英国劳氏船级社	LR	1760 年	意大利船级社	RINA	1861 年
法国船级社	BV	1828 年	美国船级社	ABS	1862 年

续表

船级社名称	英文缩写	成立时间	船级社名称	英文缩写	成立时间
日本船级社	NK	1899年	俄罗斯船级社	RS	1913年
希腊船级社	HR	1919年	中国船级社	CCS	1956年
挪威船级社	DNV	1864年	韩国船级社	KR	1960年

2. 船级社的业务范畴

船级社的业务范畴主要有以下几个方面：

(1) 研究制定船舶及海上设施的设计、制造、检验规范；

(2) 实施船舶及海上设施的入级初次检验，包括结构强度、推进机械、电气系统、控制系统、锚泊设备，实施船用设备初次检验及营运中的定期/中间检验；

(3) 对国际海事组织提供技术支持；

(4) 提供船舶及海上设施全寿命周期服务；

(5) 代表船旗国政府(主管当局)实施船舶及海上设计的法定检验，重点关注海上人员的生命安全，防止船舶造成海洋污染，并颁发相应的法定检验证书。

3. 船舶入级检验

船舶入级检验是指船级社按照制定的船舶入级规范(简称"规范")来检验船舶是否符合其规定，若符合，则授予相应的入级标志，并载入该船级社的船舶名录。船舶入级和入哪个船级社由船东和船厂协商决定。船舶检验包括初次检验和营运期间的各种检验，初次检验主要是设计图纸的审查和建造过程检验。

4. 船级社业务流程

船级社的业务流程如下：

(1) 送审图纸文件的审查与认可；

(2) 按照认可的图纸文件进行船舶建造的过程检验；

(3) 进行船舶营运过程的定期检验；

(4) 将营运过程的问题反馈，结合科研最新成果，完成规范的更新；

(5) 将新的规范应用到新船入级检验中。

5. 船级社规范

为实施入级检验，各船级社都编制出版了相当数量的规范。这里列举中国船级社具有代表性的一些规范：

(1) 《钢质海船入级规范》；

(2) 《智能船舶规范》；

(3) 《船舶应用天然气燃料规范》；

(4) 《材料与焊接规范》；

(5) 《钢质内河船舶建造规范》；

(6) 《海上移动平台入级规范》；

(7)《海上高速船入级与建造规范》;
(8)《内河高速船入级与建造规范》;
(9)《潜水系统和潜水器入级规范》;
(10)《海上单点系泊装置入级规范》。

6. 国际船级社协会

为了共同开发海上船舶安全的技术规则,进行国际海事机构或协会的技术咨询,强化与相关公司的紧密合作,实现船级社会员之间的共同目标,由 7 个先进船级社于 1968 年组建了国际船级社协会(International Association of Classification Societies,IACS),会员后来增加到 10 个船级社。

IACS 出版了用于散货船和油船的共同结构规范以及协调共同结构规范,以协调和规范船级社业务,避免各船级社之间的不正当竞争。

2.1.2 海事机构

1. 国际海事组织

国际海事组织(IMO)是联合国专门机构之一,主要受理海运、造船等国际海事问题,是以各国家政府为会员的政府间组织,成立于 1959 年 1 月,原名"政府间海事协商组织",1982 年 5 月改为现名,总部设在英国伦敦(图 2-1),现有 175 个正式成员和 3 个联系会员。

图 2-1 国际海事组织伦敦总部

IMO 的宗旨是:促进各国的航运技术合作,鼓励各国在促进海上安全、提高船舶航行效率、防止和控制船舶对海洋造成污染等方面采用统一的标准,处理有关的法律问题。

1) 国际海事组织机构设置

国际海事组织机构设置大会、理事会、秘书处、技术合作工作组及五个专门委员会,常设管理机构是理事会。该组织每两年举行一次大会,改选主席和理事会,当选主席和理事会任期两年。理事会下设便利运输委员会、技术合作委员会、法律委员会、海上安全委员会(海安会)，以及海洋环境保护委员会(环保会)。

其中，海上安全委员会和海洋环境保护委员会是 IMO 的主要工作委员会，下设 7 个技术专业分委会，分别从事船舶设计、建造、系统与设备、货物运输、航行安全、防污染等方面的业务。

2) 国际海事组织主要公约与法规

公约即国家间关于经济、技术或法律等方面专门问题的多边条约，公约仅对加入公约的国家具有约束力。法规即针对具体业务或具体船型而颁布的专门规则的文本。

国际海事组织发布的主要公约有：

(1)《1966 年国际载重线公约》及其修正案，简称《载重线公约》；
(2)《1969 年国际船舶吨位丈量公约》，简称《吨位丈量公约》；
(3)《1972 年国际海上避碰规则》及其修正案，简称《避碰规则》；
(4)《1972 年国际集装箱安全公约》；
(5)《1973 年〈国际防止船舶造成污染公约〉及 1978 年议定书》，简称《防污公约》；
(6)《1974 年国际海上人命安全公约》及 1978 年议定书，简称《安全公约》；
(7)《2001 年国际控制船舶有害防污底系统公约》；
(8)《2004 年国际船舶压载水和沉积物控制与管理公约》，简称《压载水公约》；
(9)《1978 年海员培训、发证和值班标准国际公约》，简称《STCW 公约》。

国际海事组织发布的主要法规有：

(1)《2008 年国际完整稳性规则》，简称 2008 IS Code；
(2)《国际海运固体散装货物规则》，简称 IMSBC Code；
(3)《国际散装运输危险化学品船舶构造和设备规则》，简称 IBC Code；
(4)《国际散装运输液化气体船舶构造和设备规则》，简称 IGC Code；
(5)《国际散装谷物安全装运规则》，简称 Grain Code；
(6)《2000 年国际高速船安全规则》，简称 HSC 2000 Code；
(7)《船用柴油机氮氧化物排放控制技术规则》，简称 Nox Code；
(8)《2008 年特种用途船舶安全规则》，简称 SPS Code。

上述仅列举了船舶设计中常用的国际公约和规则。国际公约和规则是在不断修正和完善的，使用时还应注意其各类修正案。

2. 中华人民共和国海事局

代表我国政府行使海事主管职权的机构是中华人民共和国海事局(简称中国海事局)。

1) 中国海事局的业务范畴

中国海事局在新船上的主要业务是代表船旗国对其实施法定检验。

法定检验是指为保障船舶和海上人员生命、财产的安全，防止水域环境污染以及保障起重设备安全作业等，按照《船舶与海上设施法定检验规则》(以下简称《法规》)和我国政府的法令、条例，对船舶进行所规定的各项检查和检验，以及在检查和检验满意后签发或签署相应的法定证书。

法定检验是强制性的，可由我国政府的主管机关(中国海事局)执行，也可由主管机关授权给其认可的船级社或其他组织执行。

法定检验的设备范畴包括航行和信号设备类、无线电通信设备类、救生设备类、消防器材类、防污染设备类以及集装箱等。

2) 中国海事局的主要法规

中国海事局颁布的主要法规为《船舶与海上设施法定检验规则》，其中又包含了《国际航行海船法定检验技术规则》《国内航行海船法定检验技术规则》《内河小型船舶检验技术规则》等。

3) 中国海事局与船级社的区别

中国海事局是进行船舶法定检验的官方机构，执行我国政府有关海事的法令、条例以及我国政府承认或加入的国际公约，保障海上人员生命、财产和航行的安全，保障海上和港口的水域不受污染，以及装卸设备的安全。

船级社是受理船舶入级的民间专业技术团体，其职能是通过制定船舶、海上设施、船用产品的入级规范和技术标准，并通过各项服务，保障产品的质量和安全。

中国海事局和船级社两者的区别如表 2-2 所示。

表 2-2 中国海事局与船级社的区别

比较项目	中国海事局	船级社
机构性质	官方机构	民间专业技术团体
检验性质	强制检验	委托检验
检验重点	人员生命、财产和航行安全，海洋污染	产品质量、产品安全
执行标准	我国政府的法令和条例、国际公约等	入级规范、技术标准等

4) 船舶检验与发证的程序

(1) 船舶建造厂向中国海事局提出检验申请，与船级社签订船舶入级检验合同(接收检验申请)；

(2) 船舶建造厂将新船设计图纸文件提交给船级社，以检验其规范(国家法律法规、船级社规范)符合性，并返回认可意见(认可图纸文件)；

(3) 船级社派遣验船师入驻船舶建造厂，检验造船材料、设备以及建造过程是否符合法律法规及认可图纸文件的要求(建造合规监督)；

(4) 符合要求后，船级社向船舶建造厂颁发所检验船舶的相关证书。

2.2 船舶完整稳性

稳性是指船舶因受外力作用离开平衡位置而倾斜，当外力撤除后能自行恢复到原来平衡位置的能力，而完整稳性是指船舶未破损时的稳性。稳性是船舶最重要的安全性能。

2.2.1 船舶初稳性

初稳性也称为小倾角稳性，工程上，一般指船体倾角小于 10°～15° 或主甲板边缘开始进水前的稳性，通常采用最小初稳性高 GM 值来衡量船舶初稳性。典型船舶的 GM 值见表 2-3。

表 2-3　典型船舶的 GM 值

船舶类型	GM/B 取值范围	说明
干货船($B>12\text{m}$)	0.04～0.05m	
中小型干货船	0.05～0.07m	
矿砂船	选较小 GM/B	重心高度 z_g 较低
集装箱船	出港时采用较小 GM 值，到港时加压载水	使横摇周期 T_φ 加大，防止激烈横摇导致货箱甩落和绑扎设备损坏
油船	避免过大 GM 值	控制横摇周期
大中型客船	0.045～0.055m	破舱稳性是主要矛盾
小型客船	>0.055m	横摇角限制小于 12°（恐慌角）
军船	0.06～0.10m	
渔船(400t 以上)	GM = 0.7～0.8m，不宜小于 0.60m	起鱼要求
渔船(150～200t)	GM 值不小于 0.60m	起鱼要求

满载出港状态的现代船舶的典型 GM 值见表 2-4。

表 2-4　满载出港状态的现代船舶的典型 GM 值

船型	GM 值/m	船型	GM 值/m
杂货船	0.4～0.9	拖轮	0.8～1.3
集装箱船	0.3～0.6	渔船	0.7～1.2
近海货船	0.4～1.0	远洋客船	1.0～2.5
油船	1.0～6.0	客船(限制水域客船)	0.5～1.5
散货船	0.6～2.0	双体客船	>10
冷藏船	0.7～1.1	小水线面双体客船	1.5～2.5

矿砂船重心高度 z_g 较低，设计时应选取较小 GM 船宽比(GM/B)；集装箱船为防止激烈横摇导致货箱甩落和绑扎设备损坏，须加大横摇周期 T_φ，因此设计出港时采用较小 GM 值，航行途中及装卸货时，适时加压载水，降低重心高度以增加 GM 值；油船应避免过大的 GM 值，以控制其横摇周期；对于大中型客船，GM 值的选取主要从满足破舱稳性考虑；对于小型客船，应尽量增大 GM 船宽比，使船舶的横摇角小于 12°的恐慌角；渔船拖网或起鱼时，由于额外增加横倾力矩，要求 GM 值尽量大一些。

设计中初稳性高不宜取得过大，以避免横摇周期过短、摇摆频率过快，以及仪表故障、货物受损、作业困难和人员晕船的发生。另外，为防止船舶与波浪谐摇，初稳性高的选取应使船舶横摇周期大于 1.3 倍的波浪周期($T_\varphi>1.3T_w$)。例如，我国近海海区常见的规模化波浪的周期为 $T_w = 6$～7s，船舶横摇周期应保证 $T_\varphi>8$～9s；远海海区波浪周期为 $T_w = 10$～11s，船舶横摇周期应保证 $T_\varphi>13$～14s。

初步设计时，采用近似方法估算初稳性高。

由船舶静力学可知，初稳性高等于浮心高度加上横稳心半径再减去重心高度，即

$$\text{GM} = z_b + r - z_g \tag{2-1}$$

假设浮心高度 z_b 正比于吃水，横稳心半径 r 正比于船宽的平方比上吃水，重心高度 z_g 正比于型深，则可得估算公式：

$$\mathrm{GM} = a_1 T + a_2 \frac{B^2}{T} - \xi D \tag{2-2}$$

式中，T 为吃水；B 为型宽；D 为型深；a_1、a_2 与水线面系数和方形系数有关，针对设计载况，可按表 2-5 和表 2-6 选取。

表 2-5　a_1 近似估算公式

序号	公式名称	a_1	适用情况
1	Morrish	$\frac{1}{3}\left(2.5 - \frac{C_b}{C_w}\right)$	U 形和 V 形横剖面之间的中间剖面
2	巴士裘宁	$\frac{C_w}{C_b + C_w}$	U 形横剖面，有时结果偏小
3	阿希克	$0.858 - 0.37 \frac{C_b}{C_w}$	$\frac{C_b}{C_w} = 0.6 \sim 0.9$，$\frac{C_b}{C_w}$ 大时结果偏小
4	诺吉德	$\frac{1}{2}\left(\frac{C_b}{C_w}\right)^{1/2}$	$\frac{C_b}{C_w} > 0.65$，有时结果偏小
5	方-杰-佛里特	$\frac{1.5 C_w - C_b}{2 C_w - C_b}$	V 形横剖面

表 2-6　a_2 近似估算公式

序号	公式名称	a_2	适用情况
1	诺曼	$\frac{0.008 + 0.0745 C_w^2}{C_b}$	$C_w < 0.7$ 时，结果偏小
2	方-杰-佛里特	$\frac{C_w^2}{11.4 C_b}$	普通形状的满载水线

选取 a_1、a_2 时须注意船型剖面形状的适用性。此外，a_1 和 a_2 也可按照母型船选取，即 $a_1 = z_{b0}/T_0$，$a_2 = r_0/(B_0^2/T_0)$，$\xi = z_{g0}/D_0$，其中下标 0 代表母型船。

针对非设计载况，如压载工况，由于吃水及其相应的船宽、方形系数和水线面系数均发生了变化，因此不宜采用表 2-5 和表 2-6 中的公式估算 a_1 和 a_2，而是从设计吃水工况换算来估算，见式(2-3)~式(2-8)：

$$\frac{T}{T_0} = \left(\frac{\nabla}{\nabla_0}\right)^{\frac{C_{b0}}{C_{w0}}} \tag{2-3}$$

$$\frac{z_b}{z_{b0}} = \frac{T}{T_0} \tag{2-4}$$

$$\frac{r}{r_0} = \left(\frac{T}{T_0}\right)^{\frac{C_{w0}}{C_{b0}} - 2} \tag{2-5}$$

$$\mathrm{GM} = z_b + r - z_g \tag{2-6}$$

$$\frac{C_w}{C_{w0}} = \left(\frac{T}{T_0}\right)^{\frac{C_{w0}}{C_{b0}} - 1} \tag{2-7}$$

$$\frac{C_b}{C_{b0}} = \left(\frac{T}{T_0}\right)^{\frac{C_{w0}}{C_{b0}} - 1} \tag{2-8}$$

式中，T 为吃水；∇ 为排水体积；z_b 为浮心高度；r 为横稳心半径；z_g 为船舶重心高度；C_w 为水线面系数；C_b 为方形系数；带下标 0 的为设计吃水工况下的各参数。

2.2.2 大倾角稳性

船舶的横摇角超过 10°～15°时的稳性为大倾角稳性。中国海事局《国际航行海船法定检验技术规则》和《国内航行海船法定检验技术规则》中分别规定了国际航行海船和国内航行海船大倾角稳性的衡准，包括复原力臂曲线(即静稳性曲线)特征值以及气象衡准要求。

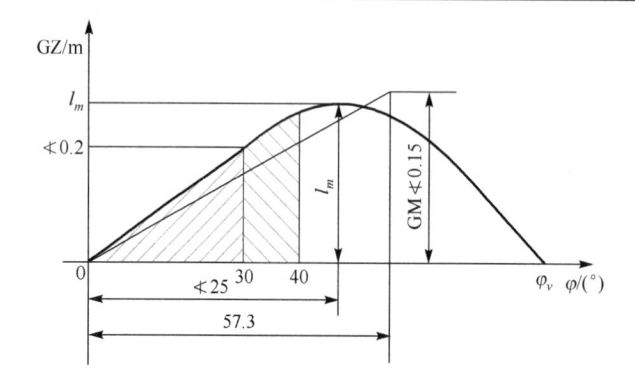

1. 国际航行海船

(1) 国际航行海船大倾角稳性复原力臂曲线特征值要求见表 2-7 及图 2-2。

表 2-7 国际航行海船大倾角稳性复原力臂曲线特征值要求

衡准	数值
0°～30°复原力臂曲线下的面积	应不小于 0.055m·rad
0°～40°或进水角 φ_F(若 φ_F<40°)复原力臂曲线下的面积	应不小于 0.09m·rad
30°～40°或 30°与 φ_F 间(若 φ_F<40°)复原力臂曲线下的面积	应不小于 0.03m·rad
横倾角大于或等于 30°处的复原力臂	至少为 0.2m
最大复原力臂 l_m 对应的横倾角 φ_m	最好大于 30°，若达不到，则不得小于 25°
经自由液面修正后的初稳性高 GM	应不小于 0.15m

图 2-2 国际航行海船大倾角稳性复原力臂曲线特征值要求

(2) 国际航行海船大倾角稳性气象衡准要求。

假定船舶首先在一个定常风(力臂为 l_{w1})作用下产生一个初倾角 φ_0，然后在波浪作用下发生横摇，当横摇到向风一侧最大角度 φ_A 时(图 2-3)，受到力臂是定常风风压侧倾力臂 1.5 倍的一阵突风的吹袭，船舶在这种状态下不倾覆，也就是气象衡准数 K 等于面积 b 比上面积 a(图 2-4)，大于或等于 1，见表 2-8。

风压侧倾力臂(简称风倾力臂)l_{w1} 按式(2-9)计算：

$$l_{w1} = \frac{P \cdot A_v \cdot Z}{9810\Delta} \tag{2-9}$$

式中，P 为风压，504Pa(对有限航区适当减小)；A_v 为水线(WL)以上船体和甲板载货的受风面积，m^2；Z 为受风面积中心距吃水一半处的垂直高度，m；Δ 为船舶排水量，t。

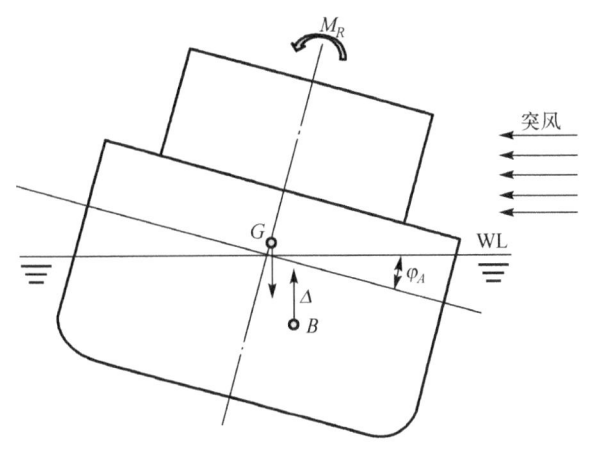

图 2-3 突风作用

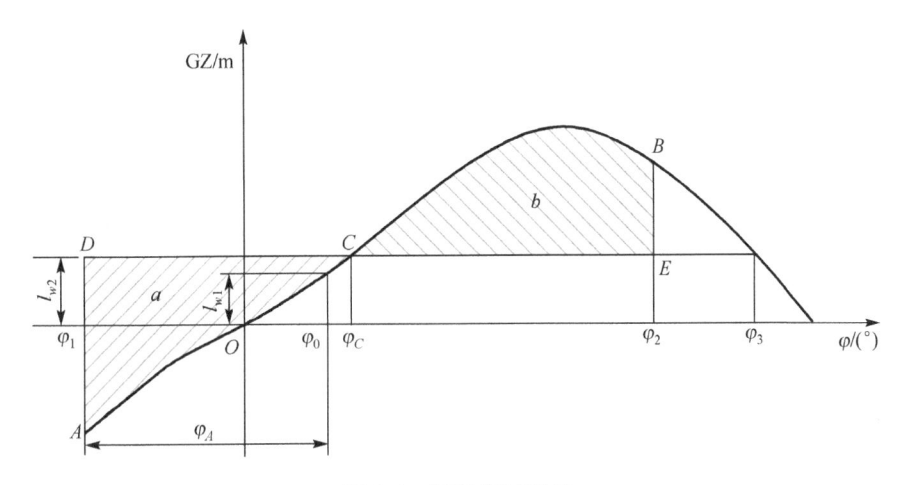

图 2-4 气象衡准图示

表 2-8 国际航行海船大倾角稳性气象衡准要求(IMO 完整稳性规则)

序号	说明
1	假定船舶首先在一个定常风(力臂为 l_{w1})作用下产生一个初倾角 φ_0，然后在波浪作用下发生横摇
2	当横摇到向风一侧最大角度 φ_A 时，受到一阵突风(力臂为 l_{w2})吹袭
3	突风侧倾力臂 l_{w2} 规定为定常风力臂 l_{w1} 的 1.5 倍
4	$K = b/a \geqslant 1$，a 为风浪力做的功，b 为复原力做的功

突风侧倾力臂计算：

$$l_{w2}=1.5\,l_{w1} \tag{2-10}$$

横摇角 φ_A 计算：

$$\varphi_A = 109KX_1X_2\sqrt{rS} \tag{2-11}$$

式中，系数 K 由表 2-9 查得；系数 X_1 按照型宽吃水比 B/T 由表 2-10 查得；系数 X_2 按方形系数 C_b 由表 2-11 查得；系数 S 按横摇周期 T_φ 由表 2-12 查得；系数 r 按式(2-12)计算。

表 2-9　系数 K

$\frac{A_{BK}}{LB} \times 100\%$	0	1.0	1.5	2.0	2.5	3.0	3.5	≥4.0	尖舭型船
K	1.0	0.98	0.95	0.88	0.79	0.74	0.72	0.70	0.70

注：(1) 中间值由线性插值求得。
(2) 表中 A_{BK} 为舭龙骨总面积或方龙骨的侧投影面积，或这些面积之和，单位为 m^2。

表 2-10　系数 X_1

B/T	≤2.4	2.5	2.6	2.7	2.8	2.9	3.0	3.1	3.2	3.3	3.4	≥3.5
X_1	1.0	0.98	0.96	0.95	0.93	0.91	0.90	0.88	0.86	0.84	0.82	0.80

注：中间值由线性插值求得。

表 2-11　系数 X_2

C_b	≤0.45	0.50	0.55	0.60	0.65	≥0.70
X_2	0.75	0.82	0.89	0.95	0.97	1.00

注：中间值由线性插值求得。

表 2-12　系数 S

T_φ/s	≤6	7	8	12	14	16	18	≥20
S	0.100	0.098	0.093	0.065	0.053	0.044	0.038	0.035

注：中间值由线性插值求得。

$$r = 0.73 + 0.06 \frac{\text{OG}}{T_m} \quad (2\text{-}12)$$

式中，OG 为重心至水线的垂直距离，m；T_m 为平均吃水，m。

横摇周期按式(2-13)计算：

$$T_\varphi = \frac{2.01CB}{\sqrt{\overline{\text{GM}}}} \quad (2\text{-}13)$$

式中，系数 $C = 0.3725 + 0.0227(B/T_m) - 0.0043(L/100)$；$\overline{\text{GM}}$ 为经自由液面修正后的初稳性高，m。

面积 a 和 b 按如下步骤求取，见图 2-4：

① 按式(2-9)和式(2-10)求取风倾力臂 l_{w1} 和突风侧倾力臂 l_{w2}；

② 将 l_{w1} 和 l_{w2} 分别标在图 2-4 气象衡准图示的纵坐标轴上，并分别过这两点作横坐标轴的平行线；

③ 将 l_{w1} 平行线与 GZ 曲线的相交点投影到横坐标轴可得到定常风作用下的横倾角 φ_0，l_{w2} 平行线与 GZ 曲线的相交点为 C；

④ 自 φ_0 向 φ 轴负方向量取 φ_A，得到 φ_1 点，再作横坐标轴的垂线，分别交 GZ 曲线和 l_{w2} 直线于 A、D 点；

⑤ 自坐标原点沿 φ 轴正方向量取 φ_2，φ_2 取进水角或 50°或第二个交角 φ_3(l_{w2} 的直线与 GZ 曲线的第二个交点角)中的小者；

⑥ 过 φ_2 作 φ 轴垂线，分别交 GZ 曲线和 l_{w2} 直线于 B、E 点，构成图 2-4 所示的面积 a 和 b。

关于自由液面的影响,有如下规定:

① 在确定各横倾角下自由液面对稳性的影响时,计入的舱柜应包括按营运情况能同时存在自由液面的各种液体(包括航行中途加压载水的压载舱)的单个舱柜或舱组;

② 不同横倾角下自由液面力矩 M 可按《法规》的近似公式计算;

③ 对于装载 50%液体的小液舱,若在横倾角为 30°时其自由液面力矩小于 1% 船舶最小排水量,则可不必计入;

④ 空舱中通常的剩余液体可不计入。

2. 国内航行海船

(1) 国内航行海船大倾角稳性复原力臂曲线特征值要求见表 2-13 及图 2-5。

表 2-13 国内航行海船大倾角稳性复原力臂曲线特征值要求

衡准	数值
横倾角 30°或进水角 φ_F(若 φ_F<30°)处的复原力臂	不小于 0.2m
最大复原力臂 l_m 对应的横倾角 φ_m	不小于 25°
复原力臂曲线消失角	不小于 55°
经自由液面修正后的初稳性高 GM	不小于 0.15m
B/D>2,最大复原力臂对应的横倾角可减少 $\Delta\theta$	$\Delta\theta = 20(B/D-2)(K-1)$($B/D$>2.5 时,取 2.5,$K$ 为气象衡准数,K>1.5 时,取 1.5)
任一装载工况都须考虑自由液面对稳性的影响	

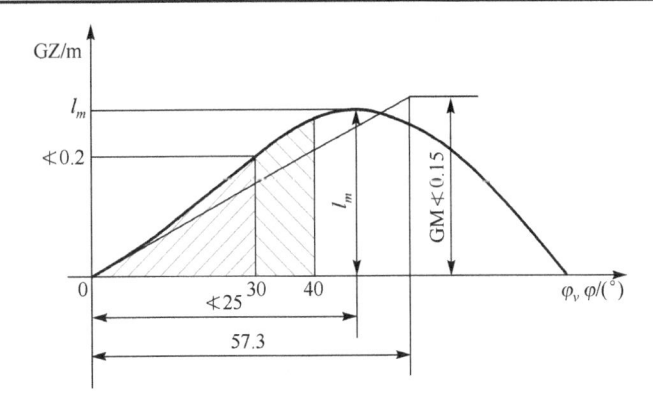

图 2-5 国内航行海船大倾角稳性复原力臂曲线特征值要求

(2) 国内航行海船大倾角稳性气象衡准要求。

假定船舶无航速,受横波作用产生共振横摇角 φ_1,当横摇到向风一侧最大角度时,遇到一阵突风(力臂为 l_f)吹袭,船舶在这种状态下不倾覆,也就是气象衡准数 K 等于最小倾覆力臂 l_q 与风倾力臂 l_f 的比值,大于或等于 1,见表 2-14 和图 2-6。

表 2-14 国内航行海船大倾角稳性气象衡准要求

序号	说明
1	假定船舶无航速,受横波作用产生共振横摇角 φ_1
2	当横摇到向风一侧最大角度时,遇到一阵突风(力臂为 l_f)吹袭
3	$K = l_q/l_f \geqslant 1$,l_q 为最小倾覆力臂,l_f 为风倾力臂

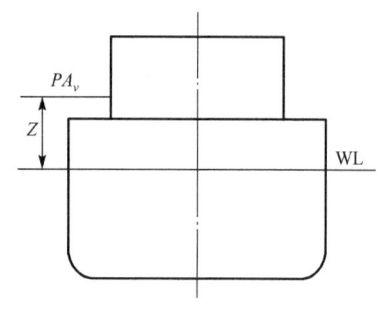

图 2-6 风压侧倾力臂计算

风压侧倾力臂 l_f 按式(2-14)计算：

$$l_f = \frac{PA_v Z}{9810\Delta} \quad (2\text{-}14)$$

式中，P 按航区和受风面积中心距实际水线的垂直距离查表 2-15 选取，Pa；A_v 为水线以上船体和甲板载货的受风面积，m²；Z 为计算风力作用力臂，取为受风面积中心距实际水线的距离，m；Δ 为船舶排水量，t。

表 2-15 计算风压 P

航区风压	计算风力作用力臂 Z/m											
	1.0	1.5	2.0	2.5	3.0	3.5	4.0	4.5	5.0	5.5	6.0	6.5	≥7.0
远海风压/Pa	829	905	967	1040	1099	1145	1185	1219	1249	1276	1302	1324	1347
近海风压/Pa	448	493	536	574	603	628	647	667	683	698	711	724	736
沿海风压/Pa	228	248	268	284	301	314	326	336	343	350	357	363	368

横摇角 φ_1 按式(2-15)计算：

$$\varphi_1 = 11.75 C_1 C_4 \sqrt{C_2/C_3} \quad (2\text{-}15)$$

式中，C_1 根据自摇周期及航区查得(图 2-7)；C_2 与重心高度和吃水有关；C_3 与 B/T 有关，按表 2-16 选取；C_4 与舭龙骨尺度有关，按表 2-17 选取。

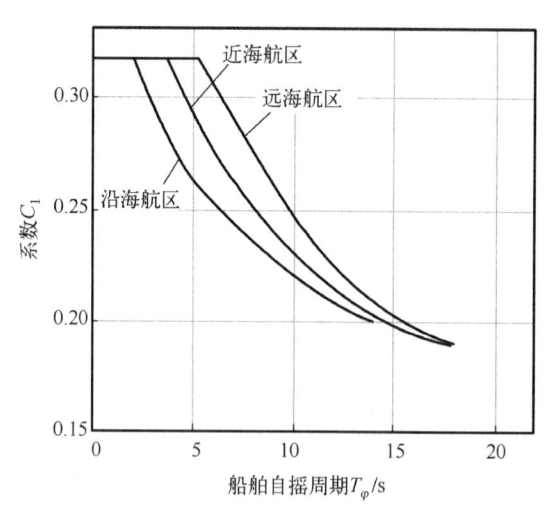

图 2-7 系数 C_1

表 2-16 修正系数 C_3

B/T	≤2.5	3.0	3.5	4.0	4.5	5.0	5.5	6.0	6.5	≥7.0
C_3	0.011	0.013	0.015	0.017	0.018	0.019	0.020	0.021	0.022	0.023

表 2-17 修正系数 C_4

$\dfrac{A_{BK}}{L_{bp}B}\times 100\%$		0.0	0.5	1.0	1.5	2.0	2.5	3.0	3.5	≥4.0
C_4	干货船、油船、集装箱船、海驳船	1.30	0.98	0.89	0.85	0.80	0.75	0.68	0.68	0.68
	客船、渔船、拖船	1.30	1.15	1.07	1.00	0.92	0.85	0.75	0.71	0.68

注：A_{BK} 为舭龙骨总面积。

船舶横摇周期 T_φ 见式(2-16)：

$$T_\varphi = 0.58 f \sqrt{\frac{B^2 + 4z_g^2}{\overline{GM}}} \qquad (2\text{-}16)$$

式中，f 为 $B/T>2.5$ 时的修正系数，见表 2-18。

表 2-18 修正系数 f

B/T	≤2.5	3.0	3.5	4.0	4.5	5.0	5.5	6.0	6.5	≥7.0
f	1.00	1.03	1.07	1.10	1.14	1.17	1.21	1.24	1.27	1.30

$$C_2 = 0.13 + 0.6\frac{z_g}{T}$$

当 $C_2 > 1$ 时，取 $C_2 = 1$。

当 $C_2 < 0.68$ 时，取 $C_2 = 0.68$。

最小倾覆力臂 l_q 按如下步骤求取，见图 2-8：

(1) 按式(2-15)求得横摇角 φ_1；

(2) 在动稳性臂曲线上从坐标原点沿 φ 轴负方向量取 φ_1；

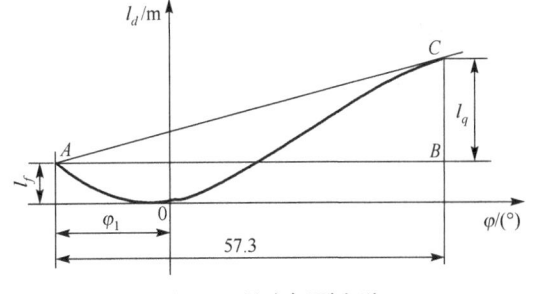

图 2-8 最小倾覆力臂

(3) 过 φ_1 点作横坐标轴的垂直线，交动稳性臂镜像曲线于 A 点；

(4) 过 A 点作动稳性臂曲线的切线；

(5) 过 A 点作 φ 轴平行线，在该线上从 A 点沿 φ 轴正方向量取 57.3°得到 B 点；

(6) 过 B 点作 φ 轴垂线，交切线于 C 点，则 BC 段长度就是所求的最小倾覆力臂 l_q。

2.2.3 稳性校核的工况

通常需要进行稳性校核的工况见表 2-19。

表 2-19 稳性校核工况

装载状态	船种				
	干货船	客船	集装箱船	运木船	液货船
出港 (100%油水和备品)	满载	满载客货 满客无货	满载	满载轻木材 满载重木材	满载 部分装载
	压载	压载货	压载	压载	压载
中途 (50%油水和备品)	满载	满载客货 满客无货	满载	满载轻木材 满载重木材	满载 部分装载
	压载	压载	压载	压载	压载

续表

装载状态	船种				
	干货船	客船	集装箱船	运木船	液货船
到港 (10%油水和备品)	满载	满载客货 满客无货	满载	满载轻木材 满载重木材	满载 部分装载
	压载	压载	压载	压载	压载

此外，针对客船，还应校核全速回转旅客集中一舷工况；针对冬季航行Ⅰ类航区船，还应计算结冰影响；针对甲板上装运木材的船舶，需要按照木材船舶稳性衡准校核，并考虑木材吸水和结冰的影响。

2.3 分舱与破舱稳性

破舱稳性是指船舶在一舱或数舱破损进水时仍能保持一定浮性和稳性的能力，是船舶的一项重要性能。

船舶的破舱稳性是用水密舱壁将船体分隔成适当数量的舱室(即分舱)来保证的，要求当一舱或数舱进水后，船舶的下沉及横倾角不超过规定的极限位置，并保持一定的稳性。

现行国际公约几乎对所有类型的运输船舶都有破舱稳性的要求，对客船和油船还有特殊的分舱规定。表2-20列举了涉及分舱与破舱稳性规定的主要国际公约和规则及其所适用的船型。

表 2-20 分舱与破舱稳性相关国际公约与规则

序号	名称	适用船型	生效时间	使用性质
1	1966年国际载重线公约	A、B-60、B-100船型	1966年	强制
2	1966年国际载重线公约1988年议定书	A、B-60、B-100船型	2000年	强制
3	IMO A.265 (Ⅷ)	客船	1973年	等效
4	1973年国际防止船舶造成污染公约及1978年议定书、1992年修正案	油船	议定书1983年和修正案1993年	强制
5	SOLAS 74/83修正案、IBC规则	散装化学品船	1986年	强制
6	SOLAS 74/83修正案、IGC规则	散装液化气船	1986年	强制
7	IMO A.469(Ⅶ)	近海供应船	1981年	推荐
8	IMO A.491(Ⅶ)	核动力商船	1981年	推荐
9	IMO A.534(Ⅷ)	特殊用途船	1983年	推荐
10	IMO MSC 36(63)	高速船	1996年	强制
11	SOLAS 2009	客船、货船	2009年	强制
12	SOLAS 2020	客船	2020年	强制

船舶破舱稳性的计算有确定性和概率性两种方法。

2.3.1 确定性破舱稳性

针对确定性破舱稳性，相关公约有如下的规定和衡准：

(1) 规定了船舶纵向、横向和垂向的破损范围及位置；
(2) 规定了破舱前的船舶状态，确定最危险的破损舱或舱组；
(3) 规定了对残存船舶浮态和稳性的要求；
(4) 要求计算出满足上述规定的破损前船舶极限重心高度；
(5) 要求任一计算状态都必须满足所有的残存条件。

在用确定性方法校核船舶破舱稳性之前，需要假定船体的破损范围，表 2-21 列举了船底破损、船侧破损以及载重量(DW)大于或等于 20000t 的双底双壳油船底部破损时，船体沿着纵向、横向及垂向的假定破损范围。据此，可定义用于破舱稳性校核的假定破损舱或破损舱组。

表 2-21 船体破损范围假定

破损方向		纵向范围	横向范围	垂向范围
船底破损	自首垂线起 0.3L 内	l_1 或 14.5m，取小者	B/6 或 10m，取小者	基线起 B/15 或 2m，取小者
	其他部位	l_1 或 5m，取小者	B/6 或 5m，取小者	基线起 B/15 或 2m，取小者
船侧破损		l_1 或 14.5m，取小者	B/5 或 11.5m，取小者	无限制
船底破损 (DW≥20000t 双底双壳油船)	DW≥75000t	首垂线起 0.6L	B/3 船底任何部分	外壳板破裂
	DW<75000t	首垂线起 0.4L		

注：$l_1 = L^{1/3}/3$，其中 L 为型深 85%处水线总长的 96%，或该水线处自首柱前缘至舵杆中心线的长度，取二者之大值。

在破舱稳性计算中，相关公约规定了货物处所在不同装载吃水下的渗透率取值，如表 2-22 所示。非货物处所的渗透率按表 2-23 规定数值选取。渗透率(μ)是指船舶破损后，船舱实际进水体积与总型容积之比(%)。

表 2-22 货物处所渗透率

货物处所	最深分舱载重吃水下的渗透率	部分载重吃水下的渗透率	轻压载吃水下的渗透率
干货处所	0.70	0.80	0.95
集装箱处所	0.70	0.80	0.95
滚装处所	0.90	0.90	0.95
液体货物	0.70	0.80	0.95

表 2-23 非货物处所渗透率

处所	渗透率	处所	渗透率
机器处所	0.85	空舱	0.95
储物处所	0.60	液体处所	0.95
起居处所	0.95		

注：液体处所一旦破损，假定所载液体全部流失，并由海水替代至最终水线。

通过引入破损后船舶的浮态和生存能力要求，来判断破损后的船舶是否满足规范的安全要求，见表 2-24。

表 2-24 ICLL 和 MARPOL 对散货船及油船破损后浮态及残存能力的要求

序号	ICLL 和 MARPOL 对散货船及油船破损后浮态及残存能力的要求	说明
1	考虑下沉、横倾及纵倾，船舶进水后的最终水线应位于可能发生继续进水的任何开口(空气管、通风筒、风雨密门等)下缘的下方	
2	散货船不对称进水引起的横倾角在甲板任何部分均未淹没时可允许到 17°，部分或全部淹没时则不应超过 15°	ICLL
3	油船不对称进水引起的横倾角不大于 25°，若甲板边缘未进水，可增大到 30°	MARPOL
4	中间进水阶段的稳性应足够	
5	进水后平衡状态初稳性高 GM 值应为正	
6	复原力臂曲线在平衡角以外的正值范围不小于 20°，此范围内最大复原力臂不小于 0.1m；复原力臂曲线下的面积不小于 0.0175m·rad	

确定性方法简单明了，概念清晰；可根据分舱布置判断出危险的破损情况；破损舱组数量少，计算工作量小。但其所参考的船舶样本陈旧，越来越不适合现代船舶设计。因此，今后将逐渐被概率性方法代替。

2.3.2 概率性破舱稳性

中国海事局《船舶与海上设施法定检验规则》规定：对船长 80m 以下的客船，仅要求满足一舱不沉，在一舱破损情况下的破舱稳性要求与国际公约相比有所放宽；对船长 80m 及以上的客船，与国际公约的要求完全一致；对一般货船，还没有提出破舱稳性的要求；对油船，除载重量小于 3000t 的油船可免除双壳体结构要求以外，其余要求与国际公约基本一致；对散装化学品船和散装液化气体船，与国际公约的要求一致。

建立在对海损事故统计分析基础上的概率性方法由于电子计算机的普及得以正式使用，将逐步替代确定性方法。概率性方法与确定性方法相比，主要有以下区别。

(1) 规定了船舶破损的最大范围，在该范围内横向、纵向和水平的分隔都可能破损，即不限制破损的部位，无论单独舱还是两个舱或两个以上相邻舱组，都有破损进水的概率。

(2) 规定了船舶破损进水后的生存概率，即规定了破损船舶的浮态和稳性指标与生存概率之间的关系。

(3) 规定了破损前船舶的状态，然后对每一种状态计算所有可能对船舶破损后的"生存能力"有贡献的舱和舱组(假定这些舱或舱组进水)，全部的这些贡献之和称为船舶达到的分舱指数 A。

(4) 破除了确定性方法中分舱因数 F(即"一舱制"、"两舱制"和"三舱制")的概念，允许在某些舱或舱组进水后船舶残存能力低于衡准的要求。取而代之的是，根据统计资料规定了一个要求的分舱指数 R，当船舶达到的分舱指数 A 不小于要求的分舱指数 R 时，就认为船舶破舱稳性满足要求。

值得注意的是，由于船首的破损可能性最大，因此所有船舶分舱时，都必须设置防撞舱壁。在货船破舱稳性的概率性方法中，还特别规定了防撞舱壁前的舱室破损时，其生存概率必须等于 1。此外，《法规》在船舶构造的规定中，对防撞舱壁距首垂线的距离也做了明确的规定，其原因主要也是船首的破损可能性最大。

船舶破损状态下的生存能力是一个重要的安全衡准。在船舶初始设计阶段，需要从抗沉性角度合理确定主尺度和船型要素,其中最主要的是选取到分舱甲板的型深和首尾舷弧,同时要着重考虑船舶的合理分舱。

1. 主要名词定义

(1) 船舶的分舱长度 L_s,指在最深分舱吃水处限制垂直进水范围的一层或多层甲板以下,部分船舶的最大型长,一般为 $d_s+12.5\text{m}$ 对应的船长,见图 2-9。

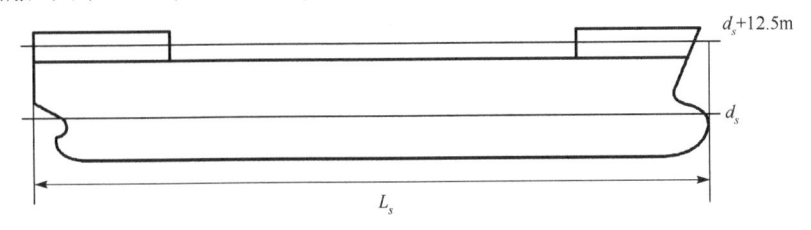

图 2-9 分舱长度

(2) 最深分舱吃水 d_s,相当于船舶夏季载重吃水。

(3) 轻载营运吃水 d_l,为要求的最小 GM(或最大许用 KG)曲线的吃水下限。对于货船,它通常对应于消耗品剩余 10%时的压载到港工况;对于客船,它通常对应于消耗品剩余 10%时装载额定的全部乘客、船员与行李的满载到港工况。

(4) 部分分舱吃水 d_p,为轻载营运吃水加上最深分舱吃水与轻载营运吃水差值的 60%。

(5) 舱壁甲板,指水密横舱壁所达到的最高一层甲板。舱壁甲板可以是阶梯形甲板。货船的干舷甲板可作为舱壁甲板。

(6) 安全限界线,指沿船侧在舱壁甲板上表面下 76mm 处所绘出的曲线。

(7) 渗透率,即船舶破损后,破损处所的进水体积占该处所型容积的百分比。

(8) 风雨密,指任何风浪情况下,水都不应浸入船舱内。

(9) 区域,指在分舱长度范围内沿纵向划分的区间。

(10) 空间,指由舱壁、甲板所限制的具有一定渗透率的船体的一部分。

(11) 处所,指多个空间的组合。

(12) 舱室,船上水密边界内的处所。

(13) 破损,指船舶的三维破损范围。

将船舶上述三种装载吃水 d_s、d_p、d_l 形象地示于图 2-10 中。

图 2-10 三种吃水工况

现行的《国际海上人命安全公约》对船长大于或等于 80m 的干货船及客船规定了破舱稳性的要求,但对分舱没有特殊的规定。

对于已满足 IMO 其他公约、规则中分舱与破舱稳性要求的船舶(如符合 ICLL 的 B-60 或 B-100 船舶和符合 MARPOL 的油船等),可免除此项要求。SOLAS 2020 规定了对适用的客船和货船统一采用概率性方法。其衡准为船舶达到的分舱指数 A 应不小于要求的分舱指数 R。

2. 要求的分舱指数 R

要求的分舱指数 R 是根据海损事故资料统计分析得出的一个最低的分舱标准，当 $L_s>$ 100m 时按式(2-17)计算，当 $80\text{m} \leqslant L_s \leqslant 100\text{m}$ 时按式(2-18)计算：

$$R = 1 - \frac{128}{L_s + 152} \tag{2-17}$$

$$R = 1 - \left[1 \Big/ \left(1 + \frac{L_s}{100} \times \frac{R_0}{1-R_0} \right) \right] \tag{2-18}$$

式中，R_0 为按式(2-17)计算得到的 R。

对客船按表 2-25 计算。

表 2-25 客船分舱指数 R 计算公式

船上人员总数	R
$N<400$	$R = 0.722$
$400 \leqslant N < 1350$	$R = N/7580 + 0.66923$
$1350 \leqslant N \leqslant 6000$	$R = 0.0369 \times \ln(N + 89.048) + 0.579$
$N > 6000$	$R = 1 - (852.5 + 0.03875 \times N)/(N + 5000)$

注：N 为船上的人员总数；L_s 为船舶的分舱长度(m)，分舱长度一般是指水密船体部分的最大型长，详细的规定见《法规》条文。

3. 船舶达到的分舱指数 A

船舶达到的分舱指数 A 为

$$A = 0.4A_s + 0.4A_p + 0.2A_l \tag{2-19}$$

式中，A_s、A_p、A_l 为对应吃水 d_s、d_p、d_l 按式(2-20)分别计算得到的指数：

$$A = \sum p_i s_i \tag{2-20}$$

式中，i 为所考虑的每一个舱或舱组；p_i 为所考虑的舱或舱组可能进水的概率，不考虑任何水平分隔；s_i 为所考虑的舱或舱组进水后的生存概率，包括水平分隔的影响，与初始装载工况和船舶遭遇破损后的稳性有关。

对货船，要求 $A \geqslant R$，$A_s \geqslant 0.5R$，$A_p \geqslant 0.5R$，$A_l \geqslant 0.5R$。

对客船，要求 $A \geqslant R$，$A_s \geqslant 0.9R$，$A_p \geqslant 0.9R$，$A_l \geqslant 0.9R$。

计算 A 时假定船舶处于正浮状态。式(2-19)表示的总和是指可以计及整个船长范围内每一个单独舱或两个及以上相邻舱组的所有进水情况，一直计算到那些舱或舱组进水后无助于增加分舱指数 A 为止。也就是说，在任何所考虑的舱或舱组进水后，只要在进水的最终阶段船的浮态和稳性满足最低要求，使得生存概率 $s_i > 0$，就能对船舶达到的分舱指数 A 有贡献。若设有边舱，边舱(或舱组)与其相邻的内侧舱同时进水的情况也可考虑，此时假定破损横向穿透扩展至船中心线，但不包括中心线处的舱壁破损。

(1) 在计算 A 时，对 d_s、d_p 可用某一初始纵倾，对 d_l 可用实际营运纵倾。如果实际营运纵倾与初始纵倾之差大于 $0.5\%L_s$，则必须增加该吃水下不同纵倾的计算，以使实际营运纵倾与某一计算纵倾之差小于 $0.5\%L_s$。

(2) 在各纵倾下计算获得的数条破舱稳性极限 GM 曲线的基础上，绘制覆盖整个实际营运纵倾范围的极限 GM 包络线，具体如下。

① 计算极限 GM 曲线时，纵倾在 ±0.5%L_s 范围内按零纵倾计算；纵倾超过 ±0.5%L_s 时，在超出部分的基础上，按步长不超过 1%L_s 所获得的若干纵倾计算相应的极限 GM 曲线。比如，所有装载工况的纵倾范围为 0.5%L_s(首倾)至−1.5%L_s(尾倾)，需要计算以下两条极限 GM 曲线：部分分舱吃水及最深分舱吃水分别按照"纵倾 = 0"及"纵倾 = −1.0%L_s"进行计算，轻载营运吃水按实际营运纵倾进行计算，这样就获得了两条极限 GM 曲线。这里"纵倾 = 0"表示纵倾在−0.5%L_s 至 0.5%L_s 范围内；"纵倾 = −1.0%L_s"表示纵倾在−0.5%L_s 至 −1.5%L_s 范围内。最后，在这两条极限 GM 曲线的基础上绘制如图 2-11 所示的极限 GM 包络线。

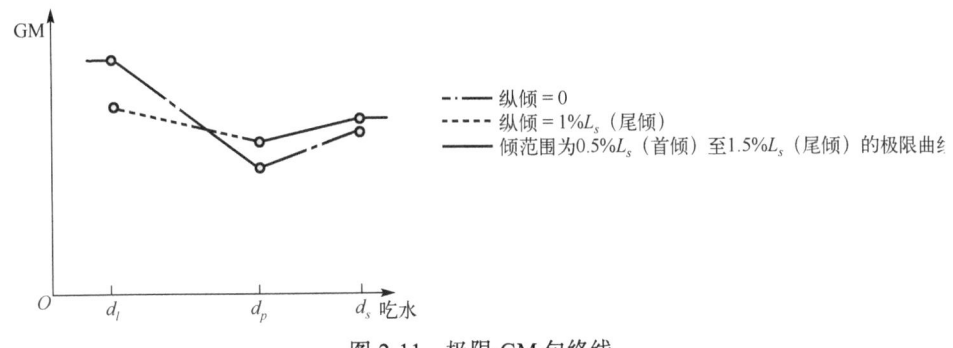

图 2-11 极限 GM 包络线

② 提供给船长的稳性资料中应包含破舱稳性极限 GM 曲线，并包含大意为"任何装载工况下经过自由液面修正后的 GM 曲线除了满足完整稳性极限 GM 曲线的要求外，还应满足破舱稳性极限 GM 曲线的要求"的文字说明。

关于 p_i 和 s_i 的计算简述如下(为叙述简便，以下除特别说明的以外，将"所考虑的舱或舱组"简称为"舱")。

4. 概率 p_i 的计算

使用下列符号标识一个舱或舱组的因数 p_i。

j：船尾以 1 起始的破损范围内最后部破损区编号。

n：破损范围内相邻破损区编号。

K：作为破损区横向穿透屏障的特定纵舱壁的编号，从船壳向中心线计数。在船壳处的 $K = 0$。

x_1：从 L_s 的后端点到所考虑的破损区后端点的距离。

x_2：从 L_s 的后端点到所考虑的破损区前端点的距离。

b：船壳与一假定垂直平面之间在最深分舱载重线处垂直于中心线量取的平均横向距离(穿透宽度，m)，该假定垂直平面延伸于计算因数 p_i 所用的纵向界限之间，且为所考虑的纵舱壁最外部之全部或部分的切面或重合面。该垂直平面的定位应使其与船壳的距离达到最大，但不得大于该平面与船壳之间最小距离的两倍。如果纵舱壁上部低于最深分舱载重线，则用于确定 b 的假定垂直平面向上延伸至最深分舱载重线。在任何情况下，b 应取不大于 $B/2$。

p_i：船舶单舱或舱组进水的概率，计算时不考虑水平分隔的影响，但是要求考虑横向穿透宽度 b 的影响，见图 2-12。影响 p_i 的最大因素就是舱或舱组的位置及长度，首先应该对船舶的舱室进行纵向区域划分，见图 2-13。

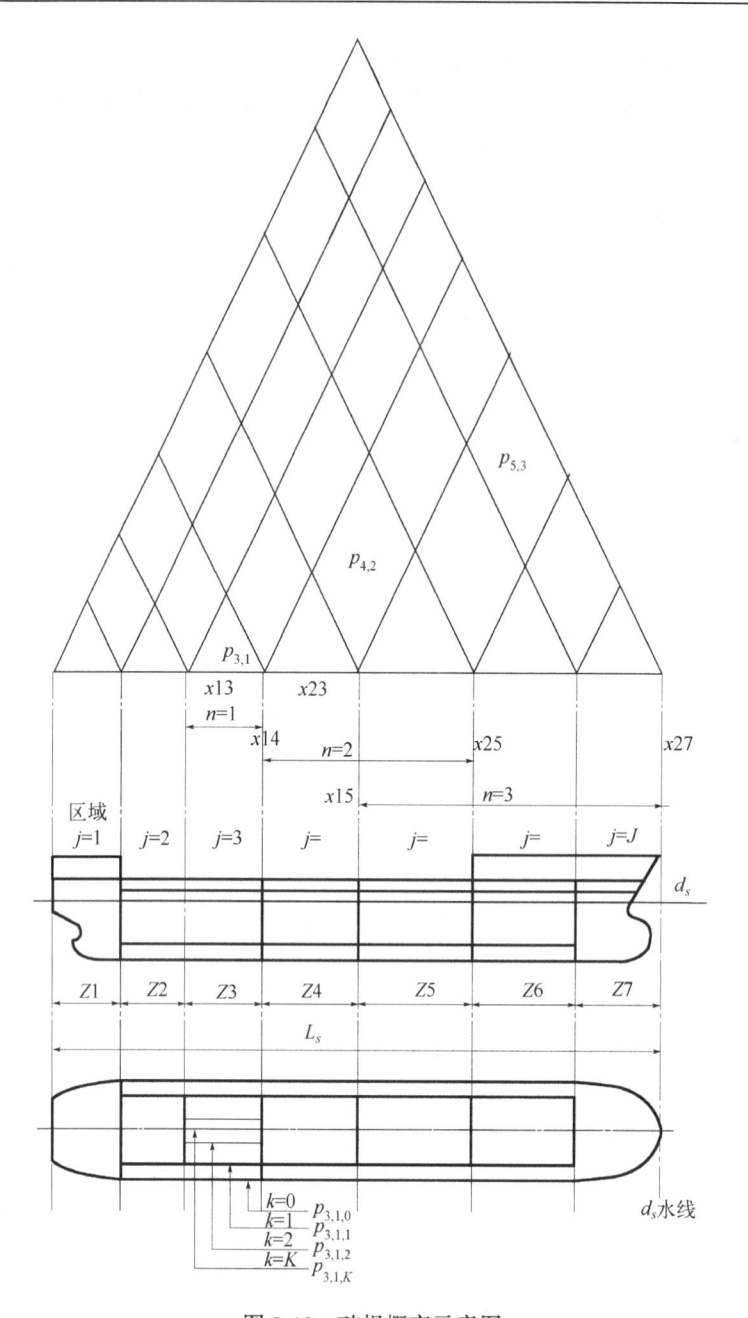

图 2-12 破损概率示意图

图 2-13 中对同一艘船舶进行了两种纵向区域的划分，第一种将船舶纵向区域划分为 3 个区域，即 Z1、Z2、Z3，第二种划分成了 11 个区域。原则上这两种划分方式均可，第一种的计算量较小，但是得到的分舱指数会较小。事实证明，适当增加纵向区域的划分个数可以增大得到的分舱指数。在将船舶的纵向区域划分完后将得到破损长度——破损舱组示意图，如图 2-14 所示。

图 2-14 中粗边单三角形表示一个使 Z2 内的舱室产生一个通海的开口的破损，粗边单平行四边形表示使 Z4、Z5、Z6 内的舱室同时进水的破损。

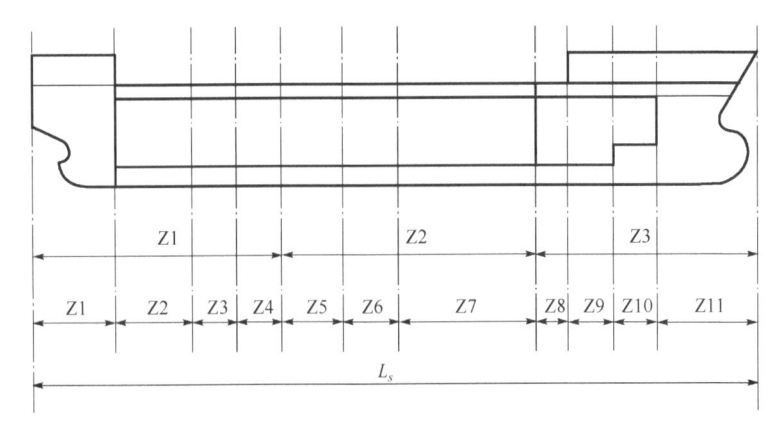

图 2-13　船舶纵向区域划分

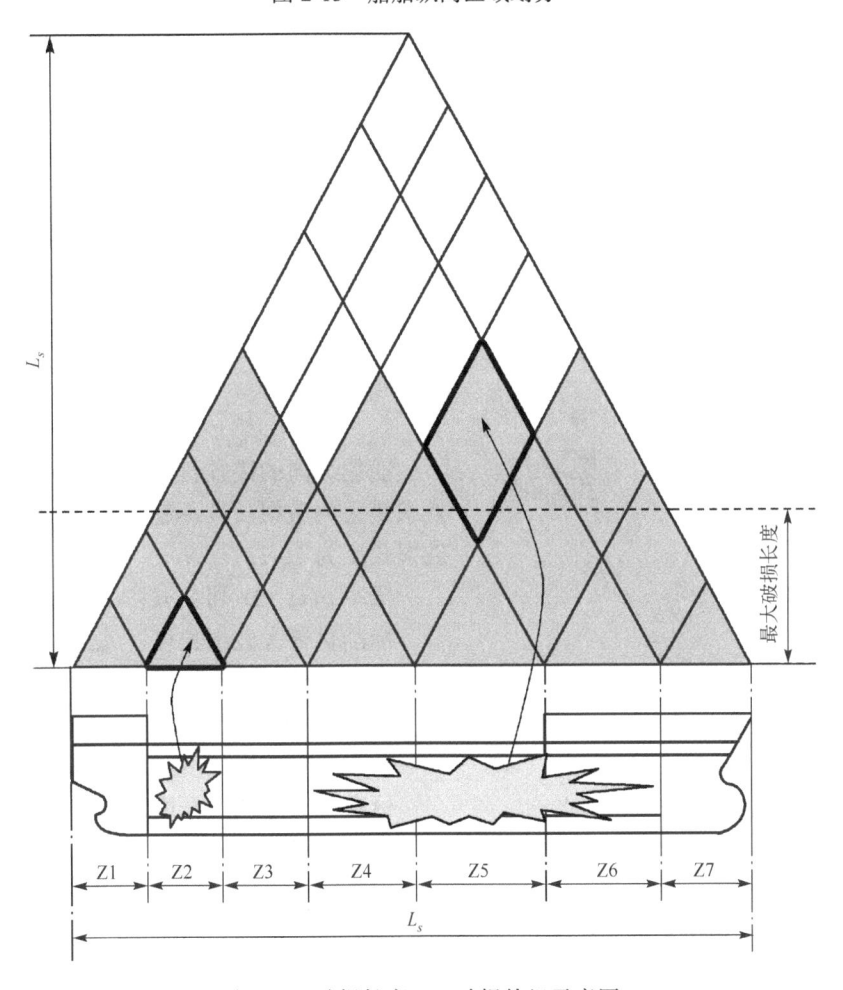

图 2-14　破损长度——破损舱组示意图

最大破损长度为 60m。图 2-14 中的阴影面积阐明了最大破损长度效应。对三个或以上相邻区域为一组的破损，若该区域组合的长度减去该区域组合最前和最后两个区域的长度之后仍大于上述最大破损长度，则其因数 $p=0$。划分破损区域时考虑此因素可以限制定义的破损区域数量并获得最大的 A 指数。

图 2-15 中深色的三角形代表区域 j 进水，此时的概率 $p_{j,1} = p_{x1_j,x2_j}$。

图 2-16 中深色的平行四边形代表区域 j、j+1 相邻区域同时进水，此时的概率 $p_{j,2} = p_{x1_j,x2_{j+1}} - p_{x1_j,x2_j} - p_{x1_{j+1},x2_{j+1}}$。

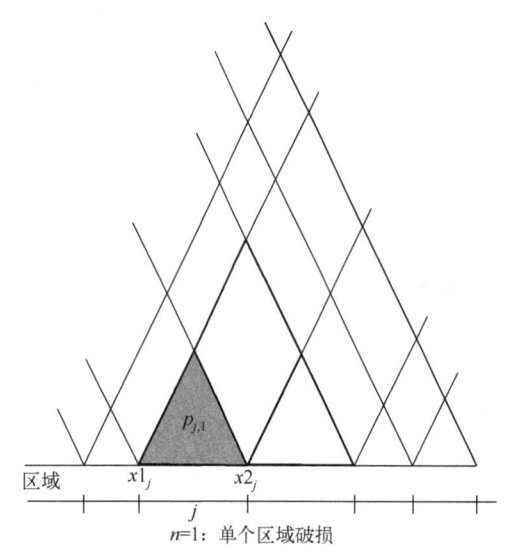

图 2-15 单区域破损

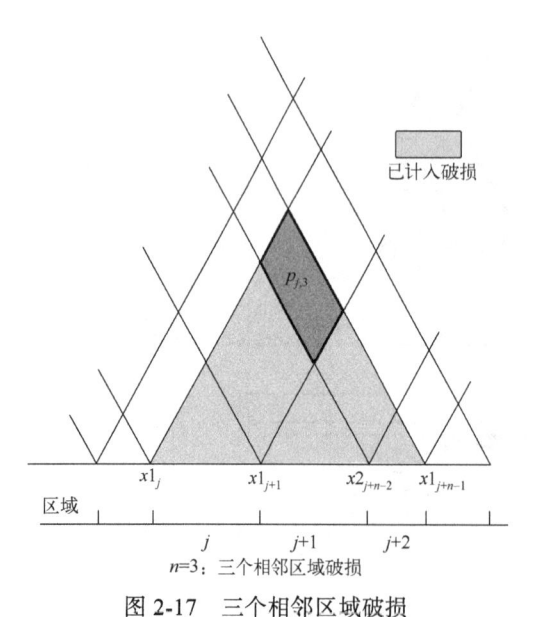

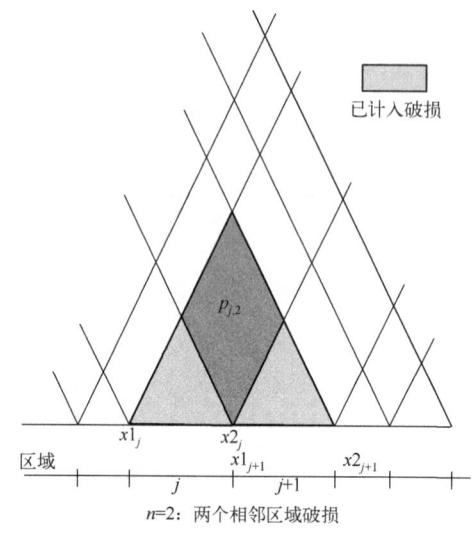

图 2-16 两个相邻区域破损

图 2-17 的深色区域代表 j、j+1、j+2 三个相邻区域同时进水，此时的概率 $p_{j,n} = p_{x1_j,x2_{j+n-1}} - p_{x1_j,x2_{j+n-2}} - p_{x1_{j+1},x2_{j+n-1}} + p_{x1_{j+1},x2_{j+n-2}}$。

船舶纵向的破损长度并不是无限制的，规范要求最大的破损长度不超过 60m 或标准化最大破损长度为 10/33。

概率 $p(x1,x2)$ 可按式(2-21)～式(2-37)计算。

标准化最大破损长度：$J_{max} = 10/33$。

折角点分布：$J_{kn} = 5/33$。

在 J_{kn} 处累积概率：$p_k = 11/12$。

最大绝对破损长度：$l_{max} = 60$m。

标准化分布端点长度：$L^* = 260$m。

当 $J = 0$ 时，概率密度为

$$b_0 = 2\left(\frac{p_k}{J_{kn}} - \frac{1-p_k}{J_{max} - J_{kn}}\right) \quad (2\text{-}21)$$

图 2-17 三个相邻区域破损

当 $L_s \leq L^*$ 时：

$$J_m = \min\left\{J_{max}, \frac{l_{max}}{L_s}\right\} \quad (2\text{-}22)$$

$$J_k = \frac{J_m}{2} + \frac{1 - \sqrt{1 + (1-2p_k)b_0 J_m + \frac{1}{4}b_0^2 J_m^2}}{b_0} \quad (2\text{-}23)$$

$$b_{12} = b_0$$

当 $L_s > L^*$ 时:

$$J_m^* = \min\left\{J_{\max}, \frac{l_{\max}}{L^*}\right\} \tag{2-24}$$

$$J_k^* = \frac{J_m^*}{2} + \frac{1 - \sqrt{1 + (1 - 2p_k)b_0 J_m^* + \frac{1}{4}b_0^2 J_m^{*2}}}{b_0} \tag{2-25}$$

$$J_m = \frac{J_m^* \cdot L^*}{L_s} \tag{2-26}$$

$$J_m = \frac{J_m^* \cdot L^*}{L_s} \tag{2-27}$$

$$b_{11} = 4\frac{1 - p_k}{(J_m - J_k)J_k} - 2\frac{p_k}{J_k^2} \tag{2-28}$$

$$b_{12} = 2\left(\frac{p_k}{J_k} - \frac{1 - p_k}{J_m - J_k}\right) \tag{2-29}$$

$$b_{21} = -2\frac{1 - p_k}{(J_m - J_k)^2} \tag{2-30}$$

$$b_{22} = -b_{21}J_m \tag{2-31}$$

无因次破损长度:

$$J = \frac{x2 - x1}{L_s} \tag{2-32}$$

舱室或舱组标准化长度: J_n 取为 J 和 J_m 的小者。
所计算舱或舱组的前后界限不与前后端点重合时:

$$p(x1, x2) = p_1 = \frac{1}{6}J^2(b_{11}J + 3b_{12}), \quad J \leqslant J_k \tag{2-33}$$

$$p(x1, x2) = p_2 = -\frac{1}{3}b_{11}J_k^3 + \frac{1}{2}(b_{11}J - b_{12})J_k^2 + b_{12}JJ_k - \frac{1}{3}b_{21}(J_n^3 - J_k^3)$$
$$+ \frac{1}{2}(b_{21}J - b_{22})(J_n^2 - J_k^2) + b_{22}J(J_n - J_k), \quad J > J_k \tag{2-34}$$

所计算的舱或舱组的后部界限与后端点重合或前部界限与前端点重合时:

$$p(x1, x2) = \frac{1}{2}(p_1 + J), \quad J \leqslant J_k \tag{2-35}$$

$$p(x1, x2) = \frac{1}{2}(p_2 + J), \quad J > J_k \tag{2-36}$$

所计算的舱或舱组延伸至整个分舱长度 L_s 时:

$$p(x1, x2) = 1 \tag{2-37}$$

5. 横向分舱影响因子 r 的计算

在某些特定的破损区域内，船体破损可以穿透水密船壳板向船中方向进一步延伸，也就是边舱效应，在处理边舱时，采用因子 r 来描述边舱的破损效应。因子 r 需要确定破损区域内的横向穿透宽度 b。

穿透宽度 b 取自最深分舱吃水平面，长度等于自船侧外板向船中心线处延伸到某纵向舱壁的横向长度。对于多个相邻区域组合的 r 值，b 应该取所有舱室的通用值，也就是最小值，如图 2-18 所示。

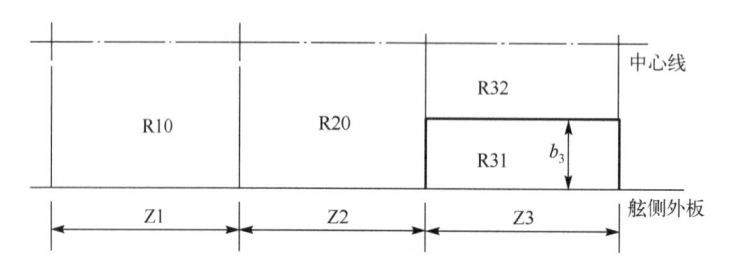

图 2-18 横向一道纵舱壁

图 2-18 为三个相邻的区域同时破损，可以产生两种破损情况。
(1) 横向穿透到 b_3 时，R10、R20、R31 破损。
(2) 横向穿透到 $B/2$ 时，R10、R20、R31 和 R32 破损。

图 2-19 中有三个破损区域，破损区域内有三个横向穿透宽度 b，将产生 4 种破损情况。

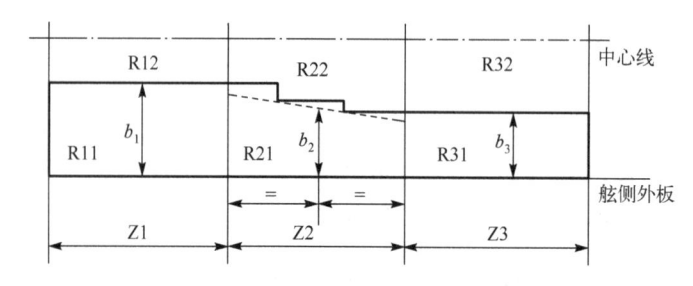

图 2-19 横向三道纵舱壁

(1) 穿透到 b_3 时，R11、R21、R31 破损。
(2) 穿透到 b_2 时，R11、R21、R31 和 R32 破损。
(3) 穿透到 b_1 时，R11、R21、R22、R31 和 R32 破损。
(4) 穿透到 $B/2$ 时，R11、R12、R21、R22、R31 和 R32 破损。

在确定了穿透宽度 b 后，用式(2-38)计算缩减因数 $r(x1,x2,b)$：

$$r(x1,x2,b) = 1 - (1-C)\left[1 - \frac{G}{p(x1,x2)}\right] \tag{2-38}$$

式中，

$$C = 12 \cdot J_b \cdot (-45 \cdot J_b + 4) \tag{2-39}$$

$$J_b = \frac{b}{15 \cdot B} \tag{2-40}$$

若所计算的舱或舱组延伸至整个分舱长度 L_s:

$$G = G_1 = \frac{1}{2}b_{11}J_b^2 + b_{12}J_b \tag{2-41}$$

若所计算的舱或舱组的界限不与后端点或前端点重合:

$$G = G_2 = -\frac{1}{3}b_{11}J_0^3 + \frac{1}{2}(b_{11}J - b_{12})J_0^2 + b_{12}JJ_0 \tag{2-42}$$

$$J_0 = \min(J, J_b) \tag{2-43}$$

若所计算的舱或舱组的后部界限与后端点重合或前部界限与前端点重合:

$$G = \frac{1}{2}(G_2 + G_1 \cdot J) \tag{2-44}$$

图 2-20 中,j 区域有两个 b 值,$j+1$ 区域有一个 b 值,而 $j+n-1$ 区域有一个通用 b 值,故此范围有 2+1+1 个 b 值。

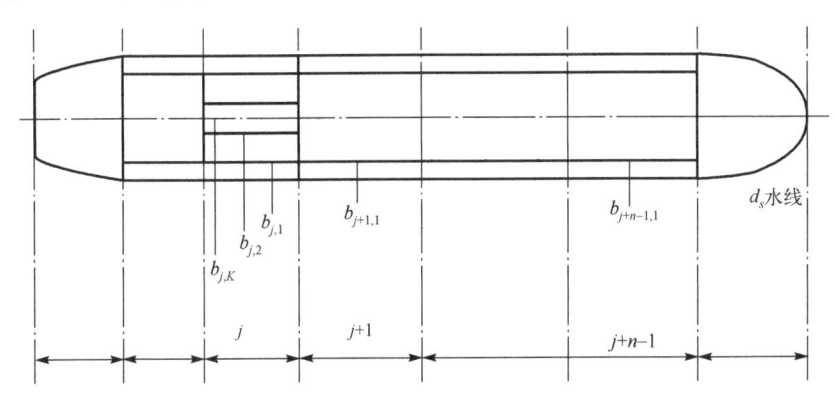

图 2-20 多区域 b 值

考虑边舱破损,如果破损仅涉及单个区域:

$$p_i = p(x1_j, x2_j) \cdot [r(x1_j, x2_j, b_k) - r(x1_j, x2_j, b_{k-1})] \tag{2-45}$$

如果破损涉及两个相邻区域:

$$\begin{aligned}p_i &= p(x1_j, x2_{j+1}) \cdot [r(x1_j, x2_{j+1}, b_k) - r(x1_j, x2_{j+1}, b_{k-1})] \\&- p(x1_j, x2_j) \cdot [r(x1_j, x2_j, b_k) - r(x1_j, x2_{j+1}, b_{k-1})] \\&- p(x1_{j+1}, x2_{j+1}) \cdot [r(x1_{j+1}, x2_{j+1}, b_k) - r(x1_{j+1}, x2_{j+1}, b_{k-1})]\end{aligned} \tag{2-46}$$

如果破损涉及三个或更多相邻区域:

$$\begin{aligned}p_i &= p(x1_j, x2_{j+n-1}) \cdot [r(x1_j, x2_{j+n-1}, b_k) - r(x1_j, x2_{j+n-1}, b_{k-1})] \\&- p(x1_j, x2_{j+n-2}) \cdot [r(x1_j, x2_{j+n-2}, b_k) - r(x1_j, x2_{j+n-2}, b_{k-1})] \\&- p(x1_{j+1}, x2_{j+n-1}) \cdot [r(x1_{j+1}, x2_{j+n-1}, b_k) - r(x1_{j+1}, x2_{j+n-1}, b_{k-1})] \\&+ p(x1_{j+1}, x2_{j+n-2}) \cdot [r(x1_{j+1}, x2_{j+n-2}, b_k) - r(x1_{j+1}, x2_{j+n-2}, b_{k-1})]\end{aligned} \tag{2-47}$$

p 的累加:

$$p_{j,n} = \sum_{k=1}^{K_{j,n}} p_{j,n,k} \tag{2-48}$$

式中，$K_{j,n}$ 为考虑相邻的数个区域的 b_k 的总和：

$$K_{j,n} = \sum_{j}^{j+n-1} K_j \qquad (2\text{-}49)$$

6. 生存概率 s_i 的计算

确定每种假定进水情况下舱或舱组的 s_i。

1) 定义

$$s_i = \min\{s_{\text{intermediate},i} \text{ or } s_{\text{final},i} \cdot s_{\text{mom},i}\} \qquad (2\text{-}50)$$

式中，$s_{\text{intermediate},i}$ 为船舶到达最终平衡阶段前的所有中间阶段的生存概率；$s_{\text{final},i}$ 为进水最终平衡阶段的生存概率；$s_{\text{mom},i}$ 为船舶在承受横倾力矩时的生存概率。

图 2-21 中，θ_e 为任何进水阶段的平衡横倾角(°)；θ_v 为任何进水阶段中，扶正力臂开始变负的角度，或不能风雨密关闭的开口浸没的角度(°)；$GZ_{\max}$ 为到 θ_v 的最大正扶力臂(m)；Range 为 $\theta_e \sim \theta_v$ 正复原力臂范围(°)。

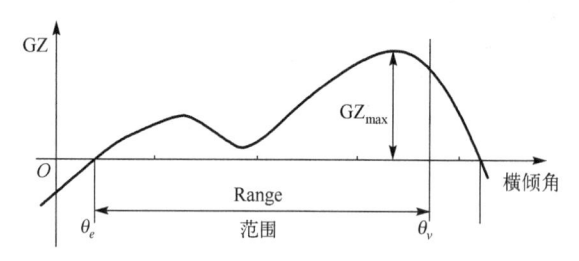

图 2-21　GZ-横倾角曲线

(1) 中间进水阶段：

破损区域内无限制处所的瞬时进水情况不要求中间进水阶段计算。

若破损区域内包含具有足够的水密性和强度的可限制进水自由流动的甲板，当内部舱壁(A 级防火舱壁)结构构件和门(A 级防火门)相(当)等时，应考虑将破损区域划分为若干非水密处所。

一般地，只要瞬态平衡时间持续 60s 或以上，就应进行中间进水阶段计算。具体计算中，除最终浸满状态外，应至少包括两个中间进水步骤：第 1 步为无限制处所的立即进水；其后的每个步骤考虑与其相连的限制进水处所的渗透进水，直至最终衡状态为止。

(2) 横贯进水：

横贯进水指使船舶未破损一侧的处所进水以减小最终平衡状态的横倾角。

若横贯进水流动平衡时间不大于 60s，则可认为是瞬时进水而不需要做进一步的计算。

若横贯进水流动平衡时间不大于 10min，则须计算中间进水阶段。

若横贯进水流动平衡时间超过 10min，则还须计算 10min 时的状态，计算采用 $s_{i,I}$ 的公式，而计算结果取 s_i 之小值。

2) s_i 计算公式

对客船：$s_i = s_{i,I}$ 和 $s_{i,F} \cdot s_{i,M}$ 中的小值，其中 $s_{i,I}$ 为中间进水阶段的生存概率，$s_{i,F}$ 为最终进水阶段的生存概率，$s_{i,M}$ 为考虑横倾力矩的因数。

对货船：$s_i = s_{i,F}$，若主管当局认为中间进水阶段稳性不足，可要求做进一步计算分析。

$s_{i,I}$:

$$s_{i,I} = \left(\frac{GZ_{max}}{0.05} \cdot \frac{Range}{7} \right)^{1/4} \tag{2-51}$$

式中，取 GZ_{max} 不大于 0.05m 以及 Range 不大于 7°。若在中间阶段 $\theta_e > 15°$，则 $s_{i,I} = 0$。

$s_{i,F}$:

$$s_{i,F} = K \left(\frac{GZ_{max}}{TGZ_{max}} \cdot \frac{Range}{TRange} \right)^{1/4} \tag{2-52}$$

式中，取 GZ_{max} 不大于 0.12m 以及 Range 不大于 16°。对于客滚船，$TGZ_{max} = 0.2$m，对于其他船舶，$TGZ_{max} = 0.12$m。对于客滚船，$TRange = 20°$，对于其他船舶，$TRange = 16°$。

$$\begin{cases} K = 1, & \theta_e \leq \theta_{min} \\ K = 0, & \theta_e \geq \theta_{max} \\ K = \sqrt{\dfrac{\theta_{max} - \theta_e}{\theta_{max} - \theta_{min}}}, & \theta_{min} < \theta_e < \theta_{max} \end{cases} \tag{2-53}$$

式中，θ_{max} 对客船为 15°，对货船为 30°；θ_{min} 对客船为 7°，对货船为 25°。

$s_{i,M}$:

$$s_{i,M} = \frac{(GZ_{max} - 0.04) \cdot \Delta}{M_h}, \quad s_{i,M} \leq 1 \tag{2-54}$$

式中，Δ 为破损前的船舶排水量，t；M_h 为最大假定横倾力矩，t·m。

如果 GZ 曲线在特定的溢流阶段可能包含多个正扶原力臂的"范围"，则在计算目的允许的范围内，只能使用 GZ 曲线的一个连续正"范围"。不同的扶正阶段不能组合在一条 GZ 曲线上。

在图 2-22(a)中，s 因子可以由第一或第二个横倾角"范围"内的最大正扶原力臂 GZ_{max} 来计算。在图 2-22(b)中，只能计算一个 s 因子。

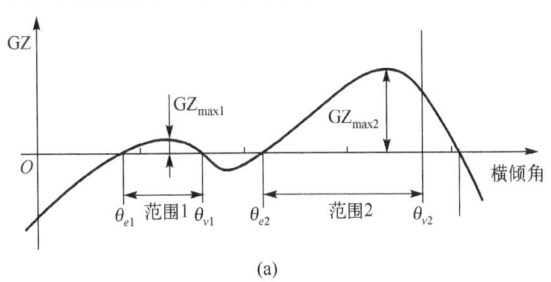

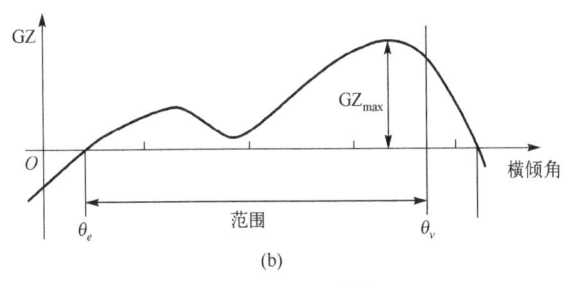

图 2-22 GZ 曲线

3) M_h、M_p、M_w、M_s

M_h取乘客集中一舷的假定最大横倾力矩 M_p、风压假定最大横倾力矩 M_w 和救生艇筏降放引起的假定最大横倾力矩 M_s 三者中的最大值。M_p 可以用式(2-55)计算：

$$M_p = 0.03375 \cdot N_p \cdot B \tag{2-55}$$

式中，N_p 为 d_s 吃水的营运状态下的最大允许乘客人数；B 为船舶型宽，m。

M_p 也可用以下方法计算：每个乘客重量假定为 75kg，按向一舷登艇甲板集中时可用的甲板面积每平方米 4 人计算横倾力矩 M_p。

M_w 可以用式(2-56)计算：

$$M_w = P \cdot A \cdot Z / 9.806 \tag{2-56}$$

式中，$P=120$N／m^2；A 为水线以上的侧投影面积，m^2；Z 为水线以上的侧投影面积中心至 1/2 吃水的距离，m。

按以下假定计算救生艇筏降放引起的最大横倾力矩 M_s：

(1) 在破损后横倾一舷的所有救生艇和救助艇假定携带全载荷准备降放；

(2) 要求从存放位置全载荷降放的救生艇的最大横倾力矩；

(3) 在破损后横倾一舷的所有吊架降放式救生筏假定带全载荷准备降放；

(4) 对于不在救生装置上的人，不计其横倾或扶正力矩；

(5) 在破损后横倾一舷反向舷侧的救生装置假定在其存放位置上。

4) 对最终水线的要求

考虑到下沉，横倾和纵倾后的最终水线若淹没了可能导致继续进水的风雨密开口，则 $s_i = 0$。这些开口包括空气管、通风筒、门和舱盖。对于客船，还包括妨碍旅客水平撤离通道的舱壁甲板的淹没，此时 s_i 也等于 0。

7. 水平水密间隔不破损概率 v_m

考虑水线以上、水平限界以下的舱或舱组的破损进水情况，计算所得的 s_i 应乘以系数 v_m。v_m 可用式(2-57)计算：

$$v_m = v(H_{j,n,m}, d) - v(H_{j,n,m-1}, d) \tag{2-57}$$

式中，$H_{j,n,m}$ 为基线以上的最小高度，m，在纵向范围 $x_i \sim x_{j+n-1}$ 和限制进水高度的第 m 层水平限界内考虑；$H_{j,n,m-1}$ 为基线以上的最小高度，m，在纵向范围 $x_i \sim x_{j+n-1}$ 和限制进水高度的第 $m-1$ 层水平限界内考虑；d 为所考虑的吃水 d_s、d_p 或 d_l。

$v(H_{j,n,m}, d)$ 及 $v(H_{j,n,m-1}, d)$ 用式(2-58)计算：

$$\begin{cases} v(H, d) = 0.8(H-d)/7.8, & H-d \leqslant 7.8\text{m} \\ v(H, d) = 0.8(H-d-7.8)/4.7, & H-d > 7.8\text{m} \end{cases} \tag{2-58}$$

当 H_m 标示最高水密限界，即 $d_s+12.5$m 高度以上的水密限界时，$v_m = 1$，$v_0 = 0$；在任何情况下，$0 \leqslant v \leqslant 1$。

一般来说，在水平细分的情况下，dA 对指标 A 的每一个贡献由式(2-59)得出：

$$\text{d}A = p_i[v_1 \cdot s_{\min 1} + (v_2 - v_1) \cdot s_{\min 2} + \cdots + (1 - v_{m-1})s_{\min m}] \tag{2-59}$$

式中，v_m 根据式(2-57)计算得到；s_{min} 为得到的所有破损组合的最小因子 s，假定破损从假定破损高度 H_m 向下延伸，具体的垂向分布如图 2-23 所示。

图 2-24 中，最大的垂向破损高度在 d_s+12.5m，位于 H_2 和 H_3 之间。

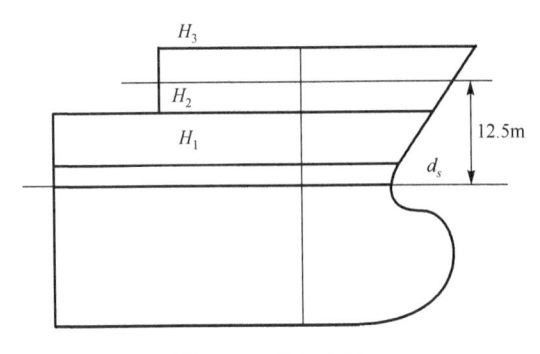

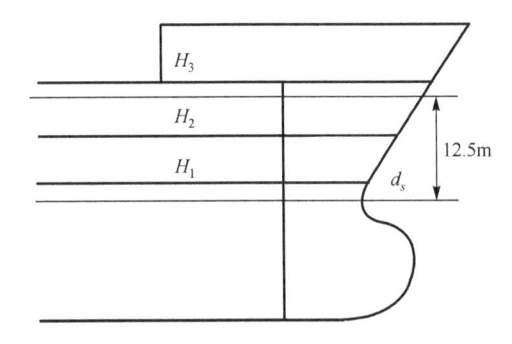

图 2-23　垂向分布

图 2-24　最大垂向破损高度位于 H_2 和 H_3 之间

图 2-23 和图 2-24 中，最大垂向破损高度在 H_2 和 H_3 之间，H_3 处的缩减因数为 1，H_3 以上作为储备浮力在所有情况下都不允许破损，$H_3 = 1 > H_2 > H_1 > 0$。

如图 2-25 所示，应注意在计算该区域破损时，选择位于初始水线以下的 R1、R2 和 R3 破损以考虑最小因数 s 的获取。

图 2-25　水平间隔全位于水线以下

2.4　船舶干舷

船舶在海上航行时需要一定的安全裕度来保持浮力和稳性。这个安全裕度是由位于水线以上的船体的储备浮力——干舷提供的，如图 2-26 所示。

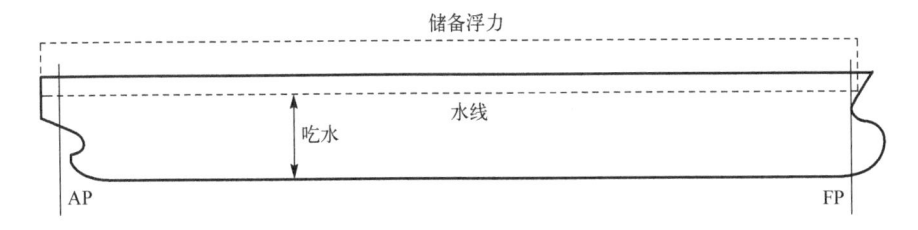

图 2-26　船舶的储备浮力

2.4.1　名词定义

在进行船舶的干舷计算之前，有必要了解相关的名词定义。

1) 干舷 F_b

干舷 F_b 指舷侧外板船舯处载重线水面到干舷甲板上边缘的垂直距离，如图 2-27 所示。

2) 计算型深 D_1

D_1 指船舯处型深加上该处干舷甲板边板的厚度，即 $D_1 = D+t$。

这样，干舷可以表示为

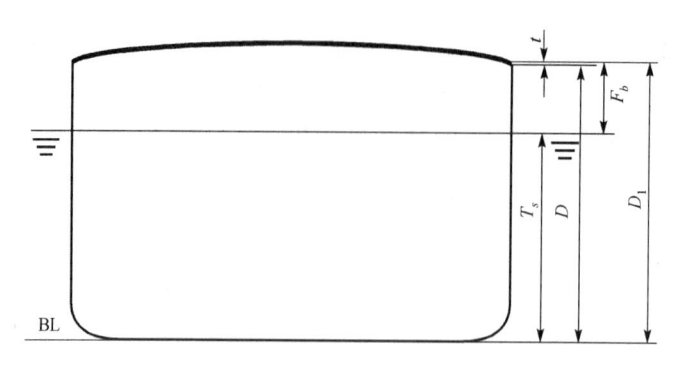

图 2-27 船舶的干舷

$$F_b = D + t - T_s = D_1 - T_s \tag{2-60}$$

式中，D 为型深；t 为船舯处干舷甲板边板厚度；T_s 为不含龙骨板厚度的吃水，见图 2-27。

根据 ICLL 规定，船舶的实际干舷 F_b 不得小于 ICLL 要求的干舷 F，即 $F_b = D_1 - T_s \geqslant F$。

干舷影响着船舶在甲板上浪、破损状态下的储备浮力、完整稳性和破舱稳性等特性，防止汹涌的海浪破坏船舶的上层建筑。

若要增加干舷，有三种可能的选择：在保持排水量不变的条件下，增大型深以减小型宽，如图 2-28(a)；或增加上层建筑，如图 2-28(b)所示；或增加舷弧。舷弧是衡量主甲板纵向弯曲程度的度量，图 2-29 显示了带有和不带舷弧的船舶。

(a) 增大型深以减小型宽　　　　(b) 增加上层建筑

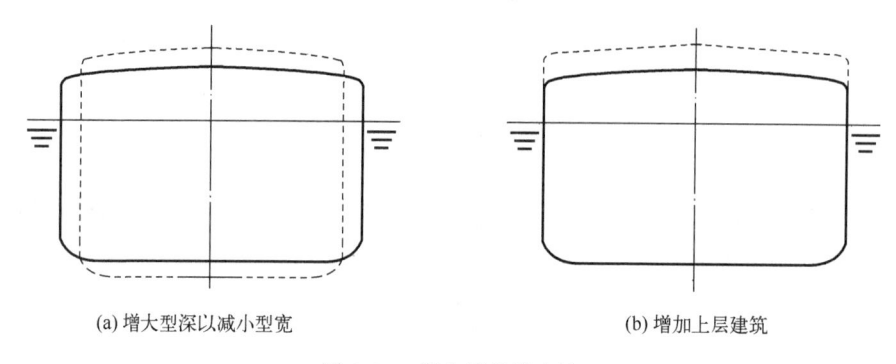

图 2-28 增大干舷的方法

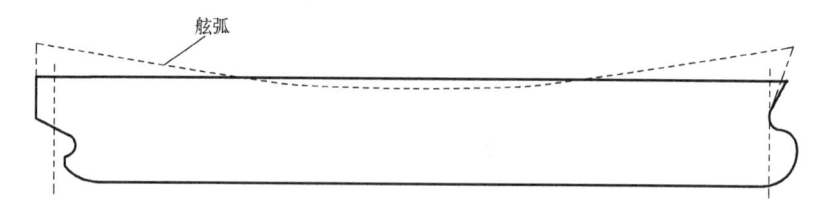

图 2-29 带有和不带舷弧的船舶

3) 干舷甲板

干舷甲板指船舶最高一层的露天连续甲板，其上所有的露天开口都设有永久性的关闭装置，其下所有的船舷开口都设有永久性的水密关闭装置，如图 2-30(a)所示。当露天甲板上的凹槽延伸到船舷两侧且长度大于 1m 时，将露天甲板的最低线及其平行于升高甲板的连续线作为干舷甲板，如图 2-30(b)所示。

图 2-30 干舷甲板

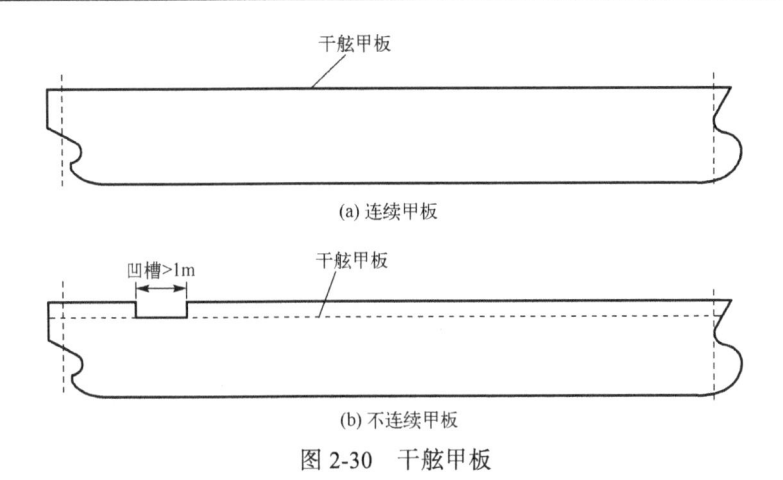

4)计算干舷用的船长 L_f

计算干舷用的船长 L_f 为型深85%处的水线总长(L_1)的96%,或沿该水线从首柱前缘至舵杆中心线的水线长度(L_2),取 96%L_1 和 L_2 的大者,如图2-31所示。之所以使用85%的型深而不是设计吃水,是因为吃水与船长密切相关,而设计吃水通常在干舷计算结束后才可确定,因此可能无法作为计算干舷时的输入值。

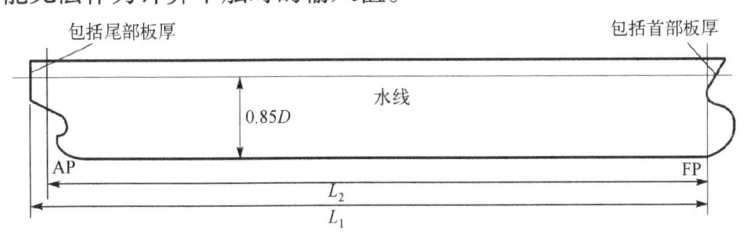

图 2-31 计算干舷用的船长

5)计算干舷用的方形系数 C_{bf}

方形系数 C_{bf} 按照式(2-61)定义:

$$C_{bf} = \frac{\nabla_f}{LBT_f} \tag{2-61}$$

式中,T_f 为对应85%型深的吃水;∇_f 为85%型深吃水下的型排水体积;C_{bf} 也可通过静水力数据直接查得。

6)封闭的上层建筑

上层建筑是在干舷甲板上从舷边跨到舷边或其侧壁板且离舷边向内不大于船宽 B 的4%的甲板建筑物,后升高甲板视为上层建筑。

封闭的上层建筑指结构坚固、端壁及侧壁上的开口设有符合要求的风雨密关闭装置的上层建筑。

7)上层建筑标准高度 H_0

当船长 L_f 小于或等于75m时,上层建筑标准高度 H_0 为1.8m;当船长 L_f 大于或等于125m时,H_0 为2.3m,中间高度依线性插值确定,见图2-32和表2-26。

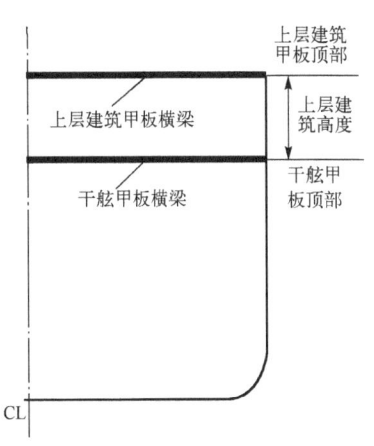

图 2-32 上层建筑标准高度

表 2-26 上层建筑标准高度

船长 L_f/m	后升高甲板高度/m	上层建筑标准高度/m
30 或以下	0.9	1.8
≥75	1.2	1.8
125 或以上	1.8	2.3

注：船长为中间值时，上层建筑标准高度应按线性内插法求得。

8) 上层建筑有效长度 L_E

上层建筑有效长度 L_E 应为船长 L_f 以内的上层建筑平均长度，见图 2-33。标准高度的封闭上层建筑的长度 L_S 即为其有效长度 L_E。若上层建筑高度 H_1 小于标准高度 H_0，则 $L_E = \frac{H_1}{H_0} L_S$。

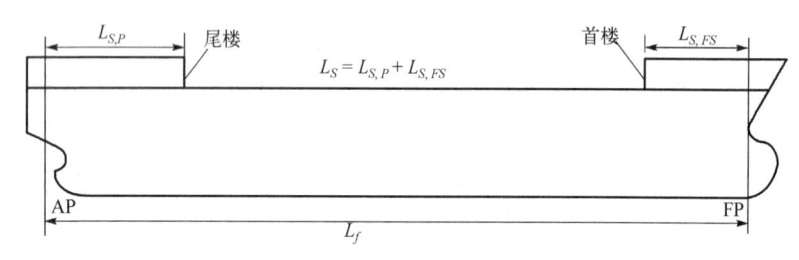

图 2-33 上层建筑有效长度

图 2-33 中，$L_{S,P}$ 为尾楼有效长度，$L_{S,FS}$ 为首楼有效长度。

9) 位置 1 和位置 2

位置 1 是指露天干舷甲板以及位于从首垂线起船长 1/4 以前的露天上层建筑甲板上的区域。

位置 2 是指位于从首垂线起船长 1/4 以后的露天上层建筑甲板上的区域。

10) A 型船舶

A 型船舶指专门载运散装液体货物的船舶，其露天甲板具有高度完整性，舱口小，密封好，载货时货舱具有较低的渗透率，船主体灌水可能性小，故其最小干舷要求较低。

11) B 型船舶

B 型船舶指达不到 A 型船舶各项要求的其他船舶，如散货船。其主体灌水可能性较大，相应地，最小干舷也比 A 型船舶要大。

2.4.2 船舶最小干舷

为计算船舶干舷，需要以下数据和图纸：船体型线图、总布置图、静水力表、舯横剖面图。

1. 夏季干舷 F_S

国际航行船舶的夏季干舷 F_S 按照式(2-62)计算：

$$F_S = f_0 + f_1 + f_2 + f_3 + f_4 + f_5 + f_6 + f_7 + f_8 \tag{2-62}$$

式中，f_0 为表列基本干舷，mm，A 型船舶按表 2-27 选取，B 型船舶按表 2-28 选取；f_1 为船长对干舷的修正，mm；f_2 为方形系数对干舷的修正；f_3 为计算型深对干舷的修正，mm；f_4 为甲板线位置对干舷的修正，mm；f_5 为有效上层建筑和围壁处所对干舷的修正，mm；f_6

为非标准舷弧对干舷的修正，mm；f_7 为干舷甲板凹槽对干舷的修正，mm；f_8 为最小船首高度对干舷的修正，mm。

表 2-27　A 型船舶表列基本干舷(部分)

船长 L_f/m	干舷 F_b/mm	船长 L_f/m	干舷 F_b/mm	船长 L_f/m	干舷 F_b/mm	船长 L_f/m	干舷 F_b/mm	船长 L_f/m	干舷 F_b/mm	船长 L_f/m	干舷 F_b/mm
50	443	87	940	124	1528	161	2141	198	2592	235	2910
51	455	88	955	125	1546	162	2155	199	2602	236	2918
52	467	89	969	126	1563	163	2169	200	2612	237	2925
53	478	90	984	127	1580	164	2184	201	2622	238	2932
54	490	91	999	128	1598	165	2198	202	2632	239	2939
55	503	92	1014	129	1615	166	2212	203	2641	240	2946
56	516	93	1029	130	1632	167	2226	204	2650	241	2953
57	530	94	1044	131	1650	168	2240	205	2659	242	2959
58	544	95	1059	132	1667	169	2254	206	2669	243	2966
59	559	96	1074	133	1684	170	2268	207	2678	244	2973
60	573	97	1089	134	1702	171	2281	208	2687	245	2979
61	587	98	1105	135	1719	172	2294	209	2696	246	2986
62	600	99	1120	136	1736	173	2307	210	2705	247	2993
63	613	100	1135	137	1753	174	2320	211	2714	248	3000
64	626	101	1151	138	1770	175	2332	212	2723	249	3006
65	639	102	1166	139	1787	176	2345	213	2723	250	3012
66	653	103	1181	140	1803	177	2357	214	2741	251	3018
67	666	104	1196	141	1820	178	2369	215	2749	252	3024
68	680	105	1212	142	1837	179	2381	216	2758	253	3030
69	693	106	1228	143	1853	180	2393	217	2767	254	3036
70	706	107	1244	144	1870	181	2405	218	2775	255	3042
71	420	108	1260	145	1886	182	2416	219	2784	256	3048
72	733	109	1276	146	1903	183	2428	220	2792	257	3054
73	746	110	1293	147	1919	184	2440	221	2801	258	3060
74	760	111	1309	148	1935	185	2451	222	2809	259	3066
75	773	112	1326	149	1952	186	2463	223	2817	260	3072
76	786	113	1342	150	1968	187	2474	224	2825	261	3078
77	800	114	1359	151	1984	188	2486	225	2833	262	3084
78	814	115	1376	152	2000	189	2497	226	2841	263	3089
79	828	116	1392	153	2016	190	2508	227	2849	264	3095
80	841	117	1409	154	2032	191	2519	228	2857	265	3101
81	855	118	1426	155	2048	192	2530	229	2865	266	3106
82	869	119	1442	156	2064	193	2541	230	2872	267	3112
83	883	120	1459	157	2080	194	2552	231	2880	268	3117
84	897	121	1476	158	2096	195	2562	232	2888	269	3123
85	911	122	1494	159	2111	196	2572	233	2895	270	3128
86	926	123	1511	160	2126	197	2582	234	2903	271	3133

表 2-28　B 型船舶表列基本干舷(部分)

船长 L_f/m	干舷 F_b/mm	船长 L_f/m	干舷 F_b/mm	船长 L_f/m	干舷 F_b/mm	船长 L_f/m	干舷 F_b/mm	船长 L_f/m	干舷 F_b/mm	船长 L_f/m	干舷 F_b/mm
50	443	87	1015	124	1771	161	2540	198	3235	235	3808
51	455	88	1034	125	1793	162	2560	199	3249	236	3821
52	467	89	1054	126	1815	163	2580	200	3264	237	3835
53	478	90	1075	127	1837	164	2600	201	3280	238	3849
54	490	91	1096	128	1859	165	2620	202	3296	239	3864
55	503	92	1116	129	1880	166	2640	203	3313	240	3880
56	516	93	1135	130	1901	167	2660	204	3330	241	3893
57	530	94	1154	131	1921	168	2680	205	3347	242	3906
58	544	95	1172	132	1940	169	2698	206	3363	243	3920
59	559	96	1190	133	1959	170	2716	207	3380	244	3934
60	573	97	1209	134	1979	171	1735	208	3397	245	3949
61	587	98	1229	135	2000	172	2754	209	3413	246	3965
62	601	99	1250	136	2021	173	2774	210	3430	247	3978
63	615	100	1271	137	2043	174	2795	211	3445	248	3992
64	629	101	1293	138	2065	175	2815	212	3460	249	4005
65	644	102	1315	139	2087	176	2835	213	3475	250	4018
66	659	103	1337	140	2109	177	2855	214	3490	251	4032
67	674	104	1359	141	2130	178	2875	215	3505	252	4045
68	689	105	1380	142	2151	179	2895	216	3520	253	4058
69	705	106	1401	143	2171	180	2915	217	3537	254	4072
70	721	107	1421	144	2190	181	2933	218	3554	255	4085
71	738	108	1440	145	2209	182	2952	219	3570	256	4098
72	754	109	1459	146	2229	183	2970	220	3586	257	4112
73	769	110	1479	147	2250	184	2988	221	3601	258	4125
74	784	111	1500	148	2271	185	3007	222	3615	259	4139
75	800	112	1521	149	2293	186	3025	223	3630	260	4152
76	816	113	1543	150	2315	187	3044	224	3645	261	4165
77	833	114	1565	151	2334	188	3062	225	3660	262	4177
78	850	115	1587	152	2354	189	3080	226	3675	263	4189
79	868	116	1609	153	2375	190	3098	227	3690	264	4201
80	887	117	1630	154	2396	191	3116	228	3705	265	4214
81	905	118	1651	155	2418	192	3134	229	3720	266	4227
82	923	119	1671	156	2440	193	3151	230	3735	267	4240
84	960	120	1690	157	2460	194	3167	231	3750	268	4252
83	942	121	1709	158	2480	195	3185	232	3765	269	4264
85	978	122	1729	159	2500	196	3202	233	3780	270	4276
86	996	123	1750	160	2520	197	3219	234	3795	271	4289

2. 干舷的修正

1) 多要素对干舷的修正

船长、方形系数、计算型深、甲板线位置、有效上层建筑和围壁处所、干舷甲板凹槽对干舷的修正见表 2-29。

表 2-29 多要素对干舷的修正

要素	计算公式	说明
船长对干舷的修正	$f_1 = 7.5(100 - L_f)(0.35 - L_S/L_f)$	L_f<100m 的 B 型船舶，封闭上层建筑有效长度 L_S<35%L_f 时
	$f_1 = 0$	其他情况
方形系数对干舷的修正	$f_2 = (f_0 + f_1)\left(\dfrac{C_{bf}+0.68}{1.36} - 1\right)$	C_{bf}>0.68 时
	$f_2 = 0$	$C_{bf} \leqslant 0.68$ 时
计算型深对干舷的修正	$f_3 = (D_1 - L_f/15)R$	$D_1 > L_f/15$ 时 $R = L_f/0.48$ (L_f<120 m) $R = 250$ ($L_f \geqslant 120$ m)
	$f_3 = 0$	$D_1 \leqslant L_f/15$ 时
甲板线位置对干舷的修正	$f_4 = D_0 - D_1$	实际计算型深 D_0 与 D_1 不一致时
有效上层建筑和围壁处所对干舷的修正	$f_5 = Kf'_5$ f'_5 为上层建筑有效长度等于 L_f 时的干舷减小值；K 为上层建筑有效长度小于 L_f 时的折扣系数(查表 2-30 求得)	当 L_f=24m 时，f'_5 = -350mm；当 L_f=85m 时，f'_5 = -860mm；当 $L_f \geqslant 122$m 时，f'_5 = -1070mm；当 L_f 为中间值时，f'_5 用内插法求得
干舷甲板凹槽对干舷的修正	$f_7 = \dfrac{l \cdot b \cdot d_r}{A_{w0.85D}}$	l、b、d_r 分别是甲板上不延伸到船两侧的凹槽的长、宽和深度，$A_{w0.85D}$ 为 0.85D 处水线面面积

系数 K 的选取见表 2-30。

表 2-30 系数 K

上层建筑和凸形甲板的有效长度	0	0.1L_f	0.2L_f	0.3L_f	0.4L_f	0.5L_f	0.6L_f	0.7L_f	0.8L_f	0.9L_f	L_f
K/%	0	7	14	21	31	41	52	63	75.3	87.7	100

注：(1)上层建筑和凸形甲板有效长度为中间值时，K 值按内插法求得。
(2) B 型船舶首楼有效长度 $L_{S,FS}$< 0.07L_f 时，不允许折减(K = 0)。

2) 舷弧对干舷的修正

《载重线公约》中给出了标准舷弧计算表，见表 2-31。

表 2-31 标准舷弧及舷弧不足或多余数 （单位：mm）

位置	实际舷弧高 ①	标准舷弧高 ②	差数 ③ = ① - ②	系数 ④	乘积 ⑤ = ③×④
尾垂线		25(L_f/3+10)		1	
距尾垂线 L_f/6		11.1(L_f/3+10)		3	
距尾垂线 L_f/3		2.8(L_f/3+10)		3	
船舯		0		1	
后半部标准舷弧 S_{AO} = (∑②×④)/8			后半部舷弧不足或多余数 S_A = ∑⑤/8			
船舯		0		1	
距首垂线 L_f/3		5.6(L_f/3+10)		3	
距首垂线 L_f/6		22.2(L_f/3+10)		3	
首垂线		50(L_f/3+10)		1	
			前半部舷弧不足或多余数 S_F = ∑⑤/8			

舷弧不足或多余数按表 2-32 中的原则选取。

表 2-32　舷弧不足或多余数的选取　　　　　　　　　　　　　（单位：mm）

S_F、S_A 的判断		值选取	
前半部	后半部	前半部	半后部
$S_F<0$	$S_A>0$	S_F 不变	$S_A = 0$
$S_F>0$	$S_A \geqslant 0.75 S_{AO}$	S_F 不变	S_A 不变
	$S_A< 0.50 S_{AO}$	$S_F = 0$	
	$0.50 S_{AO} \leqslant S_A < 0.75 S_{AO}$	S_F 按照前两个值内插得到	

若尾楼或首楼计入舷弧，则 S_A 或 S_F 要增加一个 $S = S_p + S_f$，S_p 或 $S_f = yL'/3L_f$(mm)，其中，y 为首垂线或尾垂线处上层建筑的实际高度与标准高度之差(mm)，L' 为首楼或尾楼的平均封闭长度(m)，取不大于 $0.5L_f$，L_f 为船长(m)。

实际舷弧与标准舷弧不同时的干舷修正值，公式及条件如下：

$$f_6 = -\left(\frac{S_F+S_A}{2}+S\right)\left(0.75-\frac{L_E}{2L_f}\right)$$

式中，S_F 为前半部舷弧不足或多余数；S_A 为后半部舷弧不足或多余数；S 为计入首尾楼舷弧的修正值，mm；L_E 为封闭上层建筑的有效长度，m；L_f 为船长，m。

注：

若 $f_6<0$，而船中央无封闭上层建筑，则 $f_6 = 0$；

若 $f_6<0$，而船中央前后各有不小于 $0.1 L_f$ 的封闭上层建筑，则 f_6 不变；

若 $f_6<0$，而船中央前后各有小于 $0.1 L_f$ 的封闭上层建筑，则 f_6 用(1)和(2)中的值内插得到；

若 $f_6<0$，则最大的 f_6 绝对值为 $1.25 L_f$。

3) 最小船首高度对干舷的修正

船首高度为首垂线处，自对应于核定夏季干舷的设计水线，量到船侧露天甲板上边的垂直距离，见图 2-34。最小船首高度 $F_{b\ min}$(m)不应小于式(2-63)给出的高度：

$$F_{b\min} = [6075(L_f/100)-1875(L_f/100)^2+200(L_f/100)^3] \\ \times[2.08+0.609C_b-1.603C_{WF}-0.0129(L_f/T_f)] \quad (2\text{-}63)$$

式中，C_{WF} 为 $L_f/2$ 之前的水平面面积系数，见式(2-64)；T_f 为 85%型深处的吃水，m。

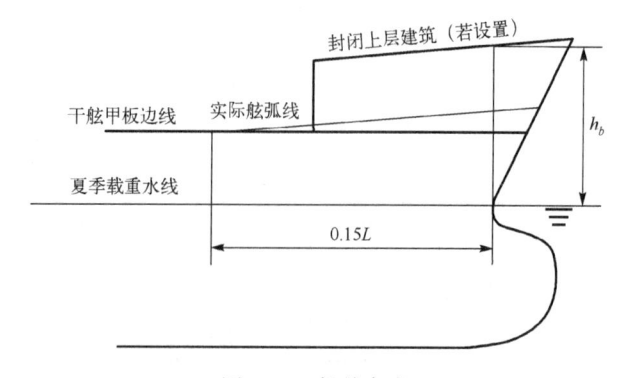

图 2-34　船首高度

$$C_{WF} = \frac{A_{WF}}{0.5L_f B} \tag{2-64}$$

式中，A_{WF} 为吃水 T_f 处 $L_f/2$ 前的水线面面积，m^2。

这时，如果最小船首高度是用舷弧来获得的，则该舷弧从首垂线(FP)起至少量至船长的 10%处。如果最小船首高度是通过设置上层建筑获得的，则上层建筑至少应该从首柱向后延伸到 $0.07L_f$ 处，并密封。

如果实际船首高度 h_b 大于最小船首高度，则船首高度的增加 f_8 为零，否则船首高度的增加 f_8 等于最小船首高度与实际高度之差，即

$$f_8 = F_{b\min} - h_b \tag{2-65}$$

2.4.3 船首储备浮力

除油船、化学品船和气体运输船外，所有 B 型船舶干舷都应该在首部有额外的储备浮力。在首垂线之后 $0.15L$ 范围内，夏季载重线与干舷甲板边线之间的投影面积 A_1 和 A_2 及与封闭上层建筑(若设置)的投影面积 A_3(图 2-35)的和为

$$A_1 + A_2 + A_3 \geqslant \frac{L}{1000}\left[0.15(f_0 + f_2 + f_3) + 4.0\left(\frac{L}{3} + 10\right)\right] \tag{2-66}$$

式中，f_0 为表列基本干舷(夏季干舷)，mm；f_2 为方形系数对干舷的修正；f_3 为型深对干舷的修正，mm。

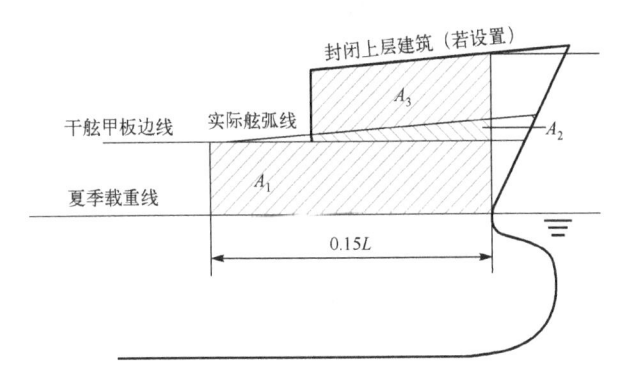

图 2-35 储备浮力所需船首面积

2.4.4 其他季节区的船舶最小干舷

其他季节区的船舶最小干舷将基于夏季干舷按表 2-33 中公式计算。

表 2-33 其他季节区的船舶最小干舷

序号	类型	普通干舷	木材干舷
1	夏季干舷 F_S	F_S	F_{LS}
2	热带干舷 F_T	$F_T = F_S - T_S/48$	$F_{LT} = F_{LS} - T_{LS}/48$
3	冬季干舷 F_W	$F_W = F_S + T_S/48$	$F_{LW} = F_{LS} + T_{LS}/36$
4	北大西洋区冬季干舷 F_{WNA}	$F_{WNA}=F_W+50$ ($L_f \leqslant 100m$) $F_{WNA}=F_W$ ($L_f>100m$)	$F_{LWNA}=F_{LW}+50$ ($L_f \leqslant 100m$) $F_{LWNA}=F_{LW}$ ($L_f>100m$)

续表

序号	类型	普通干舷	木材干舷
5	淡水干舷 F_F	$F_F = F_S - \dfrac{\Delta}{4T_{PC}}$	$F_{LF} = F_{LS} - \dfrac{\Delta}{4T_{PC}}$
6	热带淡水干舷 F_{TF}	$F_{TF} = F_F - T_S/48$	$F_{LTF} = F_{LF} - T_{LS}/48$

注：T_S 为夏季吃水，T_{PC} 为每厘米吃水吨数。

2.4.5 载重线标志

为便于识别和监督最小干舷，《载重线公约》要求在船舯两舷绘制图 2-36 所示的载重线标志。标志中需刻画负责本船检验的机构(如中国船级社 CS)及各类载重线的高度位置。载重线标记由一个外径 300mm、宽 25mm 的圆环组成，它与一条长 450mm、宽 25mm 的水平线相交，水平线的上边缘穿过圆环的中心。圆环的中心应放置在船的中部，其距干舷甲板线上边缘的垂直距离应与指定的夏季干舷相等，如图 2-36 所示。

如果干舷较富裕，则可以仅勘画淡水载重线。

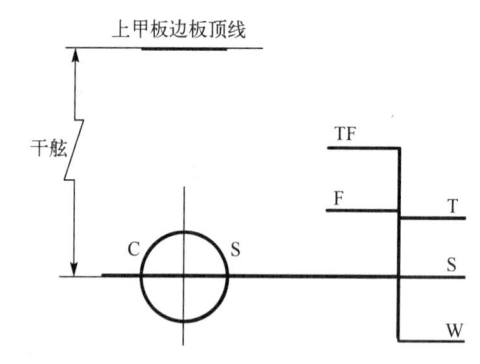

图 2-36 载重线标志
CS—中国船级社；TF—热带淡水载重线；F—夏季淡水载重线；
T—热带载重线；S—夏季载重水线；W—冬季载重线

2.5 船舶登记吨位

船舶的正式吨数是以体积单位而非重量单位表达的。13 世纪时，用竹筒装运葡萄酒，根据所装酒桶的数量来计算船舶的港口费；Ton 一词起源于拉丁语和法语中代表大的酒桶意义，也是一种敲打空酒桶时发出来的声音的象声词。

船舶登记吨位是指根据《1969 年国际船舶吨位丈量公约》或船旗国政府制定的吨位丈量规则核定的"登记吨位"，包括总吨位和净吨位。登记吨位与排水量吨和载重吨的概念不同，前者表征容积，后者表征重量。

总吨位是以全船围蔽处所的总容积来量计的，它表征了船舶的大小。

净吨位是按船舶能用于营利部分的有效容积来量计的，它表征了船舶营利的一种能力。

船舶登记吨位的主要作用如下。

(1) 作为船舶各类收费的基准。船舶的关税、保险费、港务费(停泊费、码头费、引水费等)、代理费、运河通航费、进坞费、检验费以及船舶买卖、租借金等是以总吨位或净吨位的大小来计算的。

(2) 作为船舶统计的量度标准。某个国家、船级社、运输公司的船舶拥有量和船厂的造船能力等可以用登记吨位作为量度标准进行统计。

(3) 作为划分船舶大小等级的标准。在国际公约、法规和规范中，有些以总吨位来划分船舶大小的等级，以此来规定设备配备的标准。总吨位大的船舶在设备配备及安全标准方面要求高。

(4) 作为船舶营运管理的标准。航运管理部门以船舶总吨位的大小来规定船员的资格等级等。

2.5.1 登记吨位近似估算

船舶初始设计阶段，在缺少详细设计资料的情况下，可用近似方法估算船舶的登记吨位。

1) 总吨位 GT

可用与主尺度相关的近似公式估算总吨位，即

$$\text{GT} = KLBDC_b / 2.832 \tag{2-67}$$

式中，K 为系数，取自相近母型船或统计资料。

也可根据载重量 DW 估算总吨位，即

$$\text{GT} = K_1 \text{DW} \tag{2-68}$$

式中，K_1 为系数，取自相近母型船或统计资料，见表 2-34，一般平均为 0.6。

表 2-34 载重吨与登记吨位换算系数 K_1

船舶类型	载重量/t							
	5000以下	5000~10000	10000~30000	30000~50000	50000~80000	80000~150000	150000~250000	250000以上
原油船、成品油船、化学品船	0.64	0.63	0.63	0.63	0.59	0.53	0.50	0.50
液化气船	0.80	0.85	0.90	1.50				
散货船	0.65	0.64	0.63	0.61	0.58	0.53		
集装箱船、滚装船、汽车运输船	0.66	0.76	0.87	1.00	1.10			
杂货船、冷藏船	0.65	0.68	0.83	1.00				

2) 净吨位 NT

净吨位数值近似等于货舱容积的 30%，即 $\text{NT} \approx 0.3 V_c$，也在 63%~70%的总吨位范围内。

2.5.2 国际航行船舶吨位计算

在进行国际航行船舶的吨位计算之前，先介绍几个相关定义。

1) 上甲板

上甲板是指船舶最高一层露天连续甲板，其上所有露天开口及船舷两侧的所有开口均设有永久性水密关闭装置。若船舶具有阶梯形上甲板，则取最低的露天甲板和其平行

于甲板较高部分的延伸线作为上甲板,如图 2-37 所示。上甲板在吨位丈量中一般作为量吨甲板。

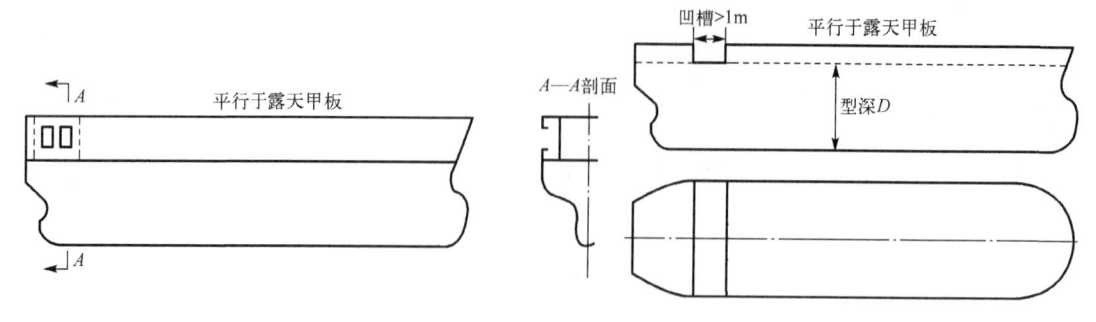

图 2-37 上甲板(量吨甲板)

2) 船长

船长为型深 85%处的水线总长的 96%,或沿该水线从首柱前缘至舵杆中心线的水线长度,两者取大者。

3) 围蔽处所

围蔽处所指由船体外板、固定或可移动的隔板或舱壁、甲板或盖板所围成的处所,但永久的或可移动的天篷除外。无论是甲板上有间断,还是船壳上有开口,或甲板上有开口,或某一处所的盖板上有开口,或某一处所的隔板或舱壁上有开口,以及一面未设隔板或舱壁的处所,都不妨碍将这些处所计入围壁处所之内,如主船体(含船体凸出部分)、上层建筑、甲板室、上甲板上固定箱柜以及货舱口的风雨密箱型舱盖等。

4) 免除处所

免除处所是指围蔽处所外部、上甲板以上且与之分开的不能进入的处所,见图 2-38,包括:

(1) 桅杆、起重柱、起重机及基座;
(2) 集装箱支承结构物及截面积不超过 $1m^2$ 的通风筒等;
(3) 锚链筒、海底阀凹穴、侧推器孔道;
(4) 建筑物内直接位于其顶甲板上无遮盖的开口下的那部分体积;
(5) 仅由固定或可移动的天篷遮盖的处所等。

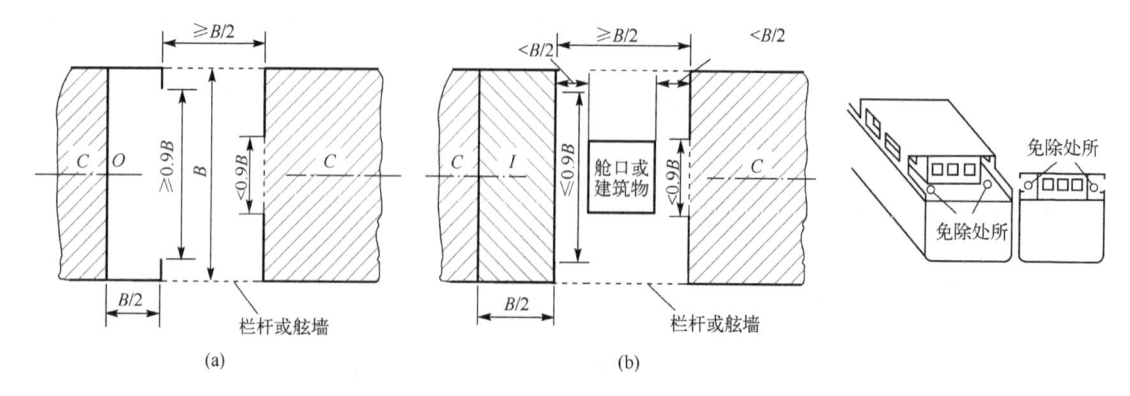

图 2-38 免除处所

但符合下列 3 个条件之一者,应作为围壁处所:

(1) 设有框架或其他设施以保护货物和物料的处所;

(2) 开口上设有某种封闭设备;

(3) 具有可能使开口封闭的构造。

计算国际航行船舶的吨位时,统计扣除免除处所部分后的船舶所有围蔽处所的型容积,以及各载货处所的型容积是吨位计算关键。

总吨位 GT 计算:

$$\mathrm{GT} = K_1 V = (0.2 + 0.02 \lg V)V \tag{2-69}$$

净吨位 NT 计算:

$$\mathrm{NT} = K_2 V_c \left(\frac{4T}{3D}\right)^2 + K_3 \left(N_1 + \frac{N_2}{10}\right) \tag{2-70}$$

式中,V 为扣除免除部分后的船舶所有围蔽处所的型容积之和,m^3;V_c 为各载货处所的容积之和,m^3;T 为对应于夏季载重线的吃水,对于客船,T 对应于最深分舱载重线;D 为型深;N_1 为不超过 8 个铺位的客舱的乘客总人数;N_2 为其他乘客数,当 $N_1+N_2<13$ 时,N_1 及 N_2 取零。

$$\begin{cases} K_2 = 0.2 + 0.02 \lg V_c \\ K_3 = 1.25 \dfrac{\mathrm{GT}+10000}{10000} \end{cases} \tag{2-71}$$

《法规》规定:$\left(\dfrac{4T}{3D}\right)^2 > 1$ 时,取 1;$\left(\dfrac{4T}{3D}\right)^2 \leqslant 1$ 时,取

$$K_2 V_c \left(\frac{4T}{3D}\right)^2 \geqslant 0.25\mathrm{GT}, \quad \mathrm{NT} \geqslant 0.3\mathrm{GT} \tag{2-72}$$

国际上还有苏伊士运河吨位和巴拿马运河吨位等。凡航经这两条运河的船舶,必须分别按运河主管当局的吨位丈量规则的规定进行吨位丈量,并获取相应运河专用吨位证书。

2.5.3 修正总吨

修正总吨(Compensated Gross Tonnage,CGT)是在船舶总吨位的基础上考虑船舶复杂度而算出的船舶度量单位。CGT = C·GT,目前国际上均按经济合作与发展组织造船工作组 1994 年 1 月制定的修正系数表选用系数 C。修正总吨不仅比载重吨、总吨位更能正确反映造船工作量大小,同时还在一定程度上反映船价高低和产值大小,因而能比较准确地表示造船产量、造船工作量和造船能力,特别是在产品结构差异很大的国家之间和企业之间进行比较时,用修正总吨作为统计单位比载重吨、总吨要准确得多。中国民用钢质船舶修正系数可按船舶行业标准《民用船舶修正总吨计算》(CB/T 3484—2011)确定。

修正总吨计算:

$$\mathrm{CGT} = A \cdot \mathrm{GT} \cdot B \tag{2-73}$$

式中,A 为船舶类型影响系数;GT 为总吨位;B 为船舶吨位影响系数,如表 2-35 所示。

表 2-35 船舶吨位影响系数

船舶类型	船舶类型影响系数 A	船舶吨位影响系数 B	说明
油船(双壳)	48	0.57	(1)满足国际海事组织要求的双壳油船; (2)含成品油船
化学品船	84	0.55	含其他特种液货船
散货船	29	0.61	含运木船、小汽车/散货船、散货/集装箱船、大舱口多用途散货船、自卸散货船
兼用船	33	0.62	矿石/散货、油船、散货/油船等兼装干散货和液货的船舶
杂货船	27	0.64	含半集装箱船、多用途和载少量旅客的货船
冷藏船	27	0.68	专门运送易腐的新鲜货物的运输船
全集装箱船	19	0.68	不包括同时能装杂货或散货的集装箱船
滚装船	32	0.63	含滚装/集装箱船、火车轮渡
汽车运输船	15	0.70	用于小汽车远距离运输的船舶
液化石油气船	62	0.57	
液化天然气船	32	0.68	
海峡渡船	20	0.71	海上(较长航程的)渡船,主要指客滚船
客船	49	0.67	
渔船	24	0.71	含渔船、运渔船、渔业加工船等
其他非载运船	46	0.62	含拖船、海洋调查船、半潜船、工程工作船等

2.5.4 设计中的注意事项

在新船设计中,关于吨位有两点需要特别注意。

(1) 注意控制吨位的档次。船舶按登记吨收费的档次为 500GT、1000GT、1600GT……,当设计船的登记吨位处于分档分界的上下时,稍不注意就可能跨入较高档次,船舶登记、舱室标准、设备配置及相关收费就上一个台阶。

(2) 注意国际航线上吨位的差别。船舶出航国际航线时按登记吨收费高,设计时应注意不同地区吨位丈量的差别。例如,巴拿马运河和苏伊士运河有自己的丈量标准,欲通过这两个运河的船舶,必须事先取得这两个运河的吨位登记证书,并按照证书登记的净吨位缴纳运河通行费。

2.6 船 舶 消 防

火灾是船舶最危险的事故之一。船舶无论是在港内还是在海上航行,无论是在营运中还是在修理中,都有可能发生火灾。船舶火灾不仅会造成重大的经济损失,还会严重危及人员的生命安全,作为船舶设计师,必须熟悉船舶消防的知识和法规。

《国际航行海船法定检验技术规则 2014》第 4 篇(构造—防火、探火和灭火)对船舶制定了防火、探火和灭火等方面的具体规定,其要求与国际海事组织 SOLAS 第Ⅱ-2 章的要求一致。

船舶作为海上建筑物,为保障消防安全,理想的状态应是防止火灾的发生,但是由于机器设备的缺陷或人为的错误，常常可能达不到这一状态，因此必须从防火、探火和灭火三个方面采取措施，构成完整的船舶消防安全体系。船舶消防安全的目标包括：防止火灾和爆炸的发生；减少火灾造成的生命危险；减少火灾对船舶、船上货物和环境的破坏危险；将火灾和爆炸抑制、控制和扑灭在火源舱室内；为乘客和船员提供充分和随时可用的脱险通道。

针对上述船舶消防安全的目标，在保持船舶结构完整性的前提下，根据船舶的类型，为防止火灾发生或当火灾发生后在一定时间内防止火势增大和控制烟气蔓延，需采取一系列的措施，包括以下几个方面。

(1) 用耐热与结构性限界面，将船舶划分为若干主竖区和水平区。
(2) 用耐热与结构性限界面，将起居处所与船舶其他处所隔开。
(3) 限制可燃材料的使用。
(4) 探知火源处所内的任何火灾。
(5) 抑制和扑灭火源处所内的任何火灾。
(6) 保护脱险通道和消防通道。
(7) 灭火设备随时可用。
(8) 将易燃货物和蒸气着火的可能性降至最低。

2.6.1 船舶消防名词术语

1) 不燃材料与可燃材料

不燃材料是指加热至约750℃时，既不燃烧，也不放出足量能自燃的易燃蒸气的材料，是按照《国际耐火试验程序应用规则》规定确定的。除此以外的其他材料均为可燃材料。

2) 钢或其他等效材料

等效材料是指任何不燃材料本身，或由于所设隔热物，当经过标准耐火试验的相应曝火时间后，在结构性和完整性上与钢具有同等的效能(如设有适当隔热材料的铝合金)的任何不燃材料。

3) 标准耐火试验

标准耐火试验是指将需要试验的舱壁或甲板的试样置于试验炉内，加温到大致相当于标准时间-温度曲线的一种试验。试验应按照《国际耐火试验程序应用规则》规定的方法进行。标准时间-温度曲线是指式(2-74)定义的时间-温度曲线：

$$T = 345\lg(8t+1)+20 \tag{2-74}$$

式中，T 为平均炉温，℃；t 为时间，min。

4) A级分隔

A级分隔是由符合下列要求的舱壁与甲板所组成的分隔。
(1) 它们应以钢或其他等效材料制造。
(2) 它们应有适当的防挠加强。
(3) 它们的构造应能在1h的标准耐火试验结束时防止烟及火焰通过。
(4) 它们应用认可的不燃材料隔热，使在下列时间内，其背火一面的平均温度较原温度增高不超过140℃，且包括接头在内的任何一点的温度较原温度增高不超过180℃：

A-60级　60min
A-30级　30min

A-15 级　15min

A-0 级　　0min

(5) 主管机关可以要求将原型的舱壁或甲板按《国际耐火试验程序应用规则》进行一次试验，以保证满足上述完整性及温升的要求。

5) B 级分隔

B 级分隔是由符合下列要求的舱壁、甲板、天花板或衬板所组成的分隔。

(1) 它们的构造应能在最初半小时的标准耐火试验结束时防止火焰通过。

(2) 它们应具有这样的隔热值，使在下列时间内，其背火一面的平均温度较原温度增高不超过 140℃，且包括接头在内的任何一点的温度较原温度增高不超过 225℃：

B-15 级　15min

B-0 级　　0min

(3) 它们应由认可的不燃材料制成，B 级分隔的结构和装配所用的一切材料为不燃材料，但是并不排除可燃镶片的使用，只要这些材料符合有关规定即可。

(4) 主管机关可以要求将原型分隔按《国际耐火试验程序应用规则》进行一次试验，以保证满足上述完整性和温升的要求。

6) C 级分隔

C 级分隔是由认可的不燃材料制成的分隔，它们不需要满足有关防止烟和火焰通过以及限制温升的要求，允许使用可燃装饰板，只要这些材料符合有关规定即可。

7) 主竖区

主竖区是指由 A 级分隔分成的船体、上层建筑和甲板室区段，它在任何一层甲板上的平均长度和宽度一般不得超过 40m。

8) 控制站

控制站指船舶无线电设备、主要航行设备或应急电源所在的处所，以及火警指示器或灭火控制设备集中处所，如驾驶室、海图室、报务室、应急电源室、灭火设备室等。

9) 起居处所

起居处所指走廊、盥洗室、住室、办公室、医务室、放映室、游戏室、娱乐室、理发室、无烹调设备的配膳室，以及类似的处所。

10) 公共处所

公共处所是指起居处所中的大厅、餐室、休息室，以及类似的固定围蔽处所。

11) 服务处所

服务处所指厨房、具有烹调设备的配膳室、储物间、邮件及贵重物品室、储藏室、不属于机器处所组成部分的工作间，以及类似的处所和通往这些处所的围壁通道。

12) 装货处所

装货处所指装载货物的处所、装载液体货物的液货舱，以及通往这些处所的围壁通道及舱口。

13) A 类机器处所

A 类机器处所指装有下列设备的处所，以及通往这些处所的围壁通道：

(1) 用作主推进的内燃机；

(2) 用作其他用途、合计总输出功率不小于 375kW 的内燃机；

(3) 任何燃油锅炉或燃油装置,如惰性气体发生器、焚烧炉等。

14) 机器处所

机器处所指 A 类机器处所及一切其他具有推进机械、锅炉、燃油装置、内燃机、发电机和主要电动机、加油站、冷藏机、防摇装置、通风机和空气调节机械的处所,以及类似的处所和通往这些处所的围壁通道。

以上各处所的定义适用于货船,对于客船和油船,各处所定义有所不同,详见《法规》。船舶消防分为一般防火和结构防火,下面分别介绍这两类主要措施。

2.6.2 一般防火措施

物质燃烧的必要条件是可燃物质、温度和空气中的氧气,三者缺一不可。根据这一条件,船舶消防的一般防火措施包括控制可燃物质、限制可燃材料的使用、控制通风、控制热源、布置脱险通道、防火区域分隔、设置探火和报警设备、配备有效的灭火设备等几个方面。

1) 控制可燃物质

这里所指的控制可燃物质主要是对易燃油类的使用和布置给予必要的限制和规定。例如,首尖舱内不得载运燃油、滑油及其他易燃油类。机炉舱的火灾极大部分是由舱内可燃液体溅落到热源上引起的。为了控制易燃油类,必须在船舶设计建造中遵守有关公约和规范规定。我国海船建造规范的有关内容主要反映在轮机篇中,本书不做详细介绍。

2) 限制可燃材料的使用

在起居处所,由于对舱室的分隔以及隔热、隔声和表面装饰的需要,必须设置内装材料。以往的做法是采用大量的可燃材料,如胶合板、刨花板及泡沫塑料等。这些材料的采用增加了舱室的失火危险性。这些材料和室内的家具、纺织品,以及外露表面的油漆、清漆、饰面材料等在火灾发生时产生的高热及生成的浓烟和有害气体都对人身安全造成威胁。根据有关方面的统计,火灾遇难的人中,有 62%以上是由于烟气中毒,真正被烧死的仅占 26%左右。可见,严格限制可燃材料,广泛采用不燃材料对安全防火是很重要的。

3) 控制通风

船舶失火后除应迅速切断可燃物质外,还应迅速切断空气。因此,一切通风系统的主要进风口及出风口均应能在被通风处所的外部加以关闭。按此项要求,在机舱的一切门道、通风筒、烟囱通风百叶窗失火时,应能从该处所的外部进行操纵、控制;机舱棚上的门应选择加自闭器,使其正常情况下是关闭的。

对于起居处所、服务处所、装货处所以及机器处所和控制站的动力通风装置,均应能从其服务的处所外部将其停止,其操作位置应在该处所失火时不易被切断。起居处所、服务处所及控制站的通风管一般不得通过 A 类机器处所、厨房等失火危险性较大的处所;反之,A 类机器处所、厨房等失火危险性较大处所的通风管一般也不能通过起居处所、服务处所及控制站。

4) 控制热源

对于热源(包括火源),在设计、建造中采取的主要控制措施如下。

(1) 排气管及过热蒸汽管应严密包扎绝热层。除了低温冷却淡水和滑油系统外,凡是用于处理或存放温度超过60℃的液体的设备、舱柜和管路,都应进行绝热包扎。

(2) 对厨房炉灶及其他暖水、暖油设备应采取必要的防护措施,对油船应禁止应使用燃油炉灶,而应使用蒸汽或封闭式电气炉灶;对于炉灶的排气管道,在其通过起居处所或内有可燃材料的处所的地方,应按 A 级分隔建造。

(3) 起居处所及办公室、海图室、驾驶室内的电气设备短路是这些处所失火的一个重要原因,应尽量降低发生这种情况的可能性。

(4) 油船货油泵的挠性联轴器,以及通风机的叶轮和运动部件所用材料在运转中应不产生火花。

(5) 对于油船及拖带装载易燃易爆货物船舶的拖船,其发动机及锅炉的排气管上应设有火花熄灭器。

(6) 其他控制措施,例如,油船货油舱盖接触舱口处应以摩擦时不会产生火花的材料制成;舱口观察孔应有防火网;舱盖与舱口观察孔的铰链或锁闭装置应以摩擦时不会产生火花的材料制成等。

5) 布置脱险通道

船上发生火灾时,为让逃生者通过最短的距离抵达安全处所,必须有从失火处所到达安全处所的适宜通道,这类通道称为脱险通道。平时供人员使用的出入通道当符合自身的保护要求时,可以作为火灾发生时的脱险通道。《法规》对机器处所、起居处所和服务处所脱险通道的数量、布置和保护都有具体的规定。通常,上述处所均要求布置两个相互远离的脱险通道;对于小于 1000 总吨的船舶,若布置有困难,上述脱险通道可免除一个;只有走廊一条脱险通道时,其长度的限制:载客超过 36 人的客船为 13m,载客不超过 36 人的客船为 7m,货船(包括油船)为 7m。

6) 防火区域分隔

货船一般可分为三种处所,即起居处所、机器处所及装货处所。这三种处所的失火危险性各不相同。用隔热及结构性限界面将起居处所与船舶其他处所隔开,一方面能在一定时间内阻止火焰从一个区域向另一个区域蔓延,防止在短时间内酿成全船大火;另一方面可防止其他处所的火焰蔓延到起居处所,对人员造成危害。

同时,视船舶尺度不同,将全船划分成一至多个以耐热绝缘钢结构为限界面的主竖区。这对于隔热和防止火焰蔓延,控制失火范围,赢得灭火时间,从而降低火灾损失具有重要作用。

货船的舱壁和甲板的耐火分隔等级要求分别见表 2-36 和表 2-37。

表 2-36 舱壁的耐火分隔等级要求

处所	控制站(1)	走廊(2)	起居处所(3)	梯道(4)	较小失火危险性的服务处所(5)	A类机器处所(6)	其他机器处所(7)	装货处所(8)	失火危险性较大的服务处所(9)	开敞甲板处所(10)	滚装装货处所(11)
控制站(1)	A-0[e]	A-0	A-60	A-0	A-15	A-60	A-15	A-60	A-60	*	A-60
走廊(2)		C	B-0	B-0[c] A-0	B-0	A-60	A-0	A-0	A-0	*	A-30
起居处所(3)			C[a,b]	B-0[c] A-0	B-0	A-60	A-0	A-0	A-0	*	A-30

续表

处所	控制站(1)	走廊(2)	起居处所(3)	梯道(4)	较小失火危险性的服务处所(5)	A类机器处所(6)	其他机器处所(7)	装货处所(8)	失火危险性较大的服务处所(9)	开敞甲板处所(10)	滚装装货处所(11)
梯道(4)					B-0 c A-0	B-0 c A-0	A-60	A-0	A-0	A-0	*	A-30
较小失火危险性的服务处所(5)						C	A-60	A-0	A-0	A-0	*	A-0
A类机器处所(6)							*	A-0	A-0 g	A-60	*	A-60 f
其他机器处所(7)								A-0 d	A-0	A-0	*	A-0
装货处所(8)									*	A-0	*	A-0
失火危险性较大的服务处所(9)										A-0 d	*	A-30
开敞甲板处所(10)											—	A-0
滚装装货处所(11)												* h

注：a 在 IIC 法及 IIIC 法中，对舱壁不强加特殊要求。

b 在 IIIC 法中，在面积为 50m² 及以上的处所之间或处所群之间应装设 B-0 级舱壁。

c 根据起居处所和服务处所保护方式以及梯道围壁保护要求决定。

d 当这些处所具有相同的数字类别并有注角"d"时，只有不同用途的相邻处所之间才要求设置表中所列等级的舱壁或甲板。

e 分隔驾驶室、海图室和无线电室的舱壁可以为 B-0 级。

f 如果不打算载运危险货物或危险货物的堆装与舱壁的水平距离不小于 3m，则舱壁可为 A-0 级。

g 拟用于载运危险货物的装货处所应为 A-60 级舱壁，除非危险货物的堆装与这种舱壁的距离不小于 3m。

h 分隔滚装船装货处所的舱壁应能适当气密地予以关闭，这样的分隔在主管当局认为合理和可行的范围内具有 A 级完整性的标准。

*该分隔要求用钢或其他等效材料制成，但并不要求 A 级标准。

表 2-37　甲板的耐火分隔等级要求

甲板下处所	甲板上处所											
	控制站(1)	走廊(2)	起居处所(3)	梯道(4)	较小失火危险性的服务处所(5)	A类机器处所(6)	其他机器处所(7)	装货处所(8)	失火危险性较大的服务处所(9)	开敞甲板处所(10)	滚装装货处所(11)
控制站(1)	A-0	A-0	A-0	A-0	A-0	A-60	A-0	A-0	A-0	*	A-60
走廊(2)	A-0	*	*	A-0	*	A-60	A-0	A-0	A-0	*	A-30
起居处所(3)	A-60	A-0	*	A-0	*	A-60	A-0	A-0	A-0	*	A-30
梯道(4)	A-0	A-0	A-0	*	A-0	A-60	A-0	A-0	A-0	*	A-30
失火危险性较小的服务处所(5)	A-15	A-0	A-0	A-0	*	A-60	A-0	A-0	A-0	*	A-0
A类机器处所(6)	A-60	A-60	A-60	A-60	A-60	*	A-60 i	A-30	A-60	*	A-60
其他机器处所(7)	A-15	A-0	A-0	A-0	A-0	*	A-0	A-0	A-0	*	A-0

续表

甲板下处所	甲板上处所										
	控制站(1)	走廊(2)	起居处所(3)	梯道(4)	较小失火危险性的服务处所(5)	A类机器处所(6)	其他机器处所(7)	装货处所(8)	失火危险性较大的服务处所(9)	开敞甲板处所(10)	滚装装货处所(11)
装货处所(8)	A-60	A-0	A-0	A-0	A-0	A-0	A-0	*	A-0	*	A-0
失火危险性较大的服务处所(9)	A-60	A-0	A-0	A-0	A-0	A-60	A-0	A-0	A-0[d]	*	A-30
开敞甲板处所(10)	*	*	*	*	*	*	*	*	*	—	*
滚装装货处所(11)	A-60	A-30	A-30	A-30	A-0	A-60	A-0	A-0	A-30	*	*[h]

注：参数说明见表 2-36 的表注。

客船的舱壁和甲板的耐火分隔等级要求与货船有所不同，设计时可参照《法规》的相应要求，这里不再赘述。

7) 设置探火和报警设备

船舶不可能绝对地不发生火灾，一旦失火，若能尽早发现，对扑救和控制火灾十分有利。设置探火和报警设备就是为了能对火灾的征兆(如烟、热的气流或其他现象)自动地进行及时探测，并在发现这种征兆时，自动发出警报，呼唤人员采取施救措施。在船舶设计建造中，应根据船舶各处所内可燃物的特点，选择适用的探火和报警设备，并按《法规》要求进行布置和安装。

8) 配备有效的灭火设备

一旦发现火灾，灭火设备的合理配置和保证能即刻有效地使用是至关重要的。船上的灭火设备分为移动式和固定式两类。移动式灭火设备一般用于扑救初起的火灾，有手提式灭火机、可移动式泡沫装置、沙箱和成套消防工具等。固定式灭火设备可以扑救达到一定规模的火灾，包括水灭火系统、气体灭火系统(主要是二氧化碳灭火系统)、压力水雾系统、泡沫灭火系统等。其中水灭火系统由于水源容易获得、操作方便，成为所有船上必备的灭火系统。由于二氧化碳不导电，二氧化碳灭火系统可用来扑灭电气火灾。压力水雾系统可熄灭油类火焰，因此它可以作为 A 类机器处所和油船的货油泵舱以及特种处所的固定式灭火设备。泡沫灭火系统主要用于机器处所和货油泵舱，也可用于客船的装货处所以及能密封的滚装货处所等，《法规》对泡沫灭火喷射器、管系及系统都做了具体规定。

油船货油舱内存在碳氢化合物气体，极易发生爆炸。油船货油舱的防爆措施主要是设置惰性气体系统。惰性气体系统能使货油舱内的气体处于惰性状态，从而可起到有效的防爆作用。货油舱的灭火设备主要是甲板泡沫灭火系统，它可以有效地扑灭货油舱发生的火灾。

以上列举的船舶一般消防措施在《法规》中都有详细的规定。由于船舶类型和用途不同，发生火灾的危险程度和后果严重性有差别，《法规》将船舶分为客船、货船和油船三大类型，对它们分别提出了不同的消防要求，船舶设计人员在实际设计工作中应注意查阅相关法规。

2.6.3 结构防火措施

船上设置防火结构的作用是：一旦发生火灾，尽量将火灾控制在一定范围内，使结构物在一定时间内不被破坏，从而起到延缓或阻止火焰蔓延的作用，为人员的撤离以及扑灭火灾赢得时间，将火灾损失降到最低程度。

《法规》对各类船舶防火结构的设置都有一定的要求，这些要求对总布置设计中的舱室划分以及内装设计有很大影响。下面以国际航行船舶为例，介绍结构防火的主要内容。

1) 结构防火一般规定

这里所指的一般规定是各类船舶应共同遵守的规定。

2) 结构材料

船体、上层建筑、甲板室、结构舱壁和甲板应以钢或其他等效材料建造。A 类机器处所的顶盖及舱棚应为足够隔热的钢结构，其上面的任何开口均应适当布置和保护，以防止火焰蔓延。起居处所、服务处所内的衬板、衬挡、天花板及隔热物均应为不燃材料。起居处所、服务处所及控制站内使用的甲板基层敷料应为高温时不易着火、不会发生毒性和爆炸性危险的材料。

3) 耐火分隔上的门

耐火分隔上的门应尽可能与所在分隔的阻火性能等效，每扇门应仅需一人即能开闭，并且应在舱壁的两侧均可操作。

4) 客船的结构防火

对于载客超过 36 人的客船，在起居处所和服务处所的船体、上层建筑及甲板室应以 A-60 级分隔分为若干主竖区，在某些情况下可以降低至 A-0 级。《法规》对各种舱壁及甲板的最低耐火完整性也做了明确规定。

一切不要求为 A 级分隔的舱壁，至少为 B 级或 C 级分隔。

对于载客不超过 36 人的客船，在起居处所和服务处所的船体、上层建筑及甲板室应以 A 级分隔分为若干主竖区。其分隔的标准比载客超过 36 人的客船的标准要低一些，在海船入级规范中给出了相应的规定。

5) 货船的结构防火

货船的起居处所和服务处所的防火可采用下列三种保护方法之一。

(1) IC 法：在起居处所和服务处所内，以不燃的 B 级或 C 级分隔作为内部舱壁，一般不设有自动喷水器、探火和失火报警系统，但在起居处所的走廊、梯道和脱险通道内设有感烟探测器及手动火警按钮。

(2) IIC 法：在可能发生火灾的所有处所，应装设自动喷水器、探火和失火报警系统按钮。一般对内部舱壁的形式不予限制，但天花板、衬板等均应使用不燃材料。

(3) IIIC 法：在可能发生火灾的所有处所，应设有固定式探火和失火报警系统。但在任何情况下，任一起居处所或用 A 或 B 级分隔的各处所的面积不得超过 50m^2，对公共处所，其面积可适当增加。

上述 IC 法和 IIC 法的主要区别是，IIC 法在起居处所和服务处所内设置了自动喷水器、探火和失火报警系统。由于设有这种系统，这些区域内一旦发生火灾，探测器探得火灾信号后就能自动启动喷水器，并立即发出声光警报，人员进而运用船上的消防设备进行扑救。

因此，设置这种系统可以起到延滞火焰蔓延和控制火灾的作用，故起居处所和服务处所内部舱壁的形式和材料要求就可适当降低。

一般情况下，小型船舶起居处所和服务处所面积较小，较多采用IIIC法，而大中型船舶较多采用IC法，油船规定只准采用IC法。其原因是自动喷水器、探火和失火报警系统设备较复杂，平时需要经常维修才能保证即时使用。

6) 油船的结构防火

由于油船所运输的油类货物具有高度的失火危险性，所以其结构防火有特殊性。根据《法规》，对于载运闪点(闭杯)超过60℃的石油产品的油船，其防火措施可按上述货船处理。对于载运闪点不超过60℃的石油产品的油船，其防火措施主要如下。

(1) 处所的位置和分隔。

油船的处所大致可分为机器处所、起居处所、驾驶室、货油主控制站、服务处所、货油泵舱和货油舱等，这些处所的位置对结构防火影响甚大，因此，各处所的位置应符合如下要求。

① 机器处所。

机器处所应位于货油舱和污油水舱的后方，但不必位于燃油舱的后方。所有机器处所应用隔离空舱、货油泵舱或燃油舱与货油舱和污油水舱隔开。

② 起居处所、货油主控制站及服务处所。

起居处所、货油主控制站及服务处所均应位于所有货油舱、污油水舱、货油泵舱和用以隔开货油舱、污油水舱与机器处所的隔离空舱后方。

③ 驾驶室。

若确实必须将驾驶室布置在货油舱区域的上方，则该处所只能用于驾驶目的，并且必须用一个高度至少为2m的开敞空间使之与货油舱甲板隔开，并保证驾驶室舱壁的耐火完整性。

④ 环围起居处所的上层建筑和甲板室的外部限界面，包括甲板，应隔热至A-60级标准。

(2) 在油船起居和服务处所内，规定只能采用IC法进行结构防火。

(3) 舱壁和甲板的最低耐火完整性应符合相关规定。

由于各种需要，作为耐火分隔的舱壁和甲板往往要设置开口，如人员进出的门、梯道、通风管、电缆通过的管道等。这些开口无疑会影响耐火分隔的完整性。为此，安全公约和建造规范对各级耐火分隔上开口的大小、耐火等级、开关控制等都给出了具体规定，应予注意。其基本原则如下。

① 在满足使用要求的前提下，开口越小越好；开口处所用的材料原则上应为不燃材料。

② 各级耐火分隔上的门应具有与所在分隔相同的耐火等级，即A级或B级分隔上的门也应为A级或B级。

③ 通风开口应能在火灾发生时予以关闭。

④ 起居处所、服务处所及控制站内的梯道应以围壁保护。如果该梯道仅穿过一层甲板，应至少用B-0级分隔及自闭门保护；当梯道穿过多于一层的甲板时，应在每层甲板上至少用A-0级分隔，并用自闭门保护。

⑤ 通风导管、电缆、管道以及结构中的桁材等穿过耐火分隔时，应采取措施以保证分隔的耐火性不受损害，并获得主管机关的批准。

2.6.4 船舶消防设备及配备

尽管采取了有效的防火措施,船舶火灾的发生也难以完全避免,一旦发生火灾,必须能准确及时地探测火源位置,发出警报,并运用有效的灭火设备扑灭火灾。《法规》对船舶消防设备配备的主要要求如下。

1) 探火和失火报警设备

探火和失火报警设备包括固定式探火和失火报警系统、手动报警按钮等。

探测器按其敏感元件的反应原理一般分为以下三类:

(1) 感温探测器——可探测极度不正常的高温或温升率的装置;

(2) 感烟探测器——可探测由燃烧产生的烟雾(可见或不可见)颗粒的装置;

(3) 感光探测器——可探测由火灾产生的红外线或紫外线或可见辐射的装置。

探测器应分区设置,避免火源位置识别不清。其安装位置应能取得最佳功能,避开影响探测器性能或容易损坏的位置。

报警器的功能是对探测器的工作及时做出响应,即时显示火灾位置并通过声响或光电等信号报警。报警器的安装位置应尽量远离容易发生火灾的地方。

《法规》规定,下列处所应设置固定式探火和失火报警系统:

(1) 未设有自动喷水器、探火和失火报警系统的客船起居处所、服务处所和控制站;

(2) 采用自动喷水器、探火和失火报警系统保护的客船起居处所内的通道、梯道及脱险通道。

2) 其他消防用品的配备

(1) 对于手提式或可携式灭火机,除在机器处所和滚装处所要按规定配备足够数量的灭火机外,在客船起居处所、服务处所和控制站的每一主竖区或水密舱壁范围内至少设 2 具,在舱壁甲板以上每层旅客处所至少设 2 具,在每一厨房内至少设 1 具,在每一船用物料储存室内至少设 1 具。

(2) 消防员装备包括防护服、安全灯、消防斧、防烟面具等。所有船舶一般应备有两套符合要求的消防员装备。

2.7 防污染及能效指数

船舶在航行和停泊过程中有可能泄漏的油类、有毒物质和排放的废物会对周围水域和大气环境造成污染,主要包括油类污染、有毒液体物质污染、生活污水污染、垃圾污染等。《船舶与海上设施法定检验规则》对防止船舶带来污染做出了具体的规定。

2.7.1 防污染规定

1. 防止油类污染的规定

船舶最可能对海洋环境造成的污染是油类污染。为此,《法规》针对一般油船做出了如下的规定:

(1) 将原油与压载水分隔；
(2) 装设舱底水排油监控和油水分离设备、滤油设备；
(3) 在机舱中设置残油舱；
(4) 装设标准排放接头；
(5) 实施燃油舱保护。

针对油船的结构和设备方面，有如下的规定：
(1) 150 总吨及以上的油船应设污油水舱，且总舱容不得小于货油舱舱容的 3%；
(2) 载重量 2 万吨及以上的原油船，以及载重量 3 万吨及以上的成品油船必须设置专用压载水舱，其舱容应能保证压载状态时，船舯型吃水 T_m 不小于 $2.0+0.02L$，尾倾值一般不大于 $0.015L$，保证螺旋桨全浸没；
(3) 载重量 2 万吨及以上的原油船应装有原油洗舱系统；
(4) 5000 载重吨以上的油船要求设置双壳双底，双壳双底体内不能用作货油舱；
(5) 双壳宽度应不小于 $0.5+DW/20000$ 和 2m 中的小者，但不得小于 1m；
(6) 双底高度不小于 $B/15$ 和 2m 中的小者，但不得小于 1m。

舱大小及配置限制见表 2-38。
专用压载水舱舱容及保护位置见表 2-39。

表 2-38 货油舱大小及配置限制

假设溢出油量(O_C、O_S) 的限制见 MARPOL 规则 25	不超过 30000m³ 或 $400DW^{\frac{1}{3}}$ 中的大者，且应在 40000m³ 以下			
各货油舱舱容限制	中心货油舱	50000m³ 以下		
	边货油舱	上述假设溢出油量的 75% 以下		
货油舱长度限制 (不超过 10m 或右边的值中的大者)	无纵舱壁	$0.1L$		
	一道纵舱壁	$0.15L$		
	两道以上纵舱壁	边舱		$0.2L$
		中心舱	$\frac{b_i}{B} \geq \frac{1}{5}$	$0.2L$
			$\frac{b_i}{B} < \frac{1}{5}$ 无中纵舱壁时	$\left(0.5\frac{b_i}{B}+0.1\right)L$
			有中纵舱壁时	$\left(0.25\frac{b_i}{B}+0.15\right)L$

注：DW = 勘定的夏季干舷处载重量(t)；b_i = 边舱宽(m)，在勘定的夏季干舷处从舷侧向船中垂直量取。

表 2-39 专用压载舱舱容及保护位置

适用范围	载重量 20000t 以上的原油船 载重量 30000t 以上的成品油船	
专用压载舱舱容	船舯型吃水 T_m(m)	$T_m \geq 2.0+0.02L$（L 为干舷船长）
	尾倾 t(m)	$t \leq 0.015L$
	螺旋桨浸深	完全浸没
专用压载舱保护位置	$\sum PA_c + \sum PA_s \geq J[L_t(B+2D)]$	
	PA_c	L_t 范围内所有的独立压载舱或非油舱的处所按型尺度在舷侧的投影面积(m²)
	PA_s	L_t 范围内所有的独立压载舱或非油舱的处所按型尺度在船底的投影面积(m²)
	L_t	货油舱范围的前端和后端间的距离(m)

		续表
专用压载舱保护位置 J	载重量 20000t 的油船	0.45
	载重量 20000t 以上的油船	0.30
	中间载重量直接插值	$0.45 - \dfrac{0.15(DW-20000)}{180000}$

注：(1) 载重量 20000t 以上的油船，J 值可减小为 $J_{减小} = J - \left(a - \dfrac{O_C + O_S}{4O_A}\right)$ 或 0.2 中的大者，式中，O_C = 舷侧破损假设溢出油量；O_S = 船底破损假设溢出油量；O_A = 许可溢出油量。

$a = 0.25$　　载重量 20000t
$a = 0.40$　　载重量 30000t
$a = 0.50$　　载重量 42000t 以上
中间载重量按直线插值求得。

(2) 舷侧防护面积(投影面积)PA_C 的计算条件：
① 独立压载舱或非油舱的处所延伸至舷侧整个深度，或者从甲板到双底顶板的方位内；
② 从舷侧向中心线垂直量取的上述处所的宽度大于 2m。

(3) 船底防护面积 PA_S 的计算条件：双底舱或非油舱的处所的最小深度不小于 $B/15$ 或 2m 中的小者。

2. 防止有毒液体污染的要求

有毒液体按下述分类。
(1) X 类——严禁向海洋环境排放；
(2) Y 类——排放入海的质和量应采取限制措施；
(3) Z 类——排放入海应采取较严格的限制措施。

载运有毒液体船舶的构造、布置和排放规定如下：
(1) 应设置泵吸和管路以确保有毒液体卸载后每个舱及附属管路内的残余物不超过 75L；
(2) 禁止将有毒液体残余物或含有此类物质的压载水、洗舱水直接排放入海，应将其排入岸上接收设备；
(3) 船舶所在港口或装卸站应有足够的接收设备；
(4) 有毒液体物质(Noxious Liquid Substance，NLS)船应设有一个或几个水下排放口；
(5) 水下排放口应位于液货舱舯部，排放口的直径和布置应满足《法规》的规定；
(6) 在非限制海域允许将有毒液体残余物或含有此类物质的压载水、洗舱水排放入海时，应符合以下标准：自航船航速至少为 7kn(1kn=1.852km/h)，非自航船航速至少为 4kn；在水线以下通过水下排放口进行排放，距离最近陆地不小于 12n mile(1n mile=1.852km)，海域水深不小于 25m。

3. 防止生活污水污染的要求

针对船上生活污水，下面给出了三种处理方式。
(1) 储存柜式处理。船上设置储存柜，当船舶航行于内河或沿海时，将生活污水储存于柜内；当船舶到港时，将生活污水排入岸上接收装置，或当船舶航行至非限制海域时将其排放入海。
(2) 排放式处理。船上设置生活污水处理装置，将生活污水净化消毒达到排放标准后排放舷外。
(3) 再循环式处理。将生活污水经处理装置处理后的液体作为冲洗介质再循环利用。

4. 防止垃圾污染的要求

针对船上生活垃圾,下面给出了如下三种处理方式。

(1) 直接投弃法。当船舶在管制海域时,先将垃圾保存在船上,待航行到非限制海域时,再将垃圾直接排放入海。

(2) 粉碎处理法。用粉碎机将垃圾粉碎至颗粒度达到排放标准的要求,待船舶航行到非限制海域时,将其排放入海。

(3) 焚烧处理法。将可燃烧的垃圾(固体垃圾和液体垃圾)送至焚烧炉内烧掉。

2.7.2 船舶能效指数

国际海事组织《国际防止船舶造成污染公约》附则Ⅵ规定散货船、液化气船、液货船、集装箱船、杂货船、冷藏货船和兼装货船(兼装散装干货和液货)7种船型的设计船要达到的能效指数(EEDI)需小于要求的EEDI。该公约给出了计算公式和参数选取的建议。

1) 设计船达到的EEDI

设计船达到的EEDI的计算见式(2-75),该公式分子部分为航行过程中燃料消耗量换算成CO_2的排放量,分母部分为装载能力与该装载能力下的航速乘积:

$$\frac{\left(\prod_{j=1}^{M} f_j\right)\left(\sum_{i=1}^{n_{ME}} P_{ME(i)} \cdot C_{FME(i)} \cdot SFC_{ME(i)}\right) + P_{AE} \cdot C_{FAE} \cdot SFC_{AE} + \left[\left(\prod_{j=1}^{M} f_j \sum_{i=1}^{n_{PTI}} P_{PTI(i)} - \sum_{i=1}^{n_{eff}} f_{eff(i)} \cdot P_{AEeff(i)}\right) \cdot C_{FAE} \cdot SFC_{AE}\right] - \left(\sum_{i=1}^{n_{eff}} f_{eff(i)} \cdot P_{eff(i)} \cdot C_{FME} \cdot SFC_{ME}\right)}{f_i \cdot \text{Capacity} \cdot v_{ref} \cdot f_w}$$
(2-75)

式中,各个参数的含义如下。

C_{FME}、C_{FAE}——主机和辅机的无量纲碳转换系数,基于含碳量将燃料消耗量转换为CO_2排放量,用t-CO_2/t-Fuel表示,因燃料的不同,C_F值也不同,例如,重燃油(HFO)的C_F = 3.1144,如表2-40所示。

表2-40 不同燃料所对应的C_F值

燃料类型	参照等级	低热值/(kJ/kg)	碳当量	C_F(t-CO_2/t-Fuel)
柴油/汽油	ISO 8217 DMX级-DMC级	42700	0.8744	3.206
轻燃油	ISO 8217 RMA级-RMD级	41200	0.8594	3.151
重燃油	ISO 8217 RME级-RMK级	40200	0.8493	3.114
液化石油气	丙烷	46300	0.8182	3.000
	丁烷	45700	0.8264	3.030
液化天然气		48000	0.7500	2.750
甲醇		19900	0.3750	1.375
乙醇		26800	0.5217	1.913

n_{ME}——主机台数。

n_{AE}——辅机台数。

$P_{ME(i)}$——每台主机额定装机功率减去轴带发电机功率后差值的75%时的功率值。

$P_{\text{PTI}(i)}$——每台轴带发电机额定功率除以效率后得数的 75%时的功率值。
$P_{\text{eff}(i)}$——由于能效技术创新使得主机功率减少的效能功率的 75%。
$P_{\text{AEeff}(i)}$——由于能效技术创新使得辅机功率减少的效能功率的 75%。
P_{AE}——正常航行最高海况下所需要的辅机功率,对于主机功率大于或等于 10000kW 的货船,$P_{\text{AE}} = 0.025 \sum_{i=1}^{n_{\text{ME}}} \text{MCR}_{\text{ME}(i)} + 250$,对于主机功率小于 10000kW 的货船,$P_{\text{AE}} = 0.05 \sum_{i=1}^{n_{\text{ME}}} \text{MCR}_{\text{ME}(i)}$。

SFC——柴油机经核定的油耗率,g/(kW·h);下标 ME(i)和 AE 分别代表主机和辅机。对于主机。SFC_{ME} 在 75%MCR 下测得;对于辅机,SFC_{AE} 在 50%MCR 下测得。

Capacity——载重量或总吨,按照不同的船型定义:对干货船、液货船、气体船、集装箱船、滚装船、客滚船和杂货船,Capacity 为夏季吃水时的载重量;对客船和滚装客船,Capacity 为国际总吨位;对于集装箱船,按 70%的载重吨计。

v_{ref}——特定功率和装载条件下的船舶航速,kn。

f_i——装载能力的修正系数,指因技术或规定要求而对 Capacity 的限制,若无须考虑该因素,则可假定该系数为 1.0;对于冰区加强的船舶需特殊考虑。

f_j——考虑船舶特殊性的修正系数,该系数用于冰区加强的船舶。

f_w——波高、浪频和风速等不利海况下船舶航速降低的影响因数,也可以理解为耐波性失速,可通过指导性的标准 f_w 曲线查得,或通过船模试验得出。在这两种方式都不可用的情况下,计算时可先取其为 1.0。

$f_{\text{eff}(i)}$——反映创新能效技术的可用因数,对于废热回收系统,该值为 1.0。

2) 设计船要求的 EEDI

设计船要求的 EEDI(基线值)计算为

$$\text{RLV} = a \times b^{-c} \tag{2-76}$$

式中,a、b 和 c 取值见表 2-41。

表 2-41 各类船型的 a、b、c 取值

船舶类型	a	b	c
散货船	961.79	DW	0.477
气体运输船	1120.00	DW	0.456
液货船	1218.80	DW	0.488
集装箱船	174.22	DW	0.201
杂货船	107.48	DW	0.216
冷藏货船	227.01	DW	0.244
兼用船	1219.00	DW	0.488
客船	3542.3	GT	0.558
客滚船	1072	GT	0.3869
滚装货船(车辆运输船)	11087	DW	0.6537
滚装货船	5240.5	DW	0.5554
近海供应船	9992.2	DW	0.619

注:a 和 c 取值是通过一定数量样本统计确定的。

EEDI 是按照阶段折减的，因此，所设计船舶的 EEDI 应该对照不同阶段折减后的基线值进行比较，见表 2-42。

表 2-42　EEDI 按阶段折减

折减率 X/ %	要求的 EEDI
0(第零阶段，2013-1-1～2014-12-31)	RLV
10(第一阶段，2015-1-1～2019-12-31)	0.90RLV
20(第二阶段，2020-1-1～2024-12-31)	0.80RLV
30(第三阶段，2025-1-1 以后)	0.70RLV

3) 降低 EEDI 的措施

下列措施能有效降低 EEDI：

(1) 船体主尺度优化设计(包括优化船首和船尾形状)，降阻节能，提高航速，提高装载能力；

(2) 推进器优化(对转螺旋桨、桨毂帽鳍等)，提高推进效率；

(3) 主机选型和系统优化，废热回收利用，降低燃料消耗；

(4) 使用绿色能源(氢能源、氨能源、风帆助航)，减少排放；

(5) 新型减阻技术的应用，如纳米涂层、气膜减阻等。

2.7.3　船舶营运碳强度指数

船舶营运碳强度指数(Carbon Intensity Index，CII)要求在每年年终，以每船载重量和每海里排放的 CO_2 克数进行计算。此规则于 2023 年 1 月实施，要求对 5000 载重吨以上的船舶进行年度评估，其计算方法如下：

$$CII = 全年 CO_2 的排放量/(船舶载重吨 \times 全年航行距离)$$

将每艘船当年的 CII 计算值与 IMO 碳减排目标制定的 CII 指标进行对比，然后按照每艘船的达标情况给予 A～E 的评级，对于评级为 E 的船舶和连续 3 年评级为 D 的船舶要求制定改进计划。

CII 的指标会逐年收紧，即将 2019 年的数据作为基准指标，2023 年开始减少 5% 的碳排放，之后每年在前一年的基础上再减 2%。简单来讲，在 CII 的影响下，远途货运有利于降低船舶的 CII 指标，而短途货运和压港则会使 CII 指标升高。另外，低速航行将会有效降低船舶的 CII 指标。

思　考　题

1. 什么是船舶入级检验？什么是船舶法定检验？这两种检验有什么区别？
2. 解释词：A 型船舶、干舷甲板、最小干舷船、富裕干舷船。
3. 船舶初稳性衡准中为什么要估算上限值和下限值？各典型船舶(客船、货船、拖轮)的 GM/B 值都是多少？
4. 在船舶初始设计阶段，如何估算船舶初稳性？若初稳性不足，可采取哪些措施来改善？

5. 如何核算船舶大倾角稳性？若大倾角稳性不足，可采取哪些措施来改善？

6. 破舱稳性有哪两种计算与衡准方法？这两种方法有什么区别？

7. 干货船破舱稳性的概率性方法中，船舶达到的分舱指数 A 应大于或等于要求的分舱指数 R，试简述指数 A 和指数 R 的计算原理。

8. 为什么要规定船舶最小干舷？其大小取决于哪些因素？

9. 船舶为什么要勘画载重线标志？说明船舶载重线标志的具体含义？

10. 什么是船舶登记吨位？总吨位和净吨位是如何定义的？登记吨位与载重吨位有什么区别？

11. 总吨位和净吨位的主要差别是什么？主要作用有哪些？在初始设计阶段如何估算船舶登记吨位？设计时应注意哪些问题？

12. 什么是 A 级分隔、B 级分隔和 C 级分隔？它们的区别主要有哪些？

13. 船舶防火的主要措施有哪些？

14. 规范和法规对船舶防火结构有哪些主要的要求？法规对船舶消防设备的配备有哪些主要的要求？

15. 防止船舶污染包括哪几方面的内容？法规对油船防污染结构和设备主要有哪些要求？

16. 船舶生活污水和垃圾处理的方法各有哪些？

17. 提高新船能效指数的设计措施有哪些？

18. 某散货船初步尺寸估算为：垂线间长 L_{bp} = 194.5m，型宽 B = 32.26m，型深 D = 18.5m，结构吃水 T_s = 13.5m，方形系数 C_b = 0.884，重心高度 z_g = 0.644D，舭龙骨总面积 A_{BK} = 60m^2。试校核其初稳性，估算其横摇周期和横摇角。

19. 散货船的主尺度为：L_{bp} = 194.5m，B = 32.26m，D = 18.5m，T = 13.5m，C_b = 0.884。其在吃水 0.85D(15.725m)处船长 L = 195m，甲板边板厚度 t = 28mm，方形系数 C_b = 0.89，每厘米吃水吨数 TPC = 60t/cm，舷弧值见表 2-43。封闭首楼有效长度 L_E = 12m，高度 h = 2.6m。请按照国际航线 B-60 船舶的要求计算该船的夏季干舷 F_S、热带干舷 F_T、冬季干舷 F_W、北大西洋区冬季干舷 F_{WNA}、淡水干舷 F_F 和热带淡水干舷 F_{TF}，并核算本船实际干舷 F。

表 2-43 设计船舷弧表

位置	实际舷弧高/mm	位置	实际舷弧高/mm
尾垂线	150	首垂线	1157
距尾垂线 $L/6$	0	距首垂线 $L/6$	106
距尾垂线 $L/3$	0	距首垂线 $L/3$	0
船舯	0	船舯	0

注：本题如果最小干舷不满足，有两种解决方法，一是减小结构吃水，二是改为 B-100 船舶，但是破舱稳性要求会更加严格。

20. 64000DWT 散货船初估主尺度如下：L_{bp} = 194.5m，B = 32.26m，D = 18.5m，T = 13.5m，C_b = 0.884，DW = 64000t，V_c = 78693m^3。参考母型船资料计算其总吨位(GT)和净

吨位(NT)。母型船：L_{bp} = 185m，B = 32.26m，D = 18m，T = 12.8m，C_b = 0.861，DW = 57000t，V_c = 71994 m³，GT = 32300，NT = 18700。

21．64000DWT 散货船，扣除免除部分后的船舶所有围蔽处所的型容积之和为 118630m³，各载货处所的容积之和为 78693m³，型深为 18.5m，吃水为 13.5m，计算其总吨位(GT)和净吨位(NT)。

22．散货船主机功率 P_{ME} = 9960kW，设计航速为 14kn，SFC = 172g/(kW·h)，船舶载重吨为 64144t，不考虑冰区加强，计算其 EEDI。

第3章 船舶重量与重心

船舶设计的基本要求：一是使设计船按预定状态浮在水面上，根据船舶静力学知识，即要求船舶浮力与重力平衡，重心与浮心在同一铅垂线上；二是使设计船满足预定的载重量，而船舶载重量通常是排水量与其自重的差值；三是使设计船满足任务书规定的各项航行性能指标，而船舶排水量往往是船舶性能估算或计算的一个重要基础。因此，船舶重量与重心估算是船舶设计中一项首要的基础工作，船舶设计往往从重量估算开始。

3.1 重力浮力平衡及典型排水量

3.1.1 重力浮力平衡

1. 重量方程式

船舶在某种装载情况下的总重量称为排水量 Δ，它是船舶各个部分的重量之和(单位为 t)，重量方程式为

$$\Delta = \sum W_i = \mathrm{LW} + \mathrm{DW} \tag{3-1}$$

$$\mathrm{LW} = W_h + W_f + W_m \tag{3-2}$$

式中，LW 为空船重量，t；W_h 为船体钢料重量，t；W_f 为舾装重量，t；W_m 为机电设备重量，t；DW 为载重量，t，包括货物、船员及其行李、燃料、滑油、锅炉水、淡水、食品、备品及供应品重量。

2. 浮力方程式

如图 3-1 所示，船舶所受浮力等于船体排水量 Δ，浮力方程式为

$$\Delta = \rho k \nabla = \rho k L B T C_b \tag{3-3}$$

式中，ρ 为水的密度，t/m³，海水为 1.025t/m³，淡水为 1.0t/m³；∇ 为装载情况下的排水体积，m³；L、B、T、C_b 分别为船长、型宽、吃水及方形系数(此处 L 指垂线间长，即 L_{bp})；k 为附体系数，通常为 1.004～1.01。由于排水体积不包括外板厚度及附体(如舵、螺旋桨、轴支架、舭龙骨等)在内，k 值为考虑这些因素而定的系数，通常对小船取大值，对大船取小值。

根据浮力和重力相等，可得浮力方程式：

$$\Delta = \sum W_i = \rho k L B T C_b \tag{3-4}$$

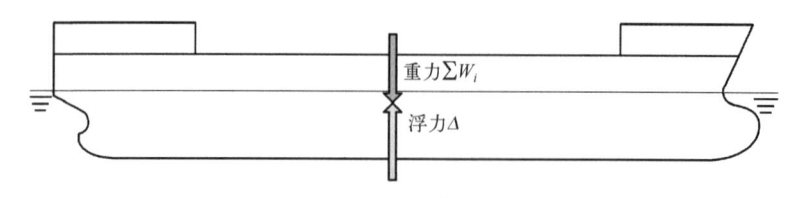

图 3-1 船舶在水面上的平衡

3.1.2 重量重心估算的重要性及特点与方法

1. 重量重心估算的重要性

船舶重量重心估算准确与否将直接影响设计船的航行性能与经济性，因而必须仔细地进行估算，力求提高估算精度。

重量估算过程中，如果将船舶重量估算得过轻，则完工船重量的实际值将大于设计值，导致必须减载航行，这是因为，对于沿海和内河船舶，往往是航道水深限制了船舶吃水；对于远洋船舶，则是停靠港的泊位水深限制了船舶吃水；同时，船舶吃水增大，干舷减小，储备浮力减少，船舶大倾角稳性与抗沉性恐难以满足，甲板容易上浪，船舶结构强度也可能不满足要求。反之，如果将船舶重量估算得过重，则选择的船舶尺度势必偏大，船舶建造所需的原材料与工时消耗增加，显然，船舶经济性降低；同时，由于实际吃水小于设计吃水，螺旋桨可能露出水面而影响推进效率，海上航行时船舶耐波性也可能变差。

类似地，如果船舶重心纵向位置 x_b 估算误差过大，则实船将出现较大纵倾，影响船舶的浮态、快速性与耐波性；如果船舶重心高度 z_g 估算误差过大，则实船初稳性高将产生较大的减少或增加，从而影响船舶稳性与横摇性能。

2. 重量重心估算的特点与方法

船舶重量重心估算特点：一是贯穿于整个设计过程的始终；二是逐步近似。贯穿始终就是在船舶设计的各个阶段都须进行重量估算或计算。一艘船的设计通常是从重量估算开始的，最后还必须经重量计算，确定重力与浮力达到平衡、重心位置适宜以后，才能进行下一步工作。逐步近似就是重量估算不可能一次完成，不可能在设计的最初就估算到准确无误的程度，而是随着设计阶段的不断深入，由粗到细，由最初阶段参考母型船或统计资料的粗略估算到最后按设计船的施工图纸分项精确估算，是一个逐渐深化、逐渐准确、多次循环螺旋上升的过程。每一次计算都是对前一次计算的检验和修正，都是认识的进一步深化。

在不同设计阶段，重量重心估算的方法是不一样的。在详细设计、生产设计及完工计算阶段，船舶的主要图纸均已具备，船舶的各主要部分均已确定，甚至实船也已造出，因此，此时的重量重心计算可以按图纸(或在完工计算时按实船)详细地分项进行，然后逐项累计，最后设计阶段经倾斜试验后确认。但在设计初期即主尺度及排水量确定阶段，则不具备这些条件，设计船的重量重心只能依据母型船或统计资料进行较为粗略的估算。

3.1.3 船舶典型排水量

在船舶营运及航行过程中,其载重量(货物、旅客及行李、油、水)是变化的。随着载重量变化,船舶的排水量及其浮心和重心的位置也不同,因而船舶的各种技术性能也就不同。为了掌握船舶在营运过程中的技术状况,须取若干种典型载况予以研究。在船舶稳性规范中,对各类民船的典型载况都做了具体规定。

1) 空船排水量

空船排水量指船舶建成后交船时的排水量,空船排水量等于空船重量。此时,动力装置管系中有可供主机动车运转的油和水,这部分油和水的重量包含在机电设备重量内,相应的机电设备重量称为湿重,但不包括航行所需要的燃料、滑油和淡水储备及其他载重量。

2) 满载排水量

船上装载了预定的设计载重量的载况称为满载,相应的排水量即为满载排水量。民船通常以满载排水量作为设计状态,因此也称为设计排水量,它是决定船舶主要要素的基础。针对油水100%、50%及10%的不同储备量,又分满载出港、满载中途和满载到港三种典型载况。对于客货船,除上述载况外,通常还要核算满客无货出港、到港载况,有时还要加算航行中途载况。

3) 压载排水量

一般货船在无货空放航行时,通常必须加载一定量的压载水,以保证稳性和适航性。

在船舶的稳性规范中,针对不同类型船舶规定了若干必须核算稳性的典型载况,例如,对货船,规定必须核算满载出港、满载中途、满载到港、压载出港、压载中途和压载到港等典型载况。对客船,又增加核算满客无货出港及到港两种载况。其中对渔船、拖轮、运木船等的基本载况也做了具体规定。

3.2 空船重量分析与估算

空船重量估算的准确度是船舶设计能否成功的关键之一,这是因为空船重量占了船舶满载排水量的相当部分(表 3-1),而且其影响因素多,不容易估算准确。

表 3-1 各类船舶的空船重量与船舶满载排水量之比

船舶类型	空船重量与船舶满载排水量之比 LW/Δ	船舶类型	空船重量与船舶满载排水量之比 LW/Δ
拖船	0.85~0.95	大型油船	0.20~0.35
渔船	0.60~0.70	中小型客船	0.50~0.70
中小型货船	0.30~0.43	大型客船	0.45~0.60
大型货船	0.27~0.36	驳船	0.20~0.30
中小型油船	0.35~0.50		

构成空船重量的项目是十分繁杂的。为便于船舶设计者准确地估算空船重量,避免重量项目计算的重复或遗漏,便于船舶建造者进行原材料及设备订货,同时也便于船厂经营部门进行船舶报价,需要将空船重量按一定的原则进行分类。按惯例,空船重量通常分为船体钢料重量 W_h、舾装重量 W_f 和机电设备重量 W_m 三大部分,各部分又细分为若干组,

各组再分成若干项，如表 3-2 所示。应当指出，国内外设计民船的重量资料在某些具体项目的归属上可能有差别，在使用资料时要加以注意。

表 3-2 船舶空船重量分类表

项目分类	细目	
船体钢料部分	①首尾柱及轴包架	首柱、尾柱、轴包架、舵踵及其他
	②船壳板	竖龙骨、底板、旁板、平板龙骨、舭龙骨、船壳板上覆板
	③底部及舷侧构架	底部纵向构件、底部横向构件、舷部纵向构件、舷部横向构件、首尾尖舱结构、其他
	④甲板结构	上甲板结构、主甲板结构、平台甲板结构、其他
	⑤舱壁及围壁	横向水密壁、纵向水密壁、部分舱壁及舱室围壁、货舱筒及舱口围壁、围板、其他
	⑥支柱	各层甲板下支柱、舱面机械及梯口加强支柱、其他
	⑦船体钢料杂项	轴隧及推力轴承室、钢质护舷材、舱柜内制荡板及顶盖、扶梯平台、污水井、其他
	⑧底座	主机底座、主锅炉底座、机炉舱辅机底座、轴承底座、舱面机械底座、其他底座
	⑨上层建筑钢料	首楼、桥楼、尾楼、各层甲板室、舷墙及走廊边板、其他
	⑩电焊填料	焊料、板缝搭边接头及垫料、其他
舾装部分	①船体	木甲板、舱底板及舱边护条、护舷木、栏杆上木扶手、木质上层建筑
	②船舶属具(金属)	桅及龙门架柱、栏杆、扶梯、旗杆、外烟囱、钢质舱口装置、天窗、门窗及人孔、特种属具、其他
	③船舶设备及装置	操舵装置、锚装置、系统装置、救生装置、航行装置、消防设备、推进装置、特种装置和设备、其他
	④舾装	木围壁、天花板、室内地板、木质门窗、家具、木质扶梯及舷梯、木质舱盖、舾装木、作杂项、其他
	⑤生活设施及工作用具	厨房及餐室设备、卫生及洗涤设备、各种装饰及宣教文娱设备、小卖部及杂项设备、医疗用具、水手工具及备品、木工工具及备品、其他
	⑥水泥及瓷砖	舱底水泥、舱柜水泥、甲板流水沟及甲板机械底座水泥、起居室水泥及瓷砖
	⑦油漆	其他主船体部分、其他部分
机电设备部分	①船舶电气	舱面机械电力设备、生活及照明用电、对外通信设备、船舶通信设备、助航设备、机炉舱辅机电力设备、输电电缆、配电板等
	②轴系	推力轴及轴承、中间轴及轴承、尾轴尾管、隔舱填料函、轴系附件、轴系备件、其他
	③主辅机械设备	主机、减速齿轮箱及联轴器、柴油发电机组、锅炉、空气压缩机组、各种热交换器、各种泵、各种压力水柜、各种滤器、其他
	④动力管系	燃油管系、滑油管系、海淡水冷却管系、压缩空气管系、蒸汽管系、凝水管系和排气管系、其他
	⑤机炉舱杂项	工具、工作台、工具架及柜、工具备品、起吊设备、栏杆、格栅、扶梯及花铁板、各种仪表、各种供应品、各种记录台、烟道、烟箱、机舱通风管、手提泡沫灭火机、其他
	⑥机炉舱特种设备	遥控装置及联合操纵台、其他
	⑦机炉及管系内液体	各种容器内液体、各种热交换器内液体、各种动力管系内液体、各种船舶管系内液体、各种机械内液体、其他
	⑧冷藏及通风	自然通风设备、机械通风设备、伙食冷藏库设备、制冷机及其冷藏舱或空调连接管系、冷藏货舱设备、制冰设备、其他
	⑨船舶管系	舱底水系统、压载水系统、消防系统、卫生及日用水系统、暖气设备、测深管及注入管系统、舱面机械系统、航行设备系统、特种机械系统、货油装卸系统、其他系统

表 3-3 为各类民船船体钢料重量及舾装重量与空船重量之比的大致范围，可供重量估算时参考。

表 3-3　民船船体钢料重量及舾装重量与空船重量之比的大致范围

船舶类型	W_h/LW	W_f/LW
大型货船	0.61～0.68	0.17～0.23
中小型货船	0.51～0.59	0.25～0.32
客货船	0.47～0.56	0.26～0.37
大型油船	0.68～0.78	0.08～0.15
中小型油船	0.54～0.63	0.23～0.35
渔船	0.39～0.46	0.39～0.44
拖船	0.38～0.52	0.23～0.28
内河货船	0.41～0.52	0.26～0.33
内河客货船	0.43～0.51	0.37～0.41
内河拖船	0.30～0.36	0.22～0.36

3.2.1　船体钢料重量估算

由表 3-3 可知，船体钢料重量 W_h 占空船重量的比重很大，因此，准确估算 W_h 对决定设计船的空船重量 LW 和排水量 Δ 有重要意义。

1. 影响船体钢料重量的因素

影响船体钢料重量的因素大致有以下几方面。

1) 船舶主尺度参数

船舶主尺度参数(即 L、B、D、T、C_b 等)对船体钢料重量的影响程度可以从它们对构件数量和强度条件的影响两个方面来分析。

船长 L：从构件的几何尺度和数量上看，船体绝大多数构件(如外板、底部结构、甲板、舱壁、舷侧结构等)都与船长有关；从强度方面看，船长 L 越长，其在水中所承受的纵向弯矩 M 越大，对船体结构纵向构件的尺寸要求也越高。从《钢质海船入级与建造规范》的有关规定可以看出，船长若大于 60m，则将直接影响到构件的尺度。因此船长对船体钢料重量影响最大。

船宽 B：从结构构件数量上看，一些横向构件(如船底与甲板横向构件、横舱壁、平台、甲板等)都与船宽 B 有关。船宽 B 对船体横向强度影响较大，但对船体纵向强度影响不大。综合起来看，船宽对船体钢料重量的影响仅次于船长。

型深 D：从构件几何尺度和数量方面看，型深 D 对舷侧板、肋骨、舱壁、支柱等构件有影响，即型深 D 增加会引起它们的重量增大；从强度方面分析，若型深 D 增加，则船体梁的剖面模数增大，可使船体纵向构件断面尺寸减小，从而减小它们的重量。从上述两方面综合考虑，对于大船，型深 D 增加时，船体钢料重量不一定增加或增加不多，极端情况下甚至会减小；对于小船，总纵强度不是主要影响因素(一般能保证)，结构构件的尺度主要取决于工艺和建造方面的要求，因此型深增加将使船体钢料重量增大。

吃水 T：不影响结构构件数量，但对总纵强度和局部强度有一定影响。吃水 T 增加将使船体所受静水压力增大，故船体梁的剖面模数要增加，从局部强度方面看，船底和舷侧构件尺寸也要加大。因此，吃水增加也会引起船体钢料重量增加，但影响程度相对较小。

方形系数 C_b：反映船体的丰满程度，C_b 增大会引起外板、底部结构、舱壁等构件尺度和数量的微小增加。但总体来说，方形系数 C_b 对钢料重量 W_h 影响甚微。

综上所述，主尺度参数对 W_h 的影响程度是不同的，其排序为 L、B、D、T、C_b。它们对 W_h 的具体影响程度因船舶类型、建筑及结构特征、主尺度等而异，W_h 与主尺度参数之间的关系可表示为

$$W_h = C_h L^\alpha B^\beta D^\gamma T^\delta C_b^\mu \tag{3-5}$$

式中，α、β、γ、δ、μ 为指数(取值范围见表 3-4)，$\alpha \geqslant 1$，其他指数<1；C_h 为钢料重量系数。

表 3-4 船体钢料重量系数指数表

船舶类型	系数的指数				
	α	β	γ	δ	μ
早期货船	1.25	0.75	0.75	0	0.50
散货船	1.878	0.695	−0.189	0.158	0.197
油船(2万~7万吨)	1.83	0.75	0	0	0.393
集装箱船	1.759	0.712	0.43	0	0

2) 布置特征

船舶布置特征不同，W_h 也就不同，甲板层数、舱壁数、上层建筑的大小等均对 W_h 有影响。

甲板层数，取决于布置特点与使用要求。

舱壁数，规范中有最小数目的规定，实际的舱壁数还要考虑使用要求。

上层建筑的大小，包括长度、宽度、高度、层数等，一般客船比货船要大，小船比大船的影响大些，且不同船型也不同。

3) 船级、规范、航区

设计船入级及其使用的规范对船体结构的要求有差别，因而对 W_h 有影响。同样尺度的船舶若航行于冰区，则船体的某些结构要加强，显然 W_h 值就会加大。

4) 船体材料

船体采用普通钢、高强度合金钢、铝合金或玻璃钢等材料，材料不同时，显然 W_h 也会有很大差别。

以上对影响 W_h 的几方面因素进行了简单分析，目的是：①有助于对某些近似估算公式的理解；②在利用母型船资料估算 W_h 时，可以根据上述影响因素，找出新船与母型船的差别并进行修正，以使结果更加符合实际情况；③将分析出的规律用于船舶设计，以便在满足使用和各种性能要求的前提下，尽量减轻空船重量，节省原材料。

2. 粗略的估算方法

船体钢料重量的估算方法很多，在设计中应根据收集所得的资料情况，在不同的设计阶段选取合适的估算方法。下面介绍的一些粗略的估算方法可在初始设计阶段使用，即在设计船的 L、B、D、T、C_b 等已初步确定，对船的布置特征已有粗略设想，但其他设计工

作尚未深入开展的情况下,用来粗略地估算 W_h 值。

1) 百分数法

百分数法假定 W_h 正比于 Δ,即

$$W_h = C_h \Delta = C_h \rho k LBTC_b \tag{3-6}$$

式中,钢料重量系数 C_h 可根据母型船选取,$C_h = W_{h0}/\Delta_0$(其中 W_{h0}、Δ_0 分别为母型船的钢料重量和排水量,本书中符号凡带下标"0"者一般指母型船数据)。

如果已知 C_h,则可根据 Δ 求出 W_h 值。此估算方法简单方便,但将 L、B、T、C_b 各要素对 W_h 的影响看成同等的,因此较为粗略,通常只适用于油船、散货船等排水量较大且特征比较稳定的船舶。

估算船体钢料重量时所参考的母型船应当是与设计船类型、主体结构形式及船体材料相同,主尺度及船舶上层建筑丰满度相近的实船;其 C_h 应尽量在对多艘实船分析验算后确定。

2) 平方模数法

平方模数法假定 W_h 正比于船体结构的总面积,并用 L、B、D 的某种组合表征,最常见的形式为

$$W_h = C_h L(B+D) \tag{3-7}$$

式中,$B+D$ 可近似看成单层甲板船从龙骨到甲板中心的周长,所以 $L(B+D)$ 实际上表征了船壳表面积及甲板表面积的一种面积特征数,亦称为平方模数。

考虑甲板层数、内底及纵舱壁的影响,式(3-7)可改写成

$$W_h = C_h L(aB + bD) \tag{3-8}$$

式中,系数 a、b 根据船的建筑特征而定,取法很多。有人建议 a 取为连续甲板的层数加 2,b 取 2。平方模数法认为船体钢料重量与面积成正比,可以把船看成空心结构,这样对总纵强度要求不突出的船估算结果比较准确,该方法对内河船舶及小型船舶较适用。图 3-2 给出了平方模数法重量系数随船长的变化趋势。

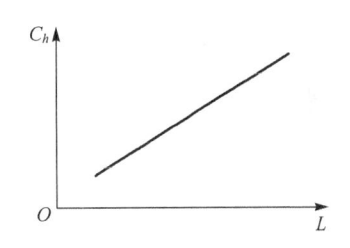

图 3-2 平方模数法重量系数随船长的变化趋势

3) 立方模数法

立方模数法假定 W_h 正比于船舶内部总体积,并以 LBD 作为内部总体积的特征数,简称立方模数,即

$$W_h = C_h LBD \tag{3-9}$$

若设计船的舷弧高度及上层建筑的体积与母型船相差较大,式(3-9)中的 D 应以相当型深 D_1 替代,以提高估算精度。D_1 用式(3-10)估算:

$$D_1 = D + S_M + \frac{\sum l_i h_i}{L} \tag{3-10}$$

式中,S_M 为平均舷弧高,一般地,$S_M = A/L$,A 为船舶舷弧升高部分的侧投影面积,m^2,如图 3-3 的阴影部分所示,对于抛物线舷弧,$S_M = (S_F + S_A)/6$,S_F、S_A 分别为船舶首尾舷弧高;l_i、h_i 为连续甲板以上各上层建筑的长度和高度。

立方模数法对于大中型船舶适用性较好。其缺点是仅考虑了尺度 L、B、D 对 W_h 的影响，而未考虑船舶结构形式、布置特点、T 和 C_b 等对 W_h 的影响，也未考虑尺度比(如 L/D)不同时 W_h 的差异，把 L、B 对 W_h 的影响看成等同的，这显然与实际不符。

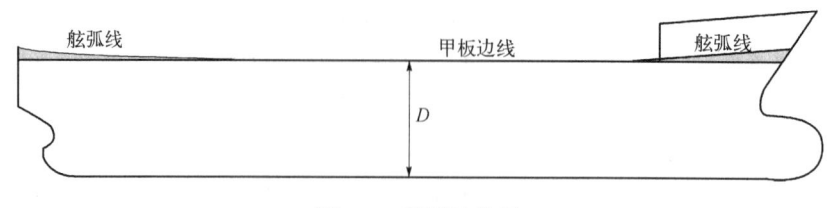

图 3-3 舷弧示意图

图 3-4 给出了立方模数法重量系数随船长的变化趋势。

为了提高估算精确性，可将式(3-9)改写成

$$W_h = C_h LBD \left(\frac{L}{D}\right)^{\frac{1}{2}} \left(1 + \frac{1}{2}C_{bD}\right) \tag{3-11}$$

图 3-4 立方模数法重量系数随船长的变化趋势

式中，$\left(\dfrac{L}{D}\right)^{\frac{1}{2}}$ 为从强度出发，考虑 L、D 对 W_h 的影响的修正；$1 + \dfrac{1}{2}C_{bD}$ 为考虑船体肥瘦对 W_h 的影响的修正，其中，C_{bD} 为计算型深处的方形系数，可近似按式(3-12)计算：

$$C_{bD} = C_b + (1 - C_b)\frac{D - T}{3T} \tag{3-12}$$

另外，如果设计船与母型船的甲板层数不同，估算时也要对 W_h 值进行修正。通常每增加一层纵通甲板，W_h 值增加 5%～6%。

4) 平方-立方模数法

平方-立方模数法亦称为混合模数法，其形式为

$$W_h = C_h[LBD + L(B + D)] \tag{3-13}$$

对于吃水受限制的船舶(如内河船)，由于型深 D 相对较小，而型宽 B 相对较大，用这种方法估算 W_h 可得到较好的结果。考虑相当型深 D_1 和船体丰满度的影响，其形式为

$$W_h = C_h[LBD + L(B + D_1)]\left(1 + \frac{1}{2}C_{bD}\right) \tag{3-14}$$

5) 统计公式法

对于一些结构形式相差不大、布置特点比较稳定、有大量相近实船的船型，如大型油船、散货船、集装箱船等，在初始设计阶段用统计公式法估算 W_h 是十分有效的。计算机的应用使先进的统计方法得以实用，而且统计公式越来越多，用途越来越普遍。例如，对于散货船的 W_h，有如下的统计公式。

穆瑞公式：

$$W_h = L^{1.56}\left(\frac{B}{D}+\frac{T}{2}\right)(0.5C_b + 0.8) \tag{3-15}$$

阿德文克公式：

$$W_h = C_h L^{1.878} B^{0.695} D^{-0.189} T^{0.158} C_b^{0.197} \tag{3-16}$$

米勒公式：

$$W_h = 340(LBD/100000)^{0.9}\left(0.675+\frac{C_b}{2}\right)\times\left[0.00585\left(\frac{L}{D}-8.3\right)^{1.8}+0.939\right] \tag{3-17}$$

瓦特生-智尔费兰公式：

$$W_h = C_h E^{1.36}(1+0.5(C_b'-0.7))$$
$$E = L(B+T)+0.85L(D-T)+0.85\sum l_1 h_1 + 0.75\sum l_2 h_2 \tag{3-18}$$
$$C' = C_b + (1-C_b)\frac{0.8D-T}{3T}$$

上述统计公式中，穆瑞公式适用于中型散货船，阿德文克公式适用于大型散货船，米勒公式适用于集装箱船，而瓦特生-智尔费兰公式一般适用于较广泛的船型类别(如散货船、杂货船和集装箱船等)和较宽的尺度范围。

值得注意的是，由于统计样本的不同和统计方法上的差异，即使对于同一种船型，统计公式的形式和系数也会相差很大。在使用统计公式时，一定要注意公式的使用范围、所用的单位，而且要用实船资料加以检验。

3. 比较精确的估算方法

1) 修差法

修差法根据设计船与母型船主尺度的差别进行修正来得出新船的 W_h 值，即

$$W_h = W_{h0} + \delta W_h \tag{3-19}$$

式中，δW_h 为设计船船体钢料重量的增量。

假定母型船的 W_{h0} 与主尺度的关系式为

$$W_h = C_h L^{1.45} B^{0.95} D^{0.66} \tag{3-20}$$

若设计船与母型船的主尺度差值为 δL、δB、δD，则由于设计船与母型船的主尺度改变而引起的 W_h 增量为

$$\begin{aligned}\delta W_h &= \frac{\partial W_h}{\partial L}\delta L + \frac{\partial W_h}{\partial B}\delta B + \frac{\partial w_h}{\partial D}\delta D \\ &= 1.45\frac{W_{h0}}{L_0}\delta L + 0.95\frac{W_{h0}}{B_0}\delta B + 0.66\frac{W_{h0}}{D_0}\delta D\end{aligned} \tag{3-21}$$

若设计船与母型船的方形系数不同，其差值为 δC_b，则 δC_b 的重量修正值取为经主尺度修正后的 W_h 乘以 $0.3\delta C_b$，即

$$W_h = (W_{h0}+\delta W_h)(1+0.3\delta C_b) \tag{3-22}$$

应用上述方法估算 W_h 时，若能找到合适的母型船，则结果还是相当精确的。如果设

计船与母型船在其他方面有差别,如上层建筑大小、甲板层数、舱壁数、首尾舷弧等不同,则应参考有关资料进行局部修正。

本方法的优点在于当设计船较母型船只有某些尺度发生改变时,可以较快地算出其重量的变化,并可用来比较各尺度的变化对 W_h 的影响程度。

2) 每米船长重量法

当设计船和母型船都具备舯横剖面结构图、型线图和总布置图时,可用每米船长重量法估算 W_h 值。

本方法假定全船主船体构件的总重量正比于船舯部每米船长重量 ω 和船长 L_{bp},并以 $C_b^{1/3}$ 考虑船体丰满度的影响。具体估算步骤如下。

(1) 估算单元长度总重量 W'_0 和 W'。对横骨架式船来说,单元长度为一个肋骨间距(简称肋距);对于纵骨架式船,则为相邻两个实肋板间的距离。单元长度应计入的重量包括:纵向构件,如板、纵桁、纵骨等;横向构件,如肋骨、甲板横梁、肋板、肘板等。

(2) 估算每米船长重量 ω_0 和 ω。将母型船与设计船的单元长度总重量 W'_0 和 W' 分别除以各自的单元长度,得每米船长重量 ω_0 和 ω。

(3) 估算新船的钢料重量:

$$W_h = W_{h0} \frac{\omega}{\omega_0} \frac{L}{L_0} \frac{C_b^{1/3}}{C_{b0}^{1/3}} \tag{3-23}$$

(4) 局部修正。由于式(3-23)只反映了船舶舯横剖面处的结构特点,故需要分析设计船与母型船主船体构件的差异,如舱口的大小、舷弧及特殊加强等,并进行修正;然后,分析设计船与母型船主船体局部构件(如横舱壁、首尾柱、轴支架、机座等)及上层建筑、甲板室等的差异,再加以修正。

本方法因考虑了船的具体结构特点,得到的结果一般比较精确。

3) 分项换算法

若有相近母型船钢料重量的详细分项资料,则按母型船逐项进行换算,可得到较精确的设计船 W_h 值。所用关系式一般可从几何关系及强度关系两方面来建立。

表 3-5 列出了各项的换算模数,设计者也可视具体资料情况而修改,使之更合适。

表 3-5 重量换算模数

项目	关系式	项目	关系式
外板	$L^2(B+2D)$	平台甲板及其构架	$L^{1/2}B$
内底板	L^2B	主横舱壁	BD
底部构架	$LT(B+2D)$	主纵舱壁	LT 或 LD
上甲板及其构架	L^2B	舭龙骨	L
中间甲板及其构架	LB	船体铸锻件	$(LBT)^{1/3}$

设计船的相应项重量为

$$W = W_0 \frac{M}{M_0} \tag{3-24}$$

各项重量的换算模数可根据结构特点及其与各种因素的相关关系加以建立,一般可以从几何关系及强度关系两个方面去分析确定。例如,外板:

$$M = L^2(B+2D) \tag{3-25}$$

电焊重量通常取以上钢料重量之和的一个百分数,一般对于中小型船舶取 2.0%~3.0%,对于大型海船取 1.0%~1.5%。

4) 精确估算法

详细设计和生产设计末期,当全船结构设计图纸绘制完毕后,即可对每张图纸逐项估算其板材、骨材、肘板等零部件的结构重量,然后求和得到每组钢料的重量,最后汇总得到精确的全船钢料重量。精确估算船体钢料重量 W_h 工作量很大,要特别细心,以免遗漏。也可以借助计算机辅助设计的三维结构建模,得到精确的 W_h 值。

3.2.2 舾装重量估算

舾装重量 W_f 的特点是名目繁多、各自独立、规律性差。即使是同类船舶,由于时代不同和地区要求的标准不同,该项重量往往也有很大差别。因此,W_f 在初始设计阶段较难估准,通常,可分成以下四类来分析其对 W_f 的影响:

(1) 与船舶排水量 Δ 和主尺度相关的重量,如船舶设备与系统,包括锚、系泊设备、消防系统、管系、舵、油漆等。

(2) 与船员和旅客人数、生活设施标准相关的重量,如舱室(内围壁、天花板、甲板敷料)、家具、卫生设备、救生设备等。

(3) 与船的使用特点相关的重量,如货船的起货设备及舱盖、拖船的拖带设备、救助船的救助设备、渔船的渔捞和加工设备等。这些项目的重量常占同类船舶的 W_f 的相当一部分。

(4) 特殊要求的重量,如减摇装置、侧推装置等,按船舶技术性能要求而定。从 W_f 占整个 LW 的百分比来看,通常大型货船和油船相对占的百分比较小,但是小船和一些特殊船型,特别是客船、客滚船、渔船等占的百分比较大,如果 W_f 估算不准,则影响很大,要引起重视。

1. 粗略的估算方法

在初始设计阶段,与估算 W_h 相类似,可采用下述方法。

1) 百分数法

$$W_f = C_f \Delta \tag{3-26}$$

百分数法仅用于建筑特征较稳定的货物运输船的 W_f 初估,结果较粗略。

2) 平方模数法

$$W_f = C_f \Delta^{2/3} \tag{3-27}$$

$$W_f = C_f (LBD)^{2/3} \tag{3-28}$$

$$W_f = C_f LB \tag{3-29}$$

$$W_f = C_f L(B+D) \tag{3-30}$$

式(3-29)、式(3-30)常用于货物运输船舶的 W_f 估算,其结果较百分数法准确。

3) 立方模数法

$$W_f = C_f LBD \tag{3-31}$$

客船、拖船、渔船等的 W_f 常可用此式估算。式(3-28)、式(3-30)、式(3-31)中，若用相当型深 D_1 代替 D，则可提高估算的精度。舾装重量的粗略估算除了上述利用母型船资料以外，也可利用一些统计资料，例如，设 $W_f = KLB$，式中，K 为每平方米的舾装重量(t/m^2)，统计结果见图 3-5。应注意，按船长统计的 K 值的离散性还是较大的，图 3-5 的结果仅供参考。

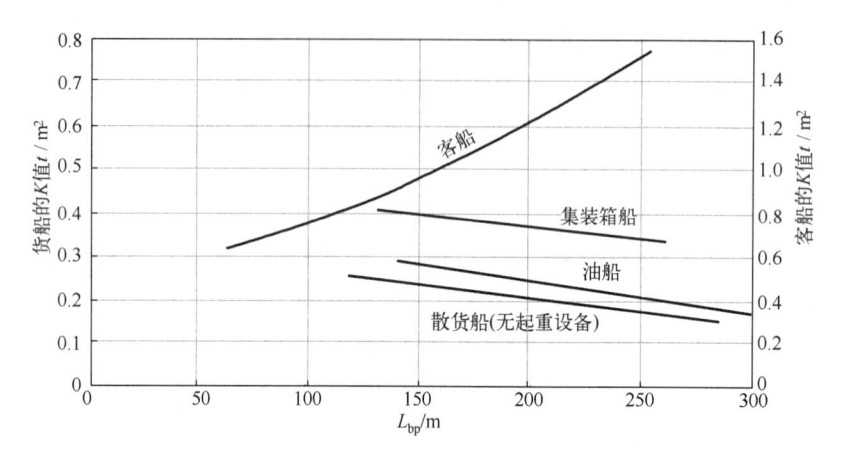

图 3-5 每平方米舾装重量的粗略统计结果

4) 经验公式法

油船公式：

$$W_f = C_f L(B+D) \tag{3-32}$$

式中，

$$C_f = 0.3248 \text{DW}^{-1.495} + 0.0886 \text{ (适用 3 万～10 万吨级)}$$

$$C_f = (9.626 + 1.06\text{DW} - 0.0238\text{DW}^3) \times 10^{-2} \text{ (适用 2 万～7 万吨级)}$$

其中，DW 是载重量，万吨。

多用途货船公式：

$$W_f = C_f (LBD)^{2/3} \tag{3-33}$$

式中，$C_f = 0.98 \sim 1.28$。

大型散装货船公式：

$$W_f = C_f L^{0.8} B^{0.6} D^{0.3} C_b^{0.1} \tag{3-34}$$

2. 比较精确的估算方法——分项换算法

类似于 W_h 的分项换算法，根据已有的母型船 W_f 资料，按照母型船 W_f 项目分组分项，然后采用适当的模数逐项换算，再依据设计船的技术要求与标准加以适当修正，求得设计船舾装各分项重量，最后汇总得到全船 W_f。

其换算模数如下。

(1) 船体(木甲板、木铺板、木围壁及木隔壁、货舱木护条)。其重量正比于 $L(B+D)$，或根据总布置图按单位面积重量分别估算。

(2) 舱盖。其重量正比例于舱盖的面积。可根据结构形式、舱口宽度和舱盖设计负荷相近的舱盖资料，确定每平方米的舱盖重量。

(3) 起货设备。各起货设备的重量可根据其形式、负荷及数量参考实船或产品目录加以估算。

(4) 锚泊及系泊设备。其重量比例于 BT，或按舾装数相近的实船取值。

(5) 救生设备。其重量按救生设备的装载人数参考相近的母型船选取。无合适的母型船时，可按救生设备的型号及数量用标准资料或产品目录分别算出它们的重量。

(6) 舵设备。其重量比例于 $L_T v_k^2$，v_k 为航速。

(7) 舱室内舾装(天花板、内衬板)。其重量比例于所计算的舱室容积 V，或所计算的天花板、内衬板的面积，可根据总布置图确定。按隔热和隔音材料、装饰板材料均相近的母型船资料换算。

(8) 油漆。其重量比例于 $(LBD_1)^{2/3}$。

详细设计末期，根据总布置图、舾装布置图、设备属具明细表等设计图纸和文件，查阅有关标准和产品样本逐项估算，最后汇总，即可精确求得全船的 W_f。

3.2.3 机电设备重量估算

1. 简要分析

机电设备包括主机、辅机、轴系、动力管系与电气设备等。机电设备重量的构成情况大致分为三部分。

(1) 已知重量，如主机、锅炉、发电机组等的重量。船舶设计初期，这些设备项目往往是预先选定的，因而可从各自的产品样本中查出相应的重量。

动力装置的重量主要与装置功率相关，柴油机动力装置的总重量通常是主机重量的 2~3.6 倍，平均 2.6 倍。汽轮机和柴油机电力推进装置则较带减速装置的柴油机动力装置重 20%。

(2) 可以估算的重量，如轴系重量、螺旋桨重量等。设计初期，当船级社、主机功率和主机在机舱的位置初步确定后，根据船级社规范计算轴径，必要时进行轴系扭振计算，调整轴径大小，进而估算出轴系重量。

轴系单位长度的重量(不包括轴承)：

$$W_1/l = 0.081(P_D/n)^{2/3} \tag{3-35}$$

式中，W_1 为轴系重量，t；l 为轴系长度，m；P_D 为螺旋桨收到功率，kW；n 为转速，r/min。

螺旋桨重量 W_2：

$$W_2 \approx 0.18\frac{A_E}{A_O} - \frac{z-2}{100} \text{(固定螺距桨)} \tag{3-36}$$

式中，W_2 为螺旋桨重量，t；A_E/A_O 为桨的伸张面积比；z 为桨叶数。

$$W_2 \approx (0.12 \sim 0.14)D_P^3 \text{(调距桨)} \tag{3-37}$$

式中，D_P 为螺旋桨直径(简称桨径)，m。

柴油发电机组重量 W_3:

$$W_3 = (15 + P/70) \times \sum P \tag{3-38}$$

式中，P 为单独机组的功率，kW；$\sum P$ 为发电机组总驱动功率，kW。

(3) 其他配套设备重量，如辅机、泵、管系等。一般来说，当设计船与母型船的主机类型相同、功率相近时，与其配套的设备的组成和重量也大体相近，因而可直接根据母型船的 W_m 资料，结合设计船的不同要求用逐项比较法计算确定。例如，对于机舱中的管系、其他辅机、泵等的重量，可选择排水量、用途及主机功率相近的母型船，将母型船 W_m 扣除可算部分重量，得到上述配套设备重量。这部分重量一般变化不大，易于换算，计为 W_4:

$$W_4 = (0.04 \sim 0.07) P_B \tag{3-39}$$

式中，P_B 为主机功率，kW。

对于普通货船以外的船型，另需增加下列特殊重量。
(1) 货油泵和货油系统重量。
(2) 油船的锅炉重量。
(3) 货物冷藏装置重量。

影响机电设备重量的因素如下。
(1) 主辅机的类型和技术特征：功率、转速、有无增压设备等。
(2) 船型和所载货物的类型：如客船和冷藏船将增加发电装置和制冷装置，油船需设加热及蒸汽洗舱用的锅炉系统等。
(3) 机舱位置和螺旋桨数目。

2. 粗略的估算方法

在初始设计阶段，当缺乏可靠的母型船机电设备重量分项资料时，设计船的 W_m 可按主机功率的大小来粗略估算：

$$W_m = C_m P_B \tag{3-40}$$

式中，C_m 为机电设备重量系数，可取自母型船或有关图表资料，如图 3-6 所示；P_B 为主机额定功率，kW。

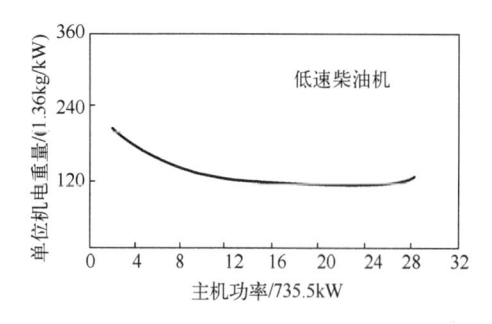

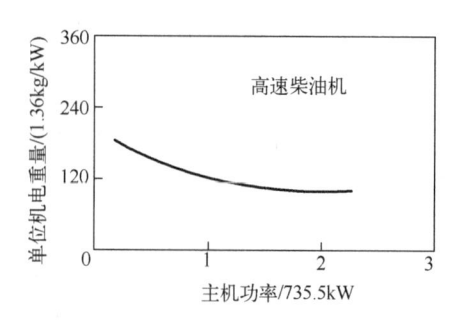

图 3-6 每千瓦机电设备重量

有时也可采用统计公式来估算 W_m，如

$$W_m = 9.38(P_B/n)^{0.34} + 0.68P_B^{0.7} \tag{3-41}$$

式中，n 为主机转速，r/min。

使用统计公式时，必须核算几条相近母型船的 C_m，以检验估算结果的可信度。

对于主机为柴油机的机电设备重量，可用式(3-42)初估：

$$W_m = C_m(P_s/0.7355)^{1/2} \tag{3-42}$$

式中，P_s 为主机持续功率 MCR，kW；C_m 为系数，可用母型船资料换算。缺乏母型船资料时，中速机 C_m 为 5~6，低速机 C_m 为 7~9。

3. 比较精确的估算方法——逐项比较法

选用主机、辅机相近的母型船的 W_m 资料进行逐项比较，相同的项目借用，不同的项目修正，没有的项目删去等，这是最常用的方法，也是比较可靠的方法。

在详细设计或生产设计末期，根据机舱布置图、轮机设备明细表清点主辅机、锅炉等设备，算得机械设备重量；按轴系计算书及相关图纸可算得轴系重量；按全船各系统图可算得全船管系重量；按电气设备布置图和电气设备清册可算得电气设备重量；最后汇总求得精确的全船机电设备重量 W_m。

以上介绍了构成空船重量 LW 的三大部分重量 W_h、W_f 和 W_m 的估算方法。归结起来，W_h 占 LW 的比例最大，规律性较强，W_m 则比较容易估算。如果备有相近母型船的详细重量资料，则 W_h 和 W_m 可以估算得比较精确。相对难以估准的是 W_f，由于项目繁杂，规律性较差，因此在估算 W_f 时，一方面要搜集相近母型船的重量资料，另一方面要理解透彻船东对全船舾装的具体要求，根据母型船资料换算设计船的 W_f，再针对船东的不同要求逐项修正，最后对求得的 W_f 给出适当的裕度。

3.2.4 固定压载及排水量裕度

1. 固定压载

固定压载是固定加在船上的载荷，通常采用生铁块、石头、水泥块和矿渣块等，一般在船下水前后加放在船的底部。固定压载的作用主要在于降低船的重心以提高稳性，增加重量以加大吃水，必要时也可用来调整船的浮态。

固定压载与船舶空放航行时用压载水压载是两种不同的压载，后者是针对不同装载情况用于调整重量和重心的措施，以解决船舶无货空放航行时的适航性问题，压载水的重量属于载重量的一部分；而对于固定压载，无论装载情况有无变化，这部分重量是不变的，它属于空船重量的一部分。

在设计中加固定压载有时是不可避免的，有时则是设计失误所造成的。对于拖船、渔船、调查船、客船、集装箱船，主尺度常取决于布置地位的需要，其尺度相对较大，载重量占排水量的比例相对较小，且重心较高，为保证其稳性和良好的浮态，通常在这类船上加一定数量的固定压载，其数值大小要根据使用要求，通过具体计算而定。但对一般货船来说，设计有固定压载则是不经济的，也是不合理的。

2. 排水量裕度

在船舶设计中,为确保设计船的载重量,避免船舶超重,通常在分部估算 W_h、W_f 及 W_m 的基础上,将 LW 预加一定裕度,称为排水量裕度(或排水量储备)。其原因有三。

(1) 估算误差。因前面介绍的 W_h、W_f、W_m 的估算公式很多是近似的,加之资料不充分或经验不足,误差往往是难免的,而且在多数情况下,计算重量偏小,故需加一定的裕度。

(2) 设备增加。船东在船舶设计过程中可能增加某些新设备,因此计算重量时要加一定裕度。

(3) 采用代用设备和材料。建造过程中,设备和材料的短缺导致订货时订不到要求的设备和材料,因此不得不采用代用设备和材料,这样将导致重量增加。

重量计算时的储备加多少取决于设计者的经验、水平和资料具备的情况。一般有下列两种加法。

(1) 加空船重量 LW 的某一百分数。在初步设计阶段,通常加(2%~5%)LW (大船加小值,小船加大值)。

(2) 分项储备,即分别在船体钢料、舾装、机电设备各部重量加一裕度,在初始设计阶段,一般常加其各自重量的 2%~4%、4%~8%、2%~5%。

3.3 载重量估算

船舶载重量 DW 包括以下各项:人员及行李、食品及淡水;燃料、滑油及炉水;备品及供应品。

船舶设计任务书有时给出载货量 W_c 或旅客人数,即各项重量为已知重量;有时给出总载重量 DW,则先计算各项重量,与 DW 的差值即为载货量 W_c。

通常,在船舶初始设计阶段就要对载重量各组成部分进行估算,其目的有二。

(1) 算出船舶载重量,加上空船重量的估算值,获得重量排水量,根据浮力方程式相互协调,以选择合理的主尺度参数;若利用计算机进行主尺度论证,则通过迭代运算来选定。

(2) 算出货物、燃料、淡水等项的装载量,以便进一步考虑相应的舱容要求和舱室布置。

载重量各部分的估算方法如下。

3.3.1 人员及行李、食品及淡水重量估算

1. 人员及行李

人员的重量通常按每人平均 75kg 计算,人员所携带行李的重量应根据航线的具体情况经调查后确定。一般每人携带行李的重量约为:船员行李 40~65kg;长途旅客行李 40~65kg;短途旅客行李 10~35kg。

2. 食品及淡水

总储备量分别根据人员数、自给力及有关定量标准按式(3-43)计算:

$$总储备量 = 人员数 \times 自给力 \times 定量 \tag{3-43}$$

式中，自给力(d)通常由任务书给定，若未给定，则可按式(3-44)计算：

$$自给力 = R / 24v_s \tag{3-44}$$

式中，R为续航力，n mile 或 km；v_s为服务航速，kn 或 km/h。

人员包括船员与旅客，其中淡水的储备量因二者的标准不同，常分别计算。

食品包括粮食、蔬菜及肉类等，通常按每人每天 2.5～4.5kg 计(含包装重量)。对于短途内河船，应视航线的具体标准而定。

淡水包括饮用水和洗涤用水，其定量取决于航程、航线的气候条件、舒适性的标准。在全部带足的情况下，通常每人每天用水定量为 100～200kg，其中饮用水不少于 30～50kg/(人·天)。

对于长江大型客船，一般都有江水滤清装置，对于洗涤用水，只考虑在澄清舱内有足够 1 天消耗的储备量即可；内河水系小型船舶的淡水定量标准或储备量参照该航区的同类型船舶计算决定。

3.3.2 燃料、滑油及炉水重量估算

燃料、滑油及炉水重量主要根据设计任务书规定的续航力要求来决定，要保证满足从船舶离港到下次重新补给期间的需要。

1. 燃料

根据主机持续功率、续航力、服务航速、油耗率等计算，总的燃料储备量公式为

$$W_0 = 0.001 g_0 P_s \frac{R}{v_s} k \tag{3-45}$$

式中，g_0为包括主机和发电机组等一切用途在内的油耗率，kg/(kW·h)，通常取主机持续功率 P_s(kW)对应的油耗率 g_e 的 1.10～1.15 倍，当主机型号选定后，g_e可从主机说明书中查得；R为续航力，n mile 或 km；v_s为服务航速，kn 或 km/h；k为考虑风浪影响而引起航行时间增加的储备系数，通常取 1.1～1.20；W_0为总的燃料储备量，t。

应该注意的是，对于辅机功率较大的船舶，如油船上用于加热货物油及洗舱、冷藏船上用于制冷、客船上用于照明及空调等，则应分别估算各类辅机所需的燃料储备量。

2. 滑油

船上所带滑油的储备量应满足两方面的需要：
(1) 补充主机和辅机工作时滑油的漏失及燃损，该部分正比于主机功率及续航时间；
(2) 航行中对循环系统中的滑油进行更换，其更换量正比于主机功率，因而主机滑油储备量可用式(3-46)计算：

$$W_l = 0.001(k g_l P_s t + g_{ll} P_s) \tag{3-46}$$

式中，W_l为主机滑油储备量，t；k为储备系数，与燃料重量估算中的 k 相同或比它稍大；g_l为单位千瓦·时的滑油消耗量，kg/(kW·h)；t为续航时间或主机工作时间，h；g_{ll}为单位主机功率所需的滑油更换量，kg/kW。其中，g_l及g_{ll}应按设计船的主机说明书或相近母型船选取。

在初始设计阶段，粗估滑油储备量，可取为燃料储备量的某一百分数，即

$$W_l = \varepsilon W_0 \tag{3-47}$$

式中，ε 为比例系数，通常柴油机船取 3%～5%，汽轮机船取 0.8%～1%。

3. 炉水

船上的炉水重量包括两部分：一是锅炉炉体、蒸汽和凝水管路内正常的循环水量，这部分炉水在船舶出航时已经注满并已计入机电设备重量 W_m 中(即锅炉系统按湿重计算)，因此，当不考虑其更换时，船上的炉水储备量可不包括这一部分；二是炉水的漏失量，炉水储备量用来补充船上蒸汽漏失所需的炉水量，所以，炉水储备量与蒸汽漏失量成正比，即

$$W_{bw} = 0.001\varepsilon Qt \tag{3-48}$$

式中，ε 为蒸汽漏失率，柴油机船的锅炉取 5%～6%，汽轮机船的锅炉取 2%～3%；Q 为每小时蒸汽产量，kg/h；t 为续航时间，即续航力 / 服务航速，h。

远航程及大功率船通常都有制淡装置，所制淡水一般可以补足炉水漏失量，因此只需储备少量炉水以供应急时补充之用。

3.3.3 备品及供应品重量估算

备品是指为保证船舶正常航行所储备的备用零部件、设备与装置，包括锚、灯具、管制器材、油漆等，用于临时维修、应付紧急事故和特殊情况。供应品是指零星物品，如床上用品、炊具、信号旗、办公用品、医疗器材等。

备品、供应品的重量不大，通常取为(0.5%～1.0%)LW。这项重量我国习惯放在载重量内，而国外也有计入空船重量 LW 中的。

3.4 船舶重心估算

船舶重心坐标用 x_g、y_g、z_g 表示(图 3-7)。一般来说，由于船舶型线都是左右对称的，总布置设计时通常使左右舷重量平衡，即 $y_g = 0$。通常，船舶重心的估算主要指重心纵向位置 x_g 和重心高度 z_g 的估算，其中，x_g 将决定船舶浮态，影响船舶纵倾；z_g 则影响船舶稳性和横摇性能。因此，船舶重心估算对船舶技术性能和使用效能的影响很大，必须予以高度重视。

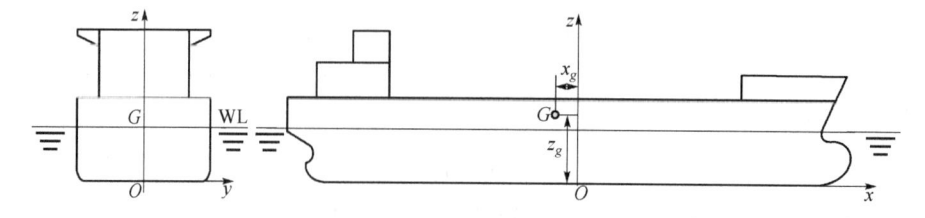

图 3-7 船舶重心位置示意图

船舶重心的估算通常采用力矩法，在重量计算的同时列表进行。

3.4.1 重心高度估算

1. 空船重心高度 z_g

1) 粗估法

通常假定 z_g 正比于型深，即

$$z_g = \xi_1 D \tag{3-49}$$

$$z_g = \xi_{11} D_1 \tag{3-50}$$

式中，D、D_1 分别为型深和相当型深；ξ_1、ξ_{11} 为系数，通常取自于母型船，如果新船与母型船有明显差别，则要进行修正。ξ 的一般范围见表 3-6，此法比较粗略，通常仅用于设计初期。

表 3-6 ξ 的一般范围

船舶类型	状态	
	空船	满载
最小干舷船	0.62～0.68	0.62～0.65
富裕干舷船	0.58～0.68	0.60～0.65
客船	0.65～0.80	—
拖轮	0.70～0.85	0.70～0.80
拖网渔船	0.75～0.83	0.70～0.78
油船	0.60～0.66	0.55～0.59

2) 分项换算法

如果有母型船的分部重量重心资料，则可以用分项换算法估算设计船钢料、舾装、机电各部分的重心高度，然后用力矩法求取空船重心高度。通常，船体钢料与舾装的重心高度 z_{gh}、z_{gf} 正比于型深或相当型深，机电设备重心高度 z_{gm} 正比于舱深 $D-h_d$，于是空船重心高度 z_g 为

$$z_g = \frac{W_h z_{gh} + W_f z_{gf} + W_m z_{gm}}{W_h + W_f + W_m} \tag{3-51}$$

如果掌握母型船详细的重心分项资料，则可以分项换算各自重心高度，然后合成得到全船重心高度。现说明如下。

(1) 船体钢料部分的重心高度。外板正比于 $D_1^2/(B+2D_1)$；底板、船底及内底骨架正比于双层底高度 h_d；船侧骨架正比于 D_1；甲板板架正比于 D 或 D_1；各平台甲板正比平台高度；主横舱壁、纵舱壁、首尾尖舱结构正比于舱深；各上层建筑的围壁及甲板正比于层高 h_i；铸锻件(首柱、尾柱、轴支架等)正比于吃水；各层机炉舱棚取所在甲板高度的一半处；主机座正比于 D 或 T，电焊重量取在钢料重量的总重心处；其他结构可根据具体位置参考母型船确定。

主船体的重心垂向高度，在未计入上层建筑的情况下，在一定程度上与船型无关，可按式(3-52)估算：

$$z_{gH} = \left[0.48 + 0.001S(0.85 - C_{bD})\left(\frac{L}{D}\right)^2\right]D_1 \tag{3-52}$$

式中，C_{bD} 为计入型深的方形系数；D_1 为计入舷弧和舱口影响的相当型深，其中舷弧的影响仅当船舯部有舷弧时加以考虑。

(2) 舾装部分的重心高度。对于船体(木围壁及木隔壁、木铺板、木甲板、货舱木护条等)，根据总布置图，可近似地取其重心在其面积的形心处或板厚中心处；舱盖根据总图分层计算；起货设备参考相近母型船资料确定；舵、锚及系泊设备正比于 D；舱室内的舾装本作(如天花板)重心距舱室甲板的高度正比于层高 h_i，油漆正比于 D_1；其他可根据设计船的布置等情况及母型船资料确定。

典型船舶的舾装设备的重心高度 z_{gf} 可按下列方法估计。

干货船：

$$z_{gf} = (1.00 \sim 1.05)D_1$$

油船：

$$z_{gf} = (1.02 \sim 1.05)D_1$$

式中，D_1 为计入上层建筑因素的相当型深，即型深 D 加上层建筑容积除以甲板面积。

(3) 机电设备的重心高度。主机可按不同机型进行选取；动力装置的重心位置宜按分组重量重心确定。估算中，对于筒形活塞柴油机，其重心位于其轴线上主机高度的 35%～45%处；对于十字头型柴油机，该比例为 30%～35%；对于汽轮机，其重心高度同于轴线高度。

轴系及螺旋桨的重心可取在其轴线处；锅炉及其他设备的重心可按总布置图与母型船比较后确定。

3) 精确计算

在详细设计末期，船、机、电各部分设计人员根据各自的图纸资料，分别计算设计船各部分的重量重心，然后交总体设计人员汇总，编制重量重心计算书，精确计算设计船的空船重量及其重心高度。

应当指出，在设计的初始阶段，为确保船舶稳性，往往将整个空船(包括储备排水量)的重心提高 0.05～0.15m，作为设计船重心高度的储备。也可以根据 W_h、W_f 及 W_m 重心估算的准确性，分别取各自的重心储备。

2. 载重量重心高度 z_{gd}

1) 粗估法

在初始设计阶段，往往将载重量与空船重量合在一起，即以设计排水量 Δ 根据相近母型船的资料比例于 D 或 D_1 求得全船的重心高度 z_{gd}。

2) 比较精确的估算

当有了总布置图以后，载重量的重心高度 z_{gd} 可以根据各个项目的重心在船上的位置进行估算。例如，人员的重心高度一般可取为所在甲板以上 1m；双层底内的油水的重心高度可取为双层底高度 h_d 的 2/3 左右等。在详细设计末期，总体设计人员应精确计算载重量

DW 各项的重量及其重心高度。货物、燃料、淡水、压载水等的重心高度按舱容计算结果计算；滑油、食品等的重心高度则按总布置图计算。

3.4.2 重心纵向位置估算

1. 空船重心纵向位置 x_g

1) 粗估法

粗略地估算 x_g，常采用 x_g 正比于船长 L，即

$$x_g = \lambda L \tag{3-53}$$

式中，λ 为比例系数，取自母型船。

式(3-53)的应用条件是设计船与母型船沿船长的重量分布相似(如机舱部位相近)，否则应先针对设计船的重量分布特点将母型船加以修改，使之与设计船相似，然后利用母型船重量资料算得一个新系数 λ，用于估算设计船的 x_g。

2) 分项换算法

如果有母型船分部重量重心资料，可类似于估算 z_g 那样，用分项换算法求得 x_g。通常，船体钢料、舾装的重心纵向位置 x_{gh}、x_{gf} 正比于船长 L，而对于机电设备重心纵向位置 x_{gm}，可按其重心距机舱后壁的距离正比于机舱长度 l_m 的方法换算，即

$$x'_{gm} = x'_{gm0} \frac{l_m}{l_{m0}} \tag{3-54}$$

$$x'_{gm} = x_{gm} - x_m \tag{3-55}$$

式中，x'_{gm}、x'_{gm0} 分别为设计船、母型船机电设备重心距机舱后壁的距离；x_m 为设计船机舱后壁距船中的距离。

于是，空船重心纵向位置：

$$x_g = \frac{W_h x_{gh} + W_f x_{gf} + W_m x_{gm}}{\text{LW}} \tag{3-56}$$

随着设计的深入，在设计末期，可根据图纸资料分项精确计算空船重心。

2. 载重量重心纵向位置 x_{gd}

在设计初期，x_{gd} 可根据总布置图上各载重量项所处的位置进行估算；在设计末期，x_{gd} 可根据总布置图、舱容图精确计算。相对来讲，x_g 的准确性要求不如 z_g 那样高，但在设计资料具备时，应认真估算 x_g 值，以使船有适宜的浮态，尤其是对于航行在浅水航道、船吃水受到限制的内河船舶，更应加以注意。

思 考 题

1. 释词：载重量、设计排水量、空船排水量。
2. 船舶重量与重心估算的重要性何在？如果重力与浮力不平衡,对新船性能会产生哪

些不良影响？

3．船舶重量重心估算的特点有哪些？各设计阶段的估算方法有何不同？

4．影响船体钢料重量的因素有哪些？综合分析之。

5．对于估算 W_h，在选取母型船时应注意哪些问题？设计某海船时，找到一艘各方面都相近的内河船，能不能将其直接用作母型船估算 W_h 值？为什么？

6．试分述 W_h 不同估算方法(公式)的适用性。当新船与母型船在排水量、甲板层数、上层建筑等方面不同时，如何加以修正？

7．用分项换算法估算 W_h 的条件是什么？请写出上甲板、舷侧板、横舱壁等重量的估算式，并说明模数的合理性。

8．船体钢料重量与哪些因素有关？船型相似、排水量相同的甲乙两船，船宽、吃水和型深相同，甲船的船长大且方形系数小，乙船相反，问哪艘船的钢料重？为什么？

9．用平方模数法(立方模数法)估算船体钢料重量的基本思想是什么？适用对象有哪些？

10．舾装重量的特点有哪些？W_f 中与船舶主尺度、排水量和人员相关的主要项目各有哪些？

11．简述机电设备重量 W_m 的主要构成，以及在初始设计阶段如何估算 W_m。

12．船上固定压载的作用是什么？哪些船舶需要设置固定压载？一般货船设计中是否考虑设固定压载？为什么？

13．在初始设计阶段，如何估算空船重心高度和重心纵向位置？

14．什么是排水量裕度？在船舶初始设计阶段为什么通常都要加排水量裕度？怎样确定其大小？

15．载重量包括哪些部分？分别是怎样估算的？

16．某多用途船初步确定的主尺度为 L_{bp} = 134.0m，B = 21m，D = 12m，T = 8.75m，C_b = 0.68，主机功率(MCR)为 6690kW。请根据母型船重量资料，采用不同的方法估算新船的空船重量，然后选用合适的估算结果，计入适当的排水量裕度，计算确定本船的空船重量。

母型船主尺度：L_{bp} = 147.0m，B = 20.8m，D = 12.8m，T = 9.2m，C_b = 0.63，主机功率为 8235kW。各项空船重量：船体钢料重量 3750t，舾装重量 1200t，机电设备重量 1050t。

17．已知某散货船设计吃水对应的排水量 Δ = 77150t，空船重量 LW = 13006t，主机常用连续服务功率 CSR = 8964kW，主机油耗率 SFC = 172g/(kW·h)。服务航速 v_s = 14kn，续航力为 20000 n mile，船员人数为 27 人。已知本船出港时装载淡水 278t、食品 15t、备品和供应品 70t。取辅机和锅炉的耗油量为主机耗油量的 10%，滑油重量为燃料重量的 3%。试求本船的载重量、载货量以及满载出港和到港时的排水量。

第4章 船舶容量

船舶容量是船舶容积与甲板面积的总称。任何一艘船舶，为满足预定的使用要求，至少应具备两方面的条件：其一，必须满足重力与浮力平衡，提供足够的浮力来支持船舶自重和预定的载重量；其二，必须提供足够的容积，以满足货物、燃油、淡水、压载水等对装载空间的要求，以及机舱设备对机舱空间的要求。同时，设计船还必须提供足够的内部甲板和露天甲板面积，以满足各类人员对生活舱室、工作舱室与公共处所的布置要求，以及各类甲板机械的布置与作业面积要求。

确定船舶容量的方法因设计阶段而异。在船舶初始设计阶段，设计者要按任务书指定的各项使用要求估算设计船所需的容积；同时，又要根据满足重力和浮力平衡条件所初步拟定的船舶主尺度及总布置格局，估算设计船所能提供的容积，力求使所能提供的容积等于或略大于所需容积。在详细设计过程中，设计者将根据船舶型线图、总布置图、邦戎曲线图等图纸资料，对全船各舱室的容积及其形心进行详细计算，绘制舱容图和舱容要素曲线，以便精确计算货物、油和水等的重量重心，为纵倾调整和各载况稳性计算提供必要数据。

4.1 货船的容积

4.1.1 有关概念

1. 货物的积载因数

货物的积载因数是指每吨货物装船时所占据的货舱容积，以 $\mu_c(\text{m}^3/\text{t})$ 表示。

货物的积载因数随货物的种类、产地及装运方式的不同而异，例如，铁矿石散装运输时，其积载因数 $\mu_c = 0.33 \sim 0.42$；而小麦散装运输时，$\mu_c = 1.22 \sim 1.34$，袋装运输时，$\mu_c = 1.34 \sim 1.45$。表4-1列举了部分常见货物的积载因数。

积载因数小的货物，如铁矿石、钢材、砂等，习惯称为重货，重货对货舱容积要求低；积载因数大的货物，如棉纱、黄麻、布匹等，习惯称为轻货，轻货对货舱容积要求高。因此，积载因数是货物对货舱容积要求高低的一个重要数据。在货船的设计任务书中，如果没有给定要求的货舱容积，则势必等效地给出货物积载因数。

重货的积载因数小，对船舶的货舱容积要求低，对船舶主要要素起控制作用的因素是重量(载重量)。重货船的干舷满足《载重线公约》或我国《国内航行海船法定检验技术规则》要求的最小干舷，其所对应型深使船舶具有的货舱容积能够满足货物对容积的要求。重货船属于载重型的最小干舷船，对应的积载因数在1.4以下。

轻货的积载因数大，对船舶的货舱容积要求高，轻货船的主尺度相对也大。此类船的型深若按最小干舷确定，则其货舱容积不满足货物对容积的要求。轻货船的干舷大于最小干舷，属于容积型的富裕干舷船，对应的积载因数在1.4以上。

表4-1 常见货物的积载因数

货物种类	装运方式	$\mu_c/(m^3/t)$	货物种类	装运方式	$\mu_c/(m^3/t)$
铁矿石	散	0.33~0.42	大米	袋	1.34~1.45
磷矿石	散(粒)	0.72~0.89	玉米	散	1.34~1.39
	散(块)	1.11~1.25		袋	1.50~1.78
石灰石	散	0.61~0.67	豆类	袋	1.31~1.75
水泥	散	0.67~0.78	花生	袋(带壳)	3.34~4.18
	袋	0.89~1.06	棉纱	包	2.60
砂	散	0.56~0.64	布匹	箱	2.9~5.3
煤	散	1.17~1.34	钢材	钢板	0.22~0.45
食盐	散	0.87~1.11		型材	0.56~0.84
小麦	散	1.22~1.34	生丝	包	2.78~3.06
	袋	1.34~1.45	黄麻	包	1.53~1.81

货舱某些部位因堆装不便而产生装货时无法利用的空间的情况称为亏舱。亏舱量与货舱开口大小、货物形状和包装方式以及散货的休止角等有关。散货的休止角指在重力场中，粒子在粉体堆积层的自由斜面上滑动时因所受重力和粒子之间的摩擦力达到平衡而处于静止状态的情况下测得的最大角。散货的休止角会导致货物装载时的亏舱。对于散货船和运木船等货船，货舱开口以外的货舱顶部容积较难利用，开口越小，亏舱量越大；装载散装谷物时，这些部位若设置添注漏斗，则可减小亏舱量。一般舱容的亏舱量大致如下：

包装的杂货 10%~20%；

散装货 2%~10%；

木材 5%~50%。

亏舱因素一般由船东根据实际装载经验结合船型特征确定，船东在设计任务书中给出的积载因数应包括对亏舱因素的考虑。

2. 包装舱容与散装舱容

1) 件杂货与散装货

船舶所运输的货物种类很多，按其载运形式可分为两大类：件杂货和散装货。件杂货包括包装货和托盘货，载运时用箱、桶或袋子包装起来的货物称为包装货，如成箱装运的水果、食品、家具、五金，桶装的各种酒、油类，袋装的化工产品、面粉、水泥、食糖等。还有一些货物虽然运输时不用包装，但其本身已进行了整理，如装配好的机器、汽车等，也属于包装货。载运时采用托盘搬运的货物称为托盘货，托盘有钢质托盘和塑料托盘等。还有一类货物，如矿石、煤炭、谷物、散装水泥等，运输时不用包装，而是直接装在货舱里，此类货物称为散装货。同一类货物有时既可采用包装运输，也可采用散装运输，如谷物、食盐、水泥等，应视具体情况而定。

2) 货舱的散装舱容与包装舱容估算

由于装运的货物分为散装货和件杂货，货舱容积也分为散装舱容与包装舱容。

散装舱容是装载散装货时货舱的有效容积,此时,货物装载可达甲板横梁(或纵骨)的上缘、肋骨外缘和舱底板的顶面。

$$\text{货舱的散装舱容} = \text{该舱型容积} \times \text{型容积利用系数} \ k_c(k_c = 0.98 \sim 0.99) \tag{4-1}$$

包装舱容是装载包装货时货舱的有效容积,此时,货物装载一般只能达到甲板横梁(或纵骨)的下缘、肋骨及货舱护条的内缘和舱底板的顶面。货舱的包装舱容为该舱型容积的 0.88~0.92。通常,对于同一货舱,其包装舱容约为散装舱容的 0.90。

3. 型容积利用系数

型容积(或称为毛容积)是指按型线图计算所得的舱内容积(m^3)。

实际上,船舱内总是含有骨架的(如肋骨、横梁、纵桁以及舱壁扶强材等),而舱内骨架及护条、垫板等总要占据一定的空间;货物、油、水等装载时扣除掉这部分空间后所剩余的有效容积称为净容积;舱内净容积与型容积之比称为型容积利用系数,或称为结构折扣系数,用 k_c 表示,显然,k_c 的大小表明了型容积利用率的高低。

各类货舱的 k_c 值:包装货舱 0.88~0.92;散装货舱 0.98~0.99;货油舱 0.95~0.96;冷藏货舱 0.7~0.8(因绝缘结构与管系占去较多容积)。

各类液舱的 k_c 值:首尖舱与双层底舱 0.97~0.98;尾尖舱 0.96~0.97;深舱 0.98~0.99。对于装载燃油、成品油等的液舱,由于油料受热会膨胀,需预留 2%~3% 的膨胀空间;装载重油的燃油舱,因为敷设加热管系,需再计入 0.99 的结构折扣系数。

应当指出,设计时 k_c 值最好参考相近母型船的资料,比较分析加以修正。若船小,通常 k_c 值应小一些;若甲板层数多,k_c 值也小一些。如果设计时将 k_c 值取大了,则相应实船装不下预定数量的货物时,将影响船的使用效能及经济性。一般船东对货舱容积十分重视,设计中要给予保证。

4.1.2 所需船主体型容积

图 4-1 所示为典型货船的布置示意图,主体内设有货舱、机舱、燃油舱、淡水舱、油水压载水舱及首尾尖舱等。下面分别介绍各舱容积的计算方法。

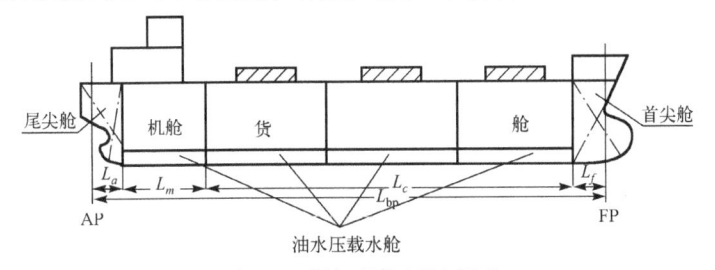

图 4-1 货船的布置示意图

1) 货舱型容积 V_c

$$V_c = W_c \mu_c / k_c \tag{4-2}$$

式中,W_c 为载货量,t;μ_c 为货物积载因数,m^3/t;k_c 为货舱型容积利用系数。

2) 油水舱型容积 V_{ow}

$$V_{ow} = \sum \frac{W_i}{\rho_i k_i} \tag{4-3}$$

式中，W_i 为油水重量，t；ρ_i 为相应燃油、滑油、海水和淡水的密度，t/m³，通常重燃油 $\rho = 0.93 \sim 0.99 \text{t/m}^3$，轻燃油 $\rho = 0.85 \sim 0.89 \text{t/m}^3$，海水 $\rho = 1.025 \text{t/m}^3$，淡水 $\rho = 1.0 \text{t/m}^3$；k_i 为液舱型容积利用系数，一般油舱可取 0.95，水舱取 0.97。

3) 专用压载水舱型容积 V_b

油船、散货船由于货源的单向性，每航次有一程为空放，空放航行时常需加压载水。

压载水一般可布置在舷边舱、双层底舱以及首尾尖舱内。

压载水量通常约为 30%DW，大船压载水量占比小些，小船或特殊的船压载水量占比大一些。通常用比值 $k_b = W_b/\text{DW}$ 来表示压载水量 W_b 的多少。

一般要求压载航行时首吃水 $T_f = (2.5\% \sim 3\%)L_{bp}$，以减少首部船底拍击；沿海或江海直达货轮压载航行时的首吃水可浅些；尾吃水 $T_a = 0.8D$（D 为螺旋桨直径），目的是使螺旋桨大部分浸没在水里，以改善螺旋桨的工作条件，避免飞车。一般认为 T_a 至少为 $(0.6 \sim 0.7)D$。

确定 T_f 和 T_a 后，就可以利用邦戎曲线、静水力曲线算出压载航行时的排水量 Δ_b，从而得到所需的压载水量 W_b。

设计初期，压载水舱型容积 V_b 可按以下步骤估算。

(1) 估算压载航行时的平均吃水 T_b：

$$T_b = (T_f + T_a)/2 \tag{4-4}$$

(2) 估算压载排水量 Δ_b：

$$T_b/T = (\Delta_b/\Delta)^{C_b/C_w} \tag{4-5}$$

(3) 估算压载水量 W_b：

$$W_b = \Delta_b - \text{LW} - \sum \text{DW}_i \tag{4-6}$$

式中，$\sum \text{DW}_i$ 为 W_c、W_b 以外的其他载重量项之和，包括人员、行李、燃油、淡水等。

(4) 估算压载水舱型容积 V_b：

$$V_b = W_b / \rho k_b \tag{4-7}$$

对于海船，通常用海水作为压载水，其密度 $\rho = 1.025 \text{t/m}^3$，而型容积利用系数 k_b 约为 0.975，ρk_b 约等于 1.0，故有

$$V_b \approx W_b \tag{4-8}$$

4) 机舱型容积 V_m

通常应用的公式为

$$V_m = k_m l_m B(D - h_{dm}) \tag{4-9}$$

式中，B、D 分别为型宽与型深；k_m 为系数，参考相近母型船确定；h_{dm} 为机舱双层底高度，参考母型船确定；l_m 为机舱长度，可认为是主机长度 l_{m1} 加上某一数值 C，即 $l_m = l_{m1} + C$。

C 的数值最好根据相近的母型船确定，这里的母型船是指机舱部位、主机类型与功率、螺旋桨数目及船体尺度等诸方面与设计船相近者，其中特别是机舱位置的影响较大。对于低速柴油机大型运输船、中机型船，$C = 4 \sim 5 \text{m}$；对于中尾机型船，$C = 4 \sim 6 \text{m}$；对于尾机型船，$C = 10 \sim 12 \text{m}$。

5) 其他舱的型容积 V_a

其他舱是指首尾尖舱和轴隧等。如果是中机型船，则机舱后的轴隧相当长，人员应能

进去观察主轴运转情况、检查轴承、加滑油等。轴隧后端一般还有逃生口,直通露天甲板。因此,轴隧占有一定的空间。此外,油船还有泵舱(位于机舱与货油舱之间)、轻油舱及滑油舱与重油舱之间的隔离空舱等,它们都占有一定的空间,应在估算所需的舱容时加以考虑。货船的 V_a 一般为主体总容积的 2%～4%。

综上所述,船主体内各种舱室所需要的总型容积为

$$V = V_c + V_{ow} + V_b + V_m + V_a - V_u \tag{4-10}$$

式中,V_u 为上甲板以上装货的容积,包括货舱口围板范围内的容积和有长首楼货船的首楼内货舱容积,如图 4-1 所示。因此,要从所需的货舱型容积 V_c 中减去容积 V_u。V_u 的大小可以根据有关母型船资料及布置情况加以确定。

4.1.3 船主体所能提供的型容积

当设计船的主尺度及船型系数确定后,即可用式(4-11)估算出船主体所能提供的型容积:

$$V_h = C_{bD} L_{bp} B D_1 \tag{4-11}$$

式中,C_{bD} 为计算到型深 D 的方形系数,按式(3-12)计算;L_{bp} 为垂线间长;B 为型宽;D_1 为计入首尾舷弧和梁拱影响的相当型深,即

$$D_1 = D + S_m + C/2 \tag{4-12}$$

式中,S_m、C 分别为平均舷弧高及船中梁拱高度。

4.1.4 容积方程式

1. 全船容积方程式

若式(4-10)与式(4-11)相等,则可得出全船容积方程式为

$$C_{bD} L_{bp} B D_1 = V_c + V_{ow} + V_b + V_m + V_a - V_u \tag{4-13}$$

式(4-13)反映了设计船容积与主尺度间的关系。在船舶设计初期,按此方程式可验证所确定的主尺度和船型系数是否能满足所需容积的要求,反之亦可根据容积的要求来确定设计船的主尺度和船型系数。核算新船所需容积,其结果应是 $V_h = V$,或 V_h 略大于 V。如果 $V_h < V$ 或者 V_h 比 V 大得过多,则需调整主尺度。当然,如果主尺度改变,重量与浮力的平衡也将被打破,要重新调整主尺度及船型系数,使船的重量与浮力达到新的平衡。当快速性、稳性等性能不满足要改变尺度时,也得重新计算容积。这也说明船舶设计是个逐步近似的过程。

2. 货舱容积方程式

全船容积方程式从船主体的容积出发,着眼于船主体内所有舱室的总型容积。实际上,货船容积的主要矛盾是货舱容积,一般说来,若货舱容积满足使用要求,则其他舱室的容积也不难满足,并且在主尺度相同的情况下,货舱容积的大小标志着船舶经济性的优劣。

因此,可从所需货舱型容积 V_c 及船主体所能提供的货舱型容积 V_{ch} 建立货舱容积方程式,以供在货船初始设计阶段选择主尺度、进行容积校核之用。

参考图 4-1,船主体所能提供的货舱型容积为

$$V_{ch} = Kl_c B(D - h_d) = K[L_{bp} - (l_f + l_a + l_m)]B(D - h_d) \tag{4-14}$$

式中,V_{ch} 为船主体所能提供的货舱型容积;l_c 为货舱长度;l_f、l_a 为首尾尖舱长度;h_d 为双层底高度;K 为系数,可参考相近的母型船选取。

设计船所需货舱型容积 V_c 按式(4-2)计算;为满足货舱容积的使用要求,在忽略货舱口容积的情况下,应使 $V_c = V_{ch}$,即

$$V_{ch} = W_c \mu_c / k_c = K[L_{bp} - (l_f + l_a + l_m)]B(D - h_d) \tag{4-15}$$

这就是货舱容积方程。货舱容积方程式鲜明地揭示了货舱容积与船舶主尺度及总布置参数之间的内在联系,有利于从容积角度来研究与调整船舶方案的主尺度与总布置。因此,对于货物运输船,货舱容积方程式较全船容积方程式使用得更多、更方便。

在初步设计阶段,当已选定某一船体型线(如模型试验系列资料或相近母型船的型线)时,可以根据母型船的横剖面面积曲线和型线图进行改造,得出新船横剖线图(具体方法参见 6.2 节),以此估算出长度 l_c 范围内的型容积 V_c,看能否满足所需货舱型容积的要求,用这一方法估算得到的结果比较准确。

4.1.5 容积校核与调整

载重型船的设计中,在初步选取了船舶主尺度并勾画了总布置草图后,要进行一系列的性能初步校核。性能校核的第一步通常是重力与浮力平衡,而第二步即是容积校核。

容积校核,一方面是按设计任务书的要求估算设计船所需的容积,另一方面是按设计船的主尺度与总布置估算其所能提供的容积,通过所需容积与所能提供容积的比较来校核设计船主尺度方案的可行性与合理性。如果所能提供容积小于所需容积,则要通过修改主尺度或适当调整总布置来增加设计船的所能提供容积;反之,如果所能提供容积过大,则通常要减小船的主尺度。

1) 容积校核的方法

容积校核的方法大体上有两种:一是按照全船容积方程式(4-13)分别估算船主体所能提供容积及各类舱室所需总容积;二是按照货舱容积方程式(4-15)分别估算设计船货舱所能提供容积与装载预定的载货量所需的货舱容积,然后比较所能提供是否等于或略大于所需容积。

2) 增加货舱容积的措施

载重型船的货舱容积占船主体容积的比例很大,经容积校核,若发现设计船容积不足,则往往是货舱容积不足,因此,有必要讨论和分析增加货舱容积的措施。

根据货舱型容积方程式

$$V_c = K[L_{bp} - (l_f + l_a + l_m)]B(D - h_d) \tag{4-16}$$

可以看出,要使货舱型容积 V_c 增加,就应加大 L_{bp}、B、D,或减小 l_f、l_a、h_d、l_m。下面分别进行讨论。

(1) 加大 L 和 B。通过加大 L、B 来增加货舱容积 V_c 将会带来以下影响:船长 L 加大,将使船体钢料重量增加,相应造价也将增加;船宽 B 加大,将对稳性和横摇有较大影响,同时,排水量 Δ 随 L、B 的加大而增大,这时空船重量 LW 虽然也有所增加,但船的浮力

仍将大于重力，势必要减小 C_b 或 T，这又对快速性有影响。因此，一般情况下(特别是 V_c 相差不是很大时)，不希望通过增加船长 L 和船宽 B 来保证货舱容积的需要。

(2) 减小 l_f、l_a 和 h_d。首尾尖舱长度取决于规范的规定和实际使用上的要求，并且船体的首尾端尖瘦，l_f、l_a 的减小对增加 V_c 的效果不大。而双层底高度 h_d 则是根据规范要求、船底强度及施焊工艺等方面综合确定的，变化量也不大。因此，这三者都不能作为调整 V_c 的主要措施。

(3) 减小 l_m。船长一定时，减小 l_m，则货舱长度增加，货舱容积增加。因此，初始设计阶段，总体与轮机人员应相互协调，以尽可能压缩机舱长度增大货舱长度，进而提高船舶经济性。

(4) 加大 D。实践表明，核算后若发现货舱容积 V_c 不够，则增加船的型深 D 是颇为有效的措施，对其他方面影响也小。对大船来说，加大 D 对总纵强度有利，而对船体钢料重量则影响不大。当然，型深 D 增加，使船的重心升高，受风面积加大，对稳性有影响，但一般说来比较容易处理好这一问题。

从控制 D/T 看，将式(4-16)右边乘以 $\Delta / L_{bp} \cdot B \cdot T \cdot C_b$，可得出式(4-17)：

$$V_c = \frac{\Delta}{C_b} \cdot k \left(1 - \frac{\sum l_i}{L_{bp}}\right)\left(\frac{D}{T} - \frac{h_d}{T}\right) \tag{4-17}$$

由式(4-17)可知，容积 V_c 与比值 D/T 有关，如果新船与母型船的 Δ 和 C_b 相近，则为保证 V_c，可控制比值 D/T。如果对新船的容积要求比母型船大(载货量 W_c 多，或积载因数 μ_c 大等)，则 D/T 值也应比母型船取得略大些。

综上所述，增加货舱容积最有效(且较合理)的措施是适当加大型深 D。当然，增加船舶平行中体长度、增大舷弧和梁拱等也能增加 V_c，但其效果不大。

3) 容积的调整

容积校核中，当所需容积与新船所能提供的容积不平衡时，应进行容积调整。调整时应根据具体情况进行分析，以确定最合理的方案。

(1) 货舱和压载水舱的总容积不足。

当货舱和压载水舱总容积不足时，首先分析机舱长度能否缩短，因为机舱所占的容积属于非营利部分，最大限度地缩短机舱长度是提高容积利用率的重要措施。现代船舶的机舱布置都很紧凑，以尽量利用其空间，减少其所占容积。缩短机舱长度的措施应与轮机设计人员协商，以便保证方案的可行性。当机舱长度不能再缩短时，只能用加大主尺度(L、B、D)的办法来解决容积不足的问题，此时应综合各方面情况，分析确定合理的主尺度修改方案。

① 如果原选择的尺度比 L/B 在正常范围内，稳性(主要是初稳性)也有一定富余，则加大型深是增加容积最合理的方案。

② 考虑其他因素(如稳性不足、快速性不良等)，如果原选择的主尺度也有修改意向，应结合容积的要求综合分析、统筹兼顾，确定合理的修改方案。

③ 因容积要求修改主尺度以后，浮力和重力的平衡应重新考虑，对其他性能有较大影响时也要重新校核。

(2) 容积明显多余。

除特殊船型以外，在容积明显多余时也应考虑调整主尺度。调整时要充分考虑到对性能和其他方面的影响。在主要性能(如浮性、快速性、稳性等)已基本合适的情况下，可适当减小型深。减小型深应注意是否满足最小干舷的要求以及对总纵强度等其他因素的影响。如果排水量、快速性、稳性等条件允许船长或船宽做调整，则应根据容积多余的问题统一考虑，对主尺度进行适当调整。专用的矿砂船由于积载因数很小，属于富余容积型船，容积的平衡问题则另当别论。有些船的型深不能因为容积富余而减至很低，因为还有其他因素(如强度、干舷等)要考虑。

(3) 部分容积的调整。

如果货舱和压载水舱的总容积已足够但不平衡，例如，货舱容积多余，而压载水舱容积不足，则应进行调整。调整货舱与压载水舱容积的比例可通过调整双层底高度以及首尾尖舱的长度来实现，有边舱时还可调整边舱的尺寸。调整时应注意以下问题。

① 调整双层底高度时，应满足双层底高度的最低要求。若考虑增大双层底高度，则要注意满载时重心升高对稳性的影响。

② 边舱的尺寸也有一定的范围，调整双壳体边舱的宽度时要注意到对破舱稳性的影响。

③ 对首尖舱的长度，规范和《法规》有要求，不可超越规定的范围。

④ 缩短首尾尖舱的长度对增加货舱实际的有效容积效果有限。对于尾机型船，尾尖舱缩短后，机舱后端更尖瘦，机舱布置的长度利用率将降低，即机舱一般不可能等长度后移。同理，首尖舱缩短后因为首部型线尖瘦，所增加的货舱容积的利用率不高，即货舱首端处容积亏损会增加。

⑤ 当货舱容积多余时，如果增大首尾尖舱的长度，将多余的货舱容积转移到首尾压载水舱容积中，对于大船来说，很可能导致压载航行时船舶所受的弯矩比其他载况都大，这一点对于散货船尤为严重。散货船由于压载量大，通常压载航行时的总纵弯矩比满载时还要大。大船压载水的分布对总纵强度的影响在总体设计中应充分重视。

4.2 客船的甲板面积

客船是指载客人数超过 12 人的船舶，包括纯客船和以载客为主兼载部分货物的客货船。目前，纯客船已向旅游船和高速船两个方向发展，图 4-2 为我国首艘大型邮轮，是大型旅游船，客货船向客游船(或称为车客渡船)方向发展，这些船舶都属于比较典型的布置型船舶。安全、快速、舒适是对客船设计的基本要求。为满足旅客搭载、食宿和旅途文化娱乐与观光的要求，具有足够的甲板面积成为客船设计的主要矛盾。也就是说，对于客船，通常应先从甲板面积入手，可参考母型船大体确定一组尺度后，勾画总布置草图，从核算是否满足布置地位的需要出发，确定合适的主要要素，以及有关系数及排水量，再进行重力与浮力的平衡及各种性能的核算。

图 4-2 我国首艘大型邮轮

1) 所需甲板面积的估算

法规中《乘客定额与舱室设备》及交通部颁布标准《沿海客货船船员和乘客主要舱

室面积及家具设备配置》对各类客船的布置和甲板面积提出了基本要求,一般客船设计时均应遵循。在客船设计实践中,往往要参考客舱标准相近的母型船,先对母型船的各类舱室和处所的面积进行统计分析,然后结合对客船的具体要求(注意听取船东意见),估算客船所需的甲板总面积。

通常,应统计和估算的主要舱室及处所包括:
(1) 不同等级的旅客居住舱(每舱室人数、人均占有面积数);
(2) 旅客公共处所(厨房、餐厅、盥洗室、浴室、厕所等);
(3) 旅客文化娱乐处所(阅览室、娱乐室、舞厅等);
(4) 各层甲板通道和旅客散步甲板面积;
(5) 不同等级的船员居住舱;
(6) 船员公共处所及文化娱乐处所(含会议室);
(7) 船员工作舱室(驾驶室、海图室、报务室、广播室、客运室、民警室、医务室、小卖部等);
(8) 其他特设处所。

根据上述统计和估算数据求和,即可得到全船所需的甲板总面积 A。表 4-2 为我国部分沿海客船的有关参数,可供初步设计时参考。

表 4-2 我国部分沿海客船的主要参数

船名	L_{oa}/m	L_{bp}/m	B/m	T/m	D/m	Δ/m³	C_b	C_w	主机功率/kW	v_s/kn	旅客人数/人	船员人数/人	A_1/m²	A_2/m²	A_3/m²	A_4/m²	$A/L_{bp}B$
长征号	138	124	17.6	6.0	8.4/10.9	7706	0.571	0.78	2×3310	18.10	900	132	1489.3	871	680	277	1.522
琼沙号	86	76	13.4	3.9	5.0/7.3	2150	0.52	0.73	3×970	16.20	221	63	472.2	338.3	269.7	67.8	1.128
繁新	10.5.62	97	15.8	3.8	5.3/7.3	3657	0.608	0.792	2×2206	18.00	919	123	1550.6	744.3	458.6	206.9	1.93
广亚线	94.3	83.5	13.8	3.6	5.1/7.5	2335	0.551				532	74	891.4	430	320.3	86.3	1.501
耀华轮	149	132	21.0	6.6	10.8/13.0	10105	0.538	0.725	2×5515	21.50	400	131	1367.53	1718.45	1072.66	151.1	1.661
华南线	102	96	15.0	4.2	5.5/7.9	3278	0.524	0.706	2×1912	17.5	604		933.1	484.2	290.8	86.4	1.248

注: A 为旅客及船员居住和公共(服务)处所总面积;A_1、A_3 分别为旅客及船员的居住处所总面积;A_2、A_4 分别为旅客及船员公共(服务)处所总面积。耀华轮为远洋客船。

2) 主尺度(L、B、D)规划

对客船来说,由于客舱和船员舱均布置在上层建筑内,因此客船的上层建筑通常很发达。在规划客船主尺度之初,往往先要确定上层建筑的层数,层数少了,布置不下众多的各类舱室,层数多了,又会使受风面积过大,且重心升高,对稳性和操纵不利。通常,上层建筑层数 n 可参考同航线相近客位数的母型船初步确定。

船宽 B 可按横向布置情况和稳性要求确定。横向布置,即考虑外走廊、床铺(座椅)数目与尺寸、内走廊的布置,有时加宽不多就可能增加一排床铺(座椅),使舱室利用率获得较大提高。小型客船的船宽通常还应考虑机舱的布置地位(尤其是双机双桨船),使主机靠舷边一侧留有足够的检查、操作与维修空间。

船长 L 可参考同档次建筑形式相近的母型船按式(4-18)估取:

$$L = A/(nB\eta) \tag{4-18}$$

式中，A 为设计船所需的甲板总面积；n、B 分别为设计船的甲板层数和船宽；η 为客船甲板总面积与 nLB 之比，通常取自母型船。

对于大型海洋客船，型深 D 需考虑船主体内的甲板层数和层高而定；对于小型客船，往往视主机的高度和机舱布置要求而定。

3) 甲板面积的校验

在初步拟定客船 L、B、D 后，即可按照客船总体区划的构想绘制客船的总布置草图。针对客船上甲板的总长，要考虑首尾部有足够的露天甲板面积用于布置锚泊、系缆装置和靠离码头时便于船员操作。上甲板以上各层甲板一般沿船长 L 内缩，以形成流线型的侧面外观；沿船宽 B 向每舷逐层内缩 50mm 左右，以避免与船邻靠时碰坏上层建筑。各层甲板的平面布置往往从通道规划与不同等级的舱室分区开始，各等级的客舱宜按统一模式先做出一个标准间布置，以确定其面积。

通过勾画全船的总布置草图，将各种舱室布置在合理的部位，然后仔细检查所布置的各等级客舱人数与面积、船员铺位数与面积、公共处所及其他舱室的面积，计算客舱和船员舱的总面积和人均占有面积，以校验各等级舱位及舱室面积是否满足预定要求，并可将其作为与其他客船舒适性、甲板面积利用率等进行分析比较的数据资料。

应当指出，本节对客船设计的论述主要是从甲板面积要求和总布置着眼的，实际上，客船主尺度的确定还必须考虑船舶航行性能(如快速性、耐波性等)和经济性，客船的总布置还必须考虑不同地区、不同航线的特点。

4.3 舱容及形心位置

在总布置图、型线图及有关结构图确定以后，就可计算各舱容积及其形心位置，并画出舱容图，以便计算船舶在各种装载情况下的浮态、稳性和抗沉性等，并可将其作为营运中船员进行配载和控制船的浮态及稳性的依据。在详细设计阶段，需要使用船舶性能计算软件进行精确建模并计算舱容和形心的准确位置，以满足船级社送审要求。

4.3.1 干货舱

干货舱的容积分为型容积、散装舱容及包装舱容等，通常可按下述方法计算。

1) 各舱型容积及形心位置计算

型容积及形心计算和船舶静力学中计算船的排水体积和浮心的方法相似，这里仅做简单说明。以某一两层甲板货船的一个货舱为例，如图 4-3 所示，计算步骤为：根据货舱舱壁在船长方向的位置，按近似积分规则，取 3~5 个等间距横剖面，绘出其横剖线图，并在图上作出内底、第二甲板及上甲板的理论线。然后分别计算各剖面底舱部分及甲板间部分的型面积 $A_i(\text{m}^2)$、面积对基线的静距 $m_{zi}(\text{m}\cdot\text{m}^2)$ 及面积对该舱近船中一个舱壁的静矩 $m_{xi}(\text{m}\cdot\text{m}^2)$。再将底舱部分及甲板间部分的 A_i、m_{zi}、m_{xi} 分别进行积分，即得到底舱部分及甲板间部分的型容积 $V(\text{m}^3)$、体积矩 $M_z(\text{m}\cdot\text{m}^3)$ 和 $M_x(\text{m}\cdot\text{m}^3)$，并由式 $z_v = M_z/V$ 和 $x_v = x_1 + M_x/V$ 计算得该舱的型容积形心，其中 x_1 为近船中舱壁至船中的距离。注意，以上的计算中不包括货舱口围板范围内的容积。

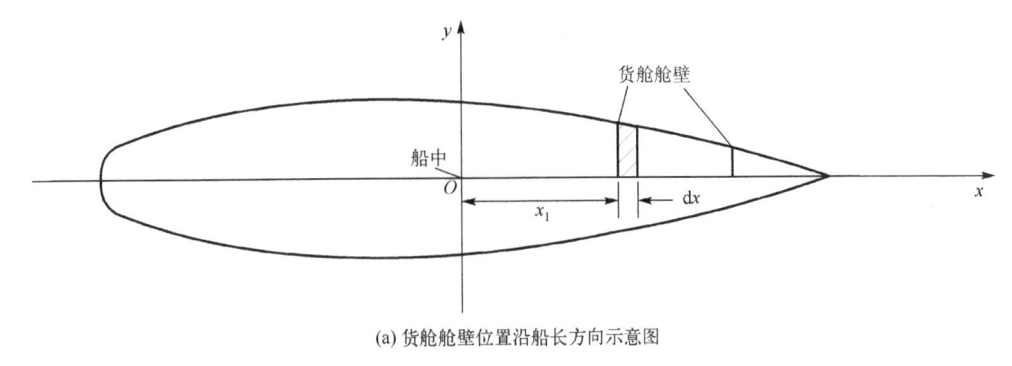

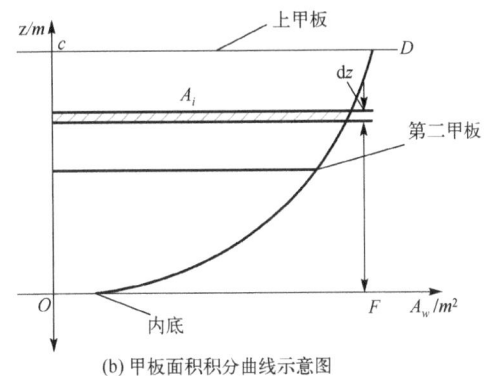

(a) 货舱舱壁位置沿船长方向示意图

(b) 甲板面积积分曲线示意图

图 4-3 舱型容积形心位置计算示意图

2) 散装舱容

将各舱型容积乘以舱内结构(骨架、半纵舱壁、横舱壁、支柱、护条、通风管、梯等)所占体积的折扣系数 k_c 即得甲板下散装舱容。杂货舱的系数 k_c 依舱的大小及舱内结构的具体情况在 0.98～0.99 内,大船及大舱取上限。专用散装货船的舱内构件较少,也可取大的 k_c 值。当然,干散货并不能装到所有的货舱顶部边角及甲板梁间空隙内,故散装舱容与实际装的货物体积之间是有小的差别的,以上的算法只是为了便于计算而采用的习惯做法而已,在包装舱容计算上也是这样。

散装舱容的形心仍假定在型容积的形心处,这比实际的货物重心稍高,偏于安全。

3) 包装舱容

在计算货舱型容积 V_c 所用的剖面图上绘出甲板横梁(或纵骨)下缘及货舱护条内缘线、舱底木铺板顶面线,就可用类似于 1)中的方法计算包装舱容及其形心位置。但是,考虑横舱壁结构所占的体积,应将算得的体积乘以 l'/l,其中 l' 及 l 分别为扣除横舱壁影响后的有效舱长及舱的理论长度,若利用货舱型容积 V_c 的计算结果,可使计算方法更为简单。此法是先计算靠近型容积形心的一个剖面的有效面积 A' 及垂向静矩 m'_z,然后用式(4-19)及式(4-20)计算包装舱容及其形心高度 z_{ba}:

$$V_{ba} = V_c \cdot \frac{l'}{l} \cdot \frac{A'}{A} \tag{4-19}$$

$$z_{ba} = z_{gc} \cdot \frac{m'_z}{m_z} \tag{4-20}$$

式中,A 及 m_z 为对应剖面的型面积及垂向静矩。而包装舱容 V_{ba} 的形心纵向位置可与型容积的相同。

4) 露天甲板货舱口围板范围内的容积及形心位置

其容积等于各舱口长×宽×高，形心取为舱口围板长度的中点及围板半高处。

将各货舱的底舱、甲板间及舱口范围的容积以及各容积对船舯和基线的静矩分别加起来，即得各货舱的总容积及体积矩，从而可求出各货舱的总容积及形心位置。

在船舶初始设计阶段，利用容积方程式可以校核船舶主尺度方案是否满足设计任务书提出的舱容要求。随着设计的深入，在型线图、总布置图、邦戎曲线和肋骨型线图等完成以后，需要精确计算各舱舱容及其形心位置，并绘成舱容图与舱容要素曲线，以便精确计算各舱装载量的重量与重心，进而计算船舶各载况的浮态和进行纵倾调整和稳性计算。舱容要素曲线是船舶营运中配载及控制船舶浮态与稳性的基础资料。

4.3.2 液舱

液舱包括货油舱、燃油舱、淡水舱、压载水舱等。

液舱的有效容积等于其型容积乘折扣系数 k_i，形心则取在型容积的形心处。k_i 的值：双层底油水舱为 0.975 左右，尖舱为 0.96～0.97，双层底以外的深舱为 0.98～0.99。应当注意，对于有加热管的油舱，k_i 值还应低 0.5%～1.0%，另外，在计算油舱的最大装油量时，还需留出 2%～3% 左右的膨胀空隙。

对于舱顶低于营运中最低水线的压载水舱，一般只计算其满舱情况即可。对于油舱(包括货物油舱)、淡水舱及舱顶高于营运中最低水线的压载水舱，应计算出各舱在各液面高度处的容积 V 及形心坐标 (x_v, z_v, y_v)，以及通过其形心的纵轴及横轴的自由液面惯性矩 i_x、i_y，并给出这些要素与液面高度的关系曲线，如图 4-4 所示。

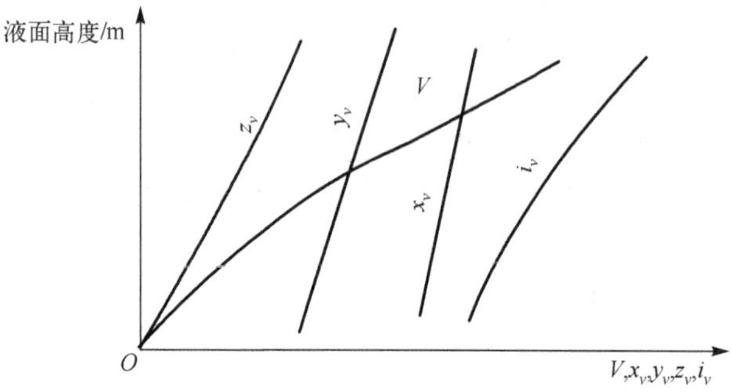

计算液舱容积及形心位置时，采用按水线积分的方法较好，因为这样可以计算得到各深度处自由液面的要素。由于在营运过程中燃油、淡水均有变化，设计者应提供各液舱的容积和容积形心随液面高度变化的曲线，即舱容要素曲线，如图 4-4 所示。营运中，根据实际液面高度查舱容要素曲线可知液舱容积及其重心。

图 4-4 舱容要素与液面高度关系曲线

舱容要素曲线包括各液面高度处容积 V 及其形心坐标 (x_v, z_v, y_v)，以及自由液面对通过其形心的纵轴的惯性矩 i_x。计算时液面高度 z 通常从舱柜底面算起。舱容要素曲线根据舱柜布置图、肋骨型线图及有关的结构图经计算后绘成。

舱容要素曲线可用来计算各种载况时液舱装载量和重心位置，是计算浮态与稳性的基础资料，并可用来制定油水舱"液位容积表"供船员使用。

4.3.3 舱容图

舱容图清楚地表示出船主体(包括货舱口)各舱室容积的大小及分布。图 4-5 给出了某船的局部舱容图。

第4章 船舶容量

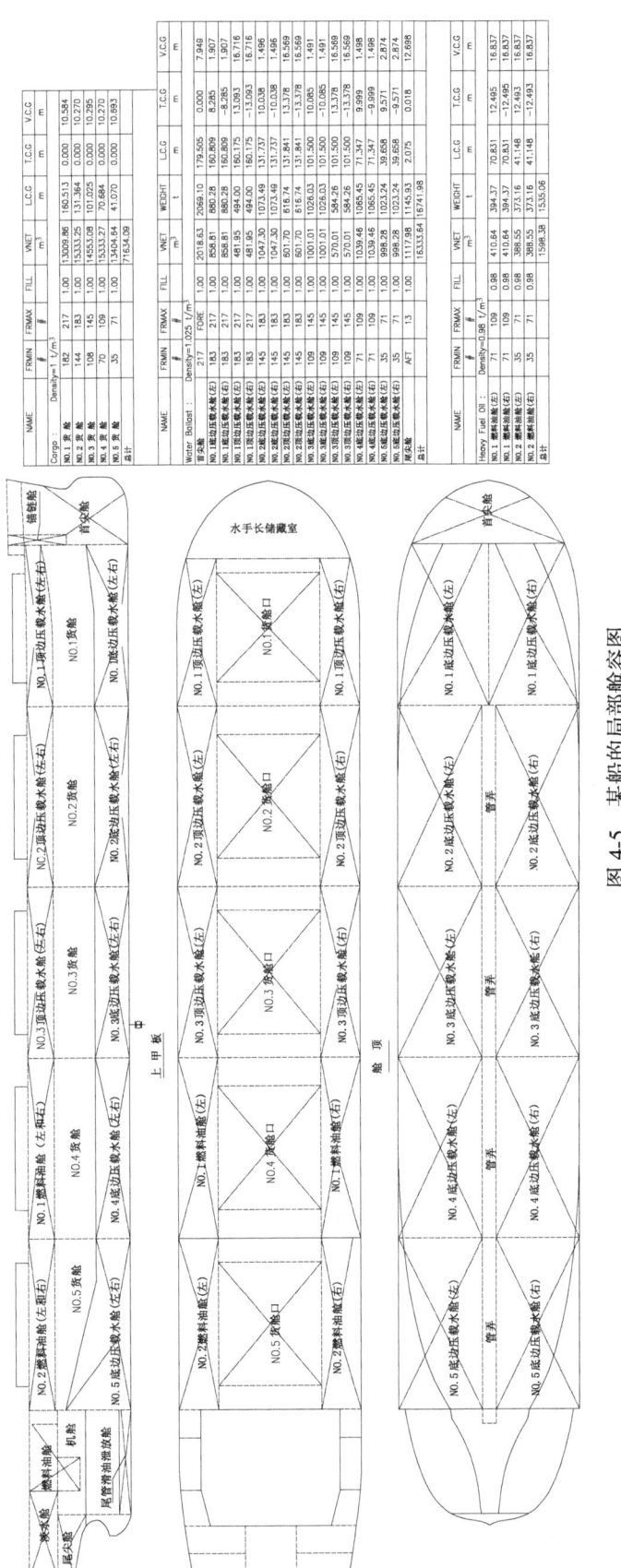

NAME	FRMIN	FRMAX	FILL	VNET m³	WEIGHT	L.C.G m	T.C.G m	V.C.G m
Cargo : Density=1 t/m³								
NO.1 货舱	182	217	1.00	13009.86	13009.86	160.513	0.000	10.584
NO.2 货舱	144	183	1.00	15333.25	15333.25	131.364	0.000	10.270
NO.3 货舱	108	145	1.00	14553.08	14553.08	101.025	0.000	10.295
NO.4 货舱	70	109	1.00	15333.27	15333.27	70.684	0.000	10.270
NO.5 货舱	35	71	1.00	13404.64	13404.64	41.070	0.000	10.693
总计				71634.09				

NAME	FRMIN	FRMAX	FILL	VNET m³	WEIGHT	L.C.G m	T.C.G m	V.C.G m
Water Ballast : Density=1.025 t/m³								
首尖舱	217		1.00	2018.63	2069.10	179.505	0.000	7.949
NO.1 底边压载水舱(左)	183	217	1.00	858.81	880.28	160.809	8.285	1.907
NO.1 底边压载水舱(右)	183	217	1.00	858.81	880.28	160.809	-8.285	1.907
NO.1 顶边压载水舱(左)	183	217	1.00	481.95	494.00	160.175	13.093	16.716
NO.1 顶边压载水舱(右)	183	217	1.00	481.95	494.00	160.175	-13.093	16.716
NO.2 底边压载水舱(左)	145	183	1.00	1047.30	1073.49	131.737	10.038	1.496
NO.2 底边压载水舱(右)	145	183	1.00	1047.30	1073.49	131.737	-10.038	1.496
NO.2 顶边压载水舱(左)	145	183	1.00	601.70	616.74	131.841	13.378	16.569
NO.2 顶边压载水舱(右)	145	183	1.00	601.70	616.74	131.841	-13.378	16.569
NO.3 底边压载水舱(左)	109	145	1.00	1001.01	1026.03	101.500	10.085	1.491
NO.3 底边压载水舱(右)	109	145	1.00	1001.01	1026.03	101.500	-10.085	1.491
NO.3 顶边压载水舱(左)	109	145	1.00	570.01	584.26	101.500	13.378	16.569
NO.3 顶边压载水舱(右)	109	145	1.00	570.01	584.26	101.500	-13.378	16.569
NO.4 底边压载水舱(左)	71	109	1.00	1039.46	1065.45	71.347	9.999	1.498
NO.4 底边压载水舱(右)	71	109	1.00	1039.46	1065.45	71.347	-9.999	1.498
NO.5 底边压载水舱(左)	35	71	1.00	998.28	1023.24	39.658	9.571	2.874
NO.5 底边压载水舱(右)	35	71	1.00	998.28	1023.24	39.658	-9.571	2.874
尾尖舱	AFT	1.3	1.00	1117.98	1145.93	2.075	0.018	12.698
总计				16333.64	16741.98			

NAME	FRMIN	FRMAX	FILL	VNET m³	WEIGHT	L.C.G m	T.C.G m	V.C.G m
Heavy Fuel Oil : Density=0.98 t/m³								
NO.1 燃料舱舱(左)	71	109	0.98	410.64	394.37	70.831	12.495	16.837
NO.1 燃料舱舱(右)	71	109	0.98	410.64	394.37	70.831	-12.495	16.837
NO.2 燃料舱舱(左)	35	71	0.98	388.55	373.16	41.148	12.493	16.837
NO.2 燃料舱舱(右)	35	71	0.98	388.55	373.16	41.148	-12.493	16.837
总计				1598.38	1535.06			

图 4-5 某船的局部舱容图

舱容图的绘制依据是总布置图、型线图、肋骨型线图及舱容计算结果。

绘制舱容图的大体步骤为：

(1) 基于总布置图，画出所有货舱和液舱的边界，在船长方向标出首尾垂线、站线与肋位号；

(2) 将舱室按照货舱、压载舱、燃油舱、滑油舱、淡水舱等分组编号；

(3) 分别编制分组舱室的明细汇总表，表中展示各舱的编号、名称、边界坐标、最大舱容、形心位置、最大自由液面惯性矩等。这些数据来源于舱容计算结果。

思 考 题

1. 名词解释：积载因数、型容积利用系数、散装舱容、包装舱容。

2. 何谓船舶容积？为什么要计算船舶容积？确定主尺度阶段和详细设计阶段计算容积的方法有何不同？

3. 型容积利用系数 k_c 的大小意味着什么？为什么包装货舱的 k_c 值要比散装货舱的小？

4. 初步确定主要要素后，如何估算船主体所能提供的总型容积？

5. 为什么舱容不足时一般采取增大型深 D 的办法增加舱容？

6. 在初始设计阶段如何估算船主体的货舱型容积 V_{ch}？增加 V_{ch} 的有效途径有哪些？简要分析之。

7. 估算客船所需的甲板面积主要包括哪些项目？如何根据所需甲板面积估取 L、B？

8. 什么是舱容图？它是如何绘制出来的？有哪些用途？

9. 对液舱为什么要绘制舱容要素曲线？怎样绘制？

10. 某干货船的排水量 Δ = 17118t，设计吃水 T = 8.75m，C_b = 0.68，C_w = 0.768，要求的载货量为 10500t，积载因数为 1.6m³/t，需要装载的油水有：燃料油 950t (ρ = 0.93t/m³)、轻油 150t(ρ = 0.85t/m³)、滑油 50t(ρ = 0.90t/m³)、淡水 200t。分别估算货舱所需的散装舱容和油水舱容积。假设该船空船重量 LW = 5263t，船员定额 45 人，自持力 31.25 天，要求压载出港时首吃水不小于 3.6m，尾吃水不小于 5.4m，试计算所需的压载水舱容积。

11. 某散货船的排水量 Δ = 77150t，吃水 T = 13.5m，C_b = 0.884，C_w = 0.928，要求的载货量为 60850t，积载因数为 1.28m³/t，需要装载的油水有：燃油 2420t(ρ = 0.9t/m³)、轻柴油 260t(ρ = 0.85t/m³)、滑油 90t(ρ = 0.90t/m³)、淡水 278t。请分别估算货舱所需的散装舱容和油水舱容积。

12. 假设题 11 中空船重量 LW = 13006t，船员定额 27 人(70kg/人)，自持力 70 天(食品定量按 5kg/(人·天))，备品和供应品 70t，要求压载出港时，艏吃水 T_F 不小于 4.8m，艉吃水 T_A 不小于 7.8m，请计算所需的压载水舱容积。

13. 上一题中，若设计船 L_{bp} = 194.5m，B = 32.26m，D = 18.5m，T = 13.5m，C_b = 0.884，机舱双层底高度 h = 1.78m，主机长度 L_{mi} = 7m，平均舷弧高度 S_m = 0.15m，船中梁拱高度 C = 0.5m，5 个舱口围，单个尺寸 = 22×18×1.8m，试校核主船体所能提供的容积是否满足需要的容积。

第 5 章 船舶主尺度

船舶主尺度是描述船舶几何特征的基本参数，主要有船长 L(一般指垂线间长 L_{bp})、型宽 B、型深 D 和设计吃水 T，通常把方形系数 C_b、棱形系数 C_p、水线面系数 C_w 及尺度比(如 L/B、B/T)等参数也归为主尺度的范围。船舶主尺度对船舶的快速性、稳性、耐波性、操纵性、空船重量、舱容、结构强度、总布置、经济性等有着重要影响，对船舶的设计质量也起着决定性的作用。因此，合理地确定船舶的主尺度是船舶总体设计中首先要进行的最重要的工作，也是开展后续工作的基础。

船舶主尺度的确定工作有其独特的特点。首先是面对的矛盾错综复杂，既要满足使用性能、技术性能、经济性能的要求，又要满足客观环境条件(港口、水道、运河、海峡、船坞、船台等)的要求。其所涉及的诸多因素互相矛盾，相互制约。一项性能或指标的改善往往会带来其他性能或指标的恶化。因此，在确定船舶主要要素时，必须综合考虑各方因素，妥善处理各种矛盾，以期得到一个权衡的设计方案。其次是问题灵活多解，仅有重力和浮力是等式约束，其余各种关系式都是不确定的或是不等式，因此，所确定的主尺度并非唯一。只有设计船的主要需求把握清楚、调研充分、资料掌握全面、标准选择恰当、分析合理到位，才能在众多的可行方案中选出最佳方案。上述两个特点决定了主尺度确定过程不是一蹴而就的，而是逐渐近似的。开始时着眼于主要要求，初选主尺度，进行各项性能估算，修正尺度。最后通过绘图和较准确的校验调整，得到一组满足各项要求的新船主尺度方案。

在确定船舶主尺度的过程中，需满足 6 项基本要求。
(1) 浮力原理，浮力要等于或略大于船舶的重量或排水量。
(2) 容量要求，设计船应能提供足够的容积和甲板面积。
(3) 性能要求，包括稳性、快速性、操纵性、耐波性以及结构强度要求。
(4) 满足船东的各项使用要求。
(5) 满足客观条件的要求，如航区、航线、港口、船闸等对尺度的限制。
(6) 在保证上述各项要求的基础上，力争做到船舶的经济性能最佳。

5.1 主尺度与主要考虑因素

船舶主尺度与船舶的各项性能密切相关，在选择过程中，所考虑的重点因素也侧重不同，如表 5-1 所示。

表 5-1 船舶主尺度与性能的关系

船舶主尺度	考虑因素											
	航道尺度	码头尺度	船台及船坞尺度	总布置要求	浮力	快速性	稳性及横摇	纵摇升沉及失速	抗沉性	最小干舷	重量及造价	操纵性	结构强度	国际航行税收及服务费
L	有关	重要	大型船舶重要	主要	主要	主要	—	重要	重要	主要	重要	重要	大型船舶重要	重要
B	有关	—	大型船舶重要	主要	主要	有关	主要	有关	重要	—	重要	有关	大型船舶重要	有关
D	有关	—	—	主要或重要	—	—	重要	—	主要	主要	有关	—	大型船舶重要	—
T	主要	重要	—	—	主要	重要	有关	有关	有关	—	有关	有关	有关	有关
C_b	有关(较次要)	—	—	有关	主要	主要	有关	重要	有关	—	有关	有关	—	有关

因此，在介绍船舶主尺度确定方法之前，有必要讨论船舶主尺度与主要影响因素之间的关系。

1. 选择船长 L 时的考虑

选择船长 L 时所考虑的主要因素列于表 5-2 中。

表 5-2 选择船长 L 时所考虑的主要因素

主要因素	考虑要点	主要因素	考虑要点
航道、港口及船坞等限制	有关航道(苏伊士运河、巴拿马运河、圣劳伦斯水道等)的通航尺度限制、船闸长度、航道曲率半径(影响船舶调头)、港口码头泊位长度、船坞和船台的长度对 L 的许用最大值的限制	纵摇、垂荡及失速(耐波性)	当 Δ 一定时，L 较大对耐波性有利，可降低纵摇与砰击，减少甲板上浪，使船舶在波浪中维持较大航速(尤其对中、高速船)。当 $L/\lambda>1.3$ 时 (λ 为波长)，增加 L 可改善纵摇、垂荡及失速，减少甲板上浪
		回转性和航向稳定性	增加 L 可改善航向稳定性，但会使回转性能变差；港作拖船应尽可能缩短 L
浮力	$\Delta=k\rho LBTC_b$，其中，k 为船体外板及附体系数；ρ 为水的密度。当船 $\sum W_i>\Delta$ 时，可通过增加 L 解决重力与浮力平衡问题，但会对其他性能带来影响，需慎重考虑	抗沉性	增加 L 有利于改善抗沉性(增加可浸长度及降低破舱稳性损失)

续表

主要因素	考虑要点	主要因素	考虑要点
总布置	应考虑舱容与甲板面积。货船应有足够的货舱长度，以满足货舱容积的要求；集装箱船应按集装箱长度模数决定货舱长度和 L；客船及其他布置型船应按布置的要求选择 L，以满足甲板面积要求	重量和造价（经济性）	L 在主尺度中对船体纵向构件重量和造价的影响最大，在选择 L 时，应取其他主要性能损失不大的最短船长 L_E(经济船长)
快速性	Δ 和 T 不变时，增加 L 可以减小 B 和 C_b，从而减小兴波阻力和形状阻力。对于高速船，$F_n>0.3$，由于剩余阻力占比较大，增加 L 有利于降低总阻力 R；对于中速船，$0.25<F_n<0.3$，应选择阻力不明显增加的经济船长，$L_k<L_E<L_{opt}$ (临界船长<经济船长<最佳船长)；对于低速船，$F_n<0.2$，由于摩擦阻力占比较大，减小 L 有利于降低总阻力 R	规范、规则要求	要注意规范、规则规定的长度界限，例如，对于 $L>100$m 的货船，要计及破舱稳性；对于 $L<85$m 的货船，可以用救生筏替代救生艇

总结：船长除了对稳性影响较小以外，对其他性能都有重要的影响。在满足尺度限制的条件下，初选船长可以从浮力、总布置(舱容和面积)、快速性这三个最基本因素来着手考虑。

对于载重型船，首先从浮力和快速性来考虑，再结合总布置来考虑。

对于布置型船，首先从布置需要的舱容、甲板面积和快速性两个方面来考虑。

2. 选择船宽 B 时的考虑

选择船宽 B 时所考虑的主要因素列于表 5-3 中。

表 5-3 选择船宽 B 时所考虑的主要因素

主要因素	考虑要点	主要因素	考虑要点
航道、港口及船坞等限制	运河的通航限制尺度，船闸、船坞和船台的宽度，以及港口码头装卸机械伸臂长度等对 B 的许用最大值的限制	稳性与横摇(耐波性)	根据初稳性和横摇周期公式可知，增大 B 会使初稳性迅速增加($GM\propto B^2/T$)，但横摇周期下降，还可能使最大静稳性臂对应角和稳性曲线消失角减小。在 Δ 基本不变时，用减小 T 来增大 B 比用减小 L 来增大 B 的效果更好。B 的大小要适中，应兼顾横摇和缓。增大 B 对改善纵摇、升沉有利，但若导致 GM 过大，将减少横摇周期 T_φ，使横摇加剧

续表

主要因素	考虑要点	主要因素	考虑要点
浮力	$\Delta=k\rho LBTC_b$，其中，k 为船体外板及附体系数；ρ 为水的密度	快速性	取决于 B/T，B/T 在 2.25~3.75 常用范围内变化时，湿面积增减差值在 2.5%，因而 B/T 对摩擦阻力 R_f 影响很小。B/T 在 3.0 附近时，船体湿面积最小。试验证明，当 $F_n<0.3$ 时，B/T 增加 0.1，总阻力增加 0.5%~0.75%；当 $F_n>0.3$ 时，Δ、L 不变，而降低 C_b 以增加 B 时，对降低阻力有利，总阻力会下降；若用减小 T 来增加 B，对阻力影响不大，但对推进不利
总布置	货船应满足货舱容积的要求。布置型船应满足布置地位的要求，如客船应满足甲板面积的要求，集装箱船应按集装箱宽度模数选择 B	重量和造价(经济性)	从降低造价方面考虑，在满足浮力和布置地位的前提下，应适当减小船长 L，尽量增大船宽 B。在同样 Δ 的条件下，增大 B 引起的空船重量增加远小于增大 L

总结：在满足尺度限制的条件下，选择船宽时首先考虑的基本因素是浮力、总布置(舱容和面积)和初稳性高(上下限)的要求。但需要注意的是，因船宽 B 对空船重量的影响程度小于船长 L，从降低造价方面考虑，在同样满足浮力和总布置要求的前提下，以减小 L、增大 B 有利。但 B 过大(L/B 太小)会造成快速性上的损失(包括风浪中的阻力增加)。此外，B 太大还会使初稳性高过大，导致横摇加剧。

3. 选择吃水 T 时的考虑

选择吃水 T 时所考虑的主要因素列于表 5-4 中。

表 5-4 选择吃水 T 时所考虑的主要因素

主要因素	考虑要点	主要因素	考虑要点
航道、港口及船坞等限制	港口、航道、船闸、码头等对 T 的许用最大值的限制	快速性	在 Δ 一定时，保持 L、B 不变，增加 T 相当于减小 C_b，对于改善中速船阻力性能有利；T 值的选择应尽可能使螺旋桨有最适宜的直径，以提高推进效率
浮力	$\Delta=k\rho LBTC_b$，其中，k 为船体外板及附体系数；ρ 为水的密度；T 是构成浮力的因素之一。若 T 不受限制，通过增加 T 来增加 Δ 是比较有利和合理的措施	稳性	在 Δ 一定时，保持 L 不变，通过增加 T 使 B 减小，会降低初稳性高 GM
经济性	在 Δ 基本不变时，增加 T 以减小 L、B，会使钢料减少，对降低造价有利，但会使舱容、稳性、浮力等发生变化，需要权衡考虑	耐波性和操纵性	增大 T 可减小首部抨击和螺旋桨飞车，但甲板上浪机会增加。在 Δ 一定时，如果靠减少 L 来增加 T，对回转性及航向稳定性有利

总结：设计吃水的选择主要从保证浮力、螺旋桨有适宜的直径以及吃水限制这三个方面来考虑。

4. 选择型深 D 时的考虑

选择型深 D 时所考虑的主要因素列于表 5-5 中。

表 5-5　选择型深 D 时所考虑的主要因素

主要因素	考虑要点	主要因素	考虑要点
总布置	载重型船货舱的舱容是决定 D 的主要因素；布置型船应按上甲板以下的甲板间高和舱室高决定 D 值；用增大 D 来增加舱容对船体重量的影响最小	稳性	增加 D 能使甲板入水角加大，可提高静稳性力臂最大值对应角和稳性曲线消失角，但会提高重心高度，使 GM 值下降，并增大受风面积
经济性	对于大型船舶，增大 D 有利于提高总纵强度和船体刚度，空船重量不会增加，有时甚至减少。对于小型船，增加型深会导致空船重量增加	抗沉性	增大 D 可增加干舷和可浸长度，并增加储备浮力，对抗沉性有利
		耐波性	增加 D 可改善甲板上浪，对耐波性有利
总纵强度	大型船舶 L/D 及 B/D 值要适度，有利于提高总纵强度	最小干舷	选择 D 时必须满足最小干舷规定

总结：对载重型船，舱容要求不高时(如要求的积载因数小于 $1.4m^3/t$)，型深可先按最小干舷要求选择，再通过校核舱容和考虑其他因素来确定。若舱容要求高(装载轻货)，可从满足舱容要求角度选取。

对布置型船，型深取决于舱内的布置，如集装箱船舱内的集装箱层数，客船、滚装船上甲板以下各层甲板的层高等。

5. 选择方形系数 C_b 时的考虑

选择方形系数 C_b 时所考虑的主要因素列于表 5-6 中。

表 5-6　选择方形系数 C_b 时所考虑的主要因素

主要因素	考虑要点	主要因素	考虑要点
浮力	$\Delta=k\rho LBTC_b$，其中，k 为船体外板及附体系数；ρ 为水的密度	纵摇、垂荡	减小 C_b 有利于改善纵摇和垂荡
总布置	增大 C_b 有利于机舱布置	回转性和航向稳定性	C_b 对回转性和航向稳定性影响不大
快速性	增大 C_b，减小构成 Δ 的其他要素(L、B、T)，将使摩擦阻力 R_f 下降，但会增加剩余阻力 R_r。高速船减小 C_b 对降低阻力有利，减小 C_b、增大船长 L 对减小总阻力 R 的效果更显著。设计时应选在与 F_n 的配合上不引起阻力显著增加的经济方形系数 C_{bE}	重量和造价	C_b 对船体重量和造价影响较小。从减小重量以降低造价的观点出发，C_b 取大一些有利

总结：方形系数主要根据浮力和快速性两个基本因素来选择。在超常规选择 C_b 时(如选取很大的 C_b)，应注意对操纵性、耐波性等性能的影响。

载重型船因浮力的需要，选择大的 C_b，可以减小 L 和 B，对减轻空船重量是很有利的。

5.2　主尺度限制与范围

确定主尺度时必须注意停泊港口对船舶尺度的限制，应就设计吃水和船舶总长与客户进行充分的协商。另外，很多时候港口的装卸设备和建造船台的宽度制约了船舶的宽度。

再有，港口的装卸设备、船舶通过的桥梁等也会对船舶水面以上高度(空气吃水，Air Draft)带来限制。此外，船舶尺度还受到运河和海峡的限制。基本设计时应考虑到的运河、海峡有巴拿马运河、苏伊士运河、圣劳伦斯水道、马六甲海峡等。这些运河、海峡除了具有对船舶尺度的限制外，还具有各自的通行规则，对船舶设计具有较大的影响。

1) 巴拿马运河

位于中美洲的巴拿马运河(老船闸)可以通行最大宽度 32.31m 的船舶，因此一般船舶的型宽限制在 32.26m，这类船型通常称为巴拿马型(Panamax)。巴拿马运河一般对船长的限制为 289.6m(不过客船、集装箱船可允许到 294.1m)以下，但散货船、油船等船长几乎没有取到最大限制尺寸的，通常取为 L_{bp}=250m 以下。巴拿马运河通行船舶的设计吃水为 12m 左右，因而巴拿马型油船、散货船的载货量可达到 60000～75000t。

巴拿马运河拓宽后(新船闸)，通行船舶的船长可达到 367.28m(应事先将图纸送审，在首次通行时接受检查)，船宽可达 51.25m(船闸侧壁以下的船舶最大宽度)，吃水可达 15.24m，水面以上高度可达 57.91m。

2) 苏伊士运河

苏伊士运河连接地中海和红海，目前正在扩建。至 1995 年 2 月时间点的满载状态通行限制如表 5-7 所示。满载状态下可以通行的最大船型的载重量为 150000～160000t。

表 5-7 苏伊士运河允许通行的船宽和吃水

压载状态		装载状态	
船宽/m	吃水/m	船宽/m	吃水/m
64.0 以下	$T_f \leqslant 9.45$ $T_a \leqslant 10.67$	48.16	17.07
		51.82	15.85
		54.86	14.94
		57.91	14.02
		60.96	12.52

注：(1) 据《苏伊士运河航行规则》1995 年版。
(2) 允许通行的最大船宽为 245ft(1ft=3.048×10⁻¹m)，即使是超过此宽的船舶，有时也可根据特别的准许而通行。
(3) 船宽超过 210ft 的船舶，在横风 10m/s 以下时允许通行。

3) 圣劳伦斯水道

圣劳伦斯水道是连接加拿大蒙特利尔港和五大湖之一的伊利湖的水路，在冬季因结冰而关闭。可以通行的船舶的最大尺度规定为总长 L_{oa}=222.5m，型宽 23.2m，吃水 7.92m。因此设计时常取最大型宽为 23.1m。船长很少取到最大限制尺寸，一般 L_{bp} 取到 170m 以下。设计吃水不因水道的限制值而定，一般取为 10～11m。因而，船宽取到水道限制最大值的散货船载重量为 20000～27000t。船体尺度之外，水面以上高度受限于 35.5m，因此，做总布置时必须注意此项要求。

4) 马六甲海峡

马六甲海峡是马来半岛和苏门答腊岛间的海峡，对船长和船宽没有限制，但是对吃水有限制，目前为 20～20.5m。受此影响，可通行的油船载重量约为 300000t。

国际主要航道对船舶主尺度的限制汇总见表 5-8。

表 5-8　国际主要航道对船舶主尺度的限制汇总

航道名称	对主尺度的限制			
	船长 L	船宽 B	吃水 T	水面以上高度
苏伊士运河	无限制	74.672m(对超大型船原油船 ULCC 船,经运河管理委员会特批,最大允许 70.101~71.015m)	船宽≤48.16m 时,吃水 T 为 17.07m;船宽>48.16m 时,按规定限制吃水	无限制
巴拿马运河（老船闸）	294.43m(总长超过 274.32m 的船舶,应事先将图纸送审,在首次通行时接受检查)	32.31m(经特批,可允许船宽不超过 32.61m 的船舶通行)	12.04m(吃水超过 10.82m 的船舶,其通行时的吃水应事先申报核定)	57.91m
巴拿马运河（新船闸）	367.28m(应事先将图纸送审,在首次通行时接受检查)	51.25m(船闸侧壁以下的船舶最大宽度)	15.24m	57.91m
圣劳伦斯水道	222.5 m	23.16m(超过 23.16m 时须经航道主管部门审批)	7.925m	35.5m
基尔运河（北海运河）	235 m	32.5 m	船长≤160m 时,吃水 T 为 9.5m；船长>160m、船宽>20m 时,按运河最大吃水表规定	40m

确定船舶主尺度时,还应参考已建造过的同类船型的尺度比、参数的统计数据,这样可确保设计船在主要性能上不至于太差,且满足现有法律法规的基本要求。表 5-9 是 Papanikolaou 更新的统计数据,并根据 IHS 数据于 2011 年更新的各类船型的尺度比和参数统计。

表 5-9　船型参数及尺度比范围

船型	船型参数				尺度比						
	C_p	C_m	C_b	C_w	L_{bp}/B	B/T	$L_{bp}/\nabla^{1/3}$	L_{bp}/D	$(F_{FP}/L_{bp})/\%$	$(L_P/L_{bp})/\%$
高速远洋货船	0.57~0.65	0.79~0.98	0.56~0.64	0.68~0.74	5.7~7.8	2.2~2.6	5.6~5.9	9.9~13.5	5.1~6.3	20~25
低速远洋货船	0.66~0.74	0.79~0.995	0.65~0.73	0.80~0.86	4.8~8.5	2.1~2.3	5.2~5.4		5.8~7.0	30~35
沿海货船	0.69~0.63	约 0.985	0.58~0.72	0.78~0.83	4.5~5.5	2.5~2.7	4.2~4.8	10.0~12.0	最大 7.0	40~50
小型短途客船	0.61~0.63	0.82~0.85	0.51~0.53	0.65~0.70	5.5~6.5	3.3~3.9	6.3~6.6	10.4~11.6	6.6~7.9	20~25
渡船	0.53~0.62	0.91~0.98	0.50~0.60	0.69~0.81	5.9~6.2[a] 5.2~5.4[b]	3.7~4.0	6.2~6.9[a] 5.7~5.9[b]	8.6~10.3	7.0~10.0	25~35
渔船	0.61~0.63	0.87~0.90	0.53~0.56	0.76~0.79	5.1~6.1	2.3~2.6	5.0~5.4	8.2~9.0	8.0~8.5	15~25
拖轮	0.61~0.68	0.75~0.85	0.50~0.58	0.79~0.84	3.8~4.5	2.4~2.6	4.0~4.6	7.7~10.0	8.2~10.2	20~30
散货船	0.79~0.84	0.99~0.997	0.72~0.86	0.88~0.92	5.0~7.1[a]	2.1~2.3	4.7~5.6	10.5~12.8	4.4~4.9	50~60
油船 $F_n=0.15$	0.835~0.855	0.992~0.996	0.82~0.88	0.88~0.94	5.1~6.8	2.4~3.2	4.5~5.6	12.0~14.0	3.6~4.5	50~60
油船 $F_n=0.16\sim0.18$	0.79~0.83	0.992~0.996	0.78~0.86	0.88~0.92	5.0~6.5	2.2~2.9	4.5~5.2	10.5~12.8	4.4~4.9	50~60
高速远洋冷藏箱船	(0.55)[c] 0.59~0.62	0.96~0.985	(0.53)[c] 0.57~0.59	0.68~0.72	6.7~7.2	2.8~3.0	6.1~6.5	~11.0	5.6~6.6	10~15

注：F_{FP} 为船首高度，L_P 为平行舯体长度，a 针对 L>100m，b 针对 L=80~95m，c 针对 $C_p<0.57$ 和 $C_b<0.57$。

结合表 5-9 总结如下。

船长 L：对造价影响最大的尺度，通常取为满足航速和船型要求的最小值。初步估计时可使用函数 $L = f(\nabla)^{1/3}$。

对于货船和油船，$L/\nabla^{1/3}$ 取值范围为 4.2～5.9；对于高速船和客船，$L/\nabla^{1/3}$ 取值范围为 6.0～7.0。

船宽 B：直接影响船舶的稳性。L/B 影响船舶阻力，进而影响功率。L/B 对于高速船取值较大。货船 L/B 为 5～7，客船 L/B 为 6.5～7.5。

吃水 T：B/T 与船舶的水动力性能和稳性有关。

货船的 B/T 通常在 2～3 变化；客船的 B/T 通常在 3～4 变化。

在干舷方面，T 与型深 D 相关，对于杂货船、散货船和油船，T/D 通常为 0.7～0.8。

型深 D：可由 L/D（与船的强度有关）或 B/D（与稳定性有关）近似估算。

对于杂货船、散货船和油船，L/D 通常为 12～13；对于油船、货船之类的载重型船，B/D 约为 1.9；对于在稳性上受限的布置型船，B/D 约为 1.7。

方形系数 C_b：和比值 $v/\sqrt{L}$ 的近似关系为

$$C_b = a - bV/\sqrt{L} \tag{5-1}$$

式中，v 的单位为 kn；L 的单位为 ft；a 和 b 通常根据船型的不同，分别取为 1.03～1.225 和 0.378～0.625 的值。

5.3 载重型船主尺度确定

载重型船即载重量与排水量的比值(DW/Δ)较大、较稳定的船舶(油船、散货船、杂货船等)。影响这类船型主尺度确定的主要因素是重量、舱容或其他要求，主尺度确定往往从重力与浮力平衡入手，其一般流程为：在确立设计思想、船型和总布置后，首先选取载重量系数，然后估算排水量；按适宜尺度比及限制条件等估算出主尺度；估算空船重量，若重力与浮力不平衡，则返回调整主尺度，直至重力与浮力平衡，或者说载重量满足设计要求；进行性能校核，若满足，则结束或进行经济性分析，否则，修改主尺度重新计算。上述流程如图 5-1 所示。

船的主尺度及船型系数是相互关联、相互制约的，船长、型宽、吃水、方形系数及排水量之间既以浮力方程式相联系，又以重量方程式相联系，重力与浮力还应平衡，得到的一组主要要素最终要满足对设计船的各项要求。因此，船舶主尺度的确定是一个渐进的过程。

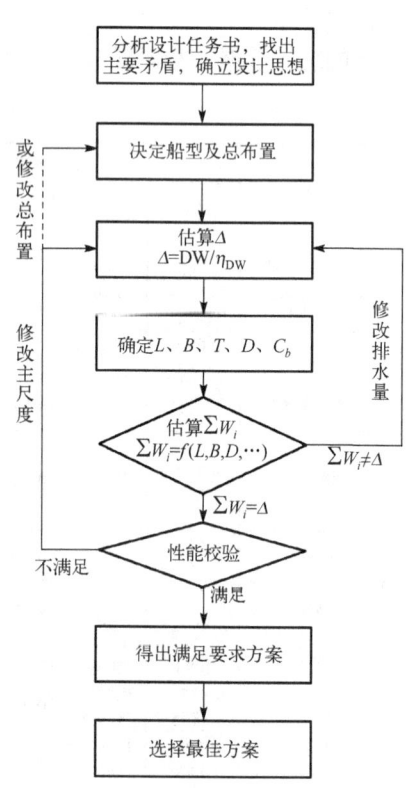

图 5-1 载重型船主尺度确定流程

5.3.1 排水量的估算与调整

1. 载重量系数法

根据第 3 章的船舶重量方程式，$\Delta = \text{LW}+\text{DW}=W_h+W_f+W_m+\text{DW}=C_h\Delta+C_f\Delta+C_m\Delta+\text{DW}$

$$\Delta=\text{DW}/(1-C_h-C_f-C_m)=\text{DW}/\eta_{\text{DW}} \tag{5-2}$$

则 $\eta_{\text{DW}}=\text{DW}/\Delta$ 或者 $\eta_{\text{DW}}=1-(C_h+C_f+C_m)$ 定义为船舶的载重量系数。载重量系数 η_{DW} 可取自母型船 $\eta_{\text{DW}}=\text{DW}_0/\Delta_0$ 或统计资料。

η_{DW} 占比相对稳定，故可用 η_{DW} 估算 Δ，即当给定设计船要求的载重量 DW 时，可参考母型船的 η_{DW} 估算设计船的排水量 $\Delta=\text{DW}/\eta_{\text{DW}}$。

表 5-10 为一些船型的载重量系数 η_{DW} 的统计值。

表 5-10 载重量系数 η_{DW} 的统计值

船舶类型	η_{DW} 范围	船舶类型	η_{DW} 范围
客滚船	0.26～0.51	1000～2000TEU 集装箱船	0.70～0.77
散货船	0.78～0.86	2000～4000TEU 集装箱船	0.72～0.77
矿砂船	0.81～0.88	4000～8000TEU 集装箱船	0.73～0.78
化学品船	0.61～0.76	拖轮/消防船	0.27～0.55
沥青船	0.62～0.68	拖轮/补给船	0.16～0.59
通用型油船	0.55～0.79	拖轮/救生船	0.33～0.48
灵便型油船	0.66～0.81	起重吊	0.52～0.75
巴拿马型油船	0.72～0.84	杂货船	0.51～0.81
阿芙拉型油船	0.84～0.88	LPG/LNG 船	0.44～0.65
超大型油船	0.86～0.89	双体船	0.18～0.36
滚装船	0.42～0.67	驳船	0.65～0.87
中小型客船	0.30～0.50	拖船	0.12～0.33
大型客船	0.40～0.55	渔船	0.30～0.40

2. 诺曼系数法

假定船舶钢料重量正比于船舶排水量，舾装和机电重量正比于排水量的 2/3 次方，由重量方程式可得出

$$\Delta=\text{LW}+\text{DW}=W_h+W_f+W_m+\text{DW}=C_h\Delta+C_f\Delta^{2/3}+C_m\Delta^{2/3}+\text{DW}$$

则

$$\delta\Delta = \frac{\partial W_h}{\partial \Delta}\delta\Delta + \frac{2}{3}\frac{\partial W_f}{\partial \Delta}\delta\Delta + \frac{2}{3}\frac{\partial W_m}{\partial \Delta}\delta\Delta + \delta\text{DW} = \left(\frac{W_h}{\Delta}+\frac{2}{3}\frac{W_f}{\Delta}+\frac{2}{3}\frac{W_m}{\Delta}\right)\delta\Delta + \delta\text{DW}$$

$$\delta\Delta = \frac{\delta\text{DW}}{1-\left(\frac{W_h}{\Delta}+\frac{2}{3}\frac{W_f}{\Delta}+\frac{2}{3}\frac{W_m}{\Delta}\right)} = N\cdot\delta\text{DW}$$

则

$$N = \frac{1}{1-\left(\dfrac{W_h}{\Delta}+\dfrac{2}{3}\dfrac{W_f}{\Delta}+\dfrac{2}{3}\dfrac{W_m}{\Delta}\right)} \tag{5-3}$$

称为诺曼系数。

假定设计船与母型船诺曼系数 N 相同，则设计船排水量 $\Delta=\Delta_0+\delta\Delta=\Delta_0+N\cdot\delta\mathrm{DW}$，这里，$\Delta_0$ 为母型船排水量，t；$\delta\mathrm{DW}$ 为设计船与母型船载重量差值，t。

载重量系数和诺曼系数都有确定和调整排水量的作用，其对比见表 5-11。

表 5-11　载重量系数和诺曼系数对比

对比项目	载重量系数	诺曼系数
表达形式	$\eta_{\mathrm{DW}}=\mathrm{DW}/\Delta=1-(C_h+C_f+C_m)$	$N=\dfrac{1}{1-\left(\alpha\dfrac{W_h}{\Delta}+\beta\dfrac{W_f}{\Delta}+\gamma\dfrac{W_m}{\Delta}\right)}$
物理意义	增加 1t 排水量时载重量的增量	增加 1t 载重量时排水量的增量
数值特点	(1) $\eta_{\mathrm{DW}}<1$； (2) Δ 相同时，η_{DW} 大，则 DW 大，LW 小； (3) DW 相同时，η_{DW} 大，则 Δ 小； (4) 载重型船 η_{DW} 较大，布置型船 η_{DW} 较小	(1) $N>1$； (2) N 越大，表示 DW 增加时，其 LW 增加越多； (3) N 随 α、β、γ 而变，$\alpha=\beta=\gamma=1$ 时，N 变成 η_{DW} 的倒数； (4) 载重型船 N 较小，布置型船 N 较大； (5) 为调整排水量而修改不同的主尺度，L、B、T、C_b 对 LW 影响程度不同。 改变 L 时，建议 α 取 1.2~15，β 取 0.5~0.8，γ 取 0.2~0.3；改变 B 时，建议 α 取 1.0，β 取 0.7，γ 取 0.2；改变 T 和 C_b 时，建议 α 取 0.4，β 和 γ 取 0。 当 α 取 1，β 和 γ 取 2/3 时，N 简化成通用的形式

3. 排水量的调整

当第一次估算排水量 Δ_1 和空船重量 LW_1 后，若求得的载重量 $\mathrm{DW}_1=\Delta_1-\mathrm{LW}_1$ 不满足要求的载重量 DW(即差值 $\delta\mathrm{DW}$ 过大)，需要进行排水量的调整。一般采用卜列方法。

当用载重量系数法时，调整后的排水量：

$$\Delta_2=\Delta_1+(\mathrm{DW}-\mathrm{DW}_1)/\eta_{\mathrm{DW}} \tag{5-4}$$

当用诺曼系数法时，调整后的排水量：

$$\Delta_2=\Delta_1+(\mathrm{DW}-\mathrm{DW}_1)N \tag{5-5}$$

如果载重量差值 $\delta\mathrm{DW}$ 不大，则可改变方形系数，尽量不调整主尺度，即

$$C_{b1}=\frac{\Delta_1}{\rho L_1 B_1 T_1} \tag{5-6}$$

5.3.2　主尺度的确定

常用的主尺度确定方法有下列几种。

1. 母型船比例换算法(假定设计船和母型船二者 C_b 相同)

$$L_{\mathrm{bp}}=L_{\mathrm{bp0}}(\Delta/\Delta_0)^{1/3} \tag{5-7}$$

$$B=B_0(\Delta/\Delta_0)^{1/3} \tag{5-8}$$
$$T=T_0(\Delta/\Delta_0)^{1/3} \tag{5-9}$$

式中,带下标 0 者为母型船有关量。

对于最小干舷船,型深 D 按式(5-10)和式(5-11)估算:

$$D=D_0(L_{bp}/L_{bp0})^{5/3}, \quad L_{bp}<160 \tag{5-10}$$
$$D=D_0(L_{bp}/L_{bp0}), \quad L_{bp}\geqslant 160 \tag{5-11}$$

或由容积方程根据母型船换算:

$$D=\frac{V_c}{V_{c0}}\frac{(L_{bp0}-l_{m0})B_0D_0}{(L_{bp}-l_m)B} \tag{5-12}$$

式中,l_m、l_{m0} 分别为设计船、母型船机舱长度,m;V_c、V_{c0} 分别为设计船、母型船货舱总型容积,m³。

D 也可按照货舱的容积方程式求得:

$$D=\frac{W_c\mu_c}{Kk_c(L_{bp}-l_m-l_f-l_a)}-h_d \tag{5-13}$$

式中,W_c 为载货量,t;μ_c 为货物积载因数;k_c 为型容积利用系数;h_d 为双层底高度;l_m、l_f、l_a 分别为机舱、首尖舱及尾尖舱长度,m;K 为考虑船体货舱首尾部尖瘦的容积系数(可由母型船得到)。

运输船舶的型深可按船的货舱容积系数换算,见式(5-14):

$$K_h=\frac{V_h}{C_b'\cdot L_h\cdot B\cdot D} \tag{5-14}$$

式中,K_h 为货舱容积系数(可由母型船得到);V_h 为货舱容积,m³;C_b' 为 $0.85D$ 处方形系数,可按吃水每增加 1cm,C_b 增加 $1/10D$ 的近似关系估算;L_h 为货舱区长度,m。

2. 经验公式法

1) Posdunine/V. Lammeren 公式

$$L_{bp}=C\left(\frac{v_k}{2+v_k}\right)^2\nabla^{1/3} \tag{5-15}$$

式中,v_k 为试航航速,kn;∇ 为排水体积,m³;$C=7.62$ 适用于所有类型的船(Posdunine),$C=7.16$ 适用于货船(V. Lammeren),$C=7.32$ 适用于快速双桨船(V. Lammeren),$C=7.92$ 适用于快速客船(V. Lammeren)。

2) H.Schneekluth(1985 年)的"最小建造成本长度"公式

$$L_{bp}=C\cdot v_t^{0.3}\cdot\nabla^{0.3} \tag{5-16}$$

式中,v_t 为试验速度,kn;$C=3.2$,如果方形系数的近似值 $C_b=0.145/F_n$,且在 $0.48<C_b<0.85$ 范围内。该公式适于 $\Delta\geqslant 1000$t,$F_n=0.16\sim 0.32$ 的船舶。

3) Volker 公式

$$\frac{L_{bp}}{\nabla^{1/3}}=C+4.5\frac{v_t}{\sqrt{g\nabla^{1/3}}} \tag{5-17}$$

式中，$C = 3.5$ 适用于干散货船/集装箱船，$C = 3.0$ 适用于冷藏船，$C = 2.0$ 适用于渔船/海上短途货船。

由于船型的发展，按照上述三个公式计算得到的船长与现代船舶相比往往偏大，因此 C 值建议从母型船选取。

4) 爱尔公式

$$\frac{L_{bp}}{V^{1/3}} = 3.33 + 1.67 \frac{v_t}{\sqrt{L_{bp}}} \tag{5-18}$$

5) 亚历山大公式

$$C_b = C - 1.68 F_n, \quad F_n \leq 0.30 \tag{5-19}$$

式中，C 为系数，一般可取 1.08，对于中高速船（$F_n > 0.22$），可取 1.06；对于低速船（大型油轮、散货船），可取 1.10～1.14。

关于 B 和 T 的选取，由浮力方程式可得 $BT = \Delta/\rho k L C_b$，当吃水受航道、船闸或码头水深限制时，可取所限制最大吃水，即 $T = T_限$，则

$$B = \Delta/\rho k L T_限 C_b \tag{5-20}$$

3. 统计公式法

10000～100000t 散货船：

$$L_{bp} = 8.545 DW^{0.2918}$$
$$B = 0.0734 L_{bp}^{1.1571}$$
$$T = 0.0441 L_{bp}^{1.051}$$

10000～40000t 运木船：

$$L_{bp} = 5.01 DW^{0.337}$$
$$B = 0.000291 DW + 16.5$$
$$T = 0.532 DW^{0.288}$$

5000～25000t 多用途船：

$$L_{bp} = 29.4 (DW/100)^{0.333} - 17$$
$$B = 4.1 (DW/100)^{0.333}$$
$$T = 1.9 (DW/100)^{0.333} - 1.0$$

下述商船基本设计值回归公式来源于 IHS Fairplay World Shipping Encyclopedia, 2011，数据处理由希腊雅典国立技术大学船舶设计实验室完成，可用于设计船主尺度初估时参考。

1) 散货船

$$DW/\Delta = 0.466764 DW^{0.0529501}$$
$$\Delta = 2.21442 DW^{0.943855}$$
$$L_{bp} = 7.60301 DW^{0.300155}$$
$$B = 1.0559 DW^{0.309724}$$
$$D = 0.584268 DW^{0.310795}$$
$$T = 0.480719 DW^{0.298295}$$
$$L \times B \times D = 9295.65 + 1.77644 DW$$

$$C_b=0.515788DW^{0.042626}$$

2) 集装箱船

$$DW/\varDelta=0.5608DW^{0.024}$$
$$\varDelta=1.77955DW^{0.975578}$$
$$L_{bp}=3.54132DW^{0.388442}$$
$$B=1.55219DW^{0.284381}$$
$$D=0.299394DW^{0.38902}$$
$$T=-17.1581+2.72338\ln DW$$
$$L_{bp}\times B\times D=1.64898DW^{1.06169}$$
$$C_b=0.908683DW^{-0.0320423}$$

3) 油船

$$DW/\varDelta=0.541223DW^{0.0390339}$$
$$\varDelta=4773.95+1.1213DW$$
$$L_{bp}=6.86408DW^{0.307233}$$
$$B=0.962394DW^{0.324898}$$
$$D=0.45914DW^{0.330623}$$
$$T=0.45011DW^{0.303134}$$
$$L_{bp}\times B\times D=3.05049DW^{0.962234}$$

4) 杂货船

$$B=0.2961L_{oa}^{0.8608}\ (R^2=0.8864)$$
$$B/T=3\times10^{-7}L_{oa}^3-7\times10^{-5}L_{oa}^2-0.0004L_{oa}+2.9465\ (R^2=0.0674)$$
$$DW=0.0094L_{oa}^{2.8552}\ (R^2=0.9102)$$
$$DW=0.9078B^{3.1268}\ (R^2=0.9138)$$

5) 客船/旅游船

$$L/B=1.3644L_{bp}^{0.3003},\quad R^2=0.6873$$
$$B/T=2\times10^{-6}L_{bp}^2-0.0026L_{bp}+3.5401,\quad R^2=0.2214$$
$$L/\nabla^{1/3}=2.9966L_{bp}^{0.1528},\quad R^2=0.3789$$
$$C_b=6\times10^{-6}L_{bp}^2-0.0008L_{bp}+0.5248,\quad R^2=0.3304$$
$$V=2.9545L_{bp}^{0.3621},\quad R^2=0.8006$$
$$F_n=-0.036\ln L_{bp}+0.4238,\quad R^2=0.3767$$
$$N=0.0291GT-64.493,\quad R^2=0.92$$

注意，上述某些回归公式以拟合优度 R^2 来表示对原始数据的拟合程度，R^2 值越接近 1，表明拟合精度越高，对于 R^2 小于 0.60 的回归公式，应慎用。

统计公式还有很多，在船舶设计时可查阅教科书、设计手册及相关文献资料，使用时应注意各类公式的应用范围。

4. 立方根法

根据统计资料，初步确定所设计船的尺度比，即 $K_1=L/B$，$K_2=B/T$，$K_3=D/B$，在已知设计船的排水量 $\varDelta$(或载重量 DW 和载重量系数 η_{DW})以及方形系数 C_b 时，由浮力方程式 $\varDelta=$

$\rho k L B T C_b$ 可推导出

$$L = \left(\frac{K_1^2 K_2 \Delta}{\rho k C_b}\right)^{1/3} \tag{5-21}$$

进而 $B=L/K_1$，$T=B/K_2$，$D=K_3B$。

当船舶吃水受限制时，T 是给定的，这样只要给定 $K_1=L/B$ 和 C_b，即可求得

$$L = \left(\frac{K_1 \Delta}{\rho k T C_b}\right)^{1/2} \tag{5-22}$$

5. 重力浮力平衡法

可以直接按照重力浮力方程式 $\Delta=$ LW+DW 建立主尺度之间的关系并进行求解，式左边的 $\Delta=\rho k L B T C_b$，式右边的 DW 为设计要求，为已知量；而空船重量为

$$\mathrm{LW} = W_h + W_f + W_m = C_h L^{1.5} B D^{0.5}(1+C_b) + C_f LB + C_m P_m$$

式中，C_h、C_f 和 C_m 分别为船体钢料、舾装和机电设备重量系数，可取自母型船；P_m 为主机功率，可根据母型船海军部系数 AC 和要求的设计航速 v_d 换算而来，即 $P_m = \dfrac{\Delta^{2/3} v_d^3}{\mathrm{AC}} = \dfrac{(\rho k L B T C_b)^{2/3} v_d^3}{\mathrm{AC}}$，则 $\rho k L B T C_b = C_h L^{1.5} B D^{0.5}(1+C_b) + C_f LB + C_m \dfrac{(\rho k L B T C_b)^{2/3} v_d^3}{\mathrm{AC}}$，式中共有 L、B、T、D 和 C_b 五个未知量，如果船宽和吃水受限，则取为最大限制值，方形系数可取与母型船相同，并参考母型船的 B/D，则未知量仅剩 L，可通过迭代求得。型深 D 根据容积要求，按照容积方程进行调整，调整后会使排水量发生改变，可通过微调方形系数，使重力和浮力达到平衡。

5.3.3 重力浮力平衡和船舶主要性能校核

1. 重力浮力平衡校核

根据初选的主尺度，按照下列步骤进行重力浮力平衡的校核与调整。

(1) 按照第 3 章的空船重量估算方法，估算出第一次的空船重量值 LW_1，则 $\mathrm{DW}_1 = \Delta_1 - \mathrm{LW}_1$。

(2) 若 DW_1 与要求的 DW 不符(即 δDW 超出允许值)，则调整排水量 $\Delta_2 = \Delta_1 + \delta\mathrm{DW}/\eta_{\mathrm{DW}}$，按照 Δ_2 选取 L_2、B_2、T_2、D_2 及 C_{b2}，循环计算，直至 DW 满足新船的要求。

对于载重型船，也可应用诺曼系数法调整排水量。

(1) 若 DW_1 与要求的 DW 不符(即 δDW 超出允许值)，则 $\Delta_2 = \Delta_1 + N(\mathrm{DW}-\mathrm{DW}_1)$。

(2) 循环计算，直至 DW 满足新船的要求。

2. 船舶主要性能校核

1) 初稳性及横摇周期校核

初稳性按照 $\mathrm{GM}=z_b+r-z_g$，或者 $\mathrm{GM}=a_1 T + a_2 B^2/T - \xi D$ 来校核，公式中 z_b 为浮心高度(m)，与吃水成正比，即 $z_b=a_1 T$，a_1 可以取自母型船或按表 2-5 计算；r 为横稳心半径(m)，与 B^2/T

成正比，即 $r=a_2B^2/T$，a_2 可以取自母型船或按表 2-6 计算；z_g 为重心高度(m)，与型深 D 成正比，即 $z_g=\xi D$，ξ 可以取自母型船。

对于国内航行船舶，横摇周期按式(5-23)计算：

$$T_\varphi = 0.58f\sqrt{\frac{B^2+4z_g^2}{\text{GM}}} \tag{5-23}$$

对于国际航行船舶，横摇周期按式(5-24)计算：

$$T_\varphi = \frac{2.01C \cdot B}{\sqrt{\text{GM}}} \tag{5-24}$$

2) 静水力性能

静水力性能可按表 5-12 中的公式由母型船换算。

表 5-12 静水力按相近母型船资料换算

要素	换算公式	要素	换算公式
排水量	$\Delta=\Delta_0 lbt$	纵稳心半径	$R=R_0 l^2/t$
水线面面积	$A_w=A_{w0}lb$	浮心高度	$z_b=z_{b0}t$
水线面横向惯性矩	$I_x=I_{x0}lb^3$	浮心纵向位置	$x_b=x_{b0}l$
水线面纵向惯性矩	$I_y=I_{y0}l^3b$	漂心纵向位置	$x_f=x_{f0}l$
横稳心半径	$r=r_0b^2/t$		

注：比例系数为 $l=L/L_0$，$b=B/B_0$，$t=T/T_0$；下标带有 0 者为母型船数据。

3) 快速性校核

(1) 粗略估算——海军部系数法。

$P_m = \dfrac{\Delta^{2/3}v_d^3}{\text{AC}}$，则 $v_d = \left(\dfrac{P \cdot \text{AC}}{\Delta^{2/3}}\right)^{1/3}$，式中 P_m 为主机功率，kW；v_d 为设计航速，kn；Δ 为设计排水量，t；AC 为海军部系数，可根据相近母型船(船型相同，Δ 与 F_n 相近)的资料确定，即

$$\text{AC} = \frac{\Delta_0^{2/3} \cdot v_{d0}^3}{P_0} \tag{5-25}$$

(2) 粗略估算——母型换算(比较估算)法。

母型换算法适用于：已知母型船 P_{m0}-v_{d0} 曲线或船模试验资料，且设计船与母型船在船体形状和推进系数方面相近。

计算步骤如下。

计算母型船相应速度：

$$v_{d0} = v_d\left(\frac{\Delta_0}{\Delta}\right)^{1/6} \tag{5-26}$$

在母型船功率曲线(P_{m0}-v_{d0} 曲线)上查得 v_{d0} 相应的 P_0 值。

计算设计船所需功率：

$$P_m = P_{m0}\left(\frac{\Delta}{\Delta_0}\right)^{7/6} \tag{5-27}$$

此外，还有爱尔法、莱普法、CFD 等方法，也可用于快速性的粗略校核。

(3) 比较精确的估算方法——船模试验法。

船模试验法是已知的较为精确的快速性预报方法，具体可参照船舶原理教科书或船舶设计手册。

4) 干舷校核

参见《载重线公约》或中国海事局《国际航行海船法定检验技术规则》。

5) 容积校核

根据全船容积方程式，货舱容积方程式(参见第 4 章船舶容量相关内容)。

6) 吨位估算

参见 2.5 节相关内容。

5.4 布置型船主尺度确定

布置型船即为了布置各种用途的舱室，有较大容积或甲板面积的船(客船、科学考察船、车客渡船、集装箱船等)。影响这类船型主尺度确定的主要因素是船舶的总布置和容积，主尺度确定通常从总布置入手，其一般流程为：在确立设计思想、船型和总布置后，首先初步拟定船长、型宽及型深的最小值；然后根据尺度比的适宜值对船长、型宽、型深做适当调整，计算空船重量，选择吃水，计算方形系数，调整各有关数值，使尺度绝对值、尺度比及方形系数协调；之后进行性能校核，若不满足要求，还需调整主尺度，若满足要求，即可结束或做经济性分析。这一流程如图 5-2 所示。

布置型船的主尺度主要取决于所需的船主体容积及上层建筑甲板面积。

因此，设计客船、集装箱船、推拖船等布置型船时，一般都需从布置入手，计算所需的 L、B、D、C_b 值，然后计算空船重量，选择吃水，再根据重力与浮力平衡，计算方形系数，最后进行快速性、稳性、耐波性、抗沉性等校验，综合确定合理的主尺度。

5.4.1 按任务书要求进行布置

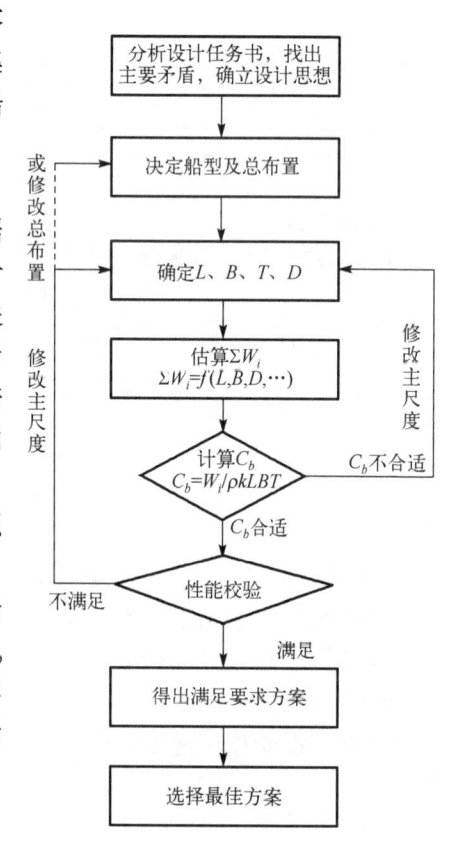

图 5-2 布置型船主尺度确定流程

根据布置型船自身特点，不同类型船舶确定主尺度的步骤和方法存在差异。以集装箱船为例介绍主尺度确定过程。

国际标准集装箱尺度及限定最大重量见表 5-13。

表 5-13 国际标准集装箱尺度及限定最大重量

箱型	高/mm	宽/mm	长/mm	最小内部容积/m^3	限定最大重量/kg
1AA	2591	2438	12192	64.8	30480
1A	2438	2438	12192	60.5	30480
1CC	2591	2438	6058	31.7	20320
1C	2438	2438	6058	29.6	20320

1. 集装箱船载箱数

集装箱船通常以装载 20 英尺标准箱的数目来命名，其载重量 DW 体现在载箱量上。

载箱量是由集装箱布置的行数、列数和层数而定的。通常将 20 英尺集装箱沿船长(x轴)方向布置称为行(Bay)，沿船宽(y轴)方向布置称为列(Row)，沿型深(z轴)方向布置称为层(Tier)。集装箱船在货舱内及甲板上(含舱盖)均可载箱，且可以有不同数目的行、列及层。一般 1 只 40 英尺标准箱(Fourty-foot Equivalent Unit，FTU)长度相当于 2 只 20 英尺标准箱(Twenty-foot Equivalent Unit，TEU)长度加上 76mm 间隙。

设计集装箱船时，一般以 Bay-Row-Tier(BRT)编号系统来定义集装箱箱位。这套系统相当于一个独立的坐标系，能够很方便地对船上的集装箱进行查找和编号，方便了船员对船上的集装箱进行管理。

集装箱箱位的编号一般由 6 位数字组成。前 2 位表示行数，中间 2 位表示列数，最后 2 位表示层数。

行数自船首向船尾排列，20 英尺集装箱行数为 2 位单数，即 01,03,05,…，40ft 集装箱行数为 2 位双数，即 02,06,10,…或 04,08,12,…。其中 02 为 01 和 03 的组合，06 为 05 和 07 的组合，以此类推；或者 04 为 03 和 05 的组合，08 为 07 和 09 的组合，以此类推。

列数自船舶中心线向右舷排列的标以 2 位单数，即 01,03,05,…，向左舷排列的标以 2 位双数，即 02,04,06,…，中心线上的列数则标以 00。

舱内集装箱自下而上排列，其层数标以 2 位双数，即 02,04,06,…，甲板上的集装箱也自下而上排列，其层数标以 2 位双数，即 82,84,86,…。

因此，每一只集装箱的位置都可以用一个 6 位数字来表示。

全船的载箱数 N_C 是舱内箱数和甲板上箱数之和，即 $N_C=N_H+N_D$。

对于集装箱船而言，衡量船舶大小的主要依据是载箱量，因此，集装箱船的主尺度及船型系数与载箱量有着密切的联系。图 5-3 为某集装箱船的箱位标号图。

2. 单元货舱的布置

集装箱船的主尺度取决于集装箱布置，其主尺度选择的优劣与单元货舱布置得是否合理和紧凑有关。因此，在集装箱船设计之初，必须先进行单元货舱的设计，研究并确定集装箱间的纵、横向间隙。

通常一个货舱布置两个货舱口(纵向)，每个货舱布置 4 行 20 英尺集装箱或 2 行 40 英尺集装箱，中间布置支撑舱壁。通常一个典型的货舱口的长度为 12.6m 左右。

单元货舱长度=2×货舱口+支撑舱壁(横舱壁)。一个典型的单元货舱布置见图 5-4。

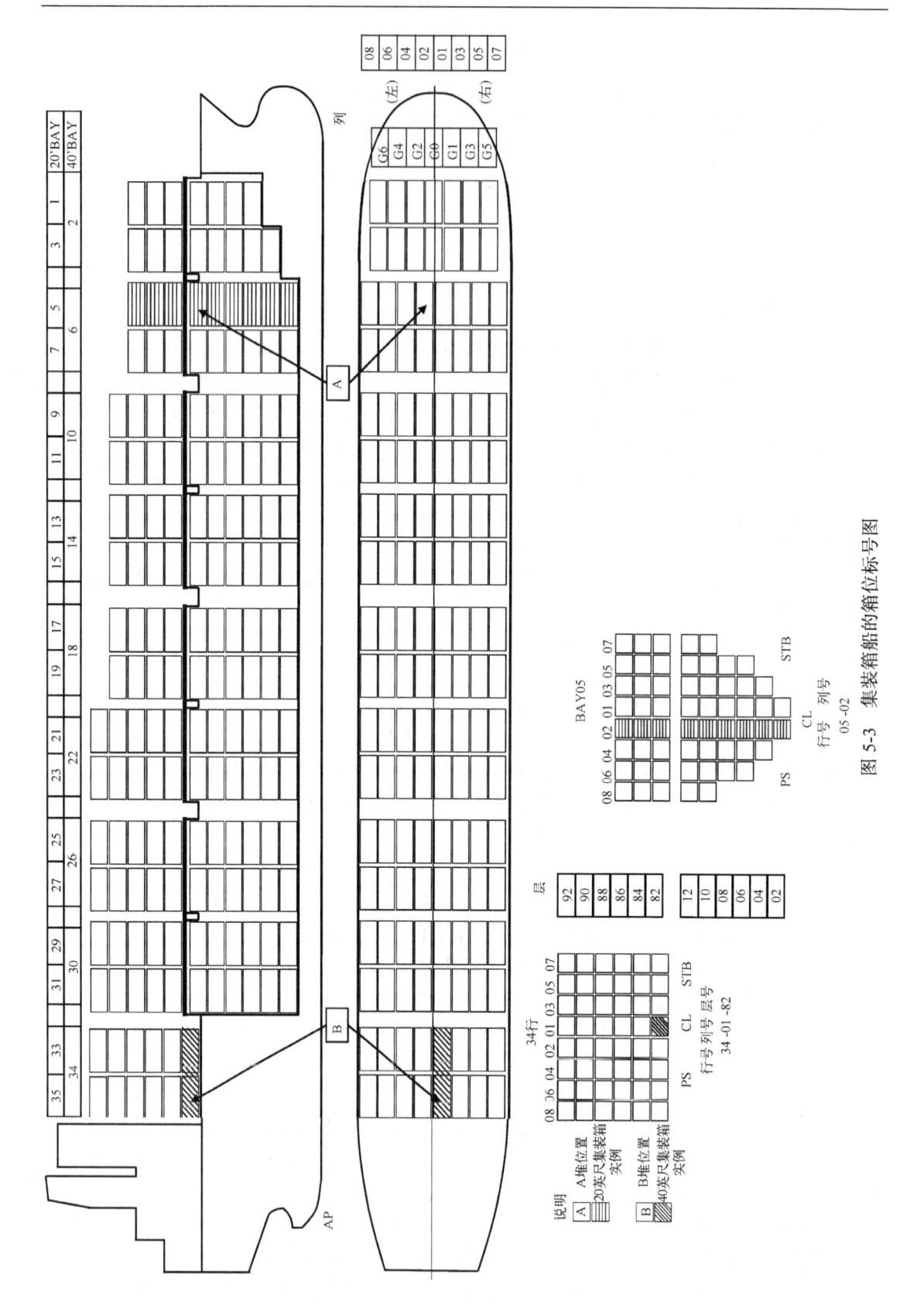

图 5-3 集装箱船的箱位标号图

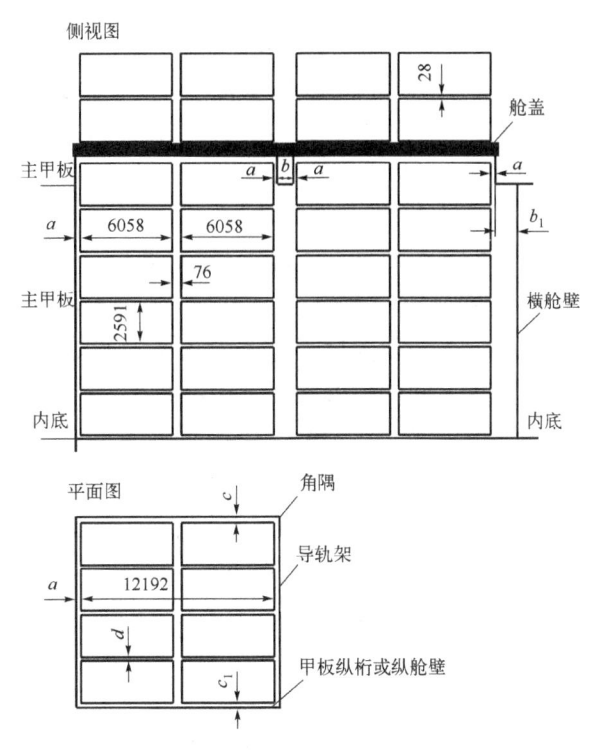

图 5-4 典型的单元货舱布置

集装箱间的横向间隙 d 是一个很重要的数值,影响船宽或舷侧抗扭舱的宽度,与结构设计关系很大。d 的大小取决于导轨架的形式和制造工艺,一般为 42～150mm,个别有更大的。集装箱与纵舱壁或甲板纵桁间隙 c 或 c_1 大于 d,取决于角隅大小、导轨架形式以及货舱盖形式。

5.4.2 主尺度及船型系数确定

1. 船长 L_{bp} 的确定

集装箱船船长通常是以甲板上载箱的行数 b_D 为基础来确定的,见式(5-28):

$$L_{bp} = L_A + L_S + b_D \cdot L_D + L_C + L_F + L_i \tag{5-28}$$

式中,L_A 为尾垂线以前系泊所需长度,m;L_S 为上层建筑(甲板室)长度,m;L_D 为每行集装箱的长度,m;L_C 为中心克林吊(其下常常是燃油深舱)或绑扎桥所需长度,m;L_F 为首垂线以后系泊所需长度,m;L_i 为纵向必要的间隙总和长度,m。要综合考虑上层建筑和甲板箱间距,集装箱之间的间距,绑扎通道,冷藏通风所需空间,首侧推舱、燃油深舱容积等。

船长初步确定后应核查机舱长度是否足够。

2. 型宽 B 的确定

集装箱船型宽的确定取决于甲板上或舱内装载的集装箱的列数,即 r_D 或 r_H,并考虑船舶稳性的要求。

由甲板上的集装箱列数确定船宽见式(5-29):

$$B \geqslant B_C \cdot r_D + (r_D - 1) \cdot C_C \tag{5-29}$$

式中，B_C 为集装箱宽度，m，通常取标准箱宽 2.438m，有时还需考虑欧洲箱的宽度 2.500m；r_D 为甲板上的集装箱列数；C_C 为集装箱列与列之间的间隙，m，考虑到紧固件的操作与标准，通常为 0.025m、0.038m 或 0.080m。

由舱内的集装箱列数确定船宽见式(5-30)：

$$B \geqslant B_C \cdot r_H + (r_H - 1) \cdot d + 2c_1 + 2B_{C1} \tag{5-30}$$

式中，B_C 为集装箱宽度，m，通常取标准箱宽 2.438m；r_H 为舱内集装箱列数；d 为集装箱列与列之间的横向间隙，m；B_{C1} 为边舱宽度，m，通常为 2.2～2.6m，窄边舱为 1.4m～1.5m；c_1 为集装箱与纵舱壁的间隙，m，此间隙要满足结构角隅设计。

巴拿马运河老船闸的船宽限制为 32.31m，新船闸的宽度为 55m。

B = 32.20m，适用于 $N_C \geqslant$ 2440TEU 的巴拿马型集装箱船。

对于 $N_C >$ 4250TEU 的超巴拿马型集装箱船，其船宽变化是不连续的，按 1 只集装箱约 2.5m 变化，船宽分别为约 35.0m、37.5m、40.0m、42.5m、45.0m、47.5m……。45.0m 船宽的集装箱船载箱量可达 8000TEU 级。

3. 型深 D 的确定

型深的确定主要取决于舱内集装箱的种类和层数 t_H，见图 5-5、表 5-14 和表 5-15。此外还须考虑货舱双层底高度 h_d、舱口围板高度 h_H 及集装箱与舱盖的间隙、甲板梁拱 C 等因素。在吃水一定的情况下，还必须根据《载重线公约》的要求具有足够的干舷和船首部储备浮力。

型深应不小于式(5-31)计算值：

$$D \geqslant h_d + h_t + t_H \times h_c + f - (H_c + C) \tag{5-31}$$

式中，h_d 为货舱双层底高度，m，一般大于 $B/20$；h_t 为内底板与集装箱垫板厚度之和，m，通常取为 0.05m；t_H 为舱内集装箱层数；h_c 为集装箱高度，常用为 8.5ft(2.591m)和 9.5ft(2.896m)两种；9.5ft 的集装箱又称为高箱；f 为最高一层集装箱顶与舱盖下缘的间隙，m，这个间隙要考虑舱盖垂向变形，一般取为 0.20～0.30m；H_c 为舱口围板在中心线处的高度，m，至少为 0.6m，其高度还应考虑两舷与舱盖上第一层等高的集装箱下人员可以正常通行和操作；C 为甲板梁拱，m，一般小于 $B/50$。

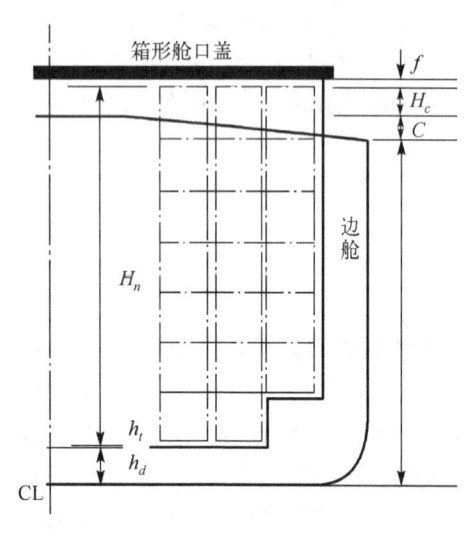

图 5-5 型深 D 的确定

表 5-14 中小型集装箱船载箱量与型深关系

载箱量 N_C	舱内层数 t_H	D 的估算式
≤500	3	$D = 0.40\text{m} + 3 \cdot h_c$
500～800	4	$D = 0.45\text{m} + 4 \cdot h_c$
800～1500	5	$D = 0.50\text{m} + 5 \cdot h_c$
1500～2500	6	$D = 0.55\text{m} + 6 \cdot h_c$

表 5-15 集装箱船型深初估值 D

t_H	D/m	
	4250TEU 级以下	超巴拿马型
7 层	19.40	
8 层	21.60	21.4
9 层		23.5

这类船的舱内集装箱大多为 7 层或 8 层,在 3500TEU 以上取 8 层为宜,极个别也有 9 层的,这是因为空箱载箱率较高,而集装箱自身强度允许最多堆装 9 层。

至于 4250TEU 以上的超巴拿马型集装箱船,其型深可达 23.5m 以上,舱内可堆装 9 层 8.5ft 高的标准箱,也可堆装 8 层 9.5ft 的高箱。

4. 吃水 T 的确定

若未受航道和港口泊位水深的限制,吃水可按所需载重量由式(5-32)估算:

$$T=(DW+LW)/(1.025\, k L_{bp} B\, C_b) \tag{5-32}$$

式中,DW 为船舶载重量,t;LW 为空船重量,t;k 为船壳板系数,1.001~1.008 (大船取小值)。

对大型集装箱船来说,吃水往往受制于航道和港口泊位的水深,见表 5-16。

表 5-16 航道和港口泊位水深

港口	水深/m	港口	水深/m
安特卫普(Antwerp)	17.0	奥克兰(Oakland)	15.2
鹿特丹(Rotterdam)	23.0(16.6)	东京(Tokyo)	15.0
巴塞罗那(Barcelona)	16.0	大阪(Osaka)	15.0
不来梅(Bremerhaven)	12.5(14.8)	釜山(Busan)	16.0
汉堡(Hamburg)	16.7	新加坡(Singapore)	16.0
费利克斯托(Felixstowe)	15.0	迪拜(Dubai)	16.0
勒阿弗尔(Le Harve)	15.5	上海(Shanghai)	14.2(上海洋山港为 17)
长滩/洛杉矶(Long Beach/Los Angeles)	16.8	盐田(Yantian)	16.0
纽约(New York)	15.8	高雄(Kaohsiung)	15.0
西雅图(Seattle)	15.0	香港(Hong Kong)	15.5

5. 方形系数 C_b 的确定

由于集装箱船的航速比同吨位的干货船要高,其弗劳德数 F_n 相应也高,为 0.20~0.28,因此,其方形系数 C_b 也比同吨位干货船要小。

确定方形系数时,首先必须考虑船舶快速性要求,若吃水有限制,还需考虑满足排水量的要求,它还与舱内载箱量关系密切。选用较大的方形系数,虽能增加舱内载箱量,但也使船舶阻力增加,意味着相应地增加主机功率。因此,确定方形系数时必须权衡利弊。

根据现有集装箱船的统计，大型集装箱船的 C_b 一般为 0.60～0.67，少数宽体集装箱船的 C_b 在 0.70 以上。

方形系数 C_b 一般按重力与浮力平衡要求确定。由浮力方程式可得 $TC_b=\Delta/\rho kLB$，再根据 F_n 与 C_b、T 与螺旋桨推进性能的配合合理性，协调确定 T 和 C_b。

对于中速以上尤其是高速船，因 $L/\Delta^{1/3}$(或 L/B)对阻力的影响十分显著，一般减小 C_b 可减少阻力，当 $F_n \geqslant 0.3$ 时，C_b、C_p 与 F_n 的配合关系如表 5-17。

表 5-17　C_b、C_p 与 F_n 的配合关系

F_n	C_b	可用 C_p	剩余阻力最佳的 C_p
0.30	0.550～0.570	0.580～0.620	0.500～0.520
0.32	0.510～0.560	0.570～0.610	0.500～0.520
0.34	0.500～0.550	0.580～0.600	0.520～0.530
0.36	0.490～0.540	0.560～0.580	0.540～0.560
0.38	0.530	0.560～0.580	0.560～0.580
0.40	0.520	0.590～0.610	0.590～0.610
0.42	0.510	0.600～0.620	0.600～0.620
≥0.44	0.500	0.630～0.650	0.630～0.650

6. 其他船型系数的确定

采用较大的棱形系数 C_p 对舱内载箱量的增加有利，但对阻力性能未必有利，应进行权衡。集装箱船若采用上宽下窄的横剖面形状，减小舯剖面系数 C_m，加大 C_p，也对增加载箱量有利，同时可以改善船的稳性。

此外，集装箱船多采用较大的水线面系数 C_w 以确保稳性，但需与耐波性和快速性的要求相权衡。

5.4.3　排水量估算及性能校核

1. 估算空船重量 LW

$$LW = W_h + W_f + W_m$$

一般采用分项估算法，若采用固定压载，也应计入空船重量 LW 中，同时，一般还应计入排水量 Δ 储备。

2. 估算载重量 DW

载货量按总装箱数乘以平均箱重计算，见式(5-33)：

$$W_c = \alpha N_C W_{\max} \tag{5-33}$$

式中，α 为每箱平均重量(表 5-13)系数(一般为 0.6～0.7)；N_C 为总装箱数；$W_{\max}$ 为每个集装箱的最大重量，t。

其他项目的重量见第 3 章。

估算新船排水量 $\Delta = LW + DW$。

3. 性能校核

布置型船性能校核与载重型船相同，这里不再赘述。

思 考 题

1. 何为船舶主要要素？确定船舶主要要素应满足哪些基本要求？
2. 简述确定船舶主要要素的特点。
3. 简述确定船舶主尺度的一般步骤。
4. 何为载重型船？何为布置型船？它们的区别是什么？
5. 确定载重型船主尺度的流程是什么？
6. 确定布置型船主尺度的流程是什么？
7. 选取船舶主尺度(L、B、D、T、C_b)时，各自应综合考虑哪些因素？实船设计时着重考虑的主要因素是什么？
8. 初估载重型船排水量Δ后，选取主尺度的方法有哪些？
9. 简述载重型船主尺度初选后性能校核的步骤和方法。
10. 从数据库中选取的基本船舶信息如下：$\eta_{DW}=0.85$，$C_b=0.88$，$C_w=(3+5C_b)/8$，$L_{bp}/B=K_1=6.0$，$B/T=K_2=2.5$，新设计散货船所需的载重量 DW 为 64000t。应用立方根法估算其排水量Δ、船长L_{bp}、型宽B、吃水T以及空船重量 LW。
11. 载重量 DW=115000t 的阿芙拉型油船船长L_{bp}=239m，型宽B=44m，吃水T=15.1m，方形系数C_b=0.82，水线面系数$C_w=(3+5C_b)/8$，载重量系数η_{DW}=0.845，考虑船型与之相似的新船要求载重量 DW=113000t，试应用比例换算法(几何相似法)估算新船的主尺度、排水量Δ和相应的空船重量 LW。

第6章 船舶型线

船舶型线设计是船舶总体设计的重要内容之一，船舶型线与船舶力学性能、总布置、结构和建造工艺等都有着密切的关联，船舶型线也对船舶的性能和经济效益有着巨大的影响。

船舶型线对船舶阻力，船舶的浮态、稳性、耐波性、操纵性等性能均会产生影响。船舶型线对船舶舱室和布局会产生影响。复杂的船舶型线会增加施工的难度和施工的工作量。由此可见船舶型线设计的重要性。在船舶型线设计时需要考虑的因素如下。

(1) 保证船舶具有良好的航海性能。船舶型线设计时通常将快速性作为首要考虑因素，同时兼顾稳性、操纵性和耐波性。船舶水下部分的型线决定了船舶的快速性、稳性、操纵性和耐波性，船舶水上部分的型线则对船舶的耐波性和稳性有着重要影响。

(2) 满足总布置的需求。船舶型线设计时需要考虑船体容积、甲板面积、舱壁位置、货舱舱口尺寸、机舱设备位置。同时，船舱尺寸、设备位置对船舶稳性、抗沉性及操纵性均会产生一定的影响。在设计船舶型线的过程中，当总布置需求与船舶的性能发生冲突时，应适当地降低某些性能的要求来满足总布置的需求。

(3) 考虑船体结构的合理性和建造的工艺性。复杂的船舶型线会增加船舶结构布置及建造的难度，进而增加了建造工时。

(4) 考虑船体型线轮廓的美观性。设计水线上船舶首尾轮廓线以及外露折角线时，应考虑美观要求。对于客船、游轮等船舶，还要考虑上层建筑之间的美观与协调。

通常用于型线设计的方法包括自行绘制法、母型改造法、系列船型法等。

自行绘制法：在母型船资料不足时，设计人员根据船舶性能、总布置等方面的需求，按照型线设计原则和规律，参考相近船型的优质型线资料，分析取舍，自行设绘新船型线。

母型改造法：以与新船航行性能与使用要求相近的优秀实船为母型船，利用其型线图，根据新船与母型船的不同点，对母型船型线图加以改造，完成新船型线设计。该方法可以借鉴和继承优质的母型船特性，并且相对简单可靠。

系列船型法：系列船型经过了大量的船模试验研究，该方法便于性能估算且结果可靠；同时该方法给出了系列船型的型线资料，可便捷完成新船型线绘制。该方法多用于货船的型线设计。

综上所述，设计出符合新船要求的型线常采用两个途径：一是根据不同类型的船舶不同的使用特点，运用所掌握的船体主要形状特征和参数，对船舶的性能、布置的影响规律，分清主次，统筹兼顾，合理地加以处理；二是参照优秀的母型船型线或系列船型的型线，根据新船的具体要求，用适当方法加以改造。

6.1 主要型线要素

船舶型线设计是确定船舶的主体形状，包括水上部分和水下部分，其中研究的重点内容为船舶水下部分的形状。表征船舶外形特征的参数包括船长 L_{bp}、船宽 B、吃水 T、型深 D、方形系数 C_b、横剖面面积曲线、设计水线形状、横剖线形状、甲板线、船首和船尾轮廓线等。这些参数不仅与船的性能有关，而且在几何上有内在的联系。

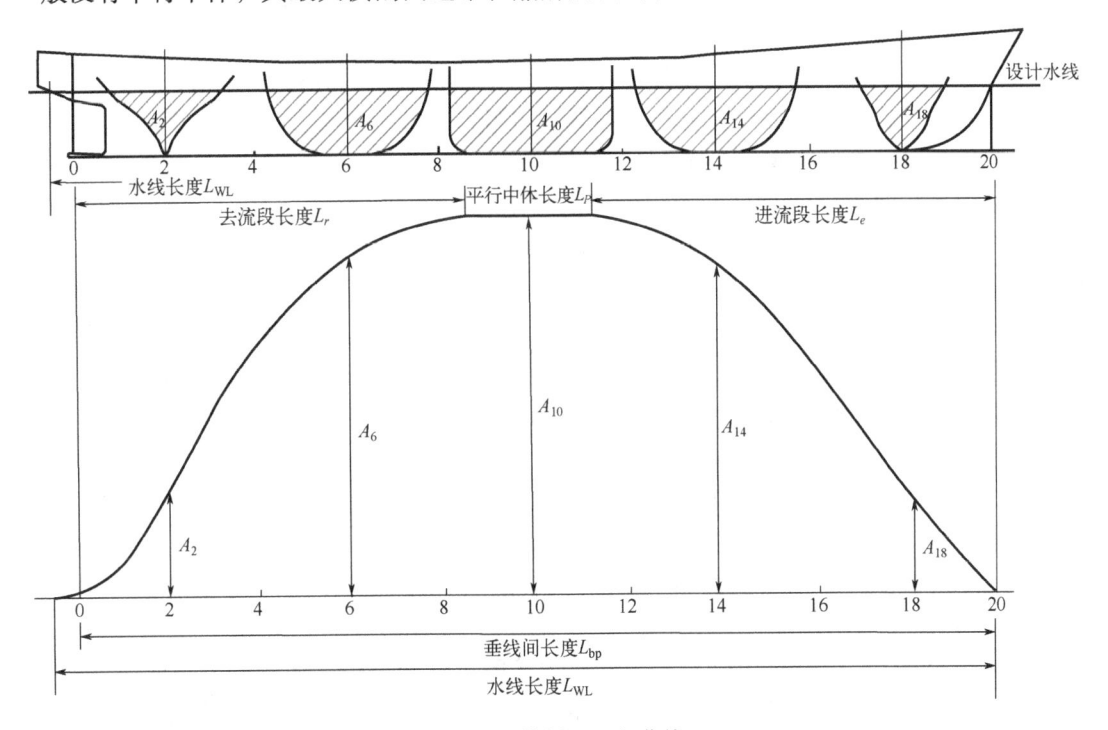

6.1.1 横剖面面积曲线

横剖面面积曲线是以船长为横坐标，以设计水线下的横剖面面积为纵坐标绘制的曲线，如图 6-1 所示，该曲线的形状特征可由下列参数表示：

(1) 横剖面面积曲线下的面积相当于设计水线下船舶的排水体积 ∇；
(2) 曲线下面积的丰满度系数等于船舶的棱形系数 C_p；
(3) 面积型心的纵向位置相当于船舶的浮心纵向位置 x_b；
(4) 曲线的最大纵坐标代表最大横剖面面积 A_m；
(5) 带有平行中体的船舶的横剖面面积曲线中部水平段长度即船舶的平行舯体长度 L_P；
(6) 平行中体前后两段的长度分别为进流段长度 L_e 和去流段长度 L_r，方形系数小的船一般没有平行中体，其最大横剖面通常在船舯后面的位置。

图 6-1 横剖面面积曲线

为了便于不同类型的船舶之间横剖面面积曲线的对比，通常将横剖面面积曲线做无因次化处理，处理方式为取纵坐标为各站横剖面面积 A_i 与最大横剖面面积 A_m 的比值，取横坐标为站号，如图 6-2 所示。

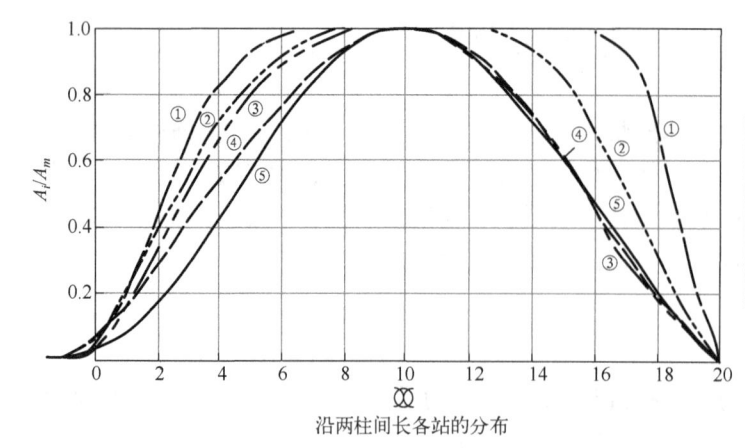

图 6-2 无因次化横剖面面积曲线示意图

图 6-2 可以清晰地反映出，不同类型船舶的横剖面面积曲线的形状存在差异。C_p 的大小决定横剖面面积曲线的丰满程度，对曲线有很大的影响。如图 6-2 所示，船型①的 C_p 值最大，船型①为典型的丰满程度较大的肥大船型。

1. 棱形系数和舯剖面系数的选择

在船舶的方形系数 C_b 确定的情况下，由于 $C_p = C_b/C_m$，所以 C_p 的选择要与舯剖面系数 C_m 同时考虑。

从阻力角度考虑，C_p 的大小决定了水动压力沿船长方向的分布，因此棱形系数 C_p 对船舶的剩余阻力 R_r 会产生很大的影响，但对摩擦阻力的影响很小，同时剩余阻力与棱形系数的关系会随相对速度的变化而变化。

对于 $F_n \leq 0.18$ 的低速船，兴波阻力所占的比例很小，因此 C_p 对总阻力的影响甚微。一般对于低速肥大型船舶，为了提高运载能力和提高建造效率，C_m 取大值，因此 C_p 和 C_b 取值相近。

对于 $0.18 < F_n \leq 0.30$ 的中速船，兴波主要在发生船舶首部，选择较小的 C_p 致使船舶两端较尖瘦对减小剩余阻力有利。在选择较小 C_p 的同时，需要保证船体水线能从尖瘦的两端顺滑地向船舯过渡，不能出现明显的凸肩，从而要求 C_m 也相应小些。实际设计时，所选择的 C_p 值要比剩余阻力最佳的 C_p 值大。

对于 $F_n > 0.30$ 的高速船，随着 F_n 的增大，兴波阻力也增大，船首兴波的区域逐渐扩大到沿船长方向的绝大部分。在 C_b 确定的情况下，过小的 C_p 可能会导致船体曲面在船舶舯部过分凸起，从而导致较大的兴波阻力，因此，实际使用时会要求选择适当的棱形系数 C_p。

从经济性角度考虑，对于一般的中低速运输船，首先要根据船舶的经济航速下的 F_n 选择具有更高经济效益的方形系数 C_b，但如果选用的 C_b 已经达到 F_n 所允许的上限，则应选择合理的最大舯横剖面系数 C_m，用以降低棱形系数 C_p。

棱形系数 C_p 的选择还要考虑总布置的影响。当选择较小 C_p 时，船舶会出现两端尖瘦的情况，不利于船舶的布置，特别是尾机型船和双桨船，会造成机舱与轴系的布置困难。

2. 浮心纵向位置的选择

在确定的棱形系数 C_p 的情况下，浮心纵向位置 x_b 的选择将决定船舶前半部和后半部的丰满程度，同时还表示船舶的排水体积在船舯前后的相对大小。

从阻力角度考虑，浮心的纵向位置 x_b 改变，将改变船舯前的兴波阻力和船舯后的黏压阻力在总阻力中所占的比例。当浮心的纵向位置向船首方向发生偏移时，船首的丰满度增加，兴波阻力也随之变大，船尾尖瘦降低了黏压阻力，反之亦然。因此对于确定的棱形系数 C_p，存在确定的浮心纵向位置 x_b 使得船舶总阻力最佳，其通常称为最佳浮心纵向位置。

对于 $F_n \leqslant 0.18$ 的低速船，由于方形系数较大，船舶受到的兴波阻力在总阻力中所占比例较小，通常这类船舶的浮心纵向位置 x_b 会更贴近船首，可以通过加长去流段，尖瘦船舶后端，来减小黏压阻力。

对于 $0.18 < F_n \leqslant 0.30$ 的中速船，因船舶本身外形偏尖瘦，在船舶后端不易产生大量的涡流，因此浮心纵向位置 x_b 会更贴近船尾，减小了兴波阻力。

如图 6-3 所示，该图给出了巴甫连科建议的最佳浮心纵向位置 x_b 变化范围，其中浮心纵向位置 x_b 在图中阴影区域变化时，总阻力的变化不超过 1%。

如图 6-4 所示，该图给出单桨船的最佳浮心纵向位置 x_b 与棱形系数 C_p 的关系曲线。双桨船的最佳浮心纵向位置 x_b 相对于单桨船会偏后 1% 左右，快速双桨船的最佳浮心纵向位置 x_b 相对于船舯偏前或偏后船长 L_{bp} 的 2%～3.5%。从船舶的总体推进效率而言，实际最佳浮心纵向位置 x_b 稍后于阻力的最佳位置船长 L_{bp} 的 0.2%～0.3% 最为适合。

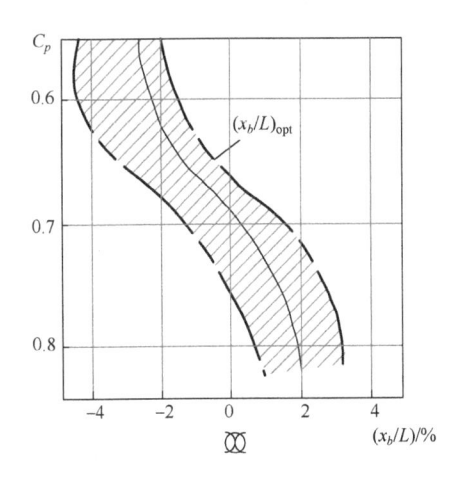

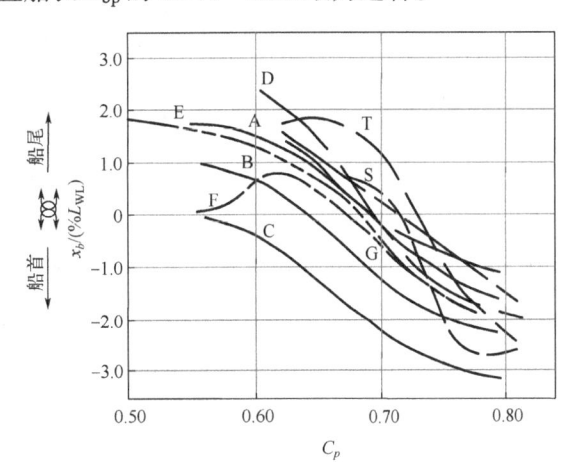

图 6-3 最佳浮心纵向位置 x_b 变化范围　　图 6-4 单桨船最佳浮心纵向位置与棱形系数的关系曲线(以%L_{WL}计)

需要指出的是，一般试验资料给出的最佳浮心纵向位置 x_b 都是在合理取得 C_b 与 F_n 后再进行选择的。

从纵倾角度考虑，需要考虑浮心纵向位置 x_b 和船舶重心纵向位置的配合，使得船舶不会出现首倾和超出规定的尾倾，对于中机型船，这种配合难度不大，但对于尾机型船，更要认真选择浮心纵向位置 x_b，以实现和船舶重心纵向位置的配合。

从总布置角度考虑，针对某些尾机型船，为了机舱布置的方便，缩短机舱长度，或为了避免桨轴伸出过长，或轴包架和轴支架过大，将浮心纵向位置 x_b 适当向船尾端移动，这比将棱形系数 C_p 适当地取大在总体效果上更为有利。

3. 平行中体长度和最大横剖面位置的选择

平行中体是指船舶舯部设计水线以下横剖面面积和形状完全相同的部分，这部分长度用 L_P 表示。平行中体一般用于低速的货船或油船，在一定的航速范围内，使用适宜长度的平行中体，对于船舶阻力性能以及使用和建造方面都是有利的。

对于 $F_n \leqslant 0.18$ 的低速船，采用一定长度的平行中体，可使船舶前部进流段型线尖瘦，有利于降低兴波阻力还可使船舶后部去流段型线尖瘦，有利于改善涡轮阻力。平行中体的使用在经济性、实用性和船舶阻力性能方面都会产生有利的影响。船舶平行中体长度选择所遵循的一般规则为取不使阻力性能恶化的最大值。低速船的平行中体长度的选取如图 6-5 所示，其中，l_p 为平行中体长度与垂线间长之比。

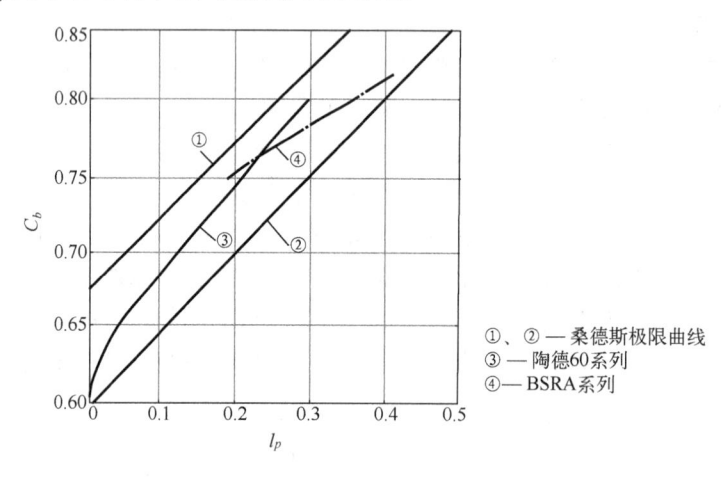

图 6-5 平行中体长度

对于平行中体的长度和位置的选择，应考虑到前肩波的不良干扰，以及船舶后部的过渡区的反曲过大，水流过早分离会导致产生漩涡，去流段长度不宜过短。

由理论分析和模型试验得到适宜的进流段长度的半经验计算为

$$L_e/L_P = 6.3F_n^2 + 0.14 - 5(C_p - 0.7)^2$$

按贝克理论，最短的去流段长度的计算为

$$L_r = 4.08\sqrt{A_m}$$

根据实船的统计结果，得到不同 C_b 对应的平行中体的长度及进、去流段长度如表 6-1 所示。

表 6-1 不同 C_b 船舶平行中体长度及进、去流段长度

方形系数 C_b	进流段长度 $L_e/\%$	平行中体长度 $L_P/\%$	去流段长度 $L_r/\%$
0.81	24.0	44.0	32.0
0.80	24.0	43.5	32.5
0.79	24.5	42.0	33.5
0.78	25.5	39.0	33.5
0.77	26.0	37.0	37.0
0.76	27.0	34.5	38.5

续表

方形系数 C_b	进流段长度 L_e/%	平行中体长度 L_P/%	去流段长度 L_r/%
0.75	28.0	33.0	39.0
0.74	29.0	31.5	39.5
0.73	31.0	29.5	39.5
0.72	33.0	27.0	40.0
0.71	36.0	23.0	41.0
0.70	39.0	19.0	42.0

最大横剖面位置的确定：对于没有平行中体的船舶，其最大横剖面位置就决定了进、去流段长度。由于前体兴波阻力随 F_n 的增大而增大，因此最大横剖面位置应随 F_n 的增大而后移。

一般情况下，当 $F_n \leqslant 0.30$ 时，最大横剖面位置在船舯后船长 L_{bp} 的 0.0%～3.0%的位置；当 $F_n > 0.30$ 时，最大横剖面位置在船舯后船长 L_{bp} 的 3.0%～4.0%的位置。

对于高速船，最大横剖面位置在船舯后更靠后的位置。

4. 横剖面面积曲线的端部形状

横剖面面积曲线的端部是指进流段和去流段，其中首端的形状对兴波阻力的影响较大，尾端的形状影响形状阻力和推进效率。

对于 $F_n < 0.22$ 的低速船，在船首位置会出现兴波，可以通过将船首设计得尖瘦来减小兴波阻力，但是低速船的 C_p 和 C_b 一般都较大，同时具有较长的平行中体和较短的进流段，尖瘦的船舶首部很容易导致在平行中体和进流段连接处出现肩点，反而增加了兴波阻力，因此通常采用直线形的端部。

对于 F_n 为 0.22～0.28 的中速船，兴波会加剧，并且出现作用范围不断扩大和后移的情况，为了抑制兴波，通过增加进流段的长度，保持整个进流段的曲面的平滑变化，降低增长的兴波高压区的阻力，因此首段的形状采用凹形或微凹形。

对于 $F_n > 0.28$ 的高速船，兴波更加强烈，并且出现更大的作用范围，因此首段的形状由凹形过渡到微凹形或直线形。

6.1.2 设计水线形状

设计水线是指船舶达到设计吃水时的水线。设计水线的特征和参数包括水线面系数 C_w、设计水线首段形状及半进流角 i_e(近首垂线处水线与中心线的夹角)、设计水线尾段形状、平行中段长度等。

1. 水线面系数的选择

水线面系数的选择会影响船舶的快速性、耐波性、稳性和总布置等。

水线面系数 C_w 对快速性的影响。在静水环境下，C_w 过大会增大静水阻力，随着 F_n 的增大，应减小 C_w 以减小静水阻力。

水线面系数对耐波性的影响。在横剖面面积曲线确定的情况下，选择较大的 C_w，横剖面形状呈 V 形，反之，横剖面形状呈 U 形。V 形横剖面的纵摇、升沉阻尼大，有利于提高耐波性。

水线面系数对稳性的影响。选择较大的 C_w，会使初稳性高 GM 增大，随着 C_w 的增大，水上体积也会相对增加，同时稳性复原力臂也增大。

水线面系数对总布置的影响。选择较大的 C_w，横剖面形状呈 V 形，可以增大甲板面积和设计水线以上的容积，有利于甲板设备和舱室的布置。

2. 设计水线首端形状及半进流角的选择

设计水线首端的形状包括凸形、直线形、凹形及微凹形，首端的形状主要会影响船舶的兴波阻力，因此，设计水线首端原则上依据设计船的 F_n 确定。

对于低速船，兴波阻力在总阻力中的比重较小，这类船舶通常以低航速换取较大的载重量，首尾不宜尖瘦，否则将导致船舯部分肥大，船舶首尾瘦削的设计将造成严重的水线凸肩。

对于 F_n 较小的低速船，船舶的横剖面面积曲线往往有较长的平行中体和较大的前体棱形系数，这类船舶的设计水线首端常采用平行中段、较大的半进流角、凸形的端部水线和较大的前体水线面系数。

随着 F_n 的增大，兴波阻力也不断增大，并且出现作用范围不断扩大和后移的情况，为了减小兴波阻力，通常会将水线首端拐点后移，因此设计水线需要采用较小的前体水线面系数和半进流角，水线首端由直线形过渡到微凹形，甚至凹形。

对于高速船，兴波高压区将近扩展到船舶中部区域。为了减小兴波阻力，将整个水线前半部变瘦，因此水线首端常由直线形过渡到微凸形。

综上所述，首端的形状特征如下：

(1) F_n = 0.16～0.20，由凸形到直线形；
(2) F_n = 0.20～0.23，直线形或微凹形；
(3) F_n = 0.23～0.32，微凹形；
(4) F_n>0.32，直线形，整个进流段保持缓和的曲率。

设计水线的半进流角 i_e 会对船舶首部的兴波阻力产生影响，根据船舶试验的结果，半进流角 i_e 的大小应该与船舶的相对速度及船型尖瘦程度即长宽比及浮心纵向位移 x_b 有关。通常最适宜的半进流角表示成 C_p 函数，如图 6-6 所示。

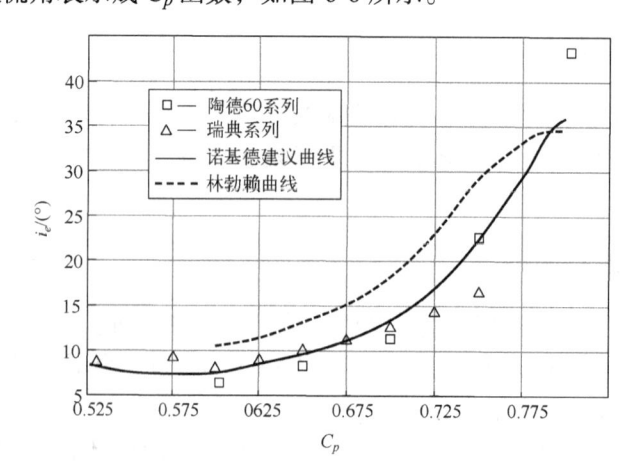

图 6-6 设计水线半进流角 i_e 与 C_p 的关系

3. 设计水线尾端形状的选择

设计水线尾端的形状对于阻力的影响是小于设计水线首端的,其主要产生的阻力为漩涡阻力,为了减小阻力,设计水线尾端保持顺滑,避免水流分离而产生漩涡。通常尾端形状以直线形为宜,不使用凹形。尾端的去流角不得大于 30°,单桨船螺旋桨区的水线应力求平直,尾柱处水线形状不应钝阔,纵向斜度不得超过 20°;水线反曲处也应避免斜度过大,注意顺滑过渡。此外,设计水线应覆盖螺旋桨和舵。

4. 平行中段长度的选择

平行中段的长度主要是由水线面系数和水线首尾端的形状决定的。对于单桨船,平行中段长度约为横剖面面积曲线平行中体长度的 2 倍。对于部分航速较高且 C_b 较小的船舶,没有平行中体,但设计水线在船舯偏后的位置仍有一段平行中段,因为船舶首部尖瘦、尾部丰满的设计水线对快速船具有更小的阻力。

6.1.3 横剖线形状

在确定船舶横剖面面积曲线和设计水线后,需要确定横剖线形状,其中包括舯横剖线、首部横剖线和尾部横剖线。

1. 舯横剖线形状

舯横剖线的形状主要由舯剖面系数 C_m、龙骨半宽 f 和舭部半径 R 等参数决定。对于舯剖面系数 C_m 较大的船舶,通常设计成平底、直舷、带圆舭的舯横剖线;对于舯剖面系数 C_m 较小的船舶,通常设计为斜底(舭部升高 h)、舷侧外倾(设计水线宽小于型宽)并且舭部半径 R 较大的舯横剖线,这样可改善船底水流的流段状态,使水既可以沿水线又可以沿纵剖线流动,从而降低形状阻力,并且在浅水航道中还可以缓和吸底现象,有利于航向稳定性及舱底排水。

舯横剖面形状如图 6-7 所示。

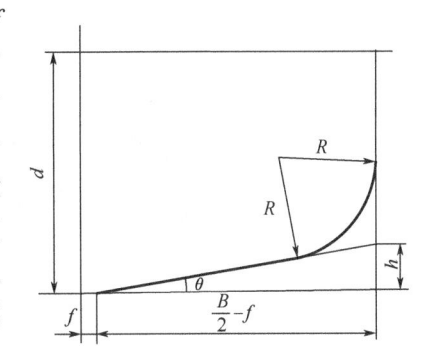

图 6-7 C_m 较小船舶的舯剖面形状

2. 舯横剖面系数的选择

舯横剖面系数对船舶阻力的影响较小,影响该系数的主要因素为和其他系数的配合效果。对于低速船,当 C_b 和 F_n 的值较大时,需要选择较大的舯横剖面系数 C_m,以减小 C_p。同理,当 C_b 和 F_n 的值较小时,需要选择较小的舯横剖面系数 C_m。对于高速船,由于船舶本身的型线较瘦,需要选择较小的舯横剖面系数 C_m,使得棱形系数 C_p 能够更接近最佳值,避免出现凸肩。

3. 其他参数要素的选择

对于舯横剖面形状的选择,要考虑船舶舭部升高 h 和舭部半径 R,当船舶的 C_m 较大时,

舭部升高 h 的值往往较小，一般的取值范围为 0.1～0.3m，为了简化工艺，货船普遍取 $h=0$，即采用平底型。当船舶的 C_m 较小时，舭部升高 h 的值往往较大。对于双层底的船舶，舭部升高 h 和舭部半径 R 应结合规范对双层底高度的要求而定，还要从施工方便和内底对舭部的保护等因素考虑。

4. 端部横剖面形状

船舶端部的横剖面形状可以分为 U 形、V 形以及介于两类型之间的中 U 形和中 V 形，对于 U 形的横剖面形状船舶，排水体积主要集中于下部，故与较为尖瘦的设计水线相对应，有利于减小兴波阻力，与 V 形相比，U 形横剖面的湿面积更大，摩擦阻力大，耐波性差，一般大型运输船和高速船使用 U 形横剖面；对于 V 形的横剖面形状船舶，排水体积主要集中于上部，故与较为丰满的设计水线相对应，有利于减小摩擦阻力，一般小型船舶使用 V 形横剖面；中 U 形和中 V 形横剖面兼顾阻力和耐波性考虑，被大多数中型船型使用。横剖面形状如图 6-8 所示。

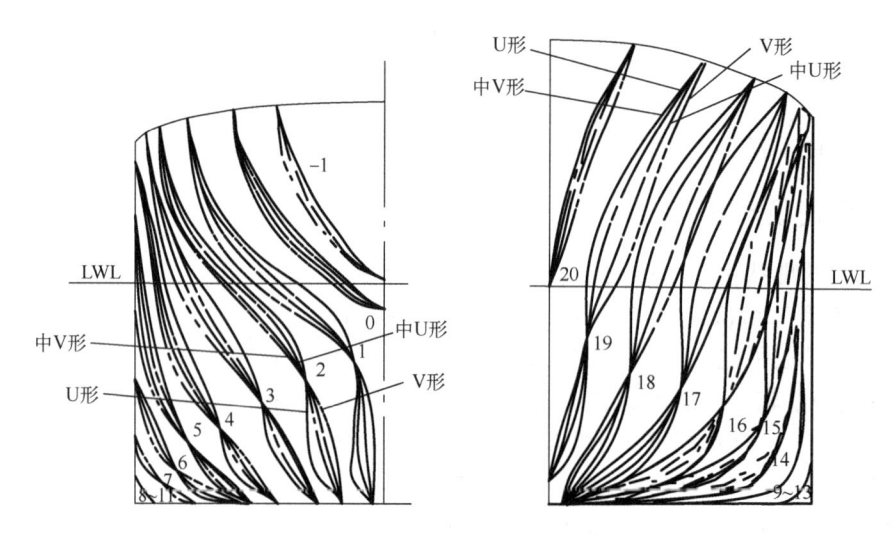

图 6-8 横剖面形状

5. 首部横剖线

对于船舶首部横剖线，从静水阻力角度考虑，V 形横剖线可以减小船舶的湿面积，降低船舶的摩擦阻力，同时由于 V 形横剖线的舭部较瘦，可以降低在舭部产生涡流的概率。V 形横剖线的船舶由于设计水线首段丰满，半进流角大，会导致兴波阻力较大。U 形横剖线的船舶的设计水线尖瘦，半进流角小，会减小兴波阻力，但同时由于湿面积的增加，增大了摩擦阻力。图 6-9 为某无球鼻艏的船舶前体不同 U 形和 V 形横剖线的阻力曲线。

研究表明：在低速和高速情况时，V 形阻力明显优于 U 形；在 $0.18<F_n<0.25$ 内，U 形阻力性能较好。

对于船舶首部横剖线，从耐波性角度考虑，当 V 形横剖线船舶的首端逐渐下沉到波浪中时，浮力和纵摇阻尼力矩会随着下沉逐渐增大，从而减小船舶的纵摇和升沉，但是会增加船舶在航行中的阻力。对于大型运输船舶，则不需要过多考虑耐波性的问题。

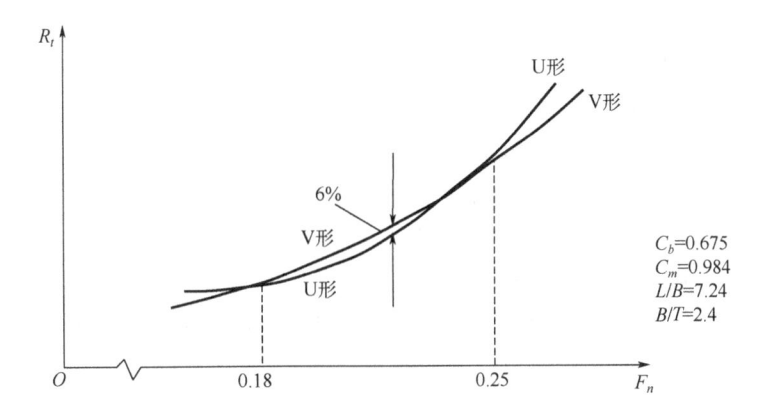

图 6-9 某无球鼻艏的船舶前体不同 U 形和 V 形横剖线的阻力曲线

对于船舶首部横剖线，从稳性角度考虑，V 形横剖线船舶的设计水线的局部宽度较大，水线面惯性矩和浮心高度也会相对较大，因此在稳心半径相同的情况下，V 形横剖线船舶会比 U 形横剖线船舶的初稳性高大一些，但是对于大倾角稳性而言，并没有很明确，设计时还是要全面考虑。

6. 尾部横剖线

尾部横剖线形状同样分为 U 形和 V 形，从阻力角度考虑，船舶尾部是要做到将水流分离的，尾部 V 形横剖线船舶的湿面积是小于尾部 U 形横剖线船舶的，且使得进入去流段的水流顺畅地向后沿倾斜线流动，因此尾部 V 形横剖线船舶的阻力性能较好。尾部 U 形横剖线的船舶容易在舭部容易形成漩涡，且湿面积较大，在不同的 F_n 下阻力性能均差于尾部 V 形横剖线船舶。

从推进和振动角度考虑，V 形尾不仅轴向伴流的脉动量大，并且轴向伴流沿径向分布不均匀；U 形尾的轴向伴流沿径向分布比较均匀，可以提高推进效率，并能减少螺旋桨叶梢部分的空泡和激振力。相对而言，尾部横剖线对推进效率的影响大于对阻力的影响，因此，目前低速运输船舶大多采用尾部 U 形横剖线。

从尾流角度考虑，尾部 V 形横剖线船舶和尾部 U 形横剖线船舶对伴流的影响是不同的。对肥大型船舶的更加显著，尾部 V 形横剖线的船舶会导致轴向伴流的脉动量大，轴向伴流沿径向分布不均匀。相反，尾部 U 形横剖线的船舶的轴向伴流沿径向分布比较均匀，有利于螺旋桨的推进。

从水流分离角度考虑，减小水流分离度更能减少在船体出现过凸的尾肩和沿水流方向过度的弯曲。当水流于船体表面的夹角大于 15°时就会出现水流分离，通常船舶型线沿流线的斜剖线应该是较为缓和的，避免 S 弯的出现。而对于 B/T 较小的船舶，船舶尾部的纵剖线倾斜度应尽量小，最好接近直线。

综合上述的几个方面的因素考虑，对于船舶尾部横剖线，要将提高推进效率放在首位考虑，再考虑阻力的影响。对于单桨船，尾部横剖线对推进器的影响大于对阻力的影响，加上对尾部振动的考虑，现代中低速运输船大多采用尾部 U 形横剖线，对于常规双桨船，舶船尾部横剖线对推进器和振动的影响较小，因此可采用阻力性能良好的尾部 V 形横剖线。

6.1.4 甲板线

甲板线包括甲板边线和甲板中心线,甲板边线是一条三维曲线,甲板中心线则是一条二维曲线。甲板边线在侧视图中能够反映甲板边线的高度,在平面图中可以反映甲板的宽度。甲板边线的高度是由型深和首尾舷弧来确定的,甲板边线的宽度是由总布置的要求和设计水线以上的横剖线的形状决定的。甲板中心线可以由甲板边线与梁拱确定,也可以先有甲板中心线和梁拱,后确定甲板边线。

舷弧是指首尾垂线处甲板边线高度减去型深得到的值,分别称为首舷弧 S_F 和尾舷弧 S_A,具体形式如图 6-10 所示。

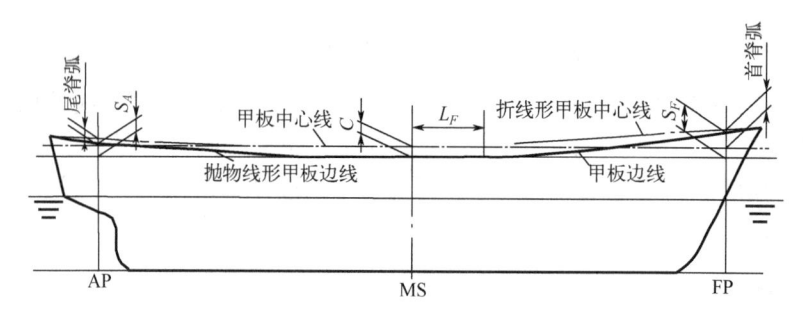

图 6-10 甲板线形状

设置舷弧是为了减少甲板上浪,增加船舶美感。首舷弧的大小主要是由甲板上浪的程度和淹湿度的要求决定的。对于中小型船舶,规范要求了最小首舷弧;对于大型船舶,由于自身干舷较高,不易出现甲板上浪的情况,因此首舷弧可取得较小些。

小型船舶的脊弧可设置为二次抛物线,现代大中型船舶为了简化施工工艺,通常将脊弧设计为折线,在距离首垂线船长 L_{bp} 的 15%处,首段为斜直线,中段为水平线,尾段同为斜直线。

在新船设计时,往往是先确定脊弧,再根据每一站的甲板边线宽度、梁拱等确定舷弧,采用这种方式可以简化施工工艺,保证脊弧不出现下弯的现象。

甲板半宽线是甲板边线在水线图上的投影线,它给出甲板在首尾端及各站的半宽。甲板半宽线按布置和使用要求决定,如货舱口的尺寸、锚机设备的布置、甲板上的作业空间等要求。

梁拱是指在横剖面上甲板中心线相对于甲板边线的高差。船舶的梁拱常指最大船宽处所对应的最大梁拱 C,且不同船宽处梁拱不同。根据 CCS 规范要求,一般 C 取 $B/50$~$B/100$,海船常用 $B/50$。梁拱一般为抛物线形状,现代船舶为了简化工艺,常采用折线梁拱。

6.1.5 船首和船尾轮廓线

1. 船首轮廓线

船首的轮廓线取决于首柱的类型。首柱类型包括前倾型首、梅尔型首和直立型首,其不带球鼻艏的船首轮廓线如图 6-11 所示。

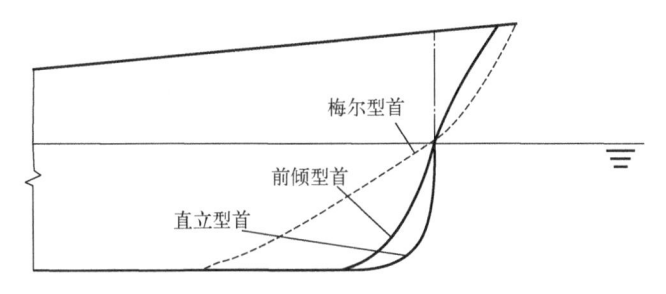

图 6-11 船首轮廓线常见的几种类型

在实际建造中最为常见的类型为前倾型首,相对于直立型首,其在设计水线以上较为尖瘦,可减少波浪对船舶的冲击,还能改善船舶在迎浪过程中的纵摇和升沉,增加储备浮力和甲板面积,具有较好的防撞作用及外观,直立型首大多数应用于超大型船舶。

前倾型首轮廓线大多是由直线和弧线组成的,在设计水线以上的船首轮廓线一般具有15°~30°的倾角,也有部分船舶为了追求美观,会将前倾角设置为45°左右。单纯从经济和实用的角度出发,前倾角过大,会造成船舶长度和吨位的增加,以及船舶造价的上涨,降低了船舶进出港的安全性。前倾角大的首轮廓线一般与V形横剖面配合,前倾角小的首轮廓线一般与U形横剖面配合。为了简化施工工艺,提高回转性能,通常消去尖瘦的前踵。

带有球鼻首的前倾型首轮廓线一般用于中低速的大型运输船,采用这种船首形状是为了降低船舶阻力。

2. 船尾轮廓线

船尾的形状主要由舵和螺旋桨的布置,以及船舶横剖线等因素决定。目前船舶采用方尾居多,如图 6-12 所示。

中高速的双桨船应用方尾,具有宽而平坦的船底和平直的尾部纵剖线,可以使尾流平顺地离开船体,减小尾流的能量损失,在船尾形成增长船长的虚长度。方尾进水面积一般不小于舯剖面面积的 15%,设计吃水处的尾封宽度一般为船宽的 80%~90%。

船尾轮廓线的设计需要考虑螺旋桨和舵的数量、外形尺寸以及它们之间的间隙。在设计时要先对螺旋桨和舵的尺寸、安装位置,以及螺旋桨边缘与船壳的间隙进行预估。设计船尾轮廓线时,需要考虑船、桨、舵之间的间隙,如图 6-13 所示,以防止产生螺旋桨对船体的过大激振力,同时兼顾推进效率。

表 6-2 给出了螺旋桨与船舶间隙的取值范围和 CCS《钢质海船入级规范》(2022)对最小间隙的建议值。

表 6-2 螺旋桨与船舶间隙

船舶类型	a/D_p	b/D_p	c/D_p	d/D_p	e/D_p
货船	0.10~0.12	0.15~0.22	0.12~0.20	0.03~0.05	0.16~0.20
快速船	0.15~0.30	0.18~0.25	0.14~0.22		
CCS建议值	0.12	0.20	0.14	0.04	

注:D_p 为螺旋桨直径。

对于单桨船,通常间隙 c 会对船体激振力有较大影响,增大间隙 c 有利于减小船体激振力，减小间隙 b 和间隙 f 有利于提高推进效率，增大间隙 c 和间隙 d 有利于增大直径，改善船舶阻力性能，减小间隙 a 有利于提高船舶的舵效。对于双桨船，需要注意桨盘面与其所在位置横剖线的间隙 e，$e \geqslant (0.45 \sim 0.5)D_p$(螺旋桨直径)。

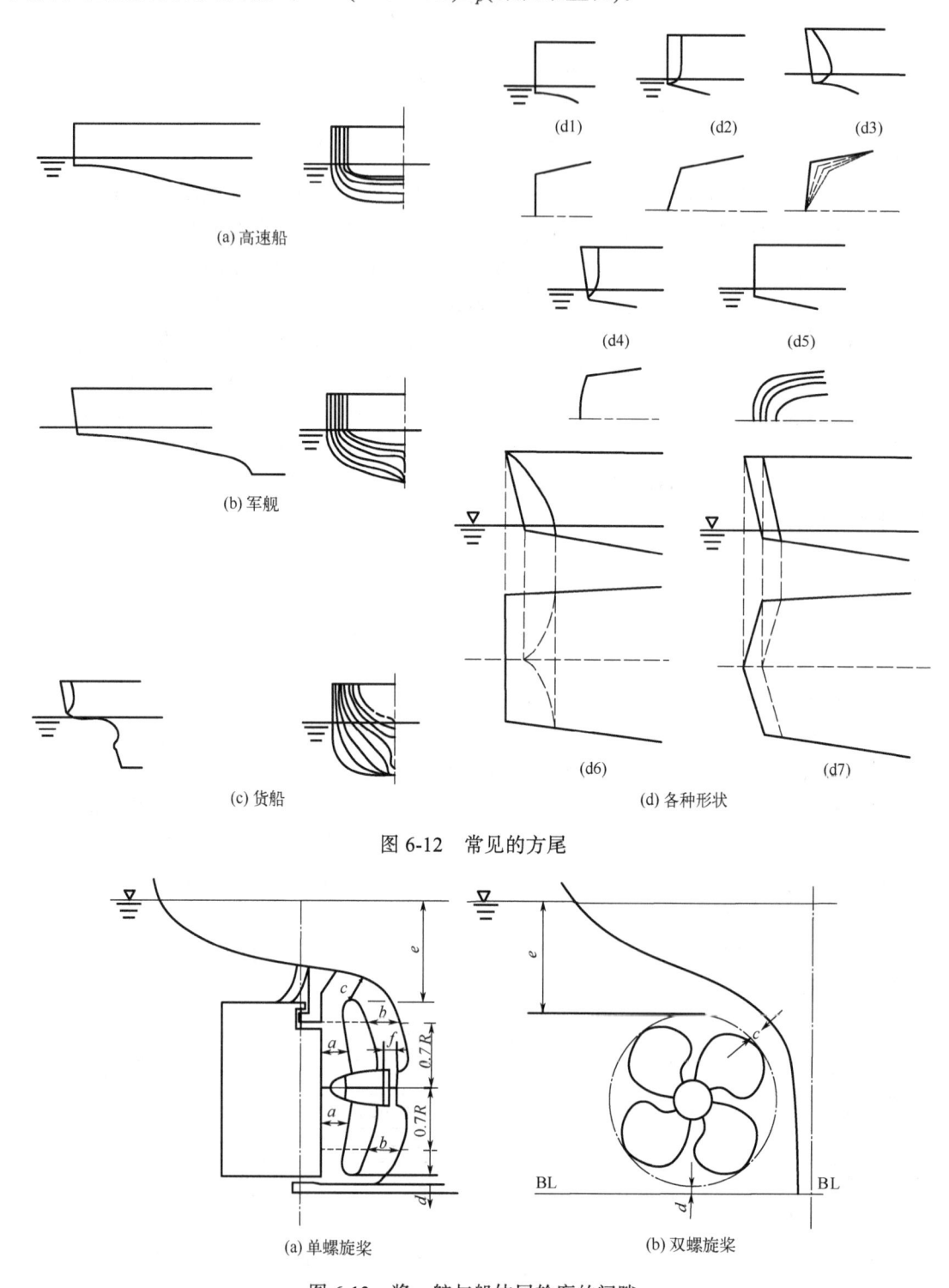

(a) 高速船

(b) 军舰

(c) 货船

(d1) (d2) (d3) (d4) (d5) (d6) (d7)

(d) 各种形状

图 6-12 常见的方尾

(a) 单螺旋桨

(b) 双螺旋桨

图 6-13 桨、舵与船体尾轮廓的间隙

对于船尾形状的设计，如果设计初期没有确定舵和螺旋桨的尺寸，对于封闭式尾框，螺旋桨柱与尾垂线(通常为舵杆中心线)的距离可取 $0.03L_{bp}$ 左右，对于开放式尾框，可取 $0.04L_{bp}$ 左右，或直接参考母型船选定。

和首部采用球鼻首的情况类似，大型船舶常采用球尾，如图 6-14 所示，即在尾轴出口处形成一个近似圆形的球体。这种形状可以减少湍流和阻力，改善船舶的流线型，并降低船舶在航行过程中产生的波浪，从而提高船舶的速度和燃油效率。它还可以改善船舶的稳定性和操纵性，并减少船舶在航行过程中的振动和噪声。

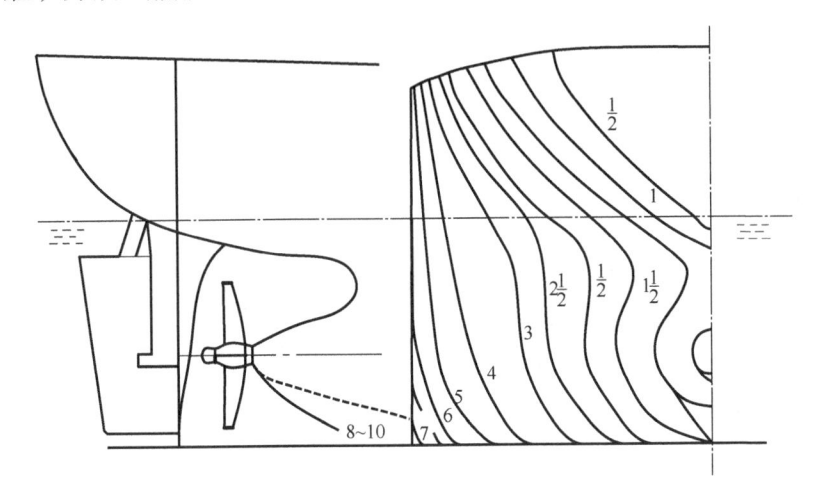

图 6-14 霍格纳雪茄形球尾

6.2 船舶型线设计

在分析了船舶型线的诸多要素和确定了设计船舶的特征及参数后，就可以进行船舶型线的设计了。型线设计主要包括如下三种方法：自行设计法、母型改造法和船模系列资料法。在实际设计过程中，这三种方法相互交织，在自行设计法中会使用母型改造法和船模系列资料法，在母型改造法和船模系列资料法中同样会使用自行设计法。

6.2.1 自行设计法

自行设计法是指在缺乏相近母型船型线并且系列船型的型线无法使用的时候，参考型线特征类似的优秀船型进行船舶型线设计。自行设计法的步骤如下：首先绘制特征参数符合设计船要求的横剖面面积曲线和设计水线；然后确定设计船的轮廓线；之后进行各站横剖线的绘制，同时计算并控制好排水体积、浮心纵向位置等性能参数；最后进行各水线和纵剖线的绘制，并检验其投影一致性和光顺性。绘制流程包括绘制网格线、绘制横剖面面积曲线、绘制设计水线和各站横剖线、绘制纵剖线。

1. 绘制网格线

绘制网格线的简述步骤如下。

(1) 安排好图面布局，选取恰当比例，绘制基线、设计水线和半宽水线图上的中心线及半宽线。

(2) 自基线向上量取吃水，画出设计水线。

(3) 选取站号数，等分站距，画站线。

(4) 选取水线数，画水线。

(5) 选取纵剖线数，画纵剖线。

(6) 绘制横剖型线的网格线。

2. 绘制横剖面面积曲线

设计的横剖面面积曲线应满足船舶主尺度和船型系数的要求，包括满足要求的排水体积 ∇、垂线间长 L_{bp}、船宽 B、设计吃水 T、方形系数 C_b、棱形系数 C_p、舯剖面系数 C_m 和浮心纵向位置 x_b。横剖面面积曲线绘制的方法如下。

1) 梯形作图法

如图 6-15 所示，首先作矩形 $ABCD$，使 $\overline{AB}=A_m$，$\overline{AD}=L_{WL}$，然后作等腰梯形 $AEFD$，若面积 $AEFD=\nabla=L_{WL}BTC_mC_p$，则 $BE=FC=L_{WL}(1-C_p)$。

得到的等腰梯形 $AEFD$ 浮心纵向位置位于船舯，如果浮心纵向位置不在船舯，可按图 6-15 所示对等腰梯形 $AEFD$ 进行改造，得到斜梯形 AE_1F_1D，其中 $EE_1=FF_1$，等腰梯形 $AEFD$ 面积 G 的高度为

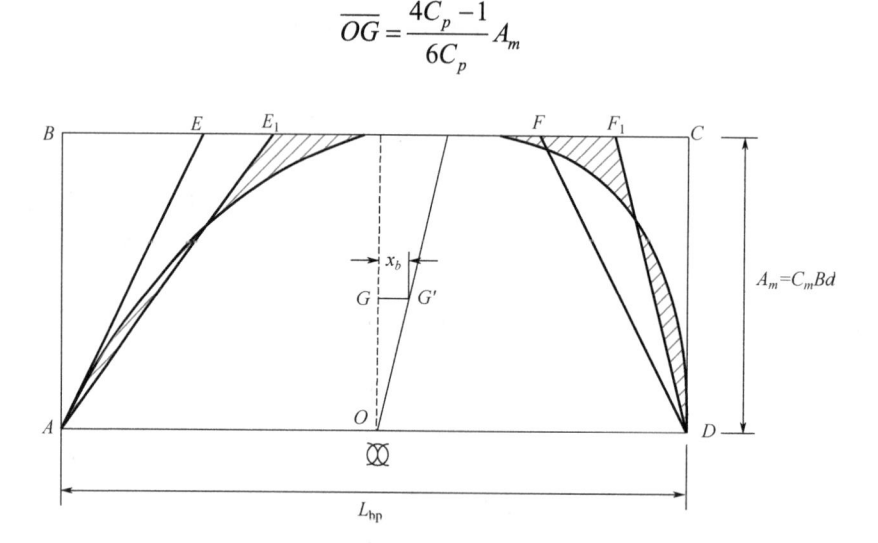

$$\overline{OG}=\frac{4C_p-1}{6C_p}A_m$$

图 6-15 横剖面面积曲线梯形作图法

此时，斜梯形 AE_1F_1D 的面积与等腰梯形 $AEFD$ 的面积相同，其形心位于 G' 点。

得到斜梯形 AE_1F_1D 后，即可按照面积相等的原则绘制出横剖面面积曲线，如图 6-15 所示。

2) 三角形凑绘法

对于无平行中体的中高速船，绘制其横剖面面积曲线时，可根据确定的棱形系数 C_p 和浮心纵向位置 x_b，先作出满足要求的三角形，如图 6-16 所示。

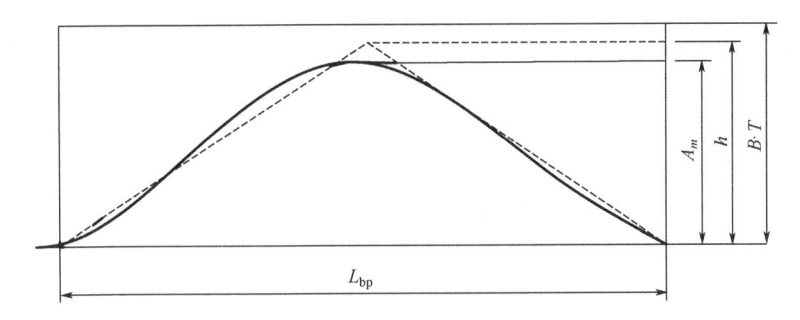

图 6-16 横剖面面积曲线三角形凑绘法

图 6-16 中，三角形顶点位于最大剖面处，顶点高度计算方法如下：

$$h = 2C_p C_m BT$$

3) 其他方法

除了上述直接绘制横剖面面积曲线的方法外，通常还通过对母型船的横剖面面积曲线进行修改得到设计船所需要的横剖面面积曲线。这些方法包含 1–C_p 法、迁移法等，将在母型改造法中给予介绍。

3. 绘制设计水线和各站横剖线

设计水线包含许多形状特征及参数，主要包括水线面系数、平行中段长度、半进流角等，横剖面面积曲线一定的情况下，设计水线的形状直接决定了横剖线的 UV 度。

横剖线包括舯横剖线(最大剖面)和各站横剖线。当横剖面面积曲线、设计水线、轮廓线、甲板线等确定以后，实际上已制约了各站横剖线，所要考虑的就是各站横剖线的 UV 度。舯横剖线的绘制相对简单，一般参考相近的船和设计船特点就可以确定。

绘制各站横剖线所需的设计水线半宽及设计水线下的横剖面积分别从设计水线和横剖面面积曲线获得。此外，还可根据甲板线、船底线和特征线的宽度和高度，得到各站横剖线的两个端点和特征点。

通常需要说明的是，各站横剖线的 UV 度可参考型线特征相近的优秀船型，图 6-17(a)~(c)所示的办法分别适合 U 形、V 形、中 U 形和中 V 形横剖线，A_i、y_i 分别为第 i 站设计水线以下的横剖面面积和设计水线半宽，上下阴影部分面积应相等。绘制时注意各相邻横剖线形状匀称。当对所绘的横剖线不满意时，可以适当调整设计水线甚至轮廓线和甲板线。

此外，绘制时，可先隔站进行，待水线光顺后，再从半宽水线图上插绘出其他各站横剖线，以便于各站横剖线的协调和光顺。

4. 绘制纵剖线

一般而言，绘制纵剖线和斜剖线主要是为了检验型线的三向光顺性，否则还需调整水线和横剖线。

绘制纵剖线时，其坐标点来自横剖线图上量取纵剖线与各站横剖线交点的高度值，以及水线图上纵剖线与每条水线交点的纵坐标值。在侧视图上，将这些坐标点连接即得纵剖线。若纵剖线不够光顺，一般可先检查不光顺处水线的光顺性，然后检查其与横剖线的交点，并做局部修改，直到 3 个投影点吻合、曲线光顺为止。需要说明的是，当水线画了几条后，尝试检查船体曲度较大的艉部的光顺性和协调性时，还需在侧视图上加绘斜剖线。绘制纵剖线时，需要先在横剖线图上作一条尽可能垂直于各站横剖线或过艉部中点的直线，沿该直线量取其与各站横剖线交点至斜剖线与中心线交点的距离，其次将此距离标在纵剖线图中对应各站上并连成曲线，该曲线应无凹陷。在投影一致性和光顺性都满足要求的前提下，还需对设计船的型线精度进行复核计算。

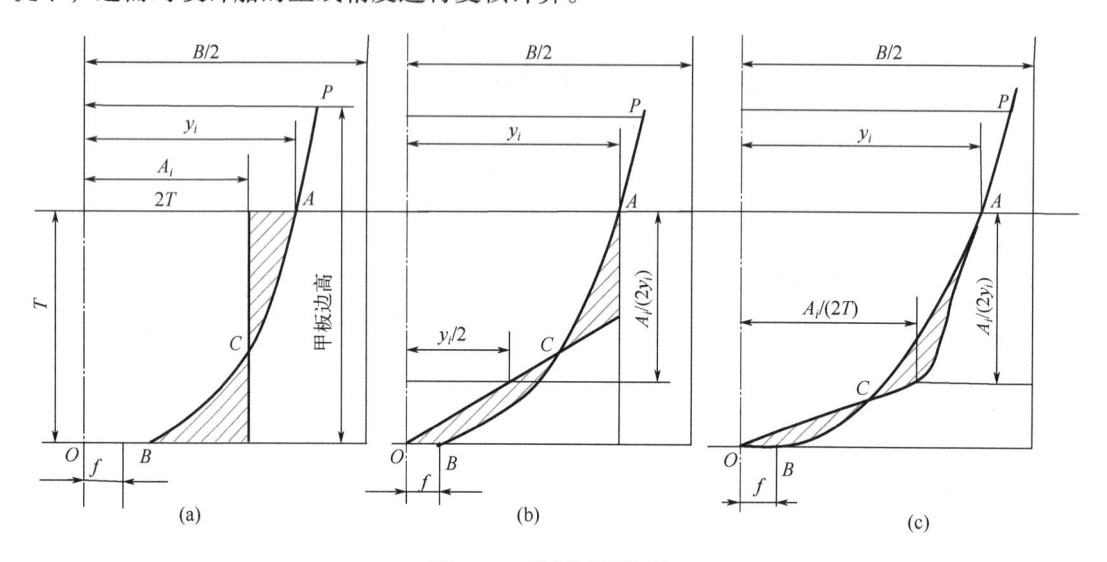

图 6-17 横剖线的绘制

6.2.2 母型改造法

母型改造法是型线设计方法中最为快捷有效的方法。母型改造法不仅能够得到新的船型，还可以保持母型船的型线特征，对于新船的阻力性能、推进性能等均有较好的把握。需要注意的是，在选择母型船时，要考虑母型船型线的优良性，还要考虑设计船与母型船的设计要素是否相近，否则修改太大，将无法保持母型船的优质性能。

当设计船与母型船的船型系数及浮心纵向位置 x_b 完全相同，只有 L_{bp}、B、T 不同时，常采用线性主尺度变换，包括船长变换、船宽变换和吃水变换。

船长变换：当仅船长 L_{bp} 变换时，只需要改造设计船的船长，按照母型船的站数分站，其站距为

$$\Delta L = \frac{L_{bp}}{L_{bp0}} \Delta L_0$$

式中，下标 0 表示母型船。之后将母型船各站横剖线完全不变地分别迁移到设计船相应的站号上，即可得到设计船的型线图。

船宽变换：当仅船宽 B 变换时，设计船各站水线半宽 y_{ij} 的计算方法为

$$y_{ij} = \frac{B}{B_0} y_{ij0}$$

式中，下标 0 表示母型船；i 和 j 分别表示站号和水线号。

吃水变换：当仅吃水 T 变换时，只需要将设计船的吃水分成与母型船同样数目的水线数，设计船的吃水间隔为

$$\Delta T = \frac{T}{T_0}\Delta T_0$$

式中，下标 0 表示母型船。之后将母型船在各水线处的半宽迁移到设计船相应的水线上即可。

1. 横剖面面积曲线改造法

在实际的设计中，母型船的棱形系数 C_p、浮心纵向位置 x_b 和平行中体长度 L_P 往往与设计不一致，因此需要将母型船的横剖面面积曲线加以改造。经过改造后横剖面面积曲线应符合新船的 C_p 和 x_b 的要求，但是改造后舯横剖面系数应该是相同的。

1) $1-C_p$ 法

$1-C_p$ 法采用不同的修改函数 $\delta x = f(x)$，可以用来改造 C_p、L_p 和 x_b。这里简单介绍单独修改的相关情况。

将横剖面面积曲线在舯横剖面处分为前后两个半体，分别做无量纲化的处理，如图 6-18 所示。前半体曲线下的面积为前半体棱形系数 C_{pf}，后半体曲线下的面积为后半体棱形系数 C_a。若将母型船的前半体棱形系数改变 δC_{pf}，可将这种改变看成母型船的横剖面面积曲线在各 x 处平移一段距离 δx。显然，平移距离 δx 是船型要素的函数，该函数称为形变函数。$1-C_p$ 法采用的形变函数是线性函数：$\delta x = a(1-x)$。

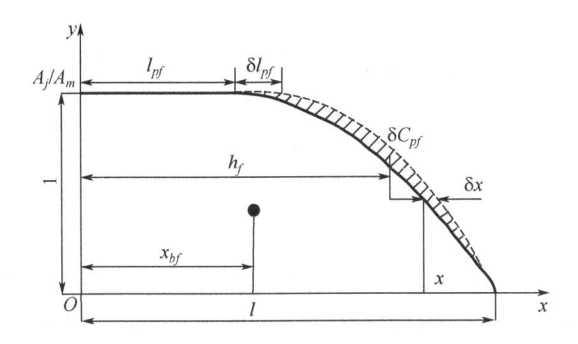

图 6-18 前半体横剖面面积曲线的无因次表示

该函数满足 $x=1.0$ 时 $\delta x=0$ 的端点边界条件。由约束条件 $\delta C_{pf} = \int_0^1 \delta x \mathrm{d}y = \int_0^1 a(1-x)\mathrm{d}y = a(1-C_{pf})$ 得到 $a = \delta C_{pf}/(1-C_{pf})$，将上述公式合并得到 $\delta x = (1-x)\delta C_{pf}/(1-C_{pf})$。

上述公式中，δx 表示第 x 站处横剖面面积曲线的平移距离；δC_{pf} 表示新船相对母型船前半体棱形系数的增量，按新船要求选取；C_{pf} 表示母型船前半体棱形系数。

$1-C_p$ 法的优点是变化公式简单，能够很好地满足新船 C_p 的要求；当母型船的横剖面面积曲线和水线光顺时，修改所得的新船的相应横剖面面积曲线和水线也一定光顺，因此 $1-C_p$ 法广泛用于有平行中体的丰满船的棱形系数 C_p 改造。该方法的主要缺点为：最大平移距离限制在平行中体的端部 ($\delta l_{pf} = (1-l_{pf})\delta C_{pf}/(1-C_{pf})$)，故对于无平行中体船舶，减小棱形系数时就不能采用此方法。

2) Lackenby 法

为了克服 $1-C_p$ 法的缺点，Lackenby 提出了用二次多项式作为形变函数。这种变换对有、无平行中体的船都能适用，可灵活多变地改变曲线各要素；但计算过程较为复杂，一般通过编程完成。

Lackenby 二次多项式形变函数：

$$\delta x = a(1-x)(x+b)$$

以前半体为例，其边界条件有 $x = 1.0$ 时，$\delta x = 0$；$x = l_{pf}$ 时，$\delta x = \delta l_{pf}$。其约束添加为 $\int_0^1 \delta x \mathrm{d}y = \delta C_{pf}$，可求出 a 和 b，代入上述式子得到

$$\delta x_i = (1-x)\left[\frac{\delta l_{pf}}{1-l_{pf}} + (x-l_{pf})\frac{\delta C_{pf} - \delta l_{pf}\frac{1-C_{pf}}{1-l_{pf}}}{A_f}\right]$$

式中，$A_f = C_{pf}(1-2x_{bf}) - l_{pf}(1-C_{pf})$，其中 x_{bf} 为母型船前半体横剖面面积曲线的形心距船舯的距离无量纲值，$x_{bf} = \dfrac{\int_0^1 xy\mathrm{d}x}{C_{pf}}$。对于无平行中体的船舶，修改 C_p 并加入一段平行中体时，令 $l_{pf} = 0$，可得 $\delta x = (1-x)\left[\delta l_{pf} + \dfrac{x}{B}[\delta C_{pf} - \delta l_{pf}(1-C_{pf})]\right]$。

上述公式中，$B = C_{pf}(1-2x_{bf})$。对于无平行中体的船，仅修改 C_p 时，令 $\delta l_{pf} = 0$，则得 $\delta x = x(1-x)\delta C_{pf}/B$；对于无平行中体的船，仅需加入一段平行中体时，令 $\delta C_{pf} = 0$，则得

$$\delta x = (1-x)\{\delta l_{pf} + [x\delta l_{pf}(1-C_{pf})/B]\}$$

综上所述，对于有平行中体横剖面丰满船，可利用 $1-C_p$ 法完成横剖面面积曲线的改造，而对于无平行中体的船，则可利用 Lackenby 法完成横剖面面积曲线的改造。

3) 迁移法

当仅改变浮心纵向位置 x_b，而不改变棱形系数 C_p、平行中体长度 L_P 和舯剖面系数 C_m 时，可将横剖面面积曲线向前或向后推移，保持曲线下的面积不变，使其形心纵向位置满足新船的要求，迁移后的面积曲线如图 6-19 所示。

迁移法的形变函数为 $\delta x = by$。式中，y 为横剖面面积曲线在 x 处的纵坐标，$b = \dfrac{BB_0}{KB_0} = \tan\theta$，$BB_0 = \delta x_b$，$KB_0$ 为曲线下的面积形心纵坐标，可采用下面的方法计算得到：$KB_0 = \dfrac{C_p}{1+C_p}$ 或 $KB_0 = 0.3C_p + 0.21$。横剖面面积曲线迁移改造后，平行中体长度的中点位置发生了变化。

2. 其他参数的改造及型值的产生

1) C_m 相同时型值的产生

根据前面所叙述的方法改造了母型船的横剖面面积曲线后，得到的面积曲线已满足新的

棱形系数 C_p 和 x_b 的要求。若新船的舯剖面系数 C_m 与母型船相同,则新船的方形系数 C_b 已满足要求;当母型船型线的其他参数不需要修改时,新船的船体型值可按下述的方法求得。

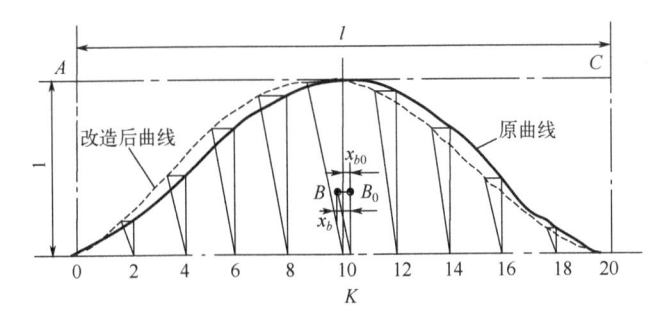

图 6-19 迁移法改造横剖面面积曲线

先将母型船横剖面面积曲线和经改造后所得的新船横剖面面积曲线绘在一幅图上,从母型船的横剖面面积曲线上找出与新船第 i 站横剖面面积(按百分数计)相等的母型船的对应横剖面的位置,如图 6-20 所示;再从母型船的半宽水线图上找到对应横剖面处的各水线半宽 y_{ij0};然后按水线半宽正比于船宽的关系式求得新船第 i 站各水线半宽 $y_{ij} = y_{ij0} \times B/B_0$,即可绘出新船第 i 站的横剖线图;最后根据横剖线图绘出半宽水线图和纵剖线图。有时为了新船的水线划分整齐,可在由改造所得的横剖线图上按需要重新划分水线,再按新的水线绘制半宽水线图和纵剖线图。用上述方法产生型值时还需注意,由于改造横剖面面积曲线是通过母型船的横剖面移动来进行的,因此首尾轮廓线也要做相应修改,否则与水线端点不易配合。

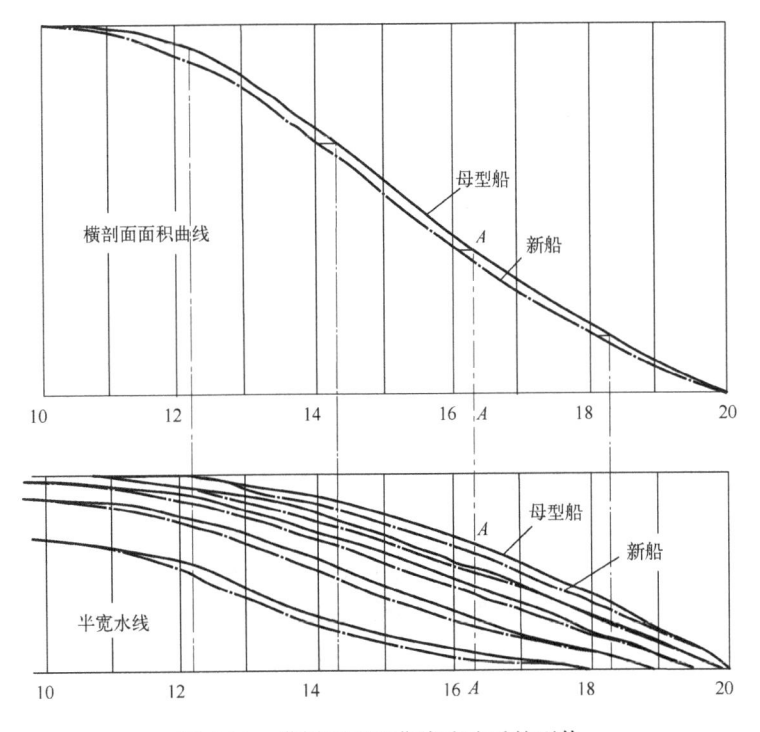

图 6-20 横剖面面积曲线改造后的型值

对于上述方法产生的型值，其水线面系数已经确定，不能任意修改。

2) 修改舯剖面系数

如果新船的舯剖面系数 C_m 与母型船的不同，则需要对母型船的舯剖面进行改造，横剖面型线也要做相应修改。改造时应注意 C_m 和 C_p 及 C_b 之间的关系。一般改造 C_m 时，应保持 C_p 和 x_b 基本不变，即无量纲的横剖面面积曲线保持不变。此种情况实际上是通过改造 C_m 来使两船的 C_b 相等。如果情况并非如此巧合，母型船 C_m 改变后，C_p 或 x_b 不符合新船的要求，则需要先对横剖面面积曲线进行改造，用上述的方法求得各站横剖面型值后，再进行舯剖面系数的改造。

改造舯剖面系数的方法很多。如果要求改造后 C_p 和 x_b 保持基本不变，且舯剖面上的平板龙骨半宽和船底升高修改甚少，则可用下面的简单方法进行改造：先根据新船 C_m 的要求，参照母型船舯剖面形状的特征，绘出新船的舯剖面；然后根据两船舯剖面对应水线的半宽 y_{mj} 及 y_{mj0} 与其他各站水线半宽成正比的关系，即 $y_{ij} = y_{ij0} \times y_{mj}/y_{mj0}$ (其中，i、j 分别为站号和水线号)，求得其余各站的型值。也可用图 6-21 所示的作图法绘出新船的各站横剖型线。现以图中上部的一条水线为例，O_1E_1 及 O_1E_1' 为母型船及新船的舯剖面第 j 条水线的半宽，即 y_{mj0} 及 y_{mj}，O_1A_1、O_1B_1 等则为 y_{ij0}，因 $A_1A_1'//B_1B_1'//C_1C_1'//E_1E_1'$，所以 O_1A_1'、O_1E_1'、O_1C_1'、…为 y_{ij}，其他水线按同样的方法来进行绘制。将改造所得的新船各站横剖面的点连成光顺曲线，即得到新船的横剖型线，再配合水线图的光顺，对各剖面(尤其底部)做适当修正，最后得新船的型线图。

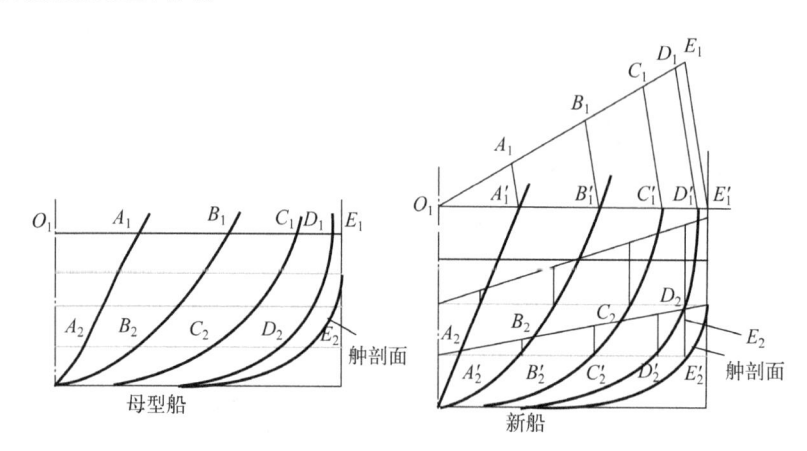

图 6-21 改造舯剖面

3) 横剖面形状的改造

改造横剖面的形状(或称为剖面的 UV 度改造)，实际上是修改母型船的水线面系数或其形状。在用手工方法改造时，为使修改有的放矢，最好先用前面的方法改造出符合 C_b 和 C_p 要求的横剖型线，在此基础上再进行必要的横剖面形状的改造。通常，先选择 1 个或 2 个较典型的横剖面，按需要对其进行形状改造，并保持其面积不变，求得该剖面设计水线半宽的改变量；然后，根据该改变量并参考母型船的设计水线形状绘出新船的设计水线，并使水线面系数 C_w 等水线参数符合新船的要求。这样，其余各剖面在设计水线处的半宽改变量就都被确定，然后逐个改造各站横剖型线，改造中均应保持横剖面面积不变,如图 6-22 所示,横剖型线改造后,按新的型线光顺水线,最后绘出符合要求的新船型线图。

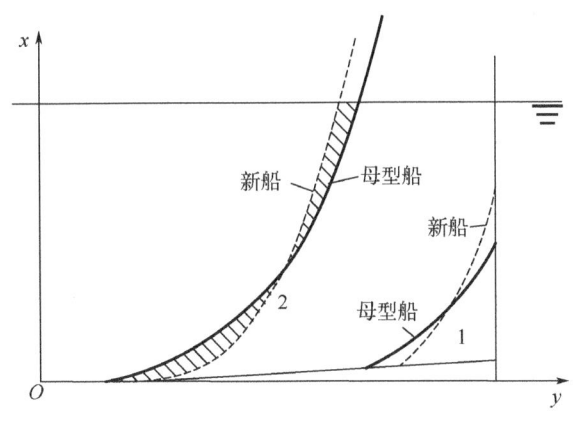

图 6-22 横剖面形状改造

6.2.3 船模系列资料法

系列船型一般都经过较广泛的系列船模试验,其阻力、推进等试验资料较全。若系列船型符合新船的要求,则采用系列船型的型线既简单又可靠。因此,这也是常规船型型线设计常采用的一种方法。但是选用优良的系列型线并不代表新船型线设计结果一定是最佳的。就快速性而言,实践表明,若结合新船特点对系列船型做适当修改,所得结果可能比直接查得的系列型线阻力性能更佳。当然,这需要具备一定的设计经验。

系列船型有许多种,其中比较著名的有陶德 60 系列、BSRA 系列、SSPA 系列以及 SR45 快速货船系列和 SR98 肥大船系列(带球鼻首)等,我国开发研究的系列船型有长江客货船系列、肥大船系列等。选用系列船型时应注意,每一个系列船型都有适用范围,如主尺度比、船型系数、速度等都有一个范围,新船的要素应在其范围内。系列船型也可以灵活应用,例如,根据新船特点和要求,前后体型线可以通过两个系列组合而成。此外,选用系列船型通常主要是采用其设计水线以下的型线,而设计水线以上的型线根据新船的要求,用自行设计法产生,还要注意与设计水线以下的型线的配合。

1. 陶德 60 系列

陶德 60 系列是美国海军部泰勒模型试验水池进行的单螺旋桨运输船系列船模试验。该试验范围较广,资料较完整,其型线具有独特风格,在国际上广泛应用。

1) 船型特点

陶德 60 系列船型的型线是以 5 艘母型船(方形系数分别为 0.60、0.65、0.70、0.75 和 0.80)为基础变化而来。图 6-23 所示为 $C_b = 0.70$ 的横剖线和首尾轮廓线,其中尾轮廓为巡洋舰尾,首柱在满载水线以下部分几乎垂直。该系列型线的横剖线形状属于 U 形,舯横剖线没有底升高,舯剖面系数和浮心纵向位置均与方形系数成线性关系。

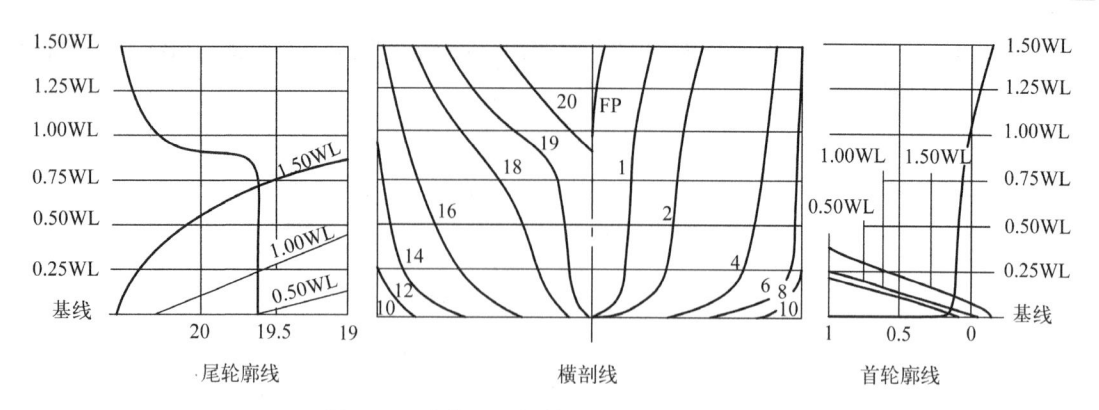

图 6-23 陶德 60 系列船型(C_b = 0.70)的型线

2) 船型参数

方形系数：C_b = 0.60～0.80

宽度吃水比：B/T = 2.5～3.5

长宽比：

当 C_b 和 B/T 小时：L/B = 6.5～8.5

当 C_b 和 B/T 大时：L/B = 5.75～7.75

弗劳德数：F_n = 0.12～0.30

浮心纵向位置 x_b(%)：

C_b = 0.60, x_b = −2.48～0.52

C_b = 0.65, x_b = −2.46～1.37

C_b = 0.70, x_b = −2.05～2.55

C_b = 0.75, x_b = 0.48～3.46

C_b = 0.80, x_b = 0.76～3.51

2. BSRA 系列

BSRA 系列船型是由英国的"船舶研究协会"(Boat Study and Research Association, BSRA)研究的。这三个独立系列对应的方形系数分别为 0.65、0.70 和 0.75。后来，该系列又将试验范围扩大到方形系数为 0.55、0.60、0.80、0.85，并增加了球鼻首。这样，BSRA 系列的全部结果都是在上述几个独立系列的基础上得到的。试验的船模都对应于垂线间长 L_{bp} 为 400ft、型宽为 55ft 和设计吃水为 26ft 的单桨船。

1) 船型特点

BSRA 系列的基本母型船虽然是相互独立的，但其横剖面形状基本一致，属于中 V 形。船底舯部略有升高，侧面轮廓线尾部为巡洋舰尾，首柱在水下切除较多。图 6-24 是首尾轮廓线的基本形状和基本型线中的一个横剖型线图(方形系数 C_b = 0.70，舯横剖面系数 C_m = 0.98)。首轮廓线在 C_b >0.7 时随 C_b 的不同而有所变化，而且浮心纵向位置 x_b 的变化对其也有影响。

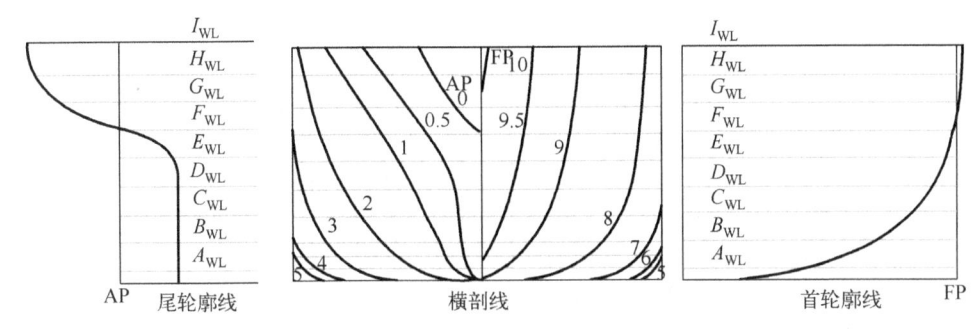

图 6-24　BSRA 系列横剖型线图

对于不同于标准浮心纵向位置的船,采用 $1-C_p$ 法对横剖面面积曲线进行改造后得到各站位置的移动量。资料中已给出了各个方形系数下浮心纵向位置变动 $1\%L_{bp}$ 所需的各站移动量曲线,可根据新船的浮心纵向位置与标准浮心纵向位置的差值直接从图 6-24 中查出各站移动量。同样,平行中体中点的位置由于浮心纵向位置的移动,相应也要移动。

2) 船型参数

方形系数:　　　　　　　$C_b = 0.55 \sim 0.85$

浮心纵向位置:　x_b 在标准浮心纵向位置前后 $2\%L_{bp}$。

宽度吃水比:　　　　　　$B/T = 2.0 \sim 4.0$

长度排水体积比:　　　　$L_{bp}/\nabla^{\frac{1}{3}} = 4.3 \sim 6.25$

弗劳德数:　　　　　　　$F_n = 0.12 \sim 0.27$

3. SSPA 系列

SSPA 系列是瑞典的 SSPA 海洋工程实验室(Swedish Maritime Administration Research and Development)研究开发的一系列船舶模型。相对前两个系列,该系列适用于航速较高的船舶。该系列中方形系数为 0.675 的母型船,其形状和尺寸代表了载重量为 10000t 左右的中速定期货船(20 世纪 50 年代货船的主要形式)。其他船模多半是根据母型船利用 $1-C_p$ 法改造获得的。

1) 船型特点

该系列船型的尾轮廓也是巡洋舰尾,首轮廓由前倾的首柱和向后延伸很长的水下部分构成。横剖型线基本特征为中 U 形,但对于丰满度很小的船,维持中 U 形横剖型线是不切合实际的,因此,方形系数为 0.60、0.575 和 0.525 的船越来越趋于 V 形的横剖型线以及较小的舯剖面系数。图 6-25 给出了方形系数 $C_b = 0.675$ 的横剖型线图。

2) 船型参数

方形系数:　　　　　　　$C_b = 0.525 \sim 0.750$

长宽比:　　　　　　　　$L_{bp}/B = 6.18 \sim 8.35$

宽度吃水比:　　　　　　$B/T = 1.5 \sim 3.0$

弗劳德数:　　　　　　　$F_n = 0.16 \sim 0.3$

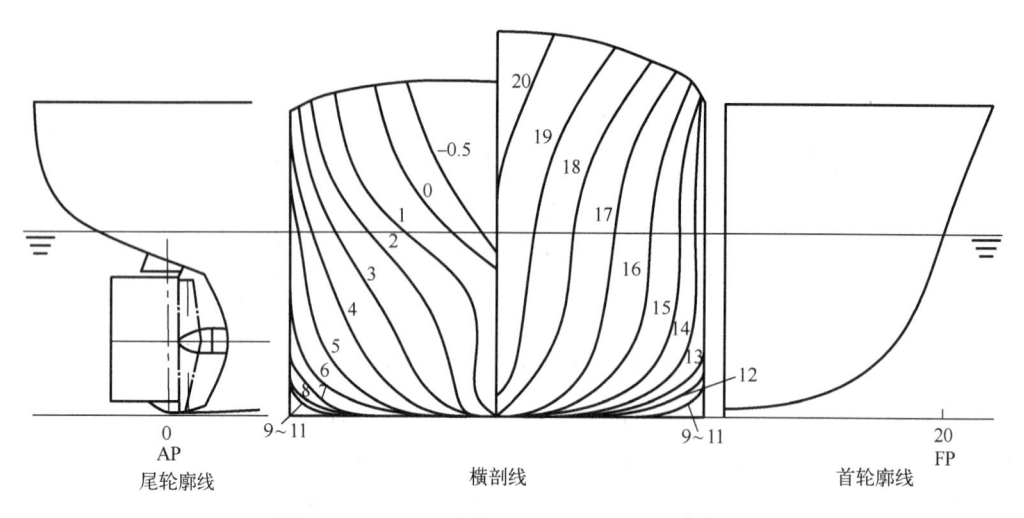

图 6-25 SSPA 系列 C_b = 0.675 的横剖型线图

6.2.4 型线图绘制基本流程

型线图包括横剖线图、水线图和纵剖线图(包括斜剖线)。

横剖线图是将一组沿船长在不同位置垂直于基平面的横剖面与船体型表面相交的横剖线叠绘在一起得到的。由于船舶一般具有左右对称性，在绘制横剖线图时只绘制一半横剖线即可，规定前体绘制的为右侧横剖线，后体绘制的为左侧横剖线。横剖面的位置是站，站号编排自船尾向船首，也存在部分船舶站号编排自船首向船尾。站距通常为垂线间长 20 等分或 10 等分，在首尾部分可适当加密。

水线图是将一组平行于基平面的平面与船体型表面相交的水线叠绘在一起得到的，由于船舶对称性，通常只绘制左侧水线。水线的数目在设计水线以下常取 5~10 条，在底部船体表面宽度变化剧烈处加密，设计水线以上的水线一般取 2~6 条。水线间距可按照设计吃水等分而取整数。

纵剖线图是将一组平行于中纵剖面的平面与船体型表面相交的纵剖线叠绘在一起得到的。纵剖线的数目和位置根据船体表面的弯曲程度来选取，可取 3~6 条。纵剖线的间距最好与水线间距一致或成倍数，这样便于放样。纵剖线图还包括侧面轮廓线。

1. 问题的提出

在初步设计阶段绘制船舶型线图时，认为以下数据是已知的：
(1) 船舶主尺度，包括船长、船宽和吃水；
(2) 船型系数；
(3) 浮心纵向位置的近似值。
影响船舶型线的最重要的因素包括：
(1) 静水阻力和推力；
(2) 波浪中阻力和功率的增加；
(3) 船舶操纵性；
(4) 航向稳定性；

(5) 耐波性。

由于船舶的主尺度即船长 L_{bp}、船宽 B、吃水 T、型深 D、方形系数 C_b 是给定的,开发船舶型线时的灵活性在一定程度上受到了限制。接下来的基本步骤为:

(1) 确定船舶排水量的纵向分布,即确定横剖面面积曲线和浮心纵向位置;
(2) 确定横剖面系数;
(3) 确定船舯形状。

2. 型线图常规设计流程

通常认为船舶排水量的纵向分别已从系列船型的参考数据得知。这些系列船型提供了各种表,包括 0~20 各站的横剖面面积、棱形系数 C_p 和最大横剖面面积 A_m。

准备好必要的型线网格即船体剖面在横向、垂向和纵向的投影后,设计流程如下:

(1) 设计船舯剖面;
(2) 首尾形状的初步设计;
(3) 绘制首部(14~17 站)和尾部(3~5 站)的剖面草图,借助工具估算其面积;
(4) 修正获得的剖面面积和相应的型线以匹配最初给定的横剖面面积曲线;
(5) 根据前面所得数据确定设计水线;
(6) 调整水线和横剖面——通过设计水线面惯性矩校核初稳性;
(7) 设计和光顺一半吃水高度的水线;
(8) 绘制各剖面至设计水线高度;
(9) 设计和光顺上述各水线,修正首尾部;
(10) 完成各剖面至最高甲板高度;
(11) 光顺设计水线以上的各水线;
(12) 光顺横剖面;
(13) 设计斜剖线;
(14) 设计纵剖线;
(15) 完成船舶首尾两端各站之间的中间剖面;
(16) 完成低吃水处各水线间的中间水线;
(17) 检查最终排水量、浮心和稳心在基线以上的高度。

上述流程可以根据实际情况调整,特别是(7)~(11)步,斜剖线和纵剖线需要同步设计,以方便光顺各横剖线和水线。

最终排水量和浮心纵向位置的允许偏差是船型和其他设计偏差的函数。如果总重量偏差为 1%~2%,则排水量允许偏差范围为±0.4%,浮心纵向位置允许偏差范围为±0.2%L_{bp}。

6.2.5 典型船舶型线图

型线图是一系列船体二维剖面,包括一系列的横剖面、水线面和纵剖面,表达三维船体,典型型线图如图 6-26~图 6-28 所示。

图 6-26 货船的型线图

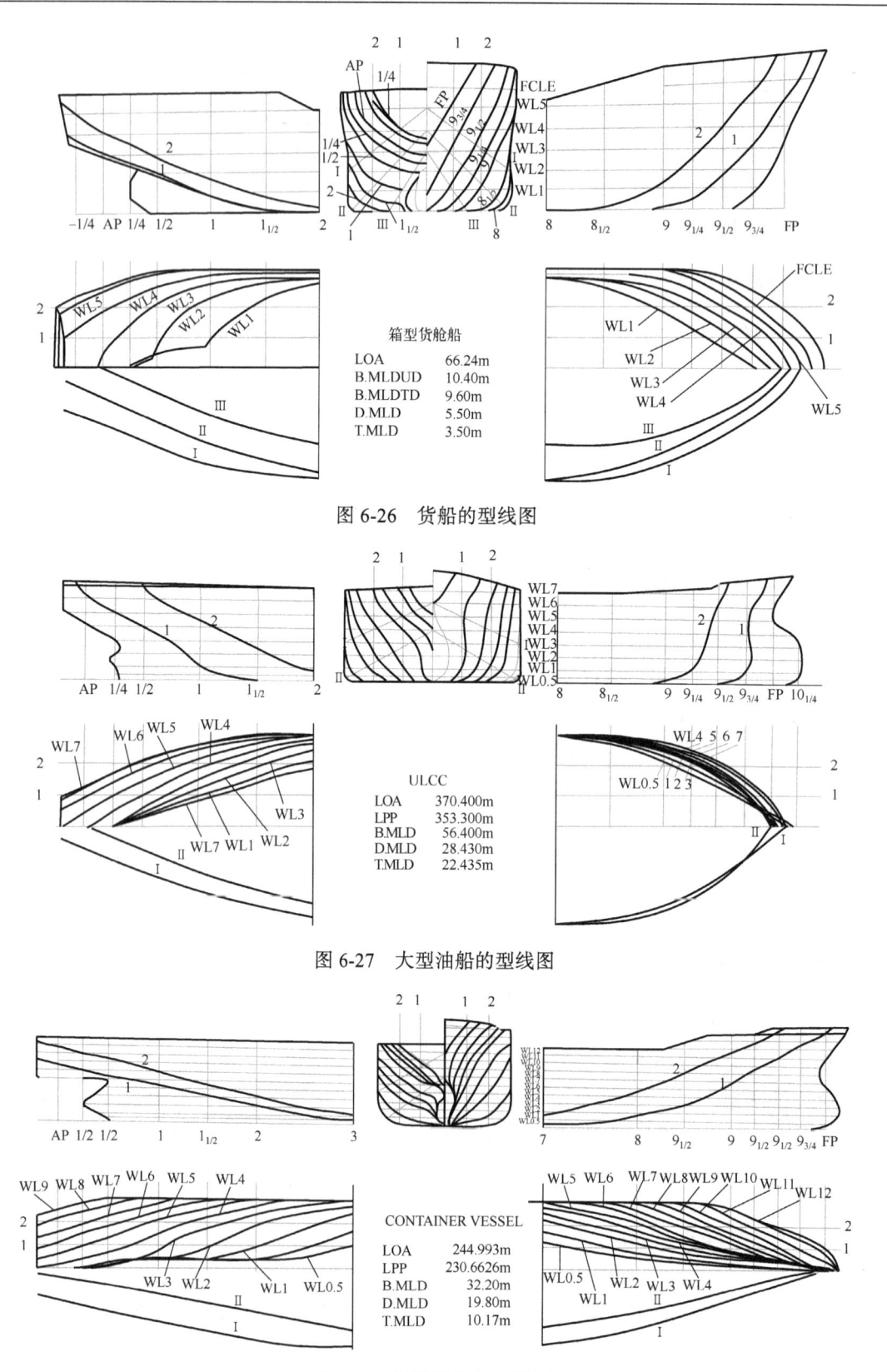

图 6-27 大型油船的型线图

图 6-28 集装箱船的型线图

6.3 船体参数化建模

在船舶设计中，由于船舶型线的复杂性与要素的多变性，需要多次反复进行型线的修改和性能计算以保证性能符合标准，这就要求船型设计尽量参数化。

自行设计法、母型改造法和船模系列资料法是国内外常用的船型设计方法，在生成船舶型线之前，往往无法确定影响船舶性能的特征参数，要想快速地开发出具有优秀航行性能的船舶型线，最有效的方法是船体参数化建模，通过选择船舶特征参数，生成光顺的船体曲面。目前常用的参数化建模的方法为部分参数化建模和完全参数化建模。

6.3.1 船体曲面表达

描述船体曲面的几何方法有两种，分别为曲线表示法和曲面表示法，通常的型线图属于曲线表示法。由于曲面表示法包含更多的几何信息，其较前者更直观和生动。对船体曲面进行表达，可以实现设计结果的三维直观显示，更重要的是在此基础上可以完成精确的性能计算和船舶的分段建造。

NURBS(Non-Uniform Rational B-Splines)代表非均匀有理 B 样条，最早由 Versprille 在其博士论文中提出，后经 Piegl 和 Tiller 等学者的发展，目前已广泛应用于工业系统中的几何表示与建模。另外，国际标准如 IGES(The Initial Graphics Exchange Specification，初始图形交换规范)、STEP(Standard for the Exchange of Product Model Data，产品模型数据交换标准)等都将 NURBS 作为几何设计的强大手段。NURBS 之所以得到如此广泛的应用，是因为它具有以下特点。

(1) 任意复杂曲面，包括解析曲面(如圆锥截线)和自由型曲面(如具有双向曲度的复杂船体曲面)，它们都可以用统一的 NURBS 曲面表达，具有相同的数学表达式。

(2) NURBS 算法数值稳定、高效，如 Horner 算法、deCasteljau 算法，且易于计算机编程实现。

(3) NURBS 曲面是控制点与相关系数的线性组合，在常用几何变换(如平移、旋转、平行和透视投影)下，具有仿射不变性。例如，基于自由变形方法对船体 NURBS 曲面进行变形，可以转换为对船体 NURBS 控制点进行相应变形。

(4) NURBS 能够保证曲面的连续性、光顺性，多个 NURBS 曲面在交界处能够实现连续、光顺连接。

(5) 非均匀有理 B 样条、贝塞尔曲线都是 NURBS 在特殊情况下的退化形式。

基于上述特点，在船舶计算机辅助设计与建造领域，用 NURBS 曲面表达船体已成为主流。一般地，可以先对整船体进行分段的 NURBS 曲面建模(如首部、舯部、尾部)，然后通过光顺连接得到整个船体模型。

船体曲面表达，根据船体曲面数量的表示方式，可以分为分片表达和基于单一 NURBS 的船体曲面表达。

1) 船体曲面分片表达

为了方便曲面分片，首先定义船体曲面边界线，如图 6-29 所示。

(1) 平底线。平底线是船体曲面与船底平面相切的切线，是一条光顺的平面曲线。平底线不贯通于全船长，在船的首端与首轮廓线相连，在船的尾端与尾轮廓线相连。为了满足后续分片的需要，这里将平底线分成三段，分割点分别是平行中体的起始位置和终止位置。平底线首段(左右合一)标识为 CBF，中段左舷标识为 CBML，中段右舷标识为 CBMR，尾段左舷标识为 CBAL，尾段右舷标识为 CBAR。

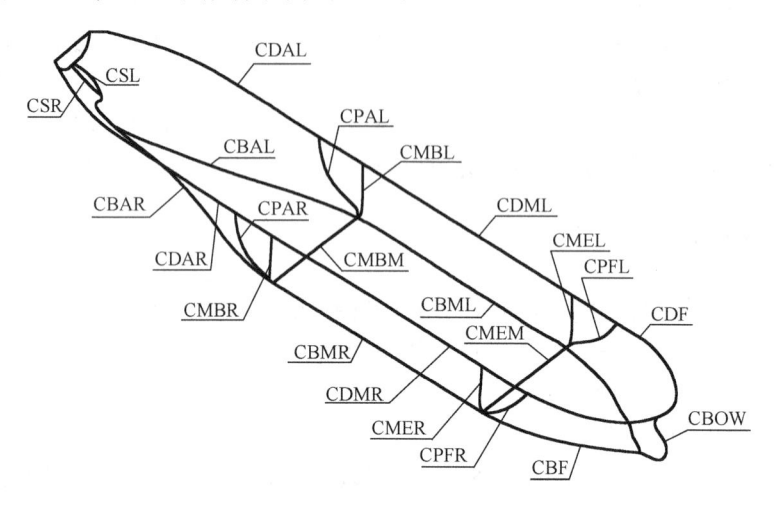

图 6-29 船体曲面边界线

(2) 最大横剖线。最大横剖线是船体最大横剖面上的平面曲线。通常它由三段直线和两段圆弧构成。平行中体起始处横剖线标识为 CMB，结束处横剖线标识为 CME，CMB 又分为左舷 CMBL、右舷 CMBR、中间 CMBM，CME 又分为左舷 CMEL、右舷 CMER、中间 CMEM。

(3) 中部筒形区域前后边界线。中部筒形区域前后边界线是中部筒形区域和前部区域或后部区域的衔接曲线。中部筒形区域前后边界线包含平边线的一部分，它是各水线曲线部分与直线部分连接组成的空间曲线，在 y-z 平面上的投影与最大横剖线的投影重合。中部筒形区域前边界线标识为 CPFL(左舷)、CPFR(右舷)，后边界线标识为 CPAL(左舷)、CPAR(右舷)。

(4) 首轮廓线。首轮廓线是船体曲面在首部与中纵剖面相交得到的平面曲线。它是船体曲面设计中特别重要的特征线，直接影响到船体首部形状，还与水动力性能有密切关系。通常首轮廓线是一条连续的曲线，但在国外也有一些船的首轮廓线是由两条不连续曲线构成的。这里只考虑连续的情况。首轮廓线标识为 CBOW。

(5) 尾轮廓线。尾轮廓线是船体曲面在尾部与中纵剖面相交得到的平面曲线。本节研究的尾封板是平面的，因此尾轮廓线在上部是直的。后续构造曲面时还用到了与尾轮廓线在纵剖面投影上重叠的一条曲线，那就是交点线，它是每条水线顺延到尾端点处得到的点的连线。该连线也存在左右两条，都是空间曲线，分别标识为 CSL(左舷)和 CSR(右舷)。

(6) 甲板边线。甲板边线是甲板与船体曲面的交线，是空间曲线。为了满足后续分片的需要，同平底线相同，在这里甲板边线也被分成三段，分割点也是平行中体的起始位置和终止位置。甲板边线前段(左右合一)标识为 CDF，甲板边线左舷标识为 CDML，中段右舷标识为 CDMR，尾段左舷标识为 CDAL，尾段右舷标识为 CDAR。

2) 曲面分片

船体曲面形状复杂，包含了规则曲面和不规则曲面。为了表达的方便，总希望将规则曲面和不规则曲面区分开来，划分成许多个区域，在每个区域表达的基础上拼接成完整的船体曲面。这种方法以相邻的曲面或船体曲面边界线作为边界条件，最终得到由光顺连接的曲面片表达的船体曲面。曲面片的划分可以有不同的方法，但划分的要求应该是统一的：

(1) 曲面片的每一部分的曲率变化应尽可能小，这样可以避免表达中出现多余凸起和凹陷；

(2) 曲面边界的形状应尽可能简单，而边界曲线的曲率和挠度变化也应尽可能小，这样有利于曲面片间的相互拼接；

(3) 拼接条件比较容易确认。

这里主要研究具有平底、平边而无纵倾、舭部升高的船体，且主甲板以上的船体曲面部分不做研究。将船体从平行中体的起始、终止处分为前、中、后三部分，最终将船体曲面分为如下七大区域，共八个曲面片。

(1) 前体曲面(SF)。该区域主要是前体扣除了船底和甲板剩余的舷侧曲面部分。前体曲面由四条边界线围成，分别是 CBF、CMER、CDF 和 CMEL。

前体曲面可以带球鼻首，也可不带球鼻首。通常前体曲面包含具有圆弧式水平截面的首柱曲面。若单独构造该部分曲面，则难以与舷侧曲面光滑拼接。因此，这里所构造的前体曲面未将首柱曲面单独划分开，整个船体首部舷侧为一完整曲面。这样就避开了曲面拼接的问题。这样定义的前体曲面一般都含有平面区域，会给曲面构造带来一定的不便。要彻底去除前体曲面的平面部分，可将 CBF、CPFR、CDF 和 CPFL 作为前体曲面的四条边界线。这样前体曲面内将不再含有平面部分，在构造上就方便了一些。

(2) 后体曲面(SA)。构造后体曲面的难点在尾柱的构造上，因为尾柱是很复杂的，很多船都有球尾。为了构造方便，将尾柱与船体曲面的连接简化成折角相接。

后体曲面又分为左舷后体(SAL)和右舷后体(SAR)两个曲面。

左舷后体曲面主要是后体扣除船底和甲板剩余的曲面左舷部分。边界线分别是左舷尾封板边线、CSL、CBAL、CMBL 和 CDAL。

右舷后体曲面与左舷后体曲面对称。边界线分别是右舷尾封板边线、CSR、CBAR、CMBR 和 CDAR。

与前体曲面定义相同，这样定义的后体曲面也常含有平面区域。可以将 CMBL 替换成 CPAL，将 CMBR 替换成 CPAR，新定义的后体曲面将不再包含平面区域。

(3) 平行中体曲面(SM)。平行中体曲面是船的平行中体部分扣除甲板剩余的曲面和平面部分。四条边界线分别是 CMB、CDML、CME 和 CDMR。平行中体曲面是直纹面，包括三个平面片和两个 1/4 柱面片。

(4) 首平底面(SBF)。首平底面由 CMEM 和 CBF 两条曲线界定。

(5) 尾平底面(SBA)。尾平底面由 CMBM、CBAR 和 CBAL 界定。

(6) 甲板曲面(SDECK)。甲板形状是多种多样的，有平甲板、折角线形甲板以及弧形横剖面的甲板。目前最常见的是带梁拱及脊弧的甲板，这种甲板的横截面有折角线形、圆弧形和抛物线形三种。为了加工方便，不论是哪种形状，它们在各横剖面上都具有相同形状。这里仅以有代表性的圆弧形为例来构造甲板曲面。甲板曲面分成三片，分别是首甲板面(SDF)、平行中体甲板面(SDM)和尾甲板面(SDA)。首甲板面由平行中体终止处的甲板梁拱和 CDF 界定，它的横剖线都是相同半径的圆弧。平行中体甲板面是一圆柱面。尾甲板面由平行中体起始处的甲板梁拱、CDAL、CDAR，以及甲板与尾封板的交线界定。

(7) 尾封板及尾柱曲面(SS)。尾封板及尾柱曲面由 SBA、SAL、SAR 和 SDA 四个曲面片的边界界定。这里假定尾柱曲面是一直纹面。

3) 船体曲面分片 NURBS 表达

(1) 前体曲面表达。

如图 6-30 所示，建立参数化坐标系。定义域为 $u \in [0.0, 1.0]$，$v \in [0.0, 1.0]$。显然，前体曲面是关于参数 $u = 0.5$ 对称的。

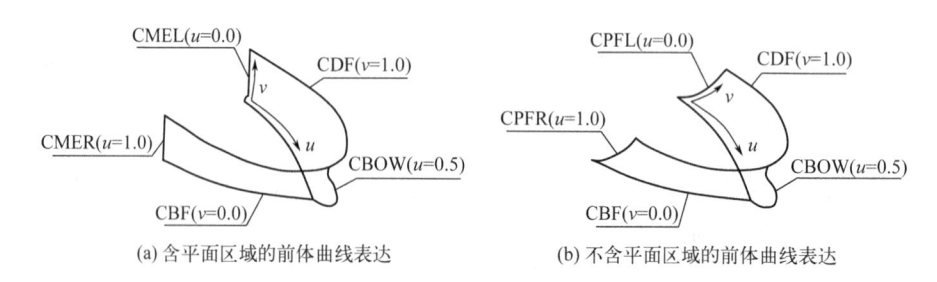

图 6-30 前体曲面表达

在边界 $u = 0.0(u = 1.0)$ 处，对应曲线 CMEL(CMER)。CMEL(CMER)由一段直线和一段 1/4 圆弧组成。

(2) 后体曲面表达。

后体曲面与前体曲面不同，分为对称的左右两片。这里仅说明左舷后体曲面(SAL)的表达。SAL 的边界比较复杂，严格来说，SAL 有五条边界线：CBAL、CMBL、CDAL、尾封板边线和尾左舷交点线 CSL。为了用一般 NURBS 曲面构造 SAL，需要将尾封板边线和尾左舷交点线构造为复合曲线，这有利于构造比较规则的 NURBS 参数域。SAL 的参数化坐标系如图 6-31 所示，定义参数域为 $u \in [0.0, 1.0]$，$v \in [0.0, 1.0]$。在边界 $u = 0.0$ 处，需要用 NURBS 技术构造复合曲线。

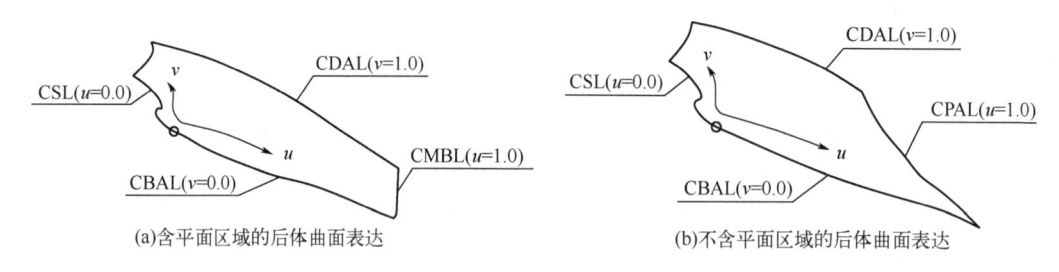

图 6-31 后体曲面表达

(3) 平行中体曲面表达。

平行中体曲面(SM)是直纹面，可以用解析式表达。为了与其他船体曲面的表达统一，在这里仍采用 NURBS 曲面表达。分别将平行中体起始位置和终止位置的横剖线都构造成复合曲线，然后用 NURBS 曲面表达。平行中体曲面参数化坐标系定义如图 6-32(a)所示。定义参数域为 $u \in [0.0, 1.0]$，$v \in [0.0, 1.0]$。显然，平行中体曲面关于参数 $v = 0.5$ 对称。当前体曲面和后体曲面不含平面区域时，平行中体曲面需要扩大，首尾边界不再对应平行中体的起始和终止位置。此时的平行中体曲面参数化坐标系如图 6-32(b)所示。

(a) 含平面区域的平行中体曲面表达

(b) 不含平面区域的平行中体曲面表达

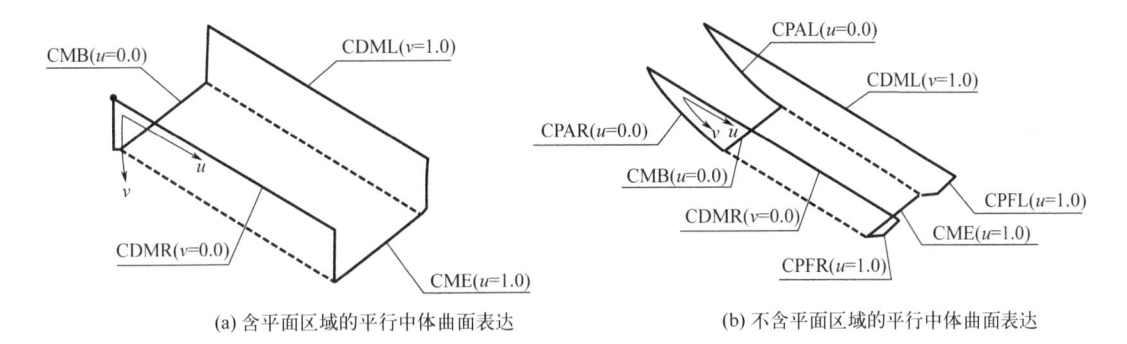

图 6-32　平行中体曲面表达

(4) 平底曲面表达。

平底曲面分为首平底面(SBF)和尾平底面(SBA)。它们都是平面片，容易用 NURBS 曲面表达。尾平底面有四条边界线，可按图 6-33(a)所示直接定义参数化坐标系。参数域为 $u \in [0.0, 1.0]$，$v \in [0.0, 1.0]$。

首平底面的边界只有两条线：CMEM 和 CBF，需要增加两条边界线，才可以转化为适合用 NURBS 表达的四边形域。边界线可以退化成一点，所以另外两条边界线分别定义在 CME 和 CBF 的两个交点处，是退化成一点的边界线。最终首平底面曲面参数化坐标系定义如图 6-33(b)所示。参数域为 $u \in [0.0, 1.0]$，$v \in [0.0, 1.0]$。

(a)尾平底面表达

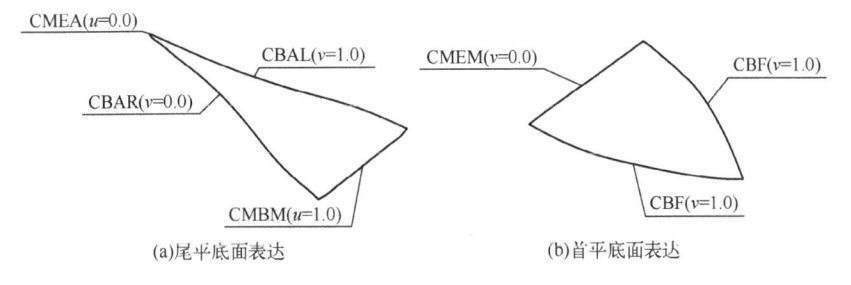

(b)首平底面表达

图 6-33　平底曲面表达

(5) 甲板曲面表达。

甲板曲面是解析曲面，可直接用解析式表达。定义甲板曲面半径 R 在任意截面上是相同的，甲板的梁拱值为 h，船的型宽为 B，则 R 与 h 和 B 有如下关系：

$$R = \frac{(B/2)^2 + h^2}{2h}$$

若甲板边界线已知，且可定义如下形式：

$$\begin{cases} y = f_1(x) \\ z = f_2(x) \end{cases}$$

则甲板曲面方程被确定为 $z = f_2(x) - \sqrt{R^2 - f_1^2(x)} + \sqrt{R^2 - y^2}$，$f_1(x)$ 和 $f_2(x)$ 要由相应的前体曲面、平行中体曲面和后体曲面的边界决定，都是 NURBS 曲线。

(6) 尾柱及尾封板曲面表达。

通常尾柱曲面和首柱曲面类似，都是比较复杂的曲面。为了造型简单，这里将尾柱曲面曲线简化。定义船体各水线在尾端点处呈折角形,折角点连成的空间曲线即上面所述的交点线(CSL 和 CSR)。左右舷交点线之间的船体曲面即尾柱曲面。显然,这样定义的尾柱曲面是一个直纹面。将尾柱曲面同尾封板平面合为一体,形成单一的直纹面,称为尾柱及尾封板曲面。用 NURBS 表达时,定义边界线 CSR 为该曲面的 $v = 0.0$ 边(与后体右舷 $u = 0.0$ 边重合),CSL 为该曲面的 $v = 1.0$ 边(与后体左舷边重合)。于是,尾柱及尾封板曲面的控制点及节点向量只需取后体曲面的相应控制点及节点向量,就可以满足尾柱及尾封板曲面同后体曲面的连续。图 6-34 是某船尾柱及尾封板曲面表达。

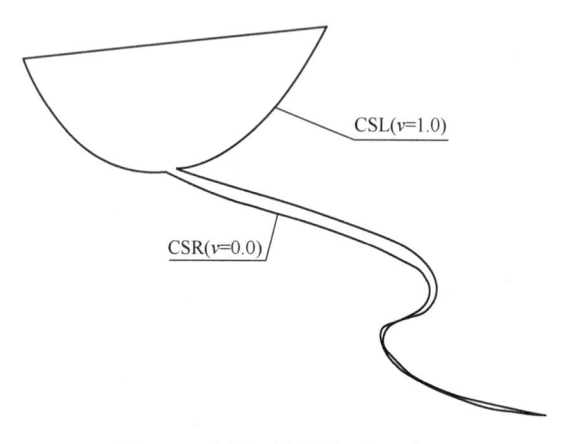

图 6-34 尾柱及尾封板曲面表达

6.3.2 参数化建模方法

1. 部分参数化建模方法

部分参数化建模是指在原有型线的基础上以参数控制的方式实现船舶局部的控制成形或变形。采用部分参数化建模方法可以兼顾到建模速度与建模复杂度,部分参数化建模不需要从基本的船型参数出发,而是基于一定的几何对象,虽然部分参数化的灵活性不及完全参数化,但建模过程相对简单,不需要过多考虑参数初始值的选取问题,在需要的时候适量增减即可,因此,部分参数化建模是较适应于船体曲面建模的方法。

2. 完全参数化建模方法

完全参数化建模方法主要分为两类:一类是基于数学函数的曲面建模;另一类是基于特征参数曲线的船体完全参数化建模。基于数学函数的曲面建模主要是运用数学函数直接建立船体几何曲面。首先设计出光顺的纵向特征曲线,然后生成一组光顺的横剖面曲线,最后生成光顺的船体曲面。当前流行的参数化建模方法有船型修改函数法、样条函数法、融合技术、Lackenby 法等。基于特征参数曲线的船体完全参数化建模主要是根据船型特征参数曲线来完成参数化建模,柏林工业大学(Technische Universitat Berlin)的 S.Harries 等由此研发出一款参数化建模软件 CAESES。

1) 船型修改函数法

船型修改函数法是采用某种级数表示船型的变化,该级数可以是三角函数或者多项式,船型的变化完全由该级数的参数决定。该方法的优点是设计参数可以直接作为优化问题的设计变量，对船型的整体和局部都能实现参数化表达，设计变量少；缺点是不够灵活，几何空间变化较小，改良船型的变化趋势完全被船型修改函数所限制。

2) 样条函数法

样条函数法主要是通过 B 样条曲线或非均匀有理 B 样条(NURBS)曲线或曲面来定义船体表面形状，函数的控制参数可以直接作为优化问题的设计变量。其中，NURBS 曲线或曲面应用范围较广。

3) 融合技术

融合技术最早源于动画设计领域，起初用于演示物种的进化过程，给定物种的初始形状和最终的进化形状，通过融合生成一系列中间阶段的过渡形状。通过将该技术引入船型变换，可以得到全新的船型。

4) Lackenby 法

Lackenby 法是通过给定设计船要求的参数(C_p、L_P、x_b 等)，直接由形变函数计算出满足设计船要求的各站横剖面纵向移动量。在计算机辅助船舶设计中，用该方法进行母型船变换设计更有效。该方法设计变量少，广泛用于基于母型船的船体几何重构，能够使设计者充分利用设计经验。该方法的缺点是：使用时，要求设计者凭借自身经验选择合理的参数，若参数选择不当，将导致所有的设计失败。

思 考 题

1. 型线设计应着重注意哪几点？
2. 船体横剖面面积曲线具有哪些特征？
3. 选取棱形系数 C_p 时应考虑哪些因素？实船设计中对不同 F_n 船舶如何选取 C_p？
4. 为什么浮心纵向位置 x_b 的改变会引起阻力性能的变化？选取 x_b 时应着重考虑哪些因素？实船设计中如何选取 x_b？
5. 什么样的船舶采用平行中体？采用平行中体有何优点？如何确定平行中体长度？无平行中体船舶的最大横剖面位置如何确定？
6. 横剖面面积曲线的首尾端部形状有哪几种？如何选择？
7. 描述设计水线的形状特征和参数有哪些？如何选择？设计水线的丰满度与横剖型线的形状有何联系？
8. 船舶首尾的横剖面形状有哪几种形式？其对性能(快速性、稳性、耐波性及船体振动等)影响如何？实船设计时怎样选择首尾横剖面形状？
9. 为什么大量船舶都采用前倾首？
10. 简述方尾的形状特征。
11. 说明自行绘制法设绘型线的思路。
12. 利用母型改造法设绘新船的前提是什么？分为哪几种不同情况？分别怎样进行改造？
13. 采用系列船型法设绘型线有什么优点？其方法怎样？应注意什么问题？

第 7 章　船舶总布置

总布置设计是船舶总体设计的一项重要内容，对船舶的使用性能以及航行性能等有着重要的影响，同时也是船舶其他专业设计的依据。不同用途的船舶对自身的总布置有着独特的需求。船舶总布置图一般包括侧面图、各层甲板、舱底平面图及平台平面图，以及横剖面图。

总布置设计是在满足运营要求、确保船舶航行性能以及安全性能的前提条件下，合理地对船舶的空间进行整体布局，从而详细地绘制出总布置设计图。总布置设计是船舶设计中全局性的一项任务，涉及船舶的各个方面，并且贯穿任何一艘新船设计的每个阶段。总布置设计不是一项独立的设计工作，而是要统筹协调各种其他设计之间的功能需求以及矛盾的综合性工作。对于不同类型的船舶，由于用途及航行条件的不同，总布置的特点也有所不同。在调查研究的基础上，进行全面的分析比较后，做到合理而恰当地取舍，创造性地完成总布置设计。

总布置设计的主要工作包括如下几点。

(1) 规划船舶主体和上层建筑，绘制外部造型。
(2) 布置船舶舱室和设备。
(3) 协调船舶各部位的通道与出入梯口。
(4) 调整船舶纵倾。

在总布置设计中，除了应注意各类船舶布置上的特殊要求外，一般还应遵循下述基本原则。

(1) 满足和提高船舶的使用效能。例如，运输船舶首先要合理地利用舱容，提高装卸能力，确保运输的安全性和运输能力。

(2) 保证船舶的航海性能。总布置设计时应采取适当的方式来确保船舶在航行时具备较好的浮态、稳性、操纵性以及耐波性等。

(3) 满足船体建造工艺合理性与结构连续性的要求。总布置设计应注重重量的分布，力求减少总纵弯矩和剪力，要避免结构的不连续性以及纵向构件截面的突变，降低应力集中带来的不利影响。各种舱壁的设置要充分考虑其对结构强度、振动以及施工的约束等。

(4) 满足法规和相关标准的要求。例如，船舶消防等规定和破舱稳性对分舱的要求，以及救生设备的部署等。

在完成后续的各专业详细设计后，通常都会对初步总布置设计结果提出各种调整意见，此时总布置设计工作是统筹协调各种需求矛盾，不断加以完善，此类工作一般都会延续到完工设计阶段。由此可见，总布置设计对于船舶整体设计的最终成功与否起着至关重要的作用。

绘制总布置图时，通常先做草图设计，在草图设计中以反映总布置图的大体轮廓为主，只绘制出船舱、主机和发电机等；对于上层建筑，则根据舱室面积、驾驶视野、梯道和设备等的布置要求,只确定其外形尺寸。之后根据草图内容计算满载和压载情况下的船舶浮态与稳性、静水弯矩等性能,再进行校对,多次调整直至达到要求。最后根据选择的方案及型线图的型值,具体详细地布置各类舱室和设备,绘制出正式的总布置图。

船舶舱室内的环境设备多而杂,绘制起来相对麻烦,绘制船舶总布置图时会进行特殊的处理,以简化操作。特殊处理如下:

(1) 使用简化的图形符号表示设备和家具等;
(2) 不标注具体尺寸,只给定位尺寸,长度方向按肋位号表示,高度方向按距基线表示,宽度方向按距中心线表示;
(3) 按船舶制图规定的线条表达;
(4) 视图中不可见设备不必绘制。

7.1 总布置规划

船舶总布置的规划取决于设计要求和船舶本身的用途,通过参考相关船型的设计资料,对船舶的空间进行纵向和垂向的区域划分。纵向划分是用横舱壁沿船长方向划分船舱,包括货舱、机舱、首尖舱、尾尖舱、燃料舱和水舱等。纵向划分是为了划分不同功能的舱室,从而使得船舶具有足够的横向和纵向强度,保证船舶的破舱稳性,同时当某一舱室发生火灾或破损时,不会危及全船的安全。垂向划分是用内底、平台、各层连续甲板和上层建筑甲板将船体和上层建筑予以分隔,以保证航行安全和船体强度,同时满足货物运输与船员生活与工作的使用要求。

7.1.1 主船体舱室的划分

主船体是指船舶连续露天甲板(通常为上甲板)以下的部分。主船体舱室在划分时需要确定水密舱壁、甲板、机舱位置、边舱以及双层底的设置等,同时着重考虑如下因素:

(1) 满足规范、法规和公约要求,如船级社规范(水密舱壁数量及位置、肋距、双层底等)、法定检验规则(分舱、消防、防污染等要求)、SOLAS 和 MARPOL 等;
(2) 船舱大小满足使用要求;
(3) 各种载况下有符合要求的船舶浮态及稳性;
(4) 考虑总纵强度、局部强度和结构建造的工艺合理性等。

1. 水密舱壁

主船体沿船长方向由水密舱壁划分为首尖舱、货舱、机舱与尾尖舱。水密舱壁的数目和位置的确定需要结合规范与总布置要求。由于横舱壁必须置于肋位上,所以需要首先确定全船肋骨间距并排定肋位。

1) 肋骨间距

确定肋骨间距是绘制总布置图和船体构件计算的基础工作,我国使用 CCS《钢质海船入级规范》(2022)规定,计算得到肋骨标准间距 s_b(m)为

$$s_b = 0.0016L + 0.5$$

在首尾尖舱应不大于 0.6m。

对于大型船舶，首尾部的肋距常常与舯部不一样，具体数值可根据标准肋距及船长确定；对于中小型船舶，往往全船取同一肋距。

2) 水密舱壁的数量

确定水密舱壁的数量一般按照《钢质海船入级规范》(2022)的要求，如表 7-1 所示，对于船长大于 190m 的船舶，可直接通过计算确定。

表 7-1 船舶水密舱壁数量

船长	水密舱壁数量	
	中机型	尾机型
$L_s \leq 60$	4	3
$60 < L_s \leq 85$	4	4
$85 < L_s \leq 105$	5	5
$105 < L_s \leq 125$	6	6
$125 < L_s \leq 145$	7	6
$145 < L_s \leq 165$	8	7
$165 < L_s \leq 190$	10	9

注：L_s 为结构计算船长。

横向水密舱壁的设置应符合下列要求：

(1) 除防撞舱壁和尾尖舱壁外，其余横向水密舱壁均应通至舱壁甲板；

(2) 货舱舱壁应均匀地间隔设置，当一个货舱的长度超过 $0.15 L_{bp}$ 或 30m(取大者)时，横向结构应予以加强，并提交相应的技术支持文件；

(3) 由于特殊运输需求，当横向水密舱壁的设置无法满足表 7-1 的要求时，只要进行适当的结构补偿并经直接计算证实船体的横向强度是足够的，就可减少一道或几道横向水密舱壁。

3) 水密防撞舱壁

对于水密防撞舱壁的位置，需要考虑整个防撞舱壁和首垂线的距离，应符合船旗国主管机关的有关规定。根据《国内航行海船法定检验技术规则》规定，对于货船，水密防撞舱壁与首垂线的距离不小于 $5\%L_{bp}$ 或 10m(取其较小者)；一般不大于 $8\%L_{bp}$。对于客船，水密防撞舱壁与首垂线的距离不小于 $5\%L_{bp}$，也不可大于 $5\%L_{bp}+3$m。

4) 尾尖舱舱壁

对于尾尖舱舱壁的位置，要求能够将尾轴管包含其中。对于单桨船而言，一般要使尾轴管有充足的空间，尾尖舱舱壁距离尾垂线一般为 $(0.035 \sim 0.045)L_{bp}$，对于双桨船而言，为避免尾尖舱前移过多，尾轴管的支持问题多用另设轴隧(如在机舱内局部设水密体)的办法解决。一般货船的首尾尖舱的长度之和占垂线间长的 9%~12%。

2. 机舱位置及长度

机舱的位置可以分为"尾机型"、"中尾机型"、"中机型"和"中前机型"等。机舱的位置不同会影响到船舶上层建筑形式，船体结构与强度，货舱的布置，船舶的纵倾调整、驾驶视野、抗沉性，以及机舱的长度和布置等方面，对于不同的机舱的位置，其性能各有利弊。

1) 尾机型船

现代运输船大多采用尾机型，如图 7-1 所示，其中油船全部为尾机型，其他货船(包括杂货船、散货船、集装箱船等)中尾机型也达 70%~80%。尾机型船之所以得到广泛应用，是因为其有如下的优点：对于货船，尾机型船可使中部货舱方整，便于装货理货。对于散货船，尾机型船有利于货舱口布置，以提高装卸效率。因此，尾机型船对于货船经济效益的提高非常有益。尾机型船可缩短轴系长度，提高轴系效率，降低造价，且不需设轴隧而使舱容有所增加。尾机型船有利于结构的连续性和工艺性。对于油船，可使货油舱毗邻设置，便于管路布置，有利于防火安全。

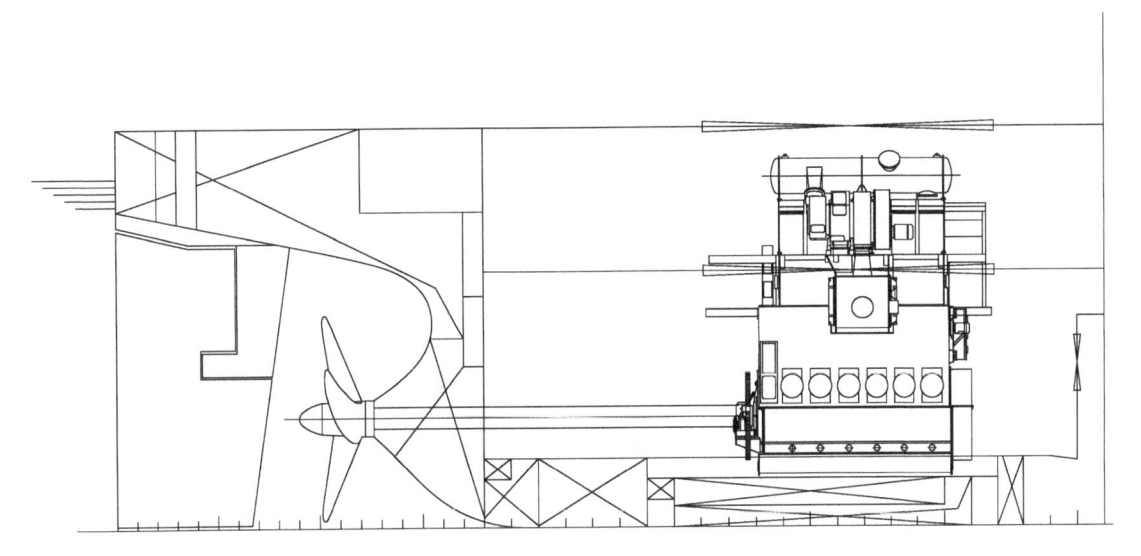

图 7-1 尾机型船示意图

同时尾机型船也存在如下缺点：浮态调整比较困难。由于机舱的单位体积重量比货物轻，船满载时重心偏前，易出现首倾；而空载时重心偏后，易出现尾倾。尾机型船的驾驶视野和适居性较差。因为上层建筑一般位于机舱之上，驾驶室离船首较远，且尾部振动、纵摇与升沉幅值及加速度大，船员易感到不舒适。对于型线较瘦的集装箱船等快速货船，机舱布置较困难，特别是双机船。

尽管尾机型船有上述缺点，但是综合考量尾机型船在舱容和装卸方面的优点，尾机型船仍然是大多数货船的首选。为克服尾机型船(尤其是尺度不大者)在纵倾调整、抗沉性及布置方面的困难，设计时应先对主机选型、型线设计加以分析考虑，力求压缩机舱长度，把浮心纵向位置适当前移，尾舷弧适当放大，尾部横剖线适当取 U 形。在不得已时，在船首设置空舱以解决浮态调整问题。

此外，对于驾驶视野、振动和噪声问题，可以通过采取驾驶室适当加高、选用振动噪声较小的设备且进行合理的舱室分隔等措施来解决。

2) 中尾机型船

当船舶为双机双桨时,尾机型船布置上的困难就比较突出。由于过分加长机舱,尾部保留一个货舱,构成中尾机型船。例如,对于大型集装箱船,为满足驾驶视野等需要,机舱大多在船舯后部。对于双桨高速船,由于方形系数较小,考虑机舱布置常采用中尾机舱布置形式,如图 7-2 所示。

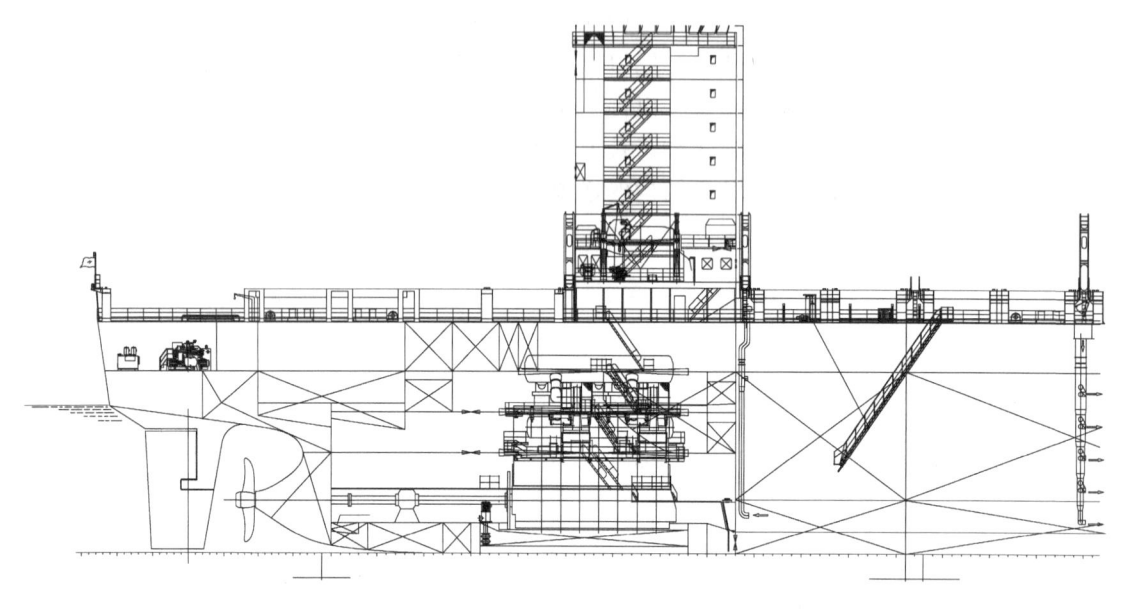

图 7-2　中尾机型船示意图

3) 中机型船

中机型船的优缺点与尾机型船是相反的,主要用于客船,拖船、渔船一般也采用中机型船,如图 7-3 所示。

4) 中前机型船

对于中小型尾滑道拖网渔船,因其使用要求和布置地位的需要,有些采用中前机型。有的小艇因考虑轴系布置等因素,将机舱布置在艇首的较前部位。

3. 货舱及客舱的划分

对于货船,当确定了首尾尖舱舱壁的位置及机舱的部位和长度后,根据规范规定的最少舱壁数,便可确定货舱的数目。

1) 货舱的划分

对于散货船的舱室划分,通常以舱容为划分依据,从而实现均衡装卸作业时间;而对于杂货船、多用途船,通常以使用要求为主要划分依据,其次考虑卸时间的均衡性;对于运输谷物、兼运矿砂的散货船,可采用长短舱结合的布置方式,长舱装谷物,短舱装矿砂,这样不至于在载运矿砂时因重心过低而引起剧烈的横摇;为防止油船海损造成海洋环境污染,MARPOL 和我国法规对油船的货油舱横剖面结构、货油舱舱长及单舱容积都有具体规定。

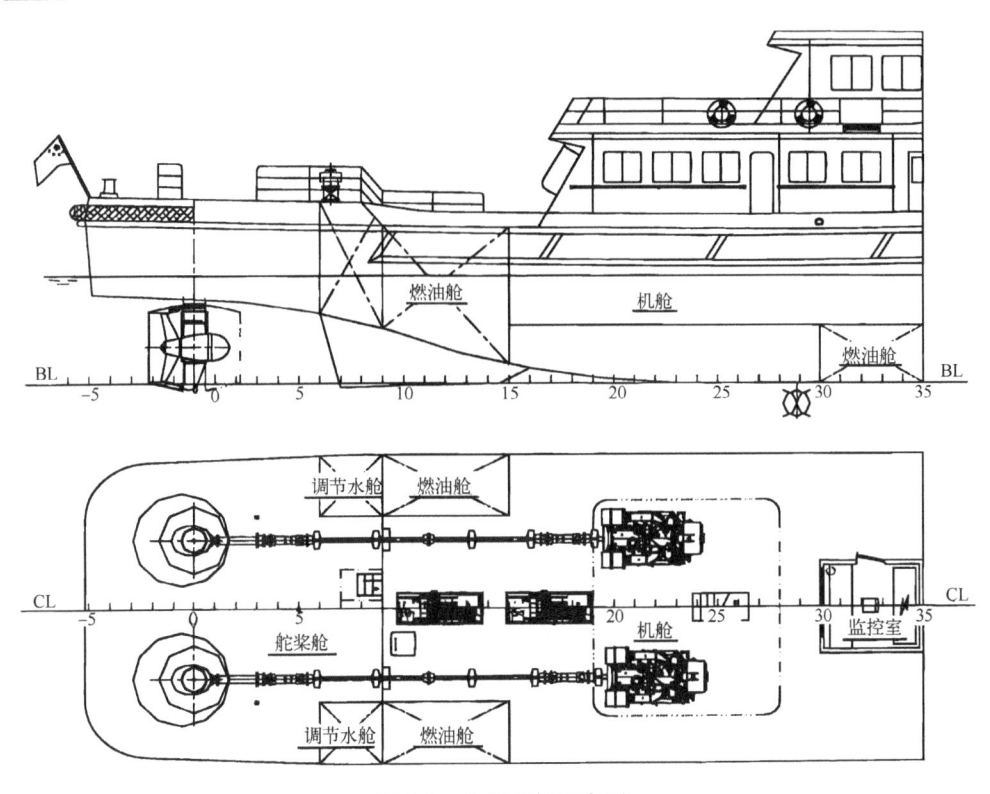

图 7-3 中机型船示意图

2) 客舱的划分

客船主体内舱室的划分一般根据分舱与破舱稳性的要求并结合防火主竖区长度的规定来确定。

4. 甲板与平台

1) 层数

船舶的甲板层数主要是由船舶的使用要求和装载情况确定的。根据船舶类型确定甲板层数，通常油船、散货船、集装箱船等为单层甲板，杂货船、多用途货船为二层或三层甲板，滚装船、车客渡船为多层甲板，客船的甲板层数根据旅客舱等级和旅客数量设定，可为二层或多层甲板。

平台用于对船舶的局部进行分隔，如首尖舱平台、机舱平台等，对于平台的设置，主要考虑布置的空间和局部的结构强度。平台的垂向位置一定要注意与纵向构件的连续贯通。

此外，中间甲板或平台现多趋于不用梁拱和舷弧，以利于施工和使用。

2) 层高

货船的甲板间高通常是由货物的种类和当前船舶的作业条件决定的，例如，多用途船甲板间高需要考虑运输集装箱的高度和吊装设备的工作余量，客船甲板间高则需根据法规要求的旅客起居处所最小净高度来考虑。

5. 双层底

使用双层底的目的是保障船底触礁或搁浅时船舶的不沉性，同时其可作为燃油、淡水舱或压载水舱。

关于双层底高度 h_d，规范和法规规定 $h_d \geq 25B+42T+300$mm 且不小于 0.7m，式中，B、T 的单位均以 m 计。

双层底高度 h_d 的决定因素为：起到对内底的保护；便于人员施工，满足管路安装、检修的要求；满足油水舱舱容的需要。双层底高度 h_d 不宜过大，当双层底高度过大时，将增加结构部分重量，减小货舱容积。有时，为了便于主机的安装、首尾狭窄部分的施工以及满足油水舱舱容等方面的需要，可适当增加局部双层底的高度，但必须注意各区段结构过渡的连续性，如图 7-4 所示。

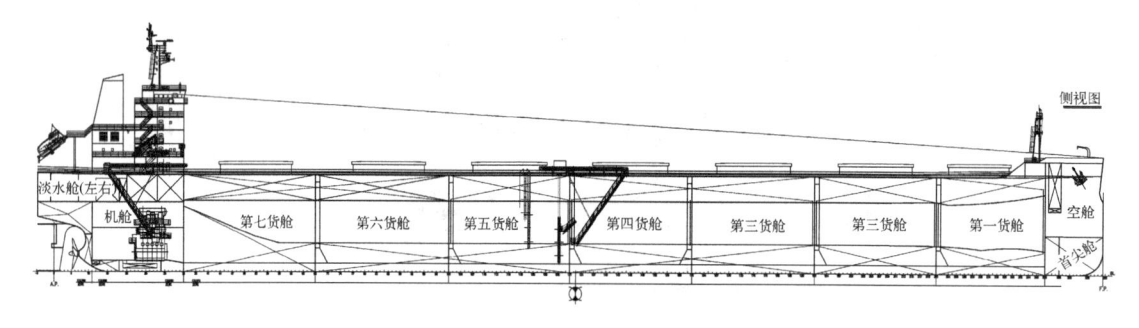

图 7-4 双层底结构连续性示意图

6. 顶边舱与顶舷舱

多用途货船、散货船、矿砂船和运木船常设置舷边舱；顶边舱则为散货船所采用，如图 7-5 所示。

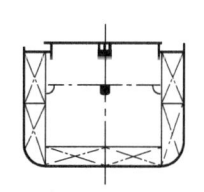

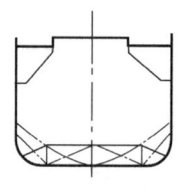

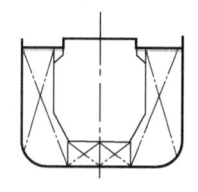

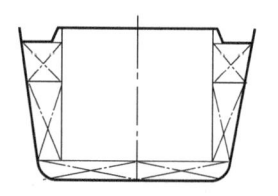

图 7-5 多用途货船、散货船、矿砂船、运木船的舷边舱和散货船的顶边舱示意图

整个舷侧自上而下设置舷边舱，大多用于单层甲板船或载运重货的船，即舱容要求不高，压载量要求大且船体强度要求高的船舶。对于矿砂船，因矿砂密度大，货舱所需舱容小，所以双层底高度和边舱尺寸都很大，这样可避免货物重心过低，初稳性过高，横摇周期过短。多用途船的舷边舱有图 7-6 所示的形式。这种形式的优点在于上部形成箱型结构，有利于提高总纵强度及扭转强度，故此类舷边舱亦称为抗扭箱，其可兼做压载舱，在空载航行时注入压载水以提高船舶重心，改善航行时的耐波性；同时甲板间货舱的宽度减小，有利于改善谷物装载稳性。

7. 油水舱的布置

1) 布置原则

将不便于装货的狭窄舱室作为液态油水舱,同时还要考虑油水运输的距离,以提高船舶经济性;保证油水分离,包括燃油舱、滑油舱、压载舱和淡水舱,燃油舱与淡水舱均应分舱布置,以免集中于一舱,防止一旦该舱破损进水后油或淡水失去供应;尽可能将燃油舱、淡水舱的公共重心布置于近船中处,以免油水消耗后产生大的横倾;注意防火安全,避免燃油舱与居住舱相邻布置(小船不得已时应按规范涂设防火敷料),燃油舱的出气管不要通过生活舱室。

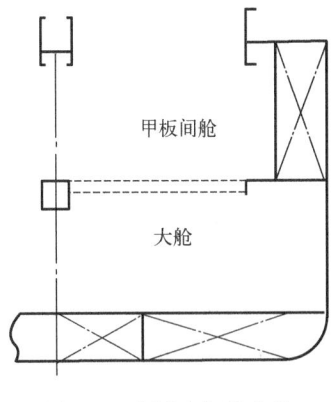

图 7-6 多用途船舷边舱

2) 油水舱布置的一般规律

(1) 燃油舱通常布置在双层底内,也可布置在机舱前端设置的深舱或布置在两舷边舱内;日用油柜一般都布置在位置较高的机舱平台上,以便利用重力使燃油直接进入主、辅机油泵。辅机及主机启动和进出港时用的轻柴油通常都布置在机舱双层底内。因重油需要加热才能抽出,其热源一般为锅炉的蒸汽,所以希望双层底内的重油舱能离机舱近些,以缩短管路和减少热量损耗。但尾机型船在燃油消耗后容易首倾,因此有的船将部分重油舱布置在较前的双层底内。对于小船,因考虑重油加热管的敷设,重油舱常布置在深舱或局部升高的双层底内,其日用油柜也常设在机舱内。

(2) 滑油储存柜、沉淀柜、气缸油柜的容积不大,一般都放在机舱平台上。滑油循环柜、污油柜和溢油柜的容积也不大,一般设在主机下双层底内。

(3) 淡水舱包括锅炉水舱、饮水舱和洗涤水舱。这些水舱通常布置在双层底、深舱以及尾尖舱上方等处所。容积较小的日用水柜常设于机舱平台上及机舱棚顶或烟囱内等处。饮用水舱尽可能与其他油水舱隔离,以保证饮用水的卫生。

(4) 压载水舱可设在双层底、首尾尖舱、边舱(底边舱、顶边舱)及双壳体的边舱等处,其数量及位置应根据压载水量及保证船舶在不同装载情况下有适宜的浮态和稳性而定,并尽量减小中垂和中拱弯矩。

7.1.2 上层建筑的规划

上层建筑是最上层连续甲板以上围遮建筑的统称。在总布置设计中,上层建筑的规划包括形式、尺度、设置和内部划分等。

1. 形式

船楼是指上甲板上伸至距舷边距离小于 4%船宽的上层建筑,依其位置的不同分为首楼、尾楼及桥楼。船楼的优点是增加了上层建筑的内部面积,有利于舱室布置,可抵御甲板上浪,提高船的安全性,因此,多为海船所采用。甲板室是两侧壁不延伸到船两舷的上层建筑,即留有外走廊。外走廊的设置方便了人员在甲板上的首尾通行以及上下船,还有利于旅客在外走廊观赏风光。

2. 尺度

上层建筑的尺度包括其长短、层数等。通常，确定时应考虑以下因素。

1) 舱室布置

船员及旅客的居住、生活、工作等舱室一般布置在上层建筑内，这是决定上层建筑尺度的主要因素。

2) 重心高度和受风面积

上层建筑的发达程度将影响船舶的重心高度和受风面积大小，从而对船舶稳性和操纵性造成影响。重心高度过高，受风面积增大，将使船舶稳性下降；船舶水上部分侧投影面积与水下部分侧投影面积之比过大，势必在受横风作用时产生严重漂移，直接影响船舶靠离码头的安全性。对于这类船舶，在总布置设计时应权衡利弊。

3) 驾驶视野

驾驶室应位于上层建筑上部，并在可能的情况下设在船舶的中心线上，以便提供最佳的视野。驾驶室底部的高度应根据船舶的设计和用途进行确定，以确保船长在驾驶室内时能够获得适当的视野。

从驾驶安全角度来看，应尽可能缩短盲区(是指驾驶员眼睛到船首舷墙顶点所引直线延长线与水面的交点至首柱的区域，如图 7-7 所示)。

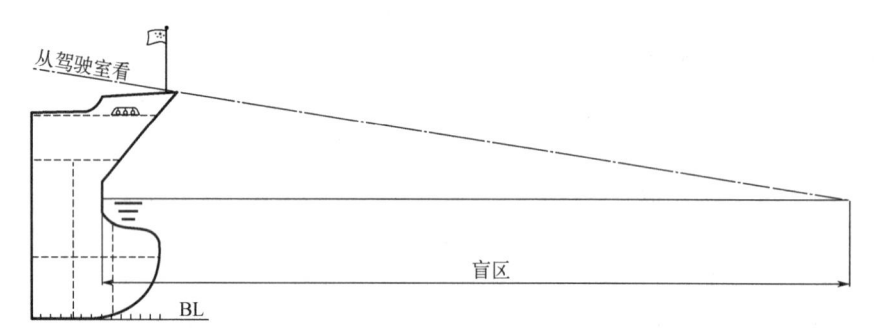

图 7-7 船舶盲区示意图

由于船型、用途和载况不同，各种船舶的盲区长度往往相差较大。通常客船的盲区长度为 $(0.6\sim0.7)L_{bp}$；货船和油船的盲区长度满载时为 $1.25L_{bp}$ 左右，压载时约为 $2L_{bp}$；集装箱船盲区长度要求不大于 $2L_{bp}$。在总布置设计时，可参照母型船资料来确定，并尽可能使盲区长度减小，以保证船舶航行和靠离码头时的安全性(盲区要求需要查规范确认)。

4) 其他

上层建筑高度还受到桥梁高度的限制；上层建筑长度受露天甲板上设备及船员作业需求的影响，例如，救生艇设备的布置要求有足够空间；货船上层建筑前端壁应尽可能少跨出货舱舱壁等。

3. 设置和内部划分

1) 首楼

首楼的设置及尺度首先要考虑甲板上浪，甲板上浪将严重威胁甲板上船员、货物、设备和甲板开口封闭装置等的安全。实践证明，设置首楼对防止甲板上浪，保持甲板干燥，保障人员、货物及设备安全是十分有效的。

首楼的设置及其长度与船舶干舷大小、舷弧高度、海域情况以及首楼甲板上设备的布置需要诸因素有关。我国《钢质海船入级规范》规定，所有船舶应设置首楼或增大舷弧，使船首最小高度符合《载重线公约》的要求。该规范规定，凡设置首楼以满足规范对首部最小高度要求的船舶，自首垂线算起的首楼长度应不小于 $0.07L_{bp}$，并且在船长 $L_{bp} \leqslant 100m$ 时，首楼的封闭条件还应满足规范的规定。在此基础上，首楼甲板面积还应顾及锚泊设备和其他设备的布置要求。首楼长度一般是船长的 8%～10%。

有的船舶从实际出发采用长首楼，这样既增加了舱容，又均衡了装卸时间，但应注意对稳性带来的不利影响。例如，海洋拖轮为改善航行中的飞溅和拖钩布置在船重心附近，也设置长首楼，但要注意，因首部碰撞机会较多，首尖舱范围内的首楼不能作为居住舱室使用。

对于小型船舶，考虑到驾驶视野或重心高度，有些设置了半升式首楼(首楼底在上甲板之下)。客船或客货船因干舷甲板之上通常还设连续甲板，所以一般不设首楼。对于高型深和高舷弧的大型船，因为能保证首部干舷，也可不设首楼。

2) 中部及尾部上层建筑

中机型船大都设置中部上层建筑，用以布置船舶生活和工作舱室，保护机舱开口，布置烟囱和艇设备。即使是尾机型船，也有为改善驾驶视野等而设置了中部上层建筑的。

中部上层建筑分桥楼型和甲板室型。因甲板室型两侧有外走廊，甲板上前后交通联系方便，一些甲板作业频繁的船(如渔船、拖轮、大型货船等)较多采用甲板室型。甲板室型中部上层建筑在甲板上浪和舱室面积方面有其不足之处，所以一些小型运输船及客船常采用桥楼型。中部上层建筑在甲板上跨越的长度既要满足布置生活和工作舱室的需要，又要防止不合理的增长影响装卸效率。从提高装卸货物效率的角度来看，希望货舱口要大，这就要求中部上层建筑的端壁不能过多跨越货舱的长度。通常其端壁跨越货舱的长度以不大于 5m 为宜，否则将影响货舱口的尺度。中部上层建筑依船舶大小一般设有 2～4 层，最下层长度要满足遮住机舱的需要，统计范围为船长的 15%～20%，并自下而上在后端逐层缩短缩窄，但其尺寸应满足舱室、艇、机舱天窗和烟囱的布置要求。

尾机型船根据机舱棚、烟囱、生活和工作舱室的布置要求，都要设置尾部上层建筑；中机型船为解决舱室布置的拥挤问题，也设置单层的尾甲板室。另外，在个别尾机型大船上，因尾部驾驶视野不好，而在中部或首部另设短的上层建筑，布置驾驶人员的全部或部分舱室。其上层建筑集中在机舱区域，这样布置有利于减少生活设施，节约空间和减少造价，方便船员工作和生活，有利于机舱棚的布置和进出通道的安全。

对于客船及其他需要较大舱室的船舶，上层建筑常由中部向首尾延伸，并有相当长度。

3) 主上层建筑的尺寸和层数

主上层建筑的尺寸和层数应根据需要的舱室面积、露天上甲板面积(如运输船货舱口的安排)、艇设备布置、驾驶视野、重量和重心高度、受风面积等因素来决定。对于大型运输船舶，舱室面积矛盾不大。中小型船舶的舱室面积矛盾相对较大，这时应按在保证船员必需的生活条件下，尽量不影响船舶使用效能的原则来处理，做到适当兼顾。

上层建筑的层数与船舶的大小有密切关系，小船为 1～2 层，中型及大型船舶为 3～4 层，尾机型的大船考虑驾驶视野，甚至高达 5 层以上。各层自下而上在后端逐渐内缩，长度和宽度应满足舱室、艇设备、机舱棚和烟囱等布置需要；小船为降低重心，减小受风面积，层高常压低到2.1m，中型以上船舶的层高按舱室用途不同取2.3~2.6m。

7.2 浮态计算与纵倾调整

在不同装载情况下的船舶浮态对船舶的快速性与安全性有较大影响。一般在完成了总布置后，需要对船舶的浮态进行计算(或估算)，根据计算结果调整总布置，直到浮态满足要求为止。这种浮态计算与调整的过程称为纵倾调整。本节将介绍船舶在航行过程中对浮态的要求、浮态计算及纵倾调整的方法。

7.2.1 船舶浮态要求

当船舶的载荷发生变化时，船舶的浮态也会发生变化。当尾吃水不足时，将使桨叶出水，降低推进效率，引起空泡和振动；当首吃水不足时，首拍击现象严重，将引起首底破坏；而当平均吃水过小时，船的受风面积增大，对稳性及航向稳定性都不利。因此，要求船舶必须有适宜的浮态。船舶满载状态和空船压载状态是作为设计重点来考虑的。

1) 满载状态

满载状态船舶的平均吃水和首尾吃水比较大，螺旋桨的浸度不成问题，主要是考虑适宜纵倾。对货船，一般要求船舶具有正浮状态，稍许的尾倾也是允许的。

2) 空载状态

船舶空载时，平均吃水是比较小的，适宜的平均吃水和纵倾主要通过加压载水及其在船上的合理布置来实现。一般希望首吃水达到$(2.5\%\sim3.0\%)L_{bp}$，尾吃水则要求能使螺旋桨充分浸没水中。对普通杂货船，由于不具备专用压载舱，通常要求螺旋桨直径的3/4必须浸没水中，对航行于大洋中的远洋货轮，需要更大些。对载重量DW≥20000t的原油船，空船加压载时的浮态必须满足《国际防止船舶造成污染公约》及其议定书中的规定。

7.2.2 浮态计算

根据设计船的型线图计算并绘制静水力曲线及邦戎曲线，并绘制总布置草图，进行总体布局区划后，即可进行浮态计算，一般步骤如下。

(1) 绘制舱容图并编制舱容要素汇总表。

(2) 按舱容图及舱容汇总表计算各货舱、油舱及水舱的重量重心；各货舱、油舱及水舱的装载量=该舱净容积×货物(或液体)密度，其重心则可取在该舱容积的形心处。

(3) 计算空船重量重心。设计后期，空船重量重心应按船、机、电的全套图纸分项详细计算后汇总确定。

(4) 按总布置草图计算人员及行李、食品、备品及供应品的重量重心。

(5) 编制各载况重量重心计算表。

(6) 各载况浮态计算。在各载况重量和重心确定后，就可以按照表7-2对浮态进行计算。

表 7-2 各载况浮态计算表

序号	项目	单位	符号及公式	数值
1	排水量	t	Δ	
2	吃水	m	T	
3	每厘米纵倾力矩	t·m/cm	M_{TC}	
4	浮心纵向位置	m	x_b	
5	漂心纵向位置	m	x_f	
6	重心纵向位置	m	x_g	
7	纵倾值	m	$t = \dfrac{x_g - x_b}{100 M_{TC}} \times \Delta$	
8	尾吃水增量	m	$\delta T_A = -\left(\dfrac{L_s}{2} + x_f\right)\dfrac{t}{L_s}$	
9	首吃水增量	m	$\delta T_F = \left(\dfrac{L_s}{2} - x_f\right)\dfrac{t}{L_s}$	
10	尾吃水	m	$T_A = T + \delta T_A$	
11	首吃水	m	$T_F = T + \delta T_F$	

7.2.3 船舶纵倾调整

船舶纵倾调整主要是解决重心纵向位置 x_g 与浮心纵向位置 x_b 二者之间的关系问题。当 $x_g \neq x_b$，且 x_g 与 x_b 差异较大时，会造成船舶浮态不符合要求。因此，纵倾调整方法的实质就是采取适当措施改变重心纵向位置 x_g 和型线设计时合理选择浮心纵向位置 x_b。

货船通常以满载出港时的浮态作为纵倾调整的基础状态。若出现尾倾偏大或首倾，则可用下列一种方法或几种方法进行调整。

(1) 改变油舱或淡水舱的布局。

将某一油舱或淡水舱移动一段距离，移动部分的重量为 W_i，移动距离为 x_i，移动力矩为 $M_{xi} = W_i \cdot x_i$。油水舱移动带来船舶重心位置的变化量为 $\delta x_g = \Sigma W_i \cdot x_i / \Delta$。

(2) 中机型及中尾机型可适当移动机舱位置。

为调整纵倾，可将机舱适当前移，如图 7-8 所示。

图 7-8 移动机舱位置调整纵倾

船舶重心位置的变化量：

$$\delta x_g = \frac{-l_m \rho_c \delta x_m A_m + \delta x_m W_m}{\Delta} = \frac{\delta x_m A_m l_m}{\Delta}\left(\frac{W_m}{A_m l_m} - \rho_c\right)$$

式中，A_m 为机舱横剖面面积；l_m 为机舱长度；W_m 为包括机舱上面的上层建筑在内的机舱内的所有重量；ρ_c 为货物密度；δx_m 为机舱移动距离。由于一般运输船舶的 $\dfrac{W_m}{A_m l_m} \ll \rho_c$，因此移动机舱对改变船舶的重心纵向位置是有效的。

对于尾机型船，若将机舱长度压缩 δl_m，则货物移动 $\delta l_m/2$，产生的移动力矩为 $\delta l_m W_c/2$，其中 W_c 为移动货物的重量。这样，船的重心后移量至少为

$$\delta x_g = \delta l_m W_c / 2\Delta$$

可见，尾机型船机舱长度对纵倾调整影响很大，故设计时应特别注意。目前，机舱布置向立体化发展，这是缩短机舱长度较为有效的方法。

若货物密度较大，船舶重心偏前，而机舱位置又难以后移，则需要设置首部空舱，当船舶空载航行时可加压载水，以利于纵倾调整，但增加了船舶的中拱弯矩。

(3) 改变浮心纵向位置。

当船舶型线图完成后，若改动浮心纵向位置 x_b，就等于重新设绘型线图。因此，只有当改变布置有很大的困难时，才考虑改变型线。这就要求在型线设计时，浮心纵向位置的选择不能单从快速性角度考虑，必须结合总布置的合理性和纵倾调整的需要，参考母型船加以全面权衡，避免在设计后的返工。

上述满载出港状态的纵倾调整方法对各种类型的运输船、各种装载情况都适用，是普遍的方法。

由于浮心通常随吃水减小而前移，所以只要布置时使燃油、淡水的公共重心距船中不太远，满载中途及满载到港的浮态一般不成问题；半载情况更易于靠压载来调节纵倾。因此，下面只需讨论压载出港的情况。

压载出港状态中货物重量取为零，并计入压载水的重量和纵向力矩，就可求得压载出港时的首尾吃水。若所得的首尾吃水不符合要求，应重新分配压载舱并重复上述计算。在重新分配的过程中，有时要变动货舱、油舱及水舱的位置，这又需对满载情况重新计算。如此反复，一直调整到各种载况都满意为止。在调整过程中要注意自由液面对稳性的影响，一般都将所用的压载舱注满压载水，否则就空着，避免半舱压载。若嫌某压载舱太大，则可将其分隔成两个舱。

(4) 调整压载分布。

一般来讲，对于运输船，满载时尽量少带压载水或不带压载水，但其空载时，往往需要加一定量的压载水来保证船舶具有良好的航行性能，所以在船的首尾和载货区域均设有压载水舱。如果船舶具有足够的压载水舱，此时只要根据各载况浮态的需要进行适当的压载分配即可，但需注意每个压载水舱应压满，以减小压载水自由液面对稳性的不利影响。

对有些船舶，通常设置的压载水舱舱容不足，且浮态调整困难，有时不得已增加船长以设置专门的压载深舱，但一定要注意压载对静水弯矩的影响。

7.3 舱室及通道布置

在初步完成了船舶主体舱室的划分和上层建筑形式和尺度的确定后，需要对船舶的舱

室和通道进行布置。舱室的布置通常分为工作舱室布置和生活舱室布置两类,舱室设计的基本要求是在保证经济、适用的前提下,尽量改善人员的工作和生活条件,做到舒适、方便和安全。

7.3.1 工作舱室布置

工作舱室包括驾驶室、海图室、报务室、雷达室、应急发电机室、机修间、灯具间、油漆间、木工间、理货室及各种储物间等。工作舱室的布置会随着船舶型线、类型和航线的不同而不同。驾驶室、海图室、报务室是船舶重要的工作舱室,为便于在航行过程中相互联系,这些工作舱室都放在同一层上。

驾驶室是船舶的指挥和控制部位,要求有良好的视野,通常驾驶室放在上层建筑中一层甲板(称为驾驶甲板)上。确定驾驶室的高度和其在船上的纵向位置时,要尽量缩短前端的盲区,为此,当船舶具有船中部上层建筑时,驾驶室设在船中部。驾驶室的面积要满足布置航电设备和工作人员活动的需要,前后方向长度须有 2.5～3.0m,驾驶室外左右翼桥通到两舷,留着的驾驶甲板用于驾驶员瞭望观测。驾驶室两边设有扶梯通罗经甲板。

海图室是供存放海图并进行海图作业的场所。大型船舶一般将它放在驾驶室的后右侧,并有门与驾驶室相通。小型船舶由于面积的限制,多将它放在驾驶室内部。海图室的面积要满足放置海图桌、航海资料文件柜、测位仪表等物品和人员工作活动的需要,一般须有 6～16m^2。

报务室是设置无线电通信设备,进行船与船、船与陆地通信联系的工作场所。报务员担负着经常为驾驶人员提供情报的任务,所以通常把报务室放在驾驶室后左侧。室内应有良好的绝热隔音设施,要有直通露天甲板的门,以供应急之用。

雷达室是放置和操纵雷达装置的部位。雷达显示器应装在驾驶室或海图室,考虑与驾驶室联系方便和缩短雷达装置与天线的距离以及减少导波管的弯折次数,雷达室通常设在驾驶室同层和靠近雷达天线下面的区域。有些船由于面积的限制,不能单独设雷达室,而将雷达装置放在海图室内。雷达室面积主要根据设备台数、工作台大小等决定,小船为 5m^2 左右,大船为 11～20m^2。

应急发电机用于海损后的应急供电。应急发电机室要设在较安全的地带,多设在艇甲板上,并设有单独通向露天甲板的门,以保证海损时应急工作的方便。应急蓄电池室也设在该层,亦须设通向露天甲板的出入口。

机修间供修理主辅机及各种设备配件之用,通常设在机舱区域的平台上面或其他邻近机舱便于工作的处所。

灯具间、油漆间、木工间一般都设在首楼内部,货船上也有布置在起货机平台下的。灯具间和油漆间应以钢隔壁分开,均须有良好的通风设备和直通露天甲板的出入口。

远洋运输船需设理货室。它是用来接待外界商务人员的舱室。考虑到接待方便而又不影响船内的工作,理货室宜放在上甲板层,并应设直通露天甲板的出入口。此外,尚有一些工作舱室可根据该室设备特点和同型船布置的经验进行布置。例如,报务用的变流机多放在报务室同层的变流机室内,并且该室有通向露天甲板的门。电罗经的变流机最好放在主罗经旁的单独房间内。电罗经室应尽可能设在船的摇摆中心附近,消防用的灭火剂(如 CO_2)多存放在桅室或上甲板上专门的房间内,不可放在生活舱室区。

7.3.2 生活舱室布置

生活舱室包括居住舱室、公共舱室及其他舱室。对于生活舱室的面积和设备标准，主要需要考虑船员的工作、生活条件，以及经济性和实际可行性。由于船舶的吨位大小、航线、用途及乘员人数的不同，实船实际布置的情况存在差异，还需要满足《法规》给出的最低标准。

1. 船员舱室

每位船员的舱室面积和配置标准通常根据船员等级、人数、船舶类型与吨位以及航线等因素确定。

1) 船员等级的划分

船员分为高级船员和普通船员两个等级，在每个等级中再分若干等级，如表 7-3 所示。高级船员舱室配置的标准适用于大型船舶，且尽可能做到 1 人 1 间。对于小型船舶，由于布置位的限制，难以达到此标准。

表 7-3 船员等级

等级		船员职务	舱室配置
高级	船长级	船长	大办公室、卧室、卫生间
		轮机长	
	大副级	大副	办公室、卧室、卫生间
		大管轮	
	一般干部	二副、三副	卧室、卫生间
		二管轮、三管轮	
普通	水手长	水手长	单人间、独用或双人卫生间
		木匠、厨师长	
	一般水手	水手、机匠	单人间或双人间
		服务员、厨工	

2) 居住面积

对于尾机型船，船员舱室多布置在尾楼甲板以上的各层甲板；对于客船等船舶，由于布置困难，也可以将部分船员舱室布置在主船体内。对于船舶来讲，船长室一般布置在驾驶室后部或下一层的右舷处，且相关驾驶人员舱室与船长舱室要相近；轮机长室布置在驾驶室下一层的左侧，且轮机人员舱室大多布置在左舷。《国际劳工公约》对居住面积的要求如表 7-4 所示。

表 7-4 船员人均居住面积　　　　　　　　　　　　　　　　(单位：m²)

级别	总吨位		
	<3000	≥3000 <10000	≥10000
普通船员(单人间)	3.75	4.25	4.75
普通船员(双人间)	2.75	3.24	3.75
高级船员	6.50	7.5	7.5

续表

级别	总吨位		
	<3000	≥3000 <10000	≥10000
普通船员及特殊人员 (客船、特种用途船)	2.35		3.75(1人) 3.00(2人) 3.00(3人) 3.00(4人及以上)

通常船员舱室布置在船的中部或尾部的上层建筑内；船员居住位置应便利于他们的日常工作，且接近工作地点，并有方便的通道；业务性质相近的船员舱室应相邻布置；对客船或渔船等船员舱室因布置困难而设置在主船体内位于满载水线以下者，需得到主管机关认可。

2. 乘员舱室

乘员舱室通常按照客船的类别、舱室的等级来设置。根据《国内航行海船法定检验技术规则》，客船类别根据航行时间可以分成五类：航行时间在24h及以上的客船称为第一类；航行时间在4~24h的客船称为第二类；航行时间在1~4h的客船称为第三类；航行时间在0.5~1h以内的客船称为第四类；航行时间在0.5h以下的客船为第五类。

此外，乘员舱室等级分卧席客舱(1~5等)和座席客舱(软、硬)，其中1等客舱为单层软席卧铺，每一房间不超过2人；2等客舱为单层或双层软席卧铺，每一房间不超过4人；3等客舱为双层硬席卧铺，每一房间不超过8人；4等客舱为双层硬席卧铺，每一房间不超过50人；5等客舱为双层硬席卧铺，每一房间不超过100人。不同客船种类和等级舱室乘员最小居住甲板和座位面积见表7-5。

表7-5 不同客船种类和等级舱室乘客最小居住甲板和座位面积 (单位：m²)

客船种类	客舱等级						
	1等	2等	3等	4等	5等	软座 (宽×深)	硬座 (宽×深)
第一类	3.5	2.2	1.4	1.2	1.2		
第二类	3.0	1.7	1.3	1.1	1.1		
第三类至第五类			1.2	1.05	1.05	0.5m×0.45m	0.5m×0.45m

7.3.3 机舱棚布置

机舱棚的作用包括：保证机舱的安全；减少机舱的噪声、热气对舱外的影响；保证机舱的通风采光等。上层建筑甲板间机舱棚的最小尺度应能方便机舱设备的吊装，但考虑到主机、锅炉等大件吊进后一般不再吊出，因此，也可采用先吊进主机、锅炉等大件设备，再安装舱棚的施工工艺。这时舱棚的尺度大小只供布置某些设备(如日用热水箱、风管、烟道、主机及锅炉的凸出部分，以及格栅及扶梯等)，且维修时有便于柴油机吊缸的空间即可，这样可节省空间，缩小上层机舱棚的尺度。

滚装船、尾甲板作业渔船、车辆渡船等船舶因需要较大的尾部甲板空间，故一般不在主机上方设置大的机舱棚，而利用甲板上的可拆船盖来封蔽吊进主机的开口，采用尺寸较小的机型,以保证主机顶部到甲板之间有必要的维修间隙,在其他部位(如两舷)设置小的舱棚,作为进出机舱、吊送物料、配件的通道。按规范规定,机舱应有两个出口,一般在机舱棚左右舷各开一个,此外,还在轴隧后端设置直通上甲板的逃生口。

7.3.4 通道、出入口与扶梯布置

在进行舱室划分时也需要对全船的通道、出入口和扶梯进行布置。通道的布置与舱室的划分是分不开的,在舱室布置和通道布置完成后,初步的总体布局基本确定。船舶通道分为人员通道和货物通道,也可以根据形式分为水平通道和垂直通道。

人员水平通道包括内走廊和外走廊及相关出入口;垂直通道包括斜梯、直梯等。货物水平通道是指滚装货物用的跳板等;垂直通道是指货舱盖、升降机等。本节主要介绍人员通道。人员通道布置需要遵守的原则为:满足使用和安全要求;符合《法规》和规范的规定;通行便捷并节省布置空间。

根据 SOLAS 对脱险通道的要求,除机器处所外,一切船员和旅客出入处所以及船员经常使用的处所内应布置梯道与梯子,以提供到达救生艇登艇甲板的方便的脱险通道。在机器处所内,每一机舱、轴隧和锅炉舱应设有两个脱险通道,其中一个可为水密门。在未设水密门的机器处所内,该两个脱险通道应为两具尽可能远离的钢梯,通至舱棚上同样远离的门,从该处至登艇甲板应设有通路。但对于不足 2000 载重吨的船舶,可免除此项要求。

通道、出入口与扶梯的布置要求如下:
(1) 各舱室的船员、乘客易于从其居住舱室进出;
(2) 各舱室的船员、乘客易于到达露天甲板;
(3) 遇有紧急情况时,各舱室的船员、乘客易于到达救生艇登艇甲板。

7.4 典型商船的总布置

船舶的类型很多,就运输船舶而言,有散货船、集装箱船、多用途船、油船、滚装船、冷藏船、运木船、化学品船、液化气船、客船、车客渡船等各种船舶,它们有各自的总布置特点。设计不同类型的船舶时,掌握好该船型的总布置特点,对于设计船的方案构思和草图布置会大有裨益。限于篇幅,本节仅对散货船、集装箱船和油船三种船舶的总布置特点做简要说明。

7.4.1 散货船的总布置

散货船是三大船型之一,是以运输粮谷、铁矿石、煤炭、钢材、木材、水泥等不需包装的货物为主的船舶,设计时一般以其中的一种或两种货物为主要考虑因素。超大型散货船的载重量在 20 万吨以上,主要装运矿砂;大型散货船为 13 万~17 万吨级,称为好望角型;6 万~8 万吨级称为巴拿马型;4 万~5 万吨级称为灵便型;2 万~3.4 万吨级称为大湖型(要通过圣劳伦斯水道,型宽限制约为 23.2m)。国内沿海也有 5 万吨级左右的小型散货船。图 7-9 所示为一艘 27000 载重吨的散货船。

图 7-9 散货船

载运大宗货物的散货船都是低速船，所以船体都比较丰满，大多为单桨推进，宽浅吃水型船舶也有的采用双桨。现代散货船一般都设置具有整流作用，并能兼顾压载航行工况的球鼻首。

散货船的总布置有以下特点。

(1) 现代散货船均采用尾机型，这种布置可以在船舶中部放置大量货物，有利于舱口的布置，提高舱容利用率，也有利于结构的连续性，提高总纵强度。

(2) 散货船货舱的数量需要根据散货船的大小、装卸设备的配备以及破舱稳性确定。

(3) 散货船均设有顶边舱和底边舱，顶边舱在满载时有利于将散货装满实，减少平舱工作量；空载时装载压载水，增加了压载量，提高了压载重心，可增加压载航行的首尾吃水和改善压载状态的横摇性能。底边舱则减少了卸货时的清舱工作量。有的散货船在顶边舱下端和底边舱上端增设了舷侧的内侧板，从而形成了一个完整的双壳体结构，增加了船体的强度和刚度，对破舱稳性也有利。

(4) 散货船大多采用单层甲板，即为一层连续露天甲板，通常散货船只设置甲板室和尾楼。驾驶室以及船员生活舱室等都设置在船尾。甲板室的层数和高度根据所需的布置位置及驾驶盲区的要求确定，图 7-10 所示为散货船的总布置图。

7.4.2 集装箱船的总布置

集装箱船的大小通常以 20ft 标准集装箱(TEU)数量来表示。集装箱船按照装载标准集装箱的数量划分为六类：小型支线船 100～499TEU；大型支线船 500～999TEU；灵便型船 1000～1999TEU；次巴拿马型船 2000～2999TEU；巴拿马型船 3000TEU 及以上 (吃水 13m)；超巴拿马型船 4000TEU 及以上。图 7-11 所示为超巴拿马型集装箱船。

集装箱船的航速一般较高，大多为中速船(F_n 大多在 0.22～0.26)，现代集装箱船有向更高航速发展的趋势。

集装箱船的总布置有以下特点。

(1) 中小型集装箱船采用尾机型，大型集装箱船采用中尾机型，由于集装箱船航速一般较高，船尾一般为尖瘦型，方形系数较小。若采用尾机型，则机舱需要较大的长度，而中尾机型船的机舱长度相对可减小。

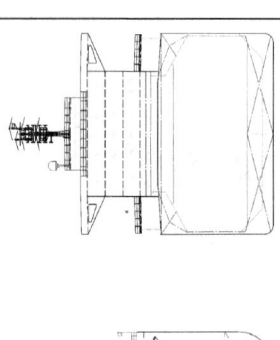

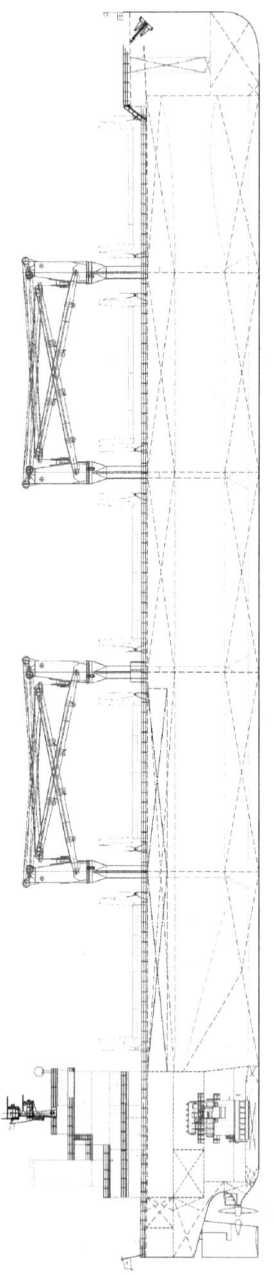

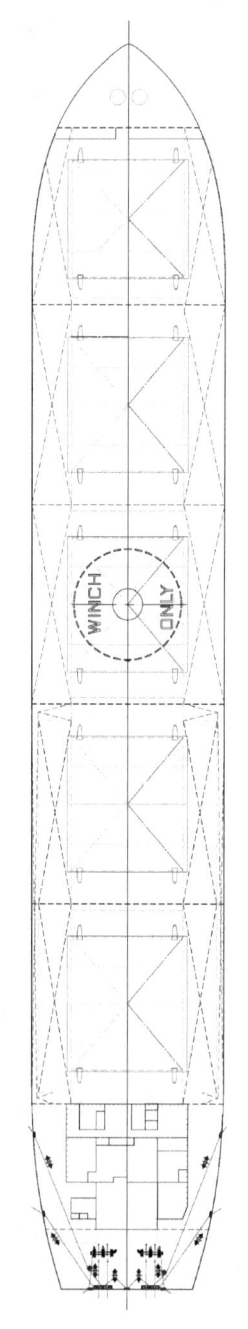

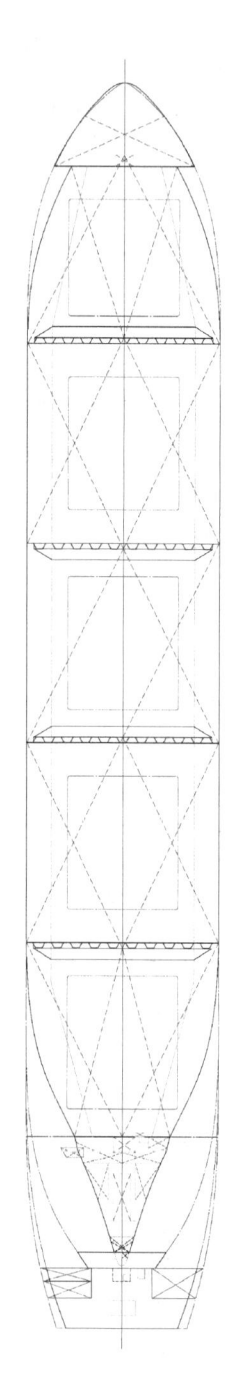

图 7-10 散货船的总布置图

图 7-11 超巴拿马型集装箱船

(2) 少数小型集装箱船采用无舱盖设计，这种设计的优点为提高了集装箱的安全性，缩短了装卸的时间，提高了装箱的灵活性，主要缺点为舱容利用率低，经济效益差，因此仅有少数小型集装箱船采用该设计。

(3) 集装箱船的上层建筑有着长度短和层数多等特点，上层建筑长度短是为了节省甲板面积，层数多是为了增加驾驶舱的高度，减小驾驶盲区，同时根据 IMO 的规定，集装箱船驾驶盲区长度不能大于船长的两倍，为了解决集装箱船驾驶盲区的问题，有部分集装箱船将驾驶舱和生活区设置在船艏，但容易造成机舱不方便工作，也会增加船舶造价，并且由于集装箱船的船速较高，容易造成船艏甲板上浪，因此集装箱船均需设置首楼。

(4) 大中型集装箱船不设起货设备，由于小型港口没有岸上吊装设备，因此小型集装箱船常设置甲板起重机。为了减少设置起重机对集装箱布置的影响，有些船将起重机布置在舷侧。

(5) 由于集装箱船的船舶重心较高，为了保证船舶的稳性，船舶在满载状态下仍需要通过压载水降低船舶的重心高度，此外，在船舶的首尾尖舱、两舷双壳体内也注入压载水，将其作为压载舱使用。同时，为了平衡装卸集装箱时的横倾，两舷边舱中的左右一对压载水舱通常各装 50%压载水，用作调整横倾。集装箱船在装卸舱内集装箱时横倾不能超过 5°，以免集装箱被导轨卡住。

图 7-12 所示为集装箱船的总布置图。

7.4.3 油船的总布置

油船是用来载运油品(原油或成品油)的液货船。原油或成品油为流体，易于挥发、燃烧、爆炸，故油船的结构防火有其特殊性；油船发生海上事故的概率要高于其他货船，故油船防污染问题尤为突出；为了降低事故发生的概率，以及将事故发生后的损失降到最低，《法规》对油船的货舱结构、货油舱单舱长度和舱容、起居处所、机器处所、货油泵舱和货油舱的位置与分隔等都提出了明确的限制和要求。油船按照载重量大体分为通用型(1 万吨以下)、灵便型(约 5 万吨)、巴拿马型(6 万～8 万吨)、阿芙拉型(约 12 万吨)、苏伊士型(约 16 万吨)和 VLCC 大型油轮(约 30 万吨)。

油船一般为单层甲板、尾机型船型，货油舱具有双底双壳保护，机舱与货油舱之间采用货油泵舱或隔离舱进行隔离，起居处所和工作舱室一般都设在尾部上层建筑中，如图 7-13 所示。

图 7-12 集装箱船总布置图

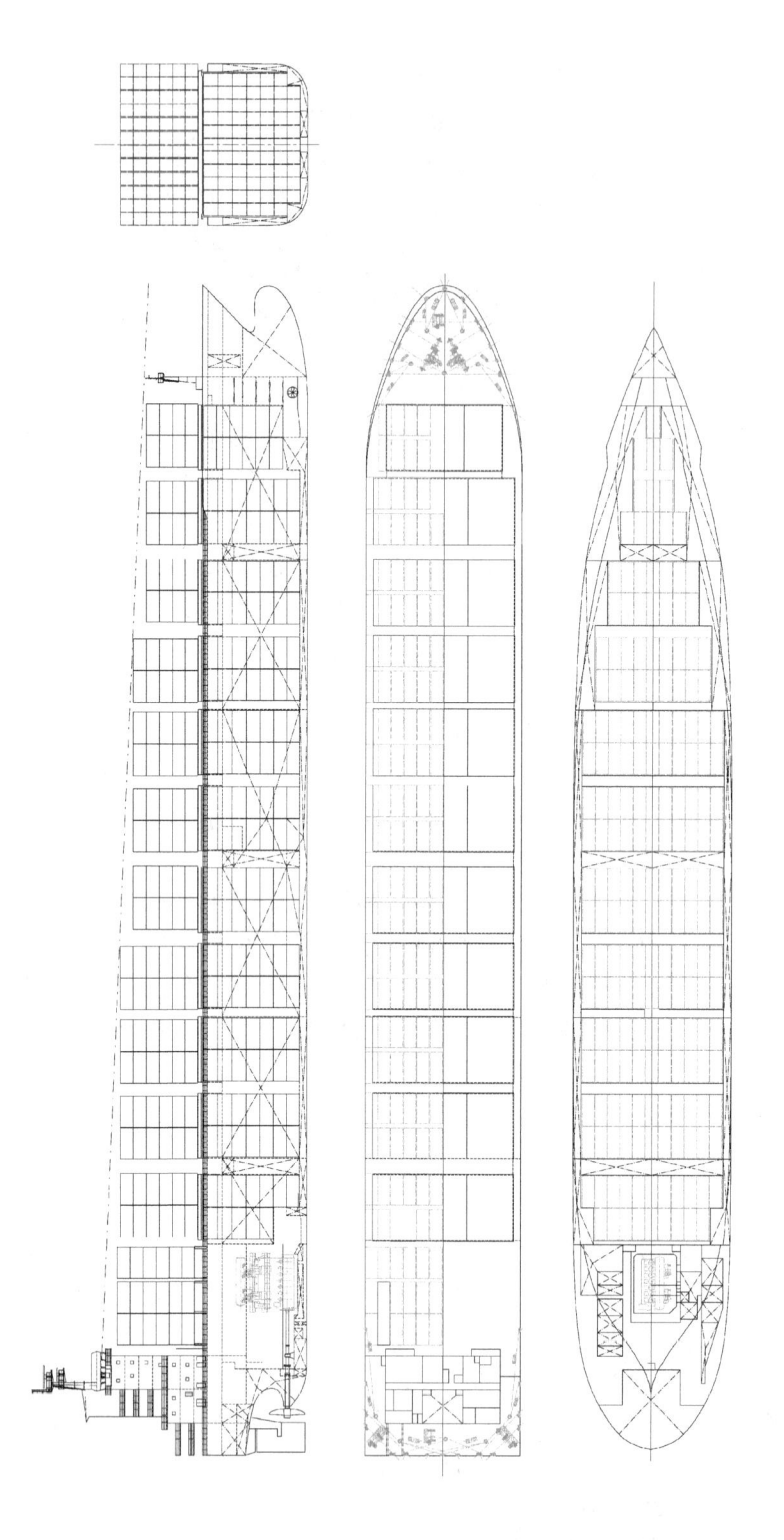

图 7-13 油船

油船的《法规》要求和总布置特点如下。

1) 货油舱结构

为了防止油船造成海洋环境污染,《法规》做了如下规定。

对于载重量(DW)在 600~5000t 的油船,在整个货油舱必须设置双层底,其高度 $h=B/15$ 不小于 0.76m。对于载重量大于 5000t 的油船,必须设置双层底舱和双壳体,其双层底高度 $h=B/15$ 或 $h=2m$,取小者,但不小于 1.0m;其双壳(边舱)宽度 $b=0.5+DW/2000$ 或 2m,取小者,但不小于 1.0m。

对于 $L_{bp}>90m$ 的油船,应在整个货油舱设置两道纵舱壁;对于 $L_{bp}\leqslant 90m$ 的油船,可仅在中纵剖面设置一道纵舱壁。每一货油舱的长度应不超过 10m 或下列之一值,取大者。

未设置纵舱壁者,取 $0.2L_{bp}$。

仅在中纵剖面设置一道纵舱壁者,取 $(0.25b/B+0.15)L_{bp}$。

中间货油舱,若 $b/B\geqslant 0.2$,取 $0.2L_{bp}$。若 $b/B<0.2$,中纵剖面设置纵舱壁者,取 $(0.25b/B+0.15)L_{bp}$;中纵剖面未设纵舱壁者,取 $(0.56b/B+0.10)L_{bp}$。

遵循 MARPOL 规定,货油舱单舱容积不超过 30000m³ 或 400DW$^{1/3}$m³,取大者,但不得超过 40000m³;任何一个边舱的容积不得超过上述限额的 75%,任何一个中央货油舱的容积不得超过 50000m³。

2) 泵舱、污油水舱及隔离舱

油船的泵舱是用于放置货油泵、压载泵、扫舱泵设备的舱室,因此泵舱的布置位置主要考虑机舱人员的工作便利、降低泵系统重量以及提高油船总纵强度等,因此多将其布置在机舱前面,也有布置在中部区域的。

污油水舱是用来储存洗舱后的污油水、残油或污压载水的舱室,其总容积一般小于货油舱容积的 3%,对于载重量大于 7000t 的油船,通常设置两个污油水舱,对称分布于货油舱后面两舷。

货油舱前后两端应设有隔离舱,以便与机舱、居住舱室等隔开;隔离舱舱壁间应有足够的距离,不小于 0.76m;泵舱、压载舱可兼作隔离舱。

3) 油船防火布置要点

机器处所应用货油泵舱(或隔离空舱)与货油舱和污油水舱隔开;起居处所、货油主控制站及服务处所均应位于所有货油舱、污油水舱、货油泵舱(或隔离空舱)的后方;在环围

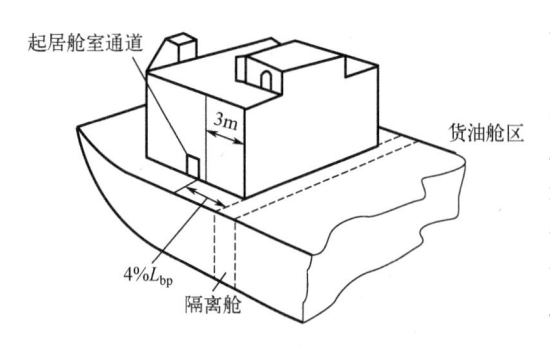

图 7-14 油船通道及开口位置

起居处所的上层建筑和甲板室，其面向货油舱的全部边界面以及面向货油舱的边界面之后 3m 之内的外表面应以 A-60 级分隔；在起居处所、服务处所、控制站和机器处所的出入门、通风口和其他开口，均不应面向货油船，一般位于上层建筑或甲板室的外侧，其距离面向货油船的边界面至少为船长的 4%，但不小于 3m，也不必大于 5m，如图 7-14 所示。

4) 专用压载水舱

遵循 MARPOL 规定，凡载重量为 20000t 及以上的新原油船及载重量为 30000t 及以上的新成品油船，均应设置专用压载水舱。专用压载舱的舱容应能装载足够多的压载水，使得船舶压载状态的吃水满足下述要求。

船舯部吃水 $T_m \geqslant 2.0+0.02L_{bp}$，首尾垂线处吃水差不得大于 $0.015L_{bp}$，尾垂线处吃水必须全部浸没螺旋桨。油船的首尖舱、尾尖舱、两舷边舱及双层底舱容积之和应不小于专用压载舱的总舱容。

5) 典型油船的分舱长度

典型油船的各分舱长度占 L_{bp} 的百分比见表 7-6。

表 7-6　典型油船的各分舱长度占 L_{bp} 的百分比　　(单位：%L_{bp})

船型	尾尖舱	机泵舱	货油舱	首尖舱
灵便型	4.50	14.8	74.6	6.10
巴拿马型	4.10	13.5	76.7	5.70
阿芙拉型	4.20	12.8	77.6	5.40
苏伊士型	4.40	12.4	78.3	4.90
VLCC	4.65	12.2	78.6	4.55

6) 压载舱的布置与纵倾调整

当装载重油时常有可能产生首纵倾，一般通过减小载油量并在尾部加压载水予以平衡；如果设计时能够装载较大密度的原油，满载出港时不用压载水平衡纵倾，浮心又落在阻力最低范围，则是比较理想的。

压载舱的布置位置除应满足上述压载状态的吃水要求外，还应满足下列纵倾调整的要求：

(1) 部分装载时平浮、无纵倾的要求；
(2) 航行状态时驾驶视野的要求；
(3) 整个装卸油过程中纵倾调整的要求；
(4) 原油洗舱时为保证舱内液体有效排出所期望的纵倾的要求；
(5) 加压载水后产生的船体静水弯矩尽可能小；
(6) 压载航行时纵倾值、螺旋桨的浸深等其他有关要求。

图 7-15 所示为油船总布置图。

第 7 章 船舶总布置 ·185·

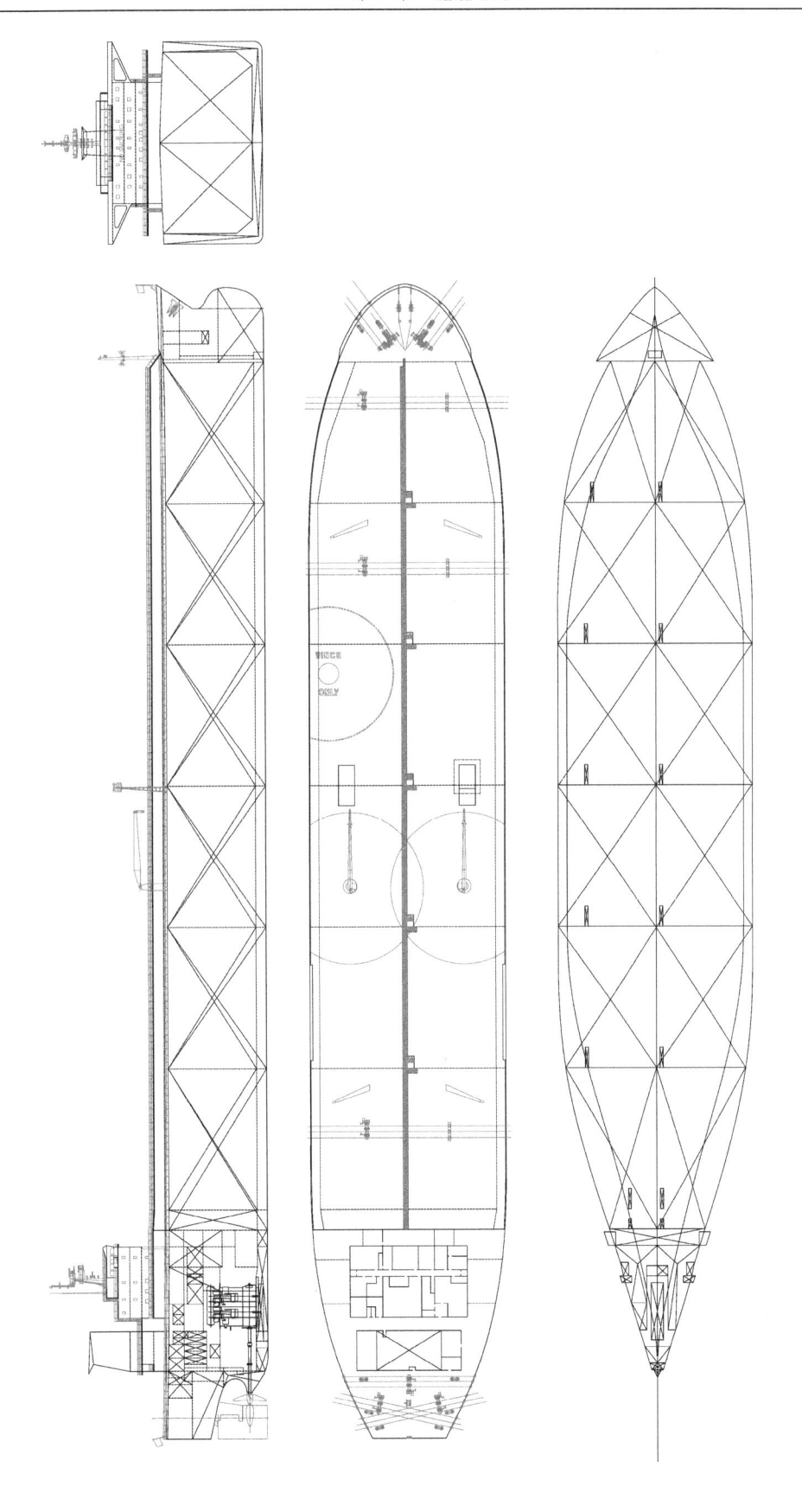

图 7-15 油船总布置图

思 考 题

1. 为什么说总布置设计是船舶设计中极为重要的一环?
2. 总布置设计应遵循哪些基本原则?
3. 总布置设计包括哪些基本内容? 其工作程序如何?
4. 如何确定水密横舱壁的数目和位置?
5. 货船采用尾机型布置有哪些优缺点?
6. 为什么许多船舶都设置了双层底? 确定双层底高度考虑哪些因素?
7. 顶边舱与舷边舱的作用如何? 通常在哪些船上采用?
8. 简述油水舱的布置原则。
9. 何为船舶的上层建筑? 它通常有几种形式? 各有何优缺点?
10. 确定上层建筑尺寸应考虑哪些因素?
11. 草图布置后为什么要进行纵倾计算与调整? 初始设计阶段如何计算船舶的浮态? 通常,调整船舶浮态有哪些要求? 为什么?
12. 货船纵倾调整的方法有哪些? 客船如何调整纵倾?
13. 简述船舶生活舱室、工作舱室及公共处所的布置原则。
14. 机舱棚的作用有哪些? 如何确定机舱棚的尺寸和位置?
15. 简述船舷梯道与通道的布置原则。

第 8 章 船舶设备选型

船舶的设备主要包括动力装置相关设备、锚泊设备、起货设备和救生设备等，船舶主要设备见图 8-1。其中动力装置相关设备包括主机、辅机、螺旋桨和舵等。本章介绍船舶上述设备的工作原理与选型依据。

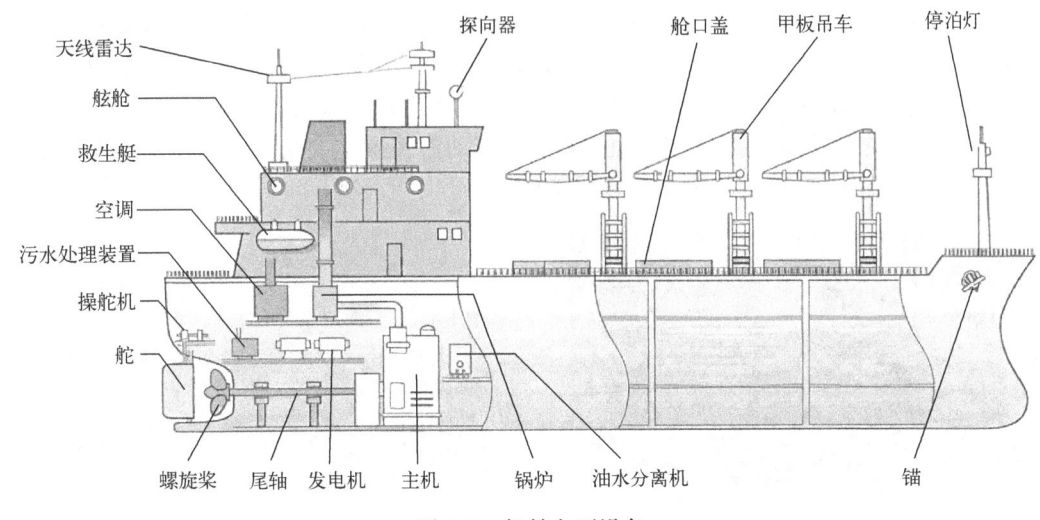

图 8-1 船舶主要设备

8.1 主机选型

船舶必须在配置一整套符合规范要求的动力装置和辅助设备后，才能在水上航行。船舶的动力装置主要包括主机、辅机、锅炉、制冷和空调装置、压缩空气装置、船用泵和管路系统、造水装置和自动化控制系统等。这些动力装置主要集中于船舶机舱，由轮机部门进行管理。

8.1.1 主机的类型

船舶主机是为船舶提供推进动力的原动机及其附属设备，是全船的心脏。最初的船舶动力主要依靠人力和风力。19 世纪初期，蒸汽机开始作为船舶动力装置，19 世纪中期到 20 世纪初期，蒸汽轮船成为主流。20 世纪初期，内燃机逐渐应用于车辆和飞机上，最终应用于船舶上。20 世纪中期，涡轮机开始应用于船舶上。20 世纪 50 年代，出现了核动力船舶，核动力船使用核反应堆产生热能来驱动发电机发电，并将电能转化为推进能量。随着人类环保意识的增强，为满足降低船舶污染、提高船舶的经济性等要求，船舶领域正在努力探索更为清洁高效的船舶动力，如 LNG、氢燃料、风帆动力、甲醇、氨气和液化生物气等。

总的来看，目前船舶主机应用较多的主要为汽轮机、柴油机、燃气轮机和核动力装置等。汽轮机中高温高压蒸汽穿过固定喷嘴成为加速的气流后喷射到叶片上，使装有叶片排的转子旋转，同时对外做功。汽轮机单机功率大，使用可靠，运转平稳，振动和噪声小，检修工作量少，可用劣质油，但油耗比柴油机高。柴油机燃料消耗量低，能使用廉价渣油，可靠性较高，检修期间隔长，热效率接近 50%，是目前应用最广的船舶动力装置。船用柴油机大部分为低速机，可直接驱动螺旋桨。中速机机身短小，可减少机舱的面积和降低机舱的高度，特别适用于尾机舱船舶。近年来，大功率中速机逐渐应用于船舶上。燃气轮机为利用燃油燃烧产生的连续流动气体带动叶轮高速旋转，将燃料能量转变为机械能的内燃式动力装置，燃气轮机同柴油机和汽轮机相比，单机功率大、体积小、重量轻、加速性能好，能随时启动并很快发出最大功率。燃气轮机在高温、高压下工作，对燃油质量要求很高，热效率也比柴油机低得多，在民用运输船舶上应用不多。核动力装置利用核反应堆中核裂变产生的大热量被不断循环的冷却水吸收，后者又通过蒸汽发生器将热量传给第二个回路中的水，使之变为蒸汽后到汽轮机中做功。核动力装置主要用于大型水面军舰和潜艇。汽轮机、柴油机、燃气轮机和核动力装置见图 8-2。

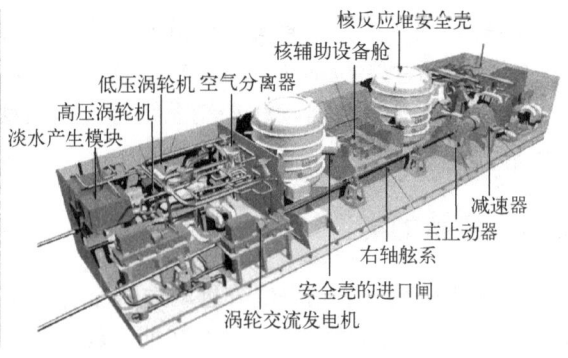

(a) 汽轮机　　(b) 柴油机

(c) 燃气轮机　　(d) 核动力装置

图 8-2　典型的船舶主机

8.1.2　主机的选型流程

发动机中的曲轴将活塞的线性运动转化为旋转运动，旋转运动传递到螺旋桨的轴上。此时，从发动机输送到曲轴的功率称为 BHP(制动功率)，BHP 计算为

$$\mathrm{BHP} = P_{me} \cdot L \cdot A \cdot n_E \cdot Z \tag{8-1}$$

式中，P_{me}是平均有效压力，kN/m²；L是活塞行程，m；A是活塞横截面积，m²；n_E是发动机转速，r/s；Z是气缸数。

若给出活塞的横截面积(A)和气缸的数量(Z)，则式(8-1)可表示为

$$\mathrm{BHP} = c_E \cdot P_{me} \cdot n_E \tag{8-2}$$

因此，柴油发动机功率(BHP)与发动机转速(n_E)和平均有效压力(P_{me})成比例。n_E和BHP之间的关系如图 8-3 所示，发动机转速在横轴上，功率在纵轴上。由于柴油发动机的功率与发动机转速成比例，因此对于不同的 P_{me}，功率图可以表示为不同的直线。最后，考虑发动机转速和 P_{me} 的两个值在图中形成的区域，该区域为发动机可以运行的区域，称为发动机功率框图。

图 8-3 所示的图形可以用对数刻度表示，如图 8-4 所示，MAN/B&W 发动机的点 L_1 对应于发动机的 NMCR(标称 MCR)，决定了发动机的尺寸、重量、功率和成本。对于瓦锡兰发动机，点 R_1 表示发动机的 NMCR。

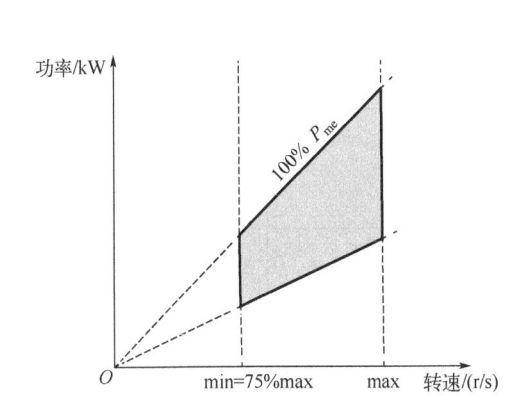

图 8-3 发动机转速与发动机功率之间的关系 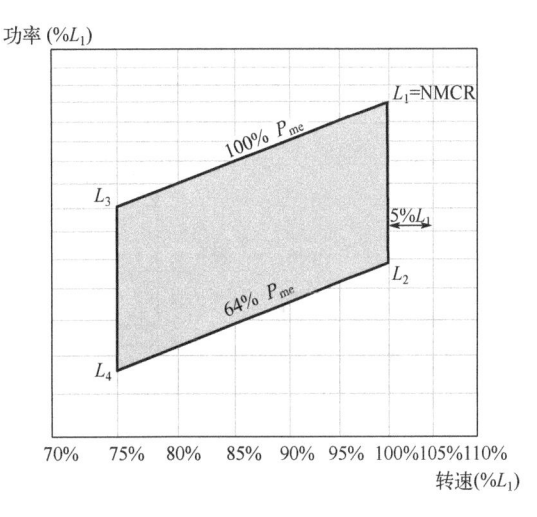　　图 8-4 以对数刻度表示的发动机布局图

在估算出总阻力后，可以通过以下一系列过程来预测船舶所需的功率：

$$\mathrm{EHP} = R_T \cdot V \quad (\mathrm{W}) \tag{8-3}$$

静水中，有效功率(EHP)是在没有螺旋桨作用的情况下，以给定船速移动的船舶所需的功率，即 EHP 与船舶动力系统无关，静水中 EHP 为总阻力 R_T 与船速 v 的乘积。推力功率(THP)是螺旋桨产生的功率，由于 $v = v_A \cdot (1-w)$，$T = R_T/(1-t)$，THP 为

$$\mathrm{THP} = T v_A = \frac{R_T}{1-t} v(1-w) = R_T v \frac{1-w}{1-t} = \frac{\mathrm{EHP}}{\eta_H} \quad (\mathrm{W}) \tag{8-4}$$

式中，η_H 为船体效率。

收到功率 (DHP)可以用 THP、螺旋桨效率和相对旋转效率表示为

$$\mathrm{DHP} = \frac{\mathrm{THP}}{\eta_O \cdot \eta_R} \quad (\mathrm{W}) \tag{8-5}$$

推进效率 $\eta_D = \eta_O \cdot \eta_R$，则式(8-5)可以写成

$$DHP = \frac{THP}{\eta_D} \quad (W) \tag{8-6}$$

对于一艘设计良好的船，η_D 值约为 0.6。

如果船舶在主机和轴之间有减速齿轮箱，可以确定轴功率，轴功率(SHP)是减速器后的功率输出，SHP 可以表示为

$$SHP = \frac{DHP}{\eta_T} \quad (W) \tag{8-7}$$

其中，尾机型船的传动效率(η_T)通常为 0.97~0.99，中机型船的传动效率通常为 0.95。

制动功率(BHP)是指从主机曲轴处输出的功率。如果有减速齿轮箱，SHP 与"BHP 减速器中的损失"相同。如果没有减速齿轮箱，SHP 与 BHP 相同，因此可以使用式(8-8)代替式(8-7)：

$$BHP = \frac{DHP}{\eta_T} \quad (W) \tag{8-8}$$

综上所述，各功率的关系见图 8-5，相对大小如下：

$$EHP < THP < DHP < SHP < BHP \tag{8-9}$$

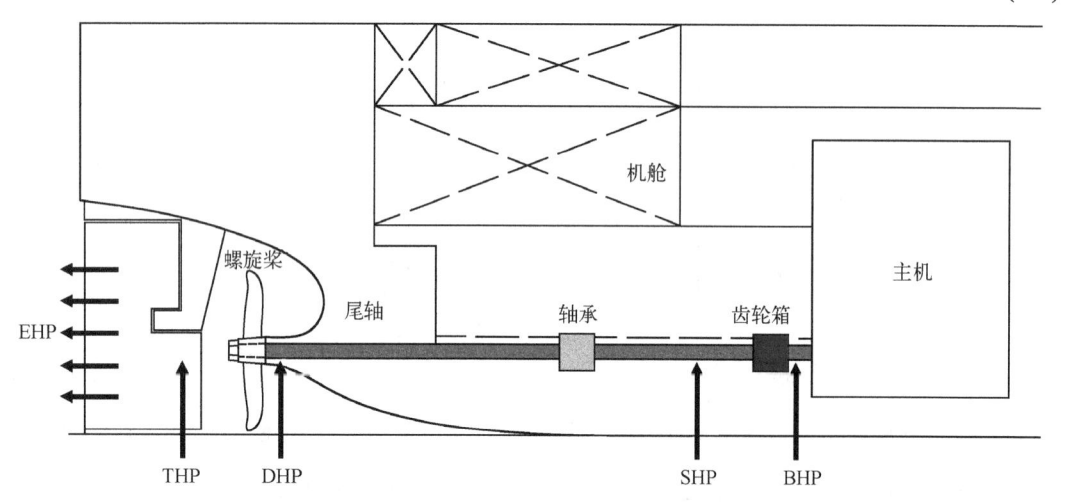

图 8-5　各功率间的关系

考虑到裕度，可以用静水中的 BHP 来预测正常连续额定功率(NCR)，如式(8-10)所示。NCR 是指主机能够最有效、最经济和最少维护的运行功率，通常是螺旋桨合同设计点。

$$NCR = BHP_{calm\ water}\left(1 + \frac{Sea\ Margin}{100}\right) \quad (W) \tag{8-10}$$

式(8-10)中，海上裕度(Sea Margin)反映了由于海洋环境载荷(如风、浪、流等)而引起的总阻力的增加。式(8-11)可以预测最大持续功率 MCR。MCR 是指在不引起推进机械故障的情况下，主机能连续产生的最大功率。

$$MCR = \frac{NCR}{Engine \cdot Margin} \quad (W) \tag{8-11}$$

其中，主机裕度(Engine Margin)表示 NCR 与 MCR 的比值。NCR 一般为 MCR 的 85%~95%。因此，主机裕度为 0.85~0.95。

公称 MCR (NMCR)即主机制造商提供的主机的最大功率，可以通过考虑 MCR 来确定。NMCR 与船舶主机的选择有关。不同的最大功率，如 NMCR，如图 8-6 所示。因此，应选择 NMCR 大于 MCR 的主发动机。有几种可供选择的发动机来满足这种对功率的要求。然后，可以从成本、油耗、低维护等方面考虑，选择最好的发动机作为主机。选择主机时考虑的因素为螺旋桨效率、发动机重量、机舱布置、初始投资成本和运营成本等。图 8-6 为二冲程柴油发动机的功率框图示例。发动机制造商，如 MAN/B&W(现为船用发动机与系统公司)和瓦锡兰公司，对其发动机使用特定的命名规则。例如，图 8-7 为 MAN/B&W 制定的发动机命名规则，可以看出气缸数量、行程/缸径比、活塞直径等。

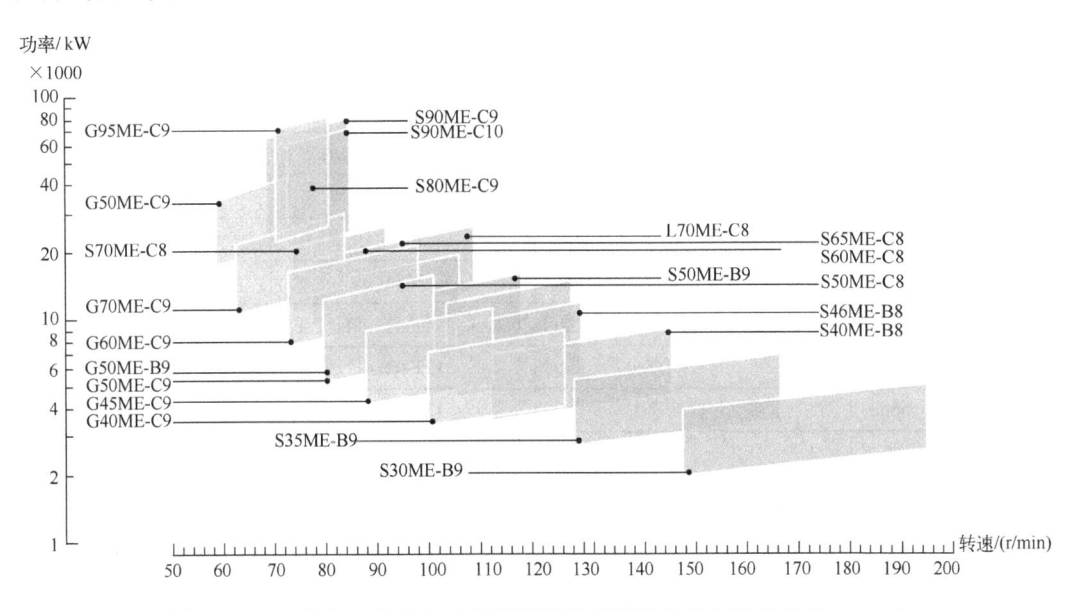

图 8-6 二冲程柴油发动机功率框图示例(船用发动机与系统公司，2017)

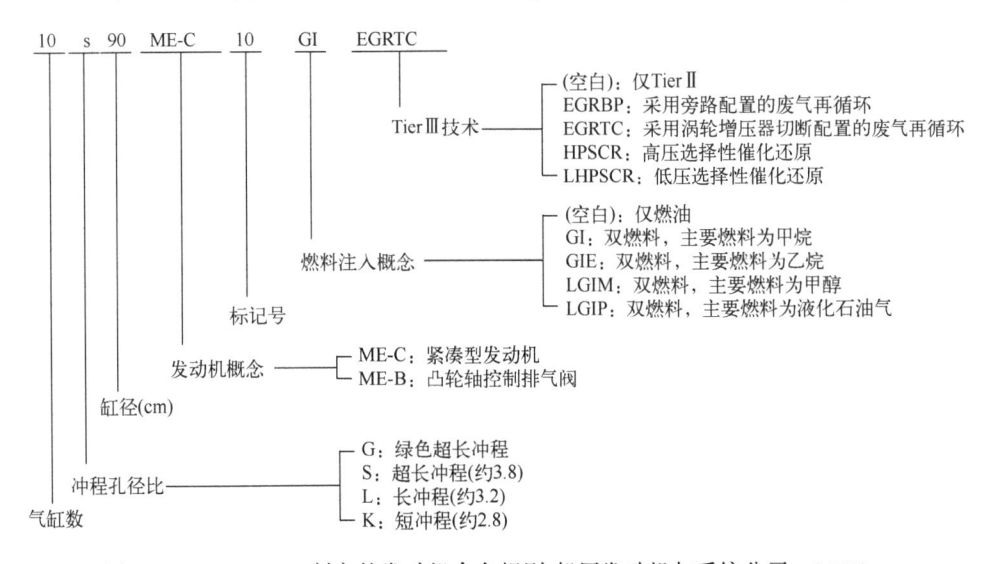

图 8-7 MAN/B&W 制定的发动机命名规则(船用发动机与系统公司，2017)

如果确定了任何特定的发动机,包括 NMCR 在内的发动机功率框图可以在发动机制造商选型手册中找到。图 8-8 显示了 S90ME-C10 发动机的功率框图和 SFOC(比燃料油消耗量)。此外,发动机尺寸可以从发动机目录中获得。

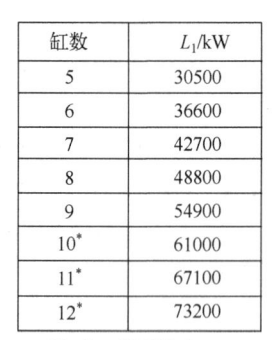

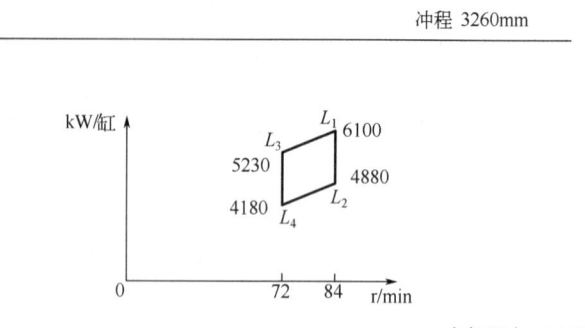

缸数	L_1/kW
5	30500
6	36600
7	42700
8	48800
9	54900
10*	61000
11*	67100
12*	73200

针对 GI(甲烷)的双燃料模式

MAN/B&W S90ME-C10-GI-EGRTC

针对 L_1 的当量气体+引燃燃料(42700kJ/kg)单位油耗(g/(kW·h))			
主机类型	50%	75%	100%
Tier II mode	159.5	161.5	167.0
Tier III mode	166.5	165.0	170.0

针对 L_1 的当量气体(50000kJ/kg)耗量(42700kJ/kg 单位引燃燃料油耗)(g/(kW·h))			
Tier II mode	129.5(7.9)	132.8(6.1)	138.3(5.0)
Tier III mode	135.3(8.1)	135.7(6.2)	140.8(5.1)

注:1bar=10^5Pa。

图 8-8　S90ME-C10 发动机的功率框图和 SFOC(船用发动机与系统公司,2017)

在选择主机之后,可以获得关于该主机的所有信息,包括 SFOC。然后,以 t/天为单位的 DFOC(每日燃料油消耗量)可以通过以下方程进行估计:

$$\text{DFOC} = \text{NCR} \cdot \text{SFOC} \cdot 24 \cdot 10^{-6} \quad (\text{t/天}) \tag{8-12}$$

式中,NCR 的单位为 kW;SFOC 的单位为 g/(kW·h)。

重燃料油(W_{HFO})的重量(单位为 t)根据以下方程进行估算:

$$W_{\text{HFO}} = \text{DFOC} \cdot \frac{\text{Distance}}{v_s} \cdot \frac{1}{24} + \text{Margin}_{\text{HFO}} \tag{8-13}$$

式中,Distance 和 v_s 分别是以海里为单位的巡航距离和以节为单位的服务航速;$\text{Margin}_{\text{HFO}}$ 是燃油的余量。

最后,燃油箱的总体积(V_{HFO})可通过式(8-14)计算:

$$V_{\text{HFO}} = \frac{W_{\text{HFO}}}{\rho_{\text{HFO}}} \quad (\text{m}^3) \tag{8-14}$$

式中,ρ_{HFO} 是燃料油的密度,t/m³。

8.2 推进器选型

8.2.1 推进器的类型

螺旋桨是由桨毂和若干径向地固定于毂上的桨叶所组成的推进器，螺旋桨安装于船尾水线以下，从主机获得动力而旋转，将水推向船后，利用水的反作用力推船前进。普通运输船舶有 1~2 个螺旋桨。对于推进功率大的船，可增加螺旋桨数目。大型快速客船有 2~4 个螺旋桨。螺旋桨一般有 3~5 片桨叶，直径根据船的功率和吃水而定，以下端不触及水底，上端不超过满载水线为准。海洋货船螺旋桨转速为 100r/min 左右，小型快艇转速为 400~500r/min。

20 世纪 60 年代以来，船舶趋于大型化，使用大功率的主机后，螺旋桨激振造成的船尾振动、结构损坏、噪声、剥蚀等问题引起各国的重视。在普通螺旋桨的基础上，为了改善性能，更好地适应各种航行条件和充分利用主机功率，发展了以下几种特种螺旋桨。图 8-9 为典型特种螺旋桨。

(a)可调螺距螺旋桨 　　　　(b)串列螺旋桨

(c)对转螺旋桨 　　　　(d)导管螺旋桨

图 8-9　典型特种螺旋桨

可调螺距螺旋桨简称调距桨，可按需要调节螺距，充分利用主机功率，提高推进效率。螺距通过机械或液力操纵桨毂中的机构转动各桨叶来调节，调距桨对桨叶负荷变化的适应性较好，在拖船和渔船上应用较多。调距桨的毂径比普通螺旋桨的大得多，叶根的截面厚而窄，在正常操作条件下，其效率要比普通螺旋桨低，而且价格昂贵，维修保养复杂。

串列螺旋桨指将两个或三个普通螺旋桨装于同一轴上，以相同速度同向转动。当螺旋桨直径受限制时，可加大桨叶面积，吸收较大功率，对减振或避免空泡有利。串列螺旋桨重量较大，桨轴伸出较长，增加了布置及安装上的困难，应用较少。

对转螺旋桨指将两个普通螺旋桨一前一后分别装于同心的内外两轴上，以等速反方向旋转，可减小尾流旋转损失，效率比单桨略高，但其轴系构造复杂，大船上还未应用。

导管螺旋桨指在普通螺旋桨外缘加装一机翼形截面的圆形导管，导管可提高螺旋桨的推进效率，导管和螺旋桨叶间的间隙很小，限制了桨叶尖的绕流损失。导管可以减少螺旋桨后的尾流收缩，使能量损失减少。但导管螺旋桨的倒车性能较差，固定导管螺旋桨使船舶回转直径增大，能有效改善船的回转性能。

直叶推进器由4～8片垂直的桨叶组成，上部呈圆盘形，桨叶沿圆盘周缘均匀安装，圆盘底与船壳板齐平相接，圆盘转动时，叶片除绕主轴转动外，还绕本身的垂直轴系摆动，从而产生不同方向的推力，可使船在原地回转，不必用舵转向，船倒退时也不必改变主机转向。但其因结构复杂、价格昂贵、桨叶易损坏，仅用于少数港务船或对操纵性有特殊要求的船上。

8.2.2 螺旋桨的主要参数

螺旋桨设计包括确定螺旋桨主尺度，如直径、螺距、盘面比等，在螺旋桨设计中，以主机和船舶阻力为输入，求出船舶的最大航速和螺旋桨的主要尺寸。螺旋桨转动时其叶梢的轨迹为梢园，梢园的直径即螺旋桨直径(D_P)。螺旋桨直径通常是螺旋桨效率(η_O)的最大决定因素，进而影响船舶的整个动力系统。除高速船外，螺旋桨直径越大，效率越高。一般情况下，直径受船舶吃水和附体的限制，所以在螺旋桨效率方面，最好使用间隙适当的最大直径。除了效率外，对于给定的 DHP，直径越大，所需的螺旋桨转速(r/min)就越慢。

螺杆的一次转动导致螺旋桨向前移动，这与螺杆的螺距相对应。同样，螺旋桨的螺距可视为螺旋桨叶片的角度(如螺距角)，螺距(P_i)是螺旋桨在一圈内移动的理论距离。螺距角是叶片与来流的夹角，从叶根到叶梢的角度通常是不同的。有时，可以用螺距与直径的比值(P_i/D_P，螺距比)来代替螺距角。固定螺距是指从叶根到叶梢的螺距是不变的。

展开面积比(EAR，A_E/A_O)是螺旋桨叶片的实际面积(A_E)与叶片直径所描述的圆面积(A_O，扫掠面积)的比值。图 8-10 显示了螺旋桨的叶片面积和扫掠面积。所有叶片在平面上灵活展开，使各截面平行，扩张面积与展开面积相同。EAR 有时称为 BAR(叶片面积比)。螺旋桨叶片部分区域如图 8-11 所示。投影面积是轮廓投影到下面曲面上的面积。展开区域是叶片轮廓的区域，如果它可以平摊开(即如果整个叶片从轮毂上脱开，并使其达到零螺距)。在螺旋桨设计中，应选择无空化 EAR 的最小值，该比值越小，螺旋桨效率越高，但空化的可能性越大。在大多数情况下，EAR 的值为 0.55 被认为是可以接受的。对于具有 5 个或 6 个叶片的特别重载螺旋桨的船舶，EAR 的值可能更高，对于水面舰艇，EAR 值可以高达 1.2。

一般来说，螺旋桨可以有 2～6 个叶片。桨叶数(z)越少，螺旋桨效率越高。但是在强度方面，承受较大载荷的螺旋桨不能只用 2 个或 3 个叶片来制造。航速较高的船舶一般使用 5 个或 6 个叶片，大多数商船使用 4 个或 5 个叶片。

此外，最佳螺旋桨转速取决于叶片的数量。例如，对于相同的螺旋桨直径，6 个叶片的螺旋桨比 5 个叶片的螺旋桨的最佳转速低 10%左右。由于振动，在个别情况下可避免使

用具有一定数量叶片的螺旋桨,以避免在船体或上层建筑中引起固有频率的激发。主机功率 P_E 可表示为

$$P_E = \mathrm{BHP} = P_{\mathrm{me}} \cdot L \cdot A \cdot n_E \cdot Z \tag{8-15}$$

式中,P_E 为主机功率,kW;P_{me} 为平均有效压力,kN/m²;L 为活塞行程,m;A 为活塞横截面积,m²;n_E 为主机转速,r/s;Z 为气缸数。

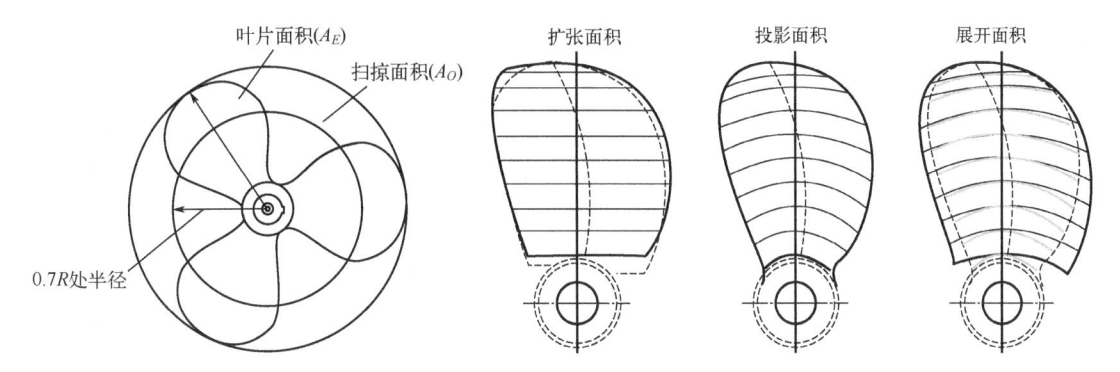

图 8-10 螺旋桨叶片面积和扫掠面积

图 8-11 螺旋桨叶片的扩张、投影和展开区域

由式(8-15)可知,给定 P_{me}、L、A 和 Z,则主机功率 P_E 与转速 n_E 成正比,即

$$P_E \propto n_E \tag{8-16}$$

另外,螺旋桨功率(P_P,DHP)可表示为

$$P_P = \mathrm{DHP} = 2\pi \cdot n_P \cdot Q_P = 2\pi \rho \cdot n_P^3 \cdot D_P^5 \cdot K_Q \tag{8-17}$$

式中,Q_P 为螺旋桨吸收的扭矩;K_Q 为无量纲螺旋桨扭矩系数,定义为 $K_Q = Q_P/(\rho\, n_P^2\, D_P^5)$。

由式(8-17)可得螺旋桨功率(P_P)与螺旋桨转速(n_P)的关系如下:

$$P_P \propto n_P^3 \tag{8-18}$$

如果主机和推进轴之间有减速齿轮箱,螺旋桨转速将与主机转速不同,通常为 $n_E > n_P$。如果没有减速齿轮箱,意味着螺旋桨通过轴直接与主机耦合,因此螺旋桨转速将与主机转速相同($n_E = n_P$)。一般来说,大型船舶没有减速齿轮箱。

图 8-12 为动力源即主机与动力吸收体即螺旋桨的功率和转速匹配图。如果主机转速和螺旋桨转速都在区域 A,则提供的主机功率大于螺旋桨收到的功率(当然要考虑两个功率之间的传动效率)。在这种情况下,主机产生的动力将超过螺旋桨所能吸收的动力,这意味着会有能量的浪费。如果区域 B 有两个航速,则主机功率将小于螺旋桨功率。导致螺旋桨推力不足,因此,船舶的航速将会下降。考虑到这一点,两个转速需要匹配,如式(8-20)所示。这就是主机与螺旋桨的匹配,也就是在没有减速齿轮箱的情况下,螺旋桨的转速和功率与主机的转速和功率相同。

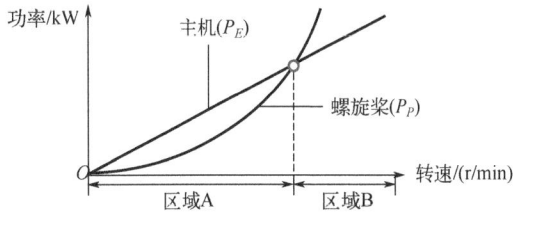

图 8-12 主机与螺旋桨的功率和转速匹配图

$$P_E = P_P \tag{8-19}$$

$$n_E = n_P \tag{8-20}$$

为评估螺旋桨效率，在螺旋桨不受船体形态干扰的理想条件下进行敞水试验。使用螺旋桨尺寸(D_P、P_i、A_E/A_O 和 z)等输入数据，可以得到螺旋桨转速和前进速度(简称进速)、螺旋桨推力、螺旋桨扭矩和螺旋桨效率等敞水试验结果。为了对螺旋桨模型进行敞水试验，分析螺旋桨性能，采用了螺旋桨的一些无量纲系数。系数由量纲分析得出，叙述如下。螺旋桨的螺距与实际移动之间的差异称为滑脱，如图 8-13 所示。滑脱是必要的，目的是让叶片抓住并使水运动起来。这意味着当螺旋桨在水中旋转一圈时，它只前进了一部分螺距，通常在 75%～95%，同时，船会把水拖到螺旋桨前面。水流速度的减少称为伴流，它会影响滑脱。因此，前进速度(v_A)是在考虑伴流的情况下，单位时间内的前进速度，一般为船舶相对水的速度，可表示为

$$v_A = v(1-w) \tag{8-21}$$

式中，v 为船速；w 为伴流分数系数。现在，可以定义进速系数 J。这是螺旋桨旋转一周在水中前进的距离与螺旋桨直径的比值，可以表示为

$$J = \frac{v_A(1/n_P)}{D_P} = \frac{v_A}{n_P D_P} \tag{8-22}$$

式中，n_P 为螺旋桨转速，1/s。

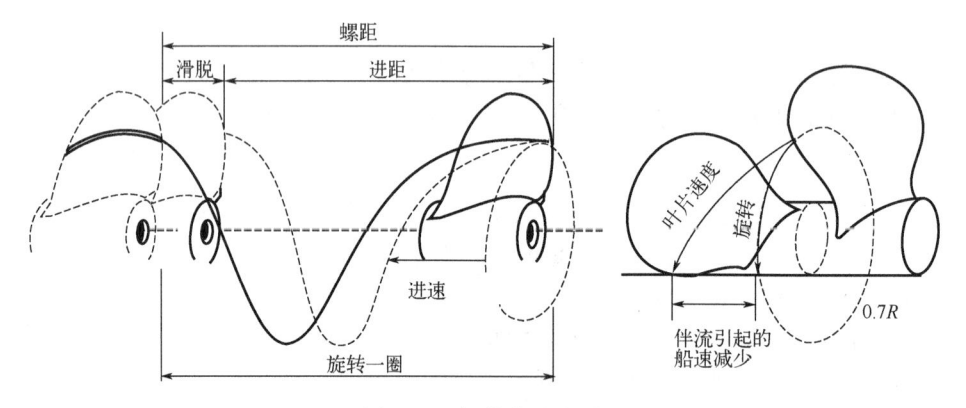

图 8-13 螺旋桨进速图

通过引入无量纲推力系数 K_T，将螺旋桨产生的推力 T_P 无因次表示如下：

$$K_T = \frac{T_P}{\rho \cdot n_P^2 \cdot D_P^4} \tag{8-23}$$

主机产生的扭矩(Q_E)定义为式(8-24)。螺旋桨吸收的扭矩(Q_P)通过引入无量纲扭矩系数(K_Q)表示为无量纲的，如式(8-25)所示。为了匹配主机和螺旋桨，$Q_E = Q_P$ 和 $n_E = n_P$ 必须有效。

$$Q_E = \frac{\mathrm{DHP}}{2\pi \cdot n_E} \tag{8-24}$$

$$K_Q = \frac{Q_P}{\rho \cdot n_P^2 \cdot D_P^5} \tag{8-25}$$

螺旋桨效率(η_O)与螺旋桨在开敞水域工作有关，即螺旋桨在无船体的均匀流场中工作。这是旋桨本身的效率，也是推进效率(η_D)的组成部分之一。螺旋桨效率尤其取决于前进速度(v_A)、螺旋桨推力(T_P)、螺旋桨转速(n_P)和直径(D_P)。这也取决于螺旋桨的主尺寸，如螺距比、盘面比(EAR)、桨叶数等。螺旋桨效率可以在 0.35~0.75 变化，高值适用于具有高前进速度的螺旋桨。η_O 根据定义可表示为

$$\eta_O = \frac{\text{THP}}{\text{DHP}_{\text{openwater}}} \tag{8-26}$$

式中，THP 是螺旋桨产生的功率；DHP 是螺旋桨吸收的功率。根据螺旋桨相关系数定义 η_O，THP 和 DHP 可以用 K_T、K_Q 和 J 表示：

$$\eta_O = \frac{\text{THP}}{\text{DHP}_{\text{openwater}}} = \frac{T_P \cdot v_A}{2\pi \cdot n_P \cdot Q_P} = \frac{K_T \cdot \rho \cdot n_P^2 \cdot D_P^4 \cdot v_A}{2\pi \rho \cdot K_Q \cdot n_P^2 \cdot D_P^5} = \frac{J \cdot K_T}{2\pi \cdot K_Q} \tag{8-27}$$

船体后的螺旋桨效率可由相对旋转效率(η_R)得到，如式(8-28)所示：

$$\eta_{O,B} = \eta_O \cdot \eta_R \tag{8-28}$$

为完成模型试验，用于螺旋桨敞水(Propeller Open Water，POW)试验的模型螺旋桨必须首先满足与实际螺旋桨的几何相似性，且无量纲系数应与实际螺旋桨的无量纲系数相同，得到螺旋桨敞水图谱(简称 POW 图谱)，又称为螺旋桨图谱。其中给出了不同螺距比(P_i/D_P)下的 K_T、K_Q 和 η_O 值，如图 8-14 所示。

通过 POW 图谱，可以求得螺旋桨的主尺度，包括螺旋桨效率、推力、输出功率等。对 POW 试验结果进行回归，可将 K_T、K_Q 等无量纲系数表示为进速系数 J、螺距比 P_i/D_P、盘面比 EAR (A_E/A_O)、桨叶数 z 的多项式，如式(8-29)所示：

$$K_T \text{和} K_Q = \sum C_{s,t,u,v}(J)^s (P_i/D_P)^t (A_E/A_O)^u (z)^v \tag{8-29}$$

式中，瓦赫宁根 B 系列螺旋桨的 s、t、u、v 的指数定义来自相关文献。

8.2.3 螺旋桨主尺度的确定

确定螺旋桨主尺度的总体流程如图 8-15 所示，该流程包括五个主要步骤，下面描述了每个步骤的详细解释。

步骤 1：假设螺旋桨直径。

总阻力估算完成后，可以用主机转速来计算主机提供给螺旋桨的功率。假定设计船的主机转速与母型船相同，并假设设计船的螺旋桨直径 D_P，设计船螺旋桨直径的估算有两种方法，第一种方法是将母型船的螺旋桨直径作为设计船的螺旋桨直径，如式(8-30)所示：

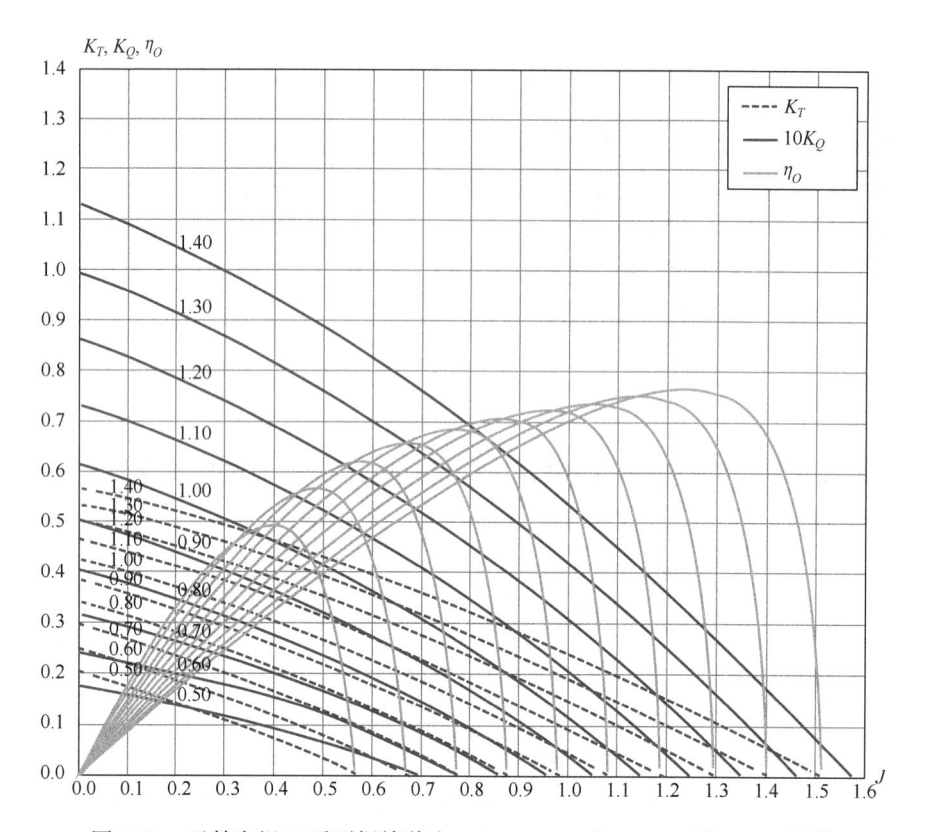

图 8-14　瓦赫宁根 B 系列螺旋桨在 $A_E/A_O = 0.55$ 和 $z = 4$ 时的 POW 图谱

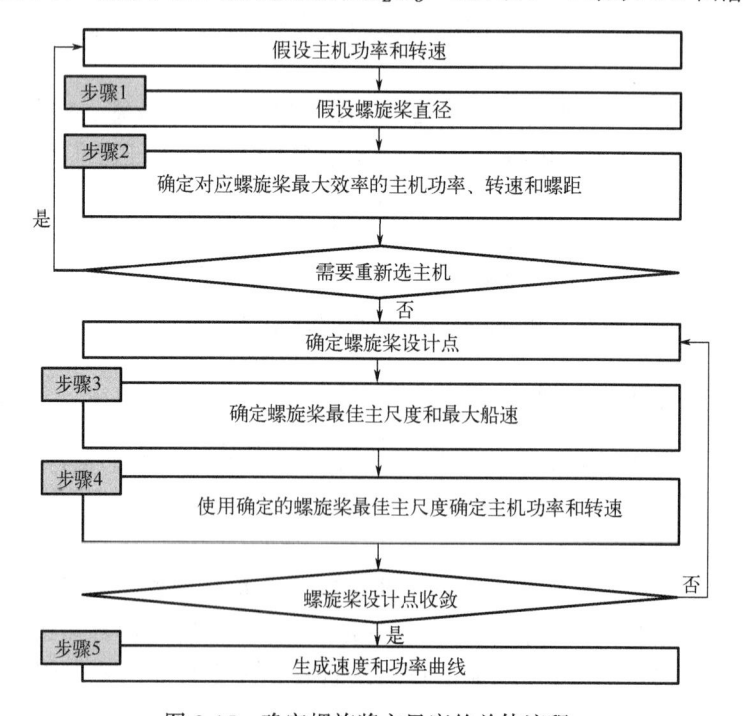

图 8-15　确定螺旋桨主尺度的总体流程

$$D_P = D_{P,P} \tag{8-30}$$

式中，$D_{P,P}$ 为母型船的螺旋桨直径。

第二种方法是在没有母型船螺旋桨直径的情况下使用经验公式，如式(8-31)所示：

$$D_P = 15.4 \cdot c_1 \cdot \left(\frac{\text{MCR}_P}{n_{\text{MCR},P}^3}\right)^{0.2} \tag{8-31}$$

式中，MCR_P 和 $n_{\text{MCR},P}$ 分别是母型船主机 MCR 及其转速，对于 4 叶桨，c_1 取 1.05，对于 5 叶桨，c_1 取 1.0。

步骤 2：确定对应螺旋桨最大效率的主机功率、转速和螺距。

根据步骤 1 中计算的螺旋桨直径，确定主机功率、转速以及最大化螺旋桨效率的螺旋桨螺距，见表 8-1。

表 8-1 步骤 2 中的问题定义

项目	符号	单位	描述
已知(假设)	D_P	m	桨径
	A_E/A_O	—	盘面比(EAR)
	z	—	桨叶数
	v	m/s	航速(即服务航速 v_s)
	R_T	kN	给定航速下的静水阻力
求解	P_i	m	螺距
	P_E	kW	主机到螺旋桨的收到功率(NCR)
	n_E	r/s	主机转速 n_{MCR}(螺旋桨转速，n_P)

可以用两个控制方程进行求解，第一个是主机和螺旋桨之间的关系，称为扭矩方程，即螺旋桨应该吸收的扭矩 Q_P 为来自主机的扭矩 Q_E，$Q_E = Q_P$ 的等式可以表述为

$$\frac{P_E}{2\pi \cdot n_P} = \rho \cdot n_P^2 \cdot D_P^5 \cdot K_Q \tag{8-32}$$

式中，$n_P = n_E$。

第二个是船和螺旋桨之间的关系，称为推力方程，即螺旋桨在给定的转速下应该产生船舶前进所需的推力，$T_S = T_P$ 的等式可以表述为

$$\frac{R_T}{1-t} = \rho \cdot n_P^2 \cdot D_P^4 \cdot K_T \tag{8-33}$$

步骤 2 的问题有三个未知量(P_i、P_E、n_E)和两个方程。因此，这是个不确定性问题，有很多解。假设问题为优化问题，引入目标函数，可以得到使目标函数最优的最优解。

式(8-33)中的推力系数 K_T 可以表示为关于进速系数 J 的二次函数，即

$$K_T = \frac{R_T}{(1-t)\rho \cdot n_P^2 \cdot D_P^4} \tag{8-34}$$

进速系数可表达为

$$n_P = \frac{v_A}{J \cdot D_P} \tag{8-35}$$

将式(8-35)代入式(8-34)，得到

$$K_T = \frac{R_T}{(1-t)\rho \cdot n_P^2 \cdot D_P^4} = \frac{R_T}{(1-t)\rho \cdot D_P^4}\left(\frac{J \cdot D_P}{v_A}\right)^2 = \frac{R_T}{(1-t)\rho \cdot D_P^2 \cdot v_A^2}J^2 = c_2 J^2 \tag{8-36}$$

式中，$c_2 = \dfrac{R_T}{(1-t)\rho \cdot D_P^2 \cdot v_A^2}$，可以根据步骤 2 的给定数据计算。

进一步，利用给定 A_E/A_O 和 z 值的瓦赫宁根 B 系列螺旋桨 POW 图谱，计算式(8-36)中系列螺旋桨 K_T 曲线与设计螺旋桨 K_T 二次曲线的交点。图 8-16 给出了针对 A_E/A_O、z、P_i/D_P 具体值的 POW 图谱，式(8-36)中 K_T 的二次曲线也画在这个图谱中，由 K_T 的两条曲线可以得到交点，则交点处的进速系数 J_1、K_Q 系数 $(K_{Q,1})$ 和螺旋桨效率 $(\eta_{O,1})$ 也可得到。如果对各种螺距比重复这一步骤，可以确定使螺旋桨效率最大化的进速系数 J_x，如图 8-17 所示。

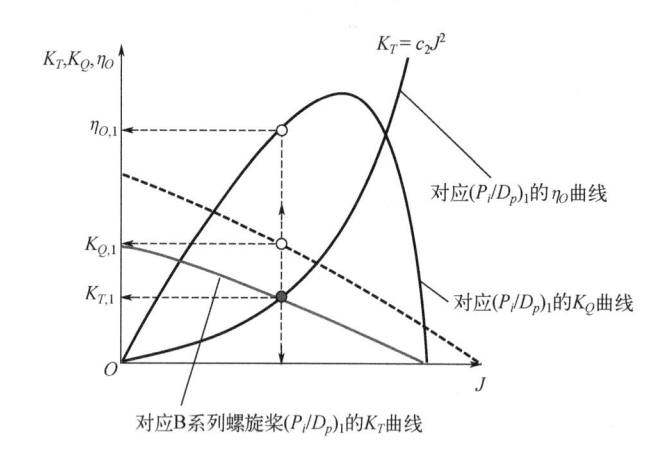

图 8-16 两条 K_T 曲线的交点计算

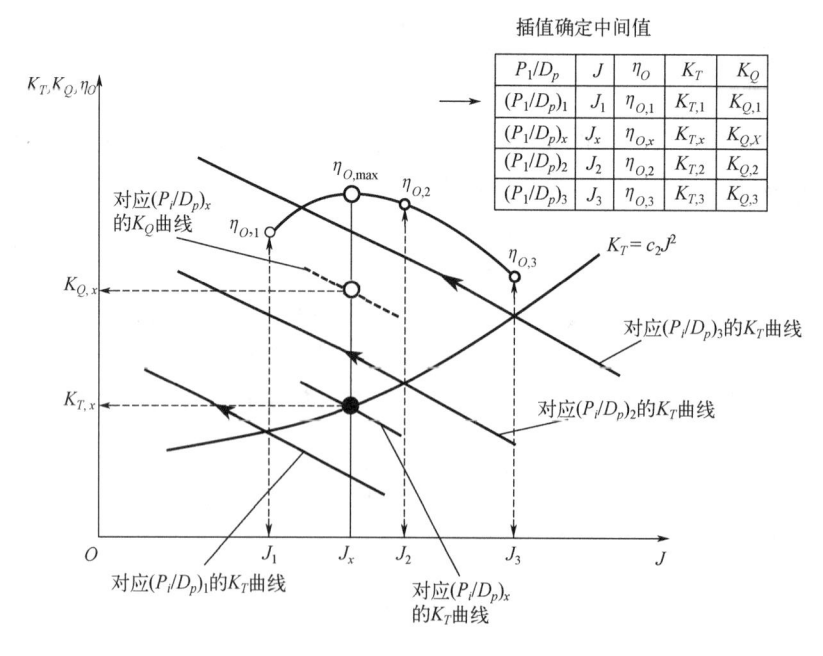

图 8-17 确定螺旋桨最大效率的进速系数(步骤 2)

根据交点对应的螺距比,可由式(8-37)求出螺距:

$$P_{i,x} = \left(\frac{P_i}{D_P}\right)_x \cdot D_P \tag{8-37}$$

可利用式(8-38)计算出对应的螺旋桨转速(与主机转速相同):

$$n_x = \frac{v_A}{J_x \cdot D_P} \tag{8-38}$$

根据扭矩方程,主机功率 P_x 可由式(8-39)计算得到:

$$P_x = 2\pi \cdot \rho \cdot n_x^3 \cdot D_P^5 \cdot K_{Q,x} \tag{8-39}$$

式中,n_x 为主机转速。

利用主机功率可以重新预测设计船的 BHP、NCR 和 MCR,由于 POW 图谱由螺旋桨在开敞水域的敞水试验得到,应考虑相对旋转效率 η_R 由无船体时的输出功率变为船身后的输出功率。

$$\text{BHP} = \frac{\text{DHP}}{\eta_T} = \frac{P_x/\eta_R}{\eta_T} = \frac{P_x}{\eta_R \cdot \eta_T} \tag{8-40}$$

$$\text{NCR} = \text{BHP}\left(1 + \frac{\text{Sea Margin}}{100}\right) \tag{8-41}$$

$$\text{MCR} = \frac{\text{NCR}}{\text{Engine} \cdot \text{Margin}} \tag{8-42}$$

根据螺旋桨功率与螺旋桨转速的关系,并考虑主机与螺旋桨的匹配,可以得到 NCR 和 MCR 处的主机转速:

$$\eta_{\text{NCR}} = \sqrt[3]{\frac{\text{NCR}}{c_3}} \tag{8-43}$$

$$\eta_{\text{MCR}} = \sqrt[3]{\frac{\text{MCR}}{c_3}} \tag{8-44}$$

式中,$c_3 = \dfrac{\text{DHP}}{n_x^3}$。

图 8-18 为根据上述公式进行功率预测的结果。如果设计船主机的 NMCR(最初可假定为母型船主机)不能包括 NCR 和 MCR,以及这些功率下的主机转速,则应选择功率更大的主机。

步骤 3:确定螺旋桨最佳主尺度和最大船速。

在步骤 2 确定了主机功率和转速后,确定螺旋桨直径、桨距、EAR 等主要尺寸。此时,桨叶的数量与步骤 2 中的问题一样,固定为母型船的桨叶数。

首先,图 8-19 给出了如何在对数刻度的主机功率框图中确定螺旋桨的设计点。可以根据船舶技术规格书,将负载曲线定义为具有优化点和指定 MCR 点的已安装主机连续运行和过载运行的功率和速度限制。图中,曲线①为清洁船体的推进曲线,称为"轻载螺旋桨"。曲线②为船体污底和恶劣天气下的推进曲线,称为 "重载螺旋桨"。曲线③为在有充足的空气供给燃烧时主机的扭矩和速度极限,并对扭矩和速度的最大组合施加限制,此限制与主机转速二次方成正比($\propto n_E^2$)。曲线④为主机连续运行时最大平均有效压力线(MEP)。曲线⑤为主机连续运行时的最大功率。曲线⑥为主机连续运行时的最大转速。M 点对应于指定的 MCR(最大连续额定值或降额 MCR),S 点对应于 NCR(正常连续额定值),B 点对应于 BHP。M 点可以是主机功率框图中的任意点,在选择这个点时,应综合考虑螺旋桨转速、油耗等因素。选定 M 点后,轴和辅助设备的尺寸已经相应确定,M 点是最大连续额定值(MCR),MCR 成为主机所有功率和速度的基础。G_1 点为考虑海上储备时曲线①和功率的交点,G_2 点为不考虑海上储备时曲线①与降额功率的交点。其中一个点可以作为螺旋桨的设计点,但通常使用 G_1 点作为设计点。

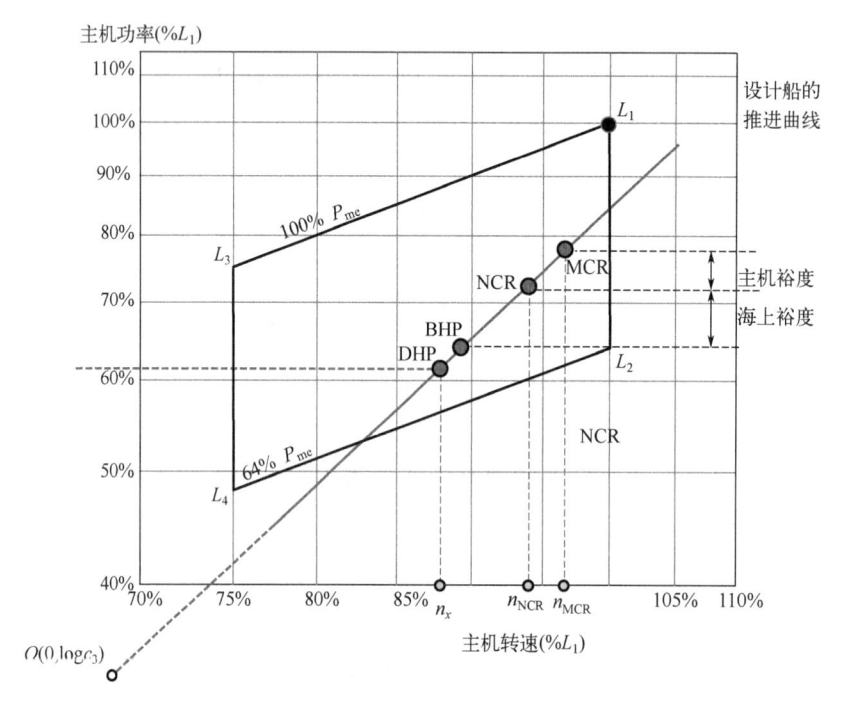

图 8-18 步骤 2 中确定的主机功率和转速所预报的功率

与图 8-18 类似,图 8-19 和图 8-20 以实际比例展示了主机功率框图中螺旋桨的设计点。图中曲线②′表示与曲线②相比阻力增加的推进曲线,螺旋桨的设计点之一应该是 G_1,原因为:如果螺旋桨设计在 S 点,则推进曲线为曲线②,当船舶阻力随时间推移而增加时,推进曲线将移动到曲线②′,螺旋桨与主机在 S_0 点匹配,此时主机功率小于 NCR,螺旋桨不能吸收 NCR 的主机功率,导致船速降低。另外,如果螺旋桨设计在 G_1 点,则推进曲线为曲线①,当船舶阻力随时间增大时,推进曲线会移动到曲线②,使螺旋桨在 S 点工作,此时螺旋桨可以吸收 NCR 的主机功率。

综上所述,螺旋桨的设计点可以是 G_1 点(NCR, n_{MCR})或 G_2 点(BHP, n_{NCR})。

现在,步骤 3 确定螺旋桨最佳主尺度和最大船速的问题可以归纳为表 8-2。若以 G_1 点作为螺旋桨设计点,则主机功率和转速分别为步骤 2 的 NCR 和 n_{MCR},如表 8-2 所示。在解决这个问题时,可以用三个控制方程。第一个是螺旋桨应吸收主机传递的扭矩,如式(8-32)所示。第二个是螺旋桨在给定的船速下应产生所需的推力,如式(8-33)所示。第三个是关于螺旋桨的无空泡准则。也就是说，这个方程表明应确定使空化不发生的盘面比 EAR(A_E/A_O)。EAR 越小，虽然螺旋桨效率越高，但空化的可能性越大。因此，这个方程给出了 EAR 的最小要求，如式(8-45)所示，称为最小 EAR 的 Keller 公式。

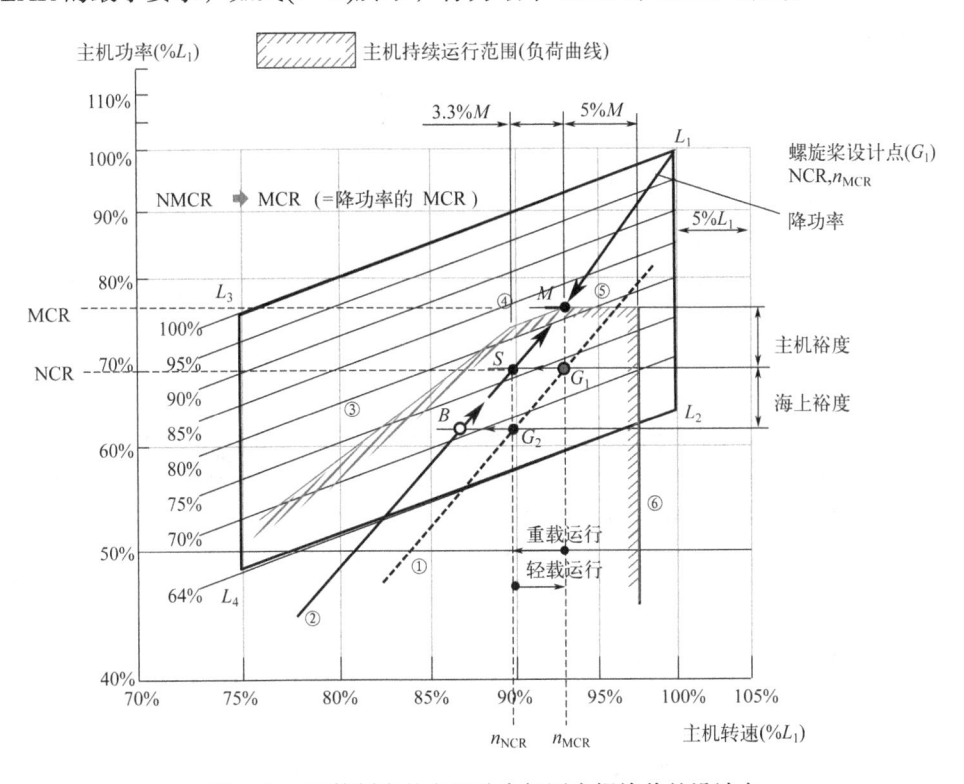

图 8-19 对数刻度的主机功率框图中螺旋桨的设计点

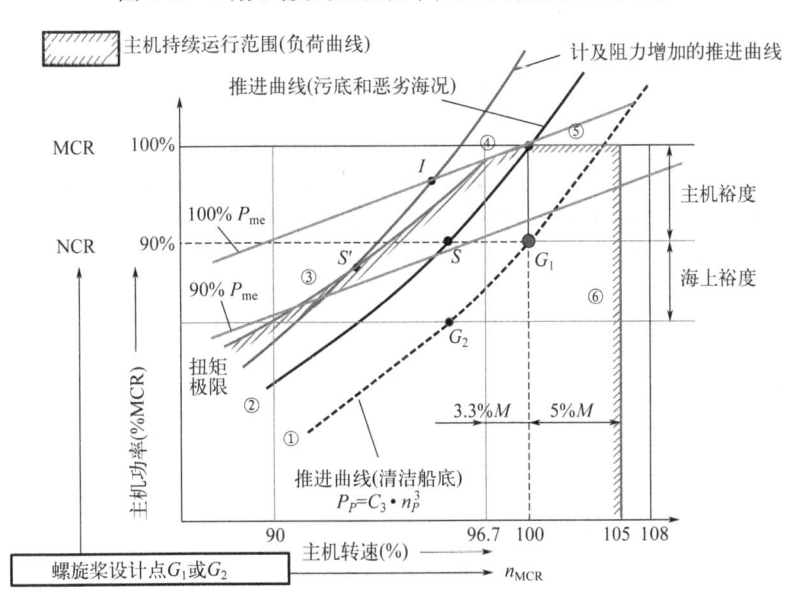

图 8-20 主机功率框图中螺旋桨的设计点

$$\frac{A_E}{A_O} \geqslant K + \frac{(1.3+0.3z)T}{D_P^2(p_O + \rho g h^* - p_v)} \tag{8-45}$$

式中，单桨船 K 为 0.2，双桨船 K 为 0.1；T 为螺旋桨的推力，kN；p_O-p_v 在 15℃海水中为 0.9947kN/m²；h^* 为轴的浸没深度，m。

表 8-2　步骤 3 问题定义

项目	符号	单位	描述
已知	P_E	kW	主机到螺旋桨的收到功率(=NCR)
	n_E	1/s	主机转速 n_{MCR}(=螺旋桨转速，n_P)
	z	—	桨叶数
	R_T	kN	航速对应的阻力
	D_P	m	桨径
	P_i	m	螺距
求解	A_E/A_O	—	盘面比(EAR)
	v_{max}	m/s	最大航速

也可用 Burrill 的最小 EAR 公式进行表达：

$$\frac{A_E}{A_O} \geqslant K + \frac{F(\eta_O/(1/J)^2)}{(1+4.826(1/J)^2)^{0.375} \cdot (1067 - 0.229 P_i/P_D)} \tag{8-46}$$

式中，$F = \dfrac{\eta_R B_P^2 v_A^{1.25}}{278.4(10.18+h)^{0.625}}$，$B_P = n_P \cdot (\text{DHP} \cdot \eta_R)^{0.5}/v_A^{2.5}$，DHP 单位为 bhp(等于 0.745kW)，v_A 单位为节，n_P 单位为 r/min。

步骤 3 的问题公式中有四个未知量（D_P、P_i、A_E/A_O 和 v），有两个等式(方程)和一个不等式。因此，这是个不确定性问题。如果假设其为一个优化问题，通过引入一个目标函数，则可以得到优化目标函数的最优解。不确定性问题也可以通过手工解决，假设两个未知量的值(未知量的个数−方程的个数= 4−2=2)，则不确定性问题变成确定性问题，从而可以得到一个解。

通过假设 A_E/A_O 和 v 的值来解决这个问题，具体步骤为：①假设 A_E/A_O 是一个特定的值；②假设 v 也是一个特定的值；③扭矩系数(K_Q)可以表示为关于进速系数(J)的五次函数，则扭矩方程可以重新排列为

$$K_Q = \frac{P_E}{2\pi\rho \cdot n_P^3 \cdot D_P^5} \tag{8-47}$$

进速系数：

$$D_P = \frac{v_A}{J \cdot n_P} \tag{8-48}$$

将式(8-48)代入式(8-47)可得

$$K_Q = \frac{P_E}{2\pi\rho \cdot n_P^3 \cdot D_P^5} = \frac{P_E}{2\pi\rho \cdot n_P^3}\left(\frac{J \cdot n_P}{v_A}\right)^5 = \frac{P_E \cdot n_P^2}{2\pi\rho \cdot v_A^5}J^5 = c_4 J^5 \tag{8-49}$$

式中，$c_4 = \dfrac{P_E \cdot n_P^2}{2\pi\rho \cdot v_A^5}$ 可由步骤 2 中确定的数据计算。

利用给定 A_E/A_O 和 z 值的瓦赫宁根 B 系列螺旋桨 POW 图谱，计算 POW 图谱中的 K_Q 曲线与式(8-49)中 K_Q 的五次曲线的交点。

图 8-21 给出了 A_E/A_O、z、P_i/D_P 的具体值的 POW 图谱，式(8-49)中 K_Q 的五次曲线也绘在此图谱中，由 K_Q 的两条曲线可以得到交点。对于 $K_{Q,1}$ 的交点，可以得到进速系数 J_1、K_T 系数 $(K_{T,1})$ 和螺旋桨效率 $(\eta_{O,1})$。如果对不同的螺距比重复这一步骤，可以确定最大限度地提高螺旋桨效率的进速系数 J_x。利用 J_x 和式(8-38)，则螺旋桨直径为

$$D_{P,x} = \frac{v_A}{J_x \cdot n_E} \qquad (8\text{-}50)$$

根据交点对应的螺距比，可由式(8-51)求出螺距：

$$P_{i,x} = \left(\frac{P_i}{D_P}\right)_x \cdot D_{P,x} \qquad (8\text{-}51)$$

检查式(8-33)中表示船与螺旋桨关系的推力方程。式(8-33)可以表达为

$$\frac{R_T}{1-t} = \rho \cdot n_x^2 \cdot D_{P,x}^4 \cdot K_{T,x} \qquad (8\text{-}52)$$

螺旋桨最大效率的进速系数的确定见图 8-22。

图 8-21 K_Q 曲线间的交点计算

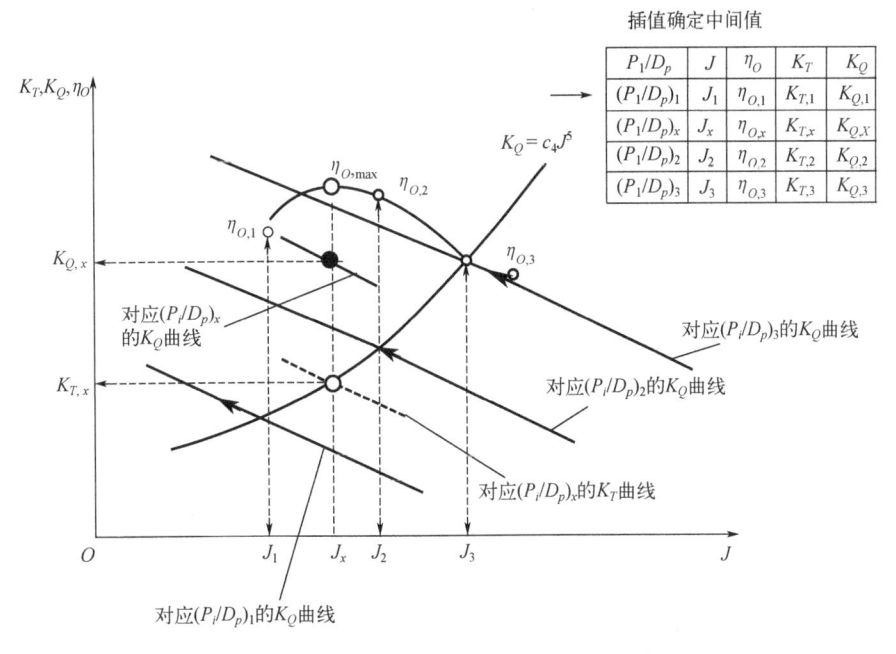

图 8-22 确定螺旋桨最大效率的进速系数(步骤3)

式(8-52)中，总阻力(R_T)是船速的函数。如果这个方程不满足，进入步骤 2，用另一个值假设船速。如果这个方程满足，那么在确定螺旋桨主尺度的情况下，船速就变成了

最大船速(v_{max})，进行下一步。在最后一步中，需要检查式(8-45)或式(8-53)，即螺旋桨无空化准则：

$$\frac{A_E}{A_O} \geqslant K + \frac{(1.3+0.3z)T_x}{D_{P,x}^2(p_O + \rho g h^* - p_v)} \tag{8-53}$$

T_x可由式(8-54)得到：

$$T_x = \rho \cdot n_x^2 \cdot D_{P,x}^4 \cdot K_{T,x} \quad 或 \quad T_x = \frac{R_T}{1-t} = \rho \cdot n_x^2 \cdot D_{P,x}^4 \cdot K_{T,x} \tag{8-54}$$

如果式(8-53)不满足，则回到步骤1，并假设EAR具有另一个值。如果满足，则螺旋桨的主尺度和最大船速的值将是这个问题的最佳解，最佳解的获取步骤如图8-23所示。

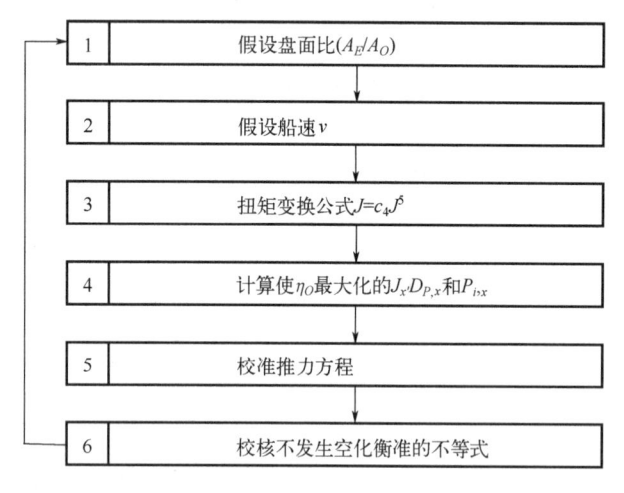

1	假设盘面比(A_E/A_O)
2	假设船速v
3	扭矩变换公式$J=c_4 J^\delta$
4	计算使η_O最大化的$J_x, D_{P,x}$和$P_{i,x}$
5	校准推力方程
6	校核不发生空化衡准的不等式

图8-23 步骤3总体流程

步骤4：使用确定的螺旋桨最佳主尺度确定主机功率和转速。

在步骤4，使用前一步确定的螺旋桨的最佳尺寸重新确定主机功率和转速。也就是说，这个步骤类似于步骤2，确定这些问题总结于表8-3中。

表8-3 主机功率和转速的确定

项目	符号	单位	描述
已知	D_P	m	桨径
	P_i	m	螺距
	A_E/A_O	—	盘面比(EAR)
	z	—	桨叶数
	v_{max}	m/s	最大航速
	R_T	kN	航速对应的阻力
求解	P_E	kW	主机到螺旋桨的收到功率(=NCR)
	n_E	1/s	主机转速n_{MCR}(=螺旋桨转速，n_P)

当解决这个问题时，使用上面已经描述过的两个控制方程：第一个是扭矩方程；第二个是推力方程。步骤4的问题有两个未知量(P_E和n_E)和两个方程，因此是一个确定性问题，

因为未知数的数量等于方程的数量。如果方程相互独立,则有唯一解。求解 P_E 和 n_E 使其满足 $\dfrac{P_E}{2\pi \cdot n_P} = \rho \cdot n_P^2 \cdot D_P^5 \cdot K_Q$;$\dfrac{R_T}{1-t} = \rho \cdot n_P^2 \cdot D_P^4 \cdot K_T$。

首先,从式(8-33)中,推力系数(K_T)可以表示为进速系数(J)的二次函数,如步骤 2 所述,式(8-33)中的推力方程可以重新排列为

$$K_T = c_2 J^2 \tag{8-55}$$

式中,$c_2 = \dfrac{R_T}{(1-t)\rho \cdot D_P^2 \cdot v_A^2}$,可根据步骤 4 的已知数据计算。

使用给定 A_E/A_O、z 和 P_i/D_P 值的瓦赫宁根 B 系列螺旋桨的 POW 图谱,计算 POW 图谱中的 K_T 曲线与式(8-55)中的 K_T 二次曲线的交点。如图 8-24 所示,给出了 P_i/D_P、A_E/A_O、z 特定值的 POW 图谱,并在此图谱中绘制了式(8-55)中 K_T 的二次曲线,由 K_T 的两条曲线可以得到交点。对于交点 $K_{T,x}$,还可以求出进速系数(J_x)、K_Q 系数($K_{Q,x}$)和螺旋桨效率($\eta_{O,x}$)。利用 J_x 和式(8-35),可由式(8-56)得到对应的螺旋桨转速(与主机转速相同):

$$n_x = \dfrac{v_A}{J_x \cdot D_P} \tag{8-56}$$

利用式(8-49)中的扭矩方程,主机功率可由式(8-57)计算:

$$P_x = 2\pi \rho \cdot n_x^3 \cdot D_P^5 \cdot K_{Q,x} \tag{8-57}$$

式中,P_x 和 n_x 分别为主机功率 NCR 和 MCR(n_{MCR})处的主机转速,对应步骤 3 的螺旋桨的设计点。这些是步骤 4 的解(分别是 P_E 和 n_E)。此时,检查 NCR 和 n_{MCR} 与步骤 3 的值是否相同,这是确定螺旋桨最佳主尺度的基础。如果它们彼此不相同,回到步骤 3,重复解步骤 3 的问题,直到它们收敛。如果所有这些都做了,这个解将是具有最大螺旋桨效率的螺旋桨的最终主尺度。

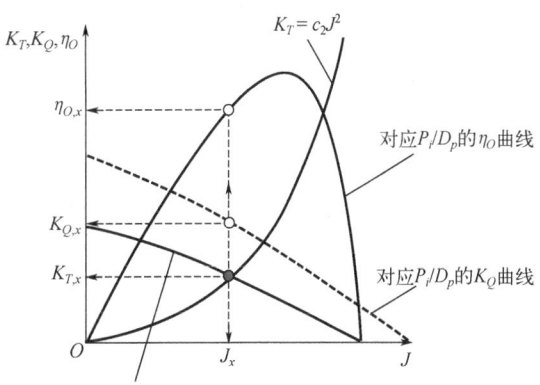

图 8-24 K_T 曲线间的交点计算

步骤 5:生成速度和功率曲线。

在本步骤,确定给定船速所需的主机功率和转速。此外,还要确定给定主机功率和转速的船速。也就是说,生成了速度和功率曲线。首先,针对不同的船速,用步骤 4 的螺旋桨最佳主尺度重复各步骤,计算每个航速下的 c_2、J、$n_E(n_P)$ 和 η_O。此外,EHP、DHP 和 BHP 可以通过式(8-58)~式(8-60)计算:

$$\text{EHP} = R_T v \tag{8-58}$$

$$\text{DHP} = \dfrac{\text{EHP}}{\eta_D} = \dfrac{\text{EHP}}{\eta_O \eta_H \eta_R} \tag{8-59}$$

$$\text{BHP} = \dfrac{\text{DHP}}{\eta_T} \tag{8-60}$$

根据以上计算，可以得到不同航速下的功率预报值。表 8-4 给出了不同航速(12.5～14.5kn，步长为 0.5kn)下的功率预报示例。表中，PS 是功率的单位之一，即公制马力。1PS=75kgf·m/s =0.73575kW。

表 8-4 不同航速下的功率预报示例

航速/kn	有效功率 EHP/PS	伴流分数 w	推力减额 t	制动功率 BHP/PS	1.374	0.355	n_E 或 n_P /(r/min)	η_0
12.5	1686	0.381	0.224	2867	1.418	0.352	202	0.470
13.0	1965	0.380	0.223	3367	1.435	0.351	212	0.465
13.5	2240	0.379	0.221	3844	1.443	0.348	221	0.463
14.0	2536	0.377	0.219	4376	1.470	0.345	232	0.460
14.5	2898	0.375	0.216	5020	1.374	0.355	243	0.457

应用表 8-4 中的数据，可以根据船速标记主机功率(BHP)和转速(n_E)的点，如图 8-25 所示。将 BHP 和 n_E 的点(黑色圆圈)连接，可得到静水中的推进曲线(也称为速度和功率曲线)(①和②，虚线)。现在，画一条与螺旋桨设计点 NCR 对应的水平线，得到在航速 v_1 下与主机功率曲线①的交点。在与该速度对应的垂直线上，如果得到与主机转速曲线②的交点，则该点对应于 n_{MCR}。现在，可以在不考虑海上储备(即平静海面)的情况下，画一条与 BHP 对应的水平线，得到在航速 v_2 下与主机功率曲线①的交点。在与该速度对应的垂直线上，得到了与主机转速曲线②的交点，以及与 NCR 和 n_{MCR} 对应水平线的交点。如果移动曲线①和②，使它们通过黄色框，则可得到新的曲线③和④。这些曲线是指带海上储备的推进曲线。最后，根据这些曲线，可以得到给定主机功率下的船速和发主机转速(或螺旋桨转速)。也就是说，如果给出 NCR 作为主机功率，则在本例中船速(服务航速)将为 13.5kn。

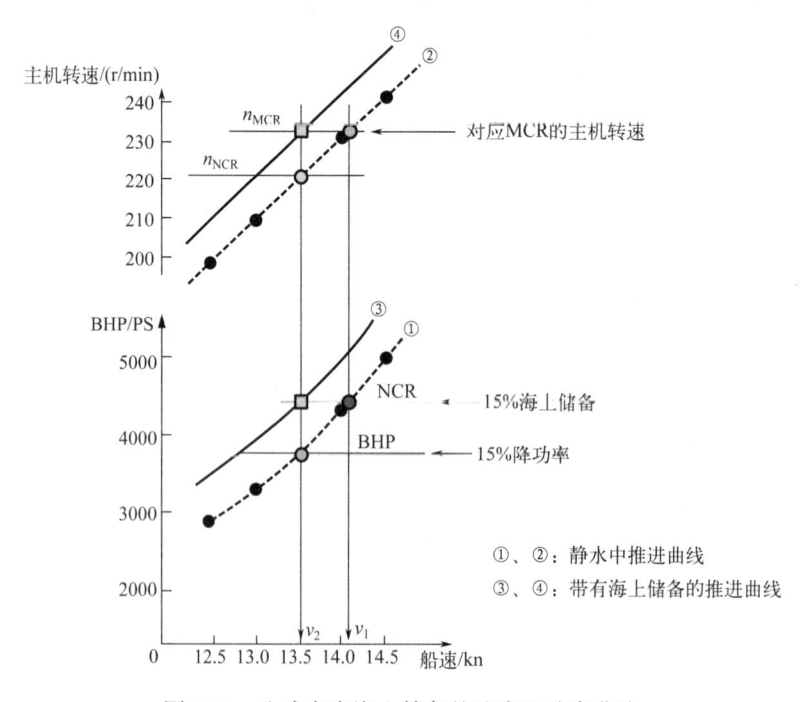

图 8-25 生成考虑海上储备的速度和功率曲线

8.3 舵设备选型

舵设备是操纵船舶的主要设备，用以保证船舶在航行中能够保持和改变航向，其主要由舵装置、舵机、转舵装置及操舵装置等设备组成，它们分别安置在船尾下部、舵机房和驾驶室。舵的操作是由舵手转动舵轮或扳动操舵手柄，启动液压或电力操舵装置来控制舵机，使舵正转、反转或停止。

(1) 舵装置。舵及其支承部件统称为舵装置。船在运动时，舵转过一个舵角，这是由于螺旋桨的排出流水与舵的相对运动在舵面上产生水压力，这个水压力垂直于船舶中纵剖面的分力可产生使船绕船的重心点旋转的力矩。船前进时，左舵角使船向左转，右舵角使船向右转。这个力矩在一定范围内随舵角的增大而加大，通常满舵的舵角为35°，舵上的水压力除了与舵角和水流的相对速度有关以外，还和舵的面积成正比。

(2) 舵机。随着船舶航速和登记吨位的不断提高，作用在舵杆上的转舵力矩也大为增加，因此必须借助舵机提供转舵的动力。舵机是用以产生转舵力矩而使舵偏转的机械，目前船上用的是电动舵机和液压舵机。电动舵机由电机、蜗轮、蜗杆、舵扇、舵柄等组成，它的结构简单，操作方便，工作可靠，适用于中小型船舶。液压舵机分柱塞式液压舵机和转叶式液压舵机，主要由电动机、油泵、管路等机械组成，它具有体积小、重量轻、转矩大、传动平移噪声小且易管理等优点，是大型船舶采用的舵机。

(3) 转舵装置。舵叶的偏转不仅需要通过舵机扭转舵杆实现，还必须通过转舵装置来完成，转舵装置在舵机和舵叶间起着传递力矩的作用。目前使用较多的有舵柄式转舵装置和舵扇式转舵装置两种。

(4) 操舵装置。该装置是将驾驶台的转舵指令传递至舵机，使舵机按要求工作的整套装置的总称。它的传动方式有两种：一种是电传动；另一种是液压传动。液压操舵装置是利用液体不能被压缩的原理以及它的流向、流量可人为控制来传动的，该装置在操纵时较笨重，而且反应较迟钝，已逐渐被淘汰。电操舵装置是用电信号来传动的，具有操作方便、灵敏度高等优点，目前各船均采用此装置，该装置有利于船舶实现操舵自动化。采用电操舵装置的船舶都有两套独立的操舵系统，当一套操舵系统发生故障后，立即可以转换另一套操舵系统。这两套系统分别称为随动操舵系统(主操舵装置)和手柄操舵系统(辅助操舵装置)。另外，船舶还需配置应急操舵装置，当操舵装置全部发生故障时，使用驾驶台与舵机房通信方式在舵机房用应急操舵装置操舵。自动操舵控制装置简称自动舵(Autopilot)，是在随动操舵基础上发展起来的一种全自动控制的操舵方式。它根据陀螺罗经的航向信号和指定的航向相比较来控制操舵系统，自动使船舶保持在指定的航向上。由于自动舵灵敏度和准确性都较高，它替代手操舵后，相对提高了航速和减少了舵工的工作量。目前商船均配有自动舵，当定向航行且航区没有他船来往时，可改手操舵为自动舵。

8.3.1 舵的分类与构造

按舵的支承情况：①多支承舵——与船体尾柱连接的舵钮在3个以上的舵；②双支承舵——只有上舵承和下舵承的舵；③半悬挂舵——下舵承的位置在舵的半高处的舵；④悬挂舵——完全悬在舵杆上的舵。

按舵杆轴线位置：①不平衡舵——舵叶全部位于舵杆轴线之后的舵；②平衡舵——舵杆轴线位于舵叶前缘后边一定距离的舵；③半平衡舵——一般半悬挂舵为半平衡舵。以上三种舵见图 8-26。

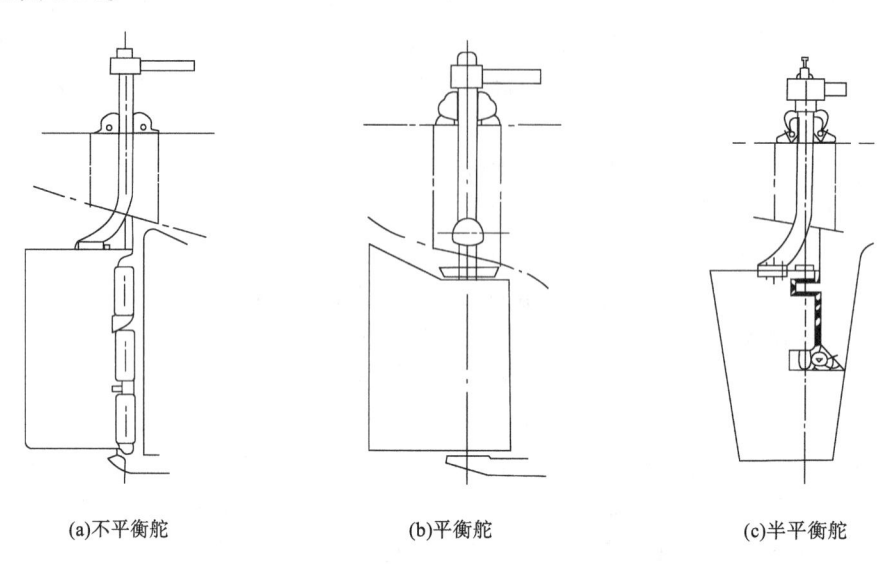

(a)不平衡舵　　　　　　(b)平衡舵　　　　　　(c)半平衡舵

图 8-26　舵的分类

按舵的剖面形状：①平板舵——仅用一块平板做成的最简单的舵；②流线型舵——舵的翼剖面是机翼形的舵，如果带有固定舵柱，就称为固定舵柱型流线型舵；③反应舵——将流线型平衡舵以螺旋轴为界，按一定流程进行上下扭曲后的舵，这种舵可以提高推进效率 4%~6%。

以上介绍的舵均为普通舵，据有关资料统计，70%~80%的船都采用流线型普通舵，一般大型及超大型海船多用单支承或双支承的流线型平衡舵；中小型船中用半平衡流线型挂舵的居多；平板舵仅用在非自航船或小艇上。

为了提高船舶的推进效率和改善操纵性，特别是提高船舶在低速航行时的操纵性，而对普通舵进行开发，或者普通舵与别的设备组合的具有特种形式的舵称为特种舵，如主动舵、整流帽舵、襟翼舵、转子舵等。

(1) 主动舵：在普通流线型舵的中部后缘处加装一个带有导流管的小螺旋桨，此桨由装在舵体内的潜水电机或液压马达驱动，依靠舵、桨产生的力改变船的航向。这种舵最大的特点是在低速或倒航时仍具有良好的操纵性，而且能提高船的回转性能。另外，其还具有低速推进装置的功能。

(2) 整流帽舵：在普通舵(一般是流线型舵)的适当位置加装一个外形为对称机翼剖面的回转体或近似于椭圆形的整流帽，由于整流帽填充了通常是涡流低压区的空间，螺旋桨后部的乱流得到改善。这样不仅能提高推进效率，还能降低船尾的振动，据称在普通舵上加装整流帽后，可以增加航速 0.3~0.5kn。

(3) 襟翼舵：将舵叶做成主舵和子舵两部分，子舵即襟翼舵。当主舵转动一个角度时，子舵相对主舵再转动另一个角度。这样一来，就明显地提高了舵效，改善了操纵性。这种舵的缺点是结构和制造较为复杂。

(4) 转子舵：在普通舵的前缘装一高速旋转的圆柱，由于圆柱的高速旋转，产生了一股侧向流，此流既提高舵的升力，又增加了绕舵的环流，从而明显地提高了船的回转性能，这种舵多被回转性能要求高的船所采用。

为了保证船舶操纵性，除绝大多数船采用舵外，一部分船还可利用推进设备，经过科学合理的组合后，便有了舵的功能。常用的有转动导流管装置、Z 型推进器、喷水推进装置、带有水平旋转功能的电推进器等。

8.3.2 舵叶参数的确定

性能优良的舵设备所具备的条件：能满足船舶对操纵性的要求；保证舵装置与操舵装置重量轻、成本低、体积小、消耗功率小、工作可靠、便于制造和维修；尽量减少不利影响，即航速的降低、主机功率的消耗、船体的振动。

舵设计的基本思想：在满足回转直径要求的情况下，提供适宜的转船力矩；小舵角状态下，能及时应舵(灵敏的舵效应)。

舵设计的主要步骤：合理布置并选定舵的几何参数；计算舵上的水压力/转船力矩/舵杆扭矩；进行强度计算，定出舵杆直径以及其他构件的尺寸；计算出所需舵机功率，并选择舵机。

一般舵设备的设计都是在船舶型线设计之后进行的，因此，舵叶的布置将受到尾部线型的限制。从侧面看，舵叶上缘不可超出设计水线并应与尾部线型有良好的配合，下缘不得低于龙骨线。从水平面看，在任何可能达到的舵角下，舵叶均不应超出船体轮廓线。通常都将置于螺旋桨之后的舵布置在正对螺旋桨的位置上。

舵的数目的选择除了与船舶操纵性要求有关外，也与船尾形状、螺旋桨数目有关。增加舵叶的数目，有利于采用较大的舵叶面积，增加舵的展弦比，一般会更容易满足较高的操纵性要求，但会使舵装置和操舵装置的设置复杂，造价也较高。因此，除了为满足特殊要求和受特殊限制外，应尽量采用数量较少的舵叶。

单桨船舶的舵柱后面常设置不平衡舵，某些双桨船舶或非自航船舶在船中纵剖面的呆木后面设置不平衡舵。这类舵用一个或多个舵销支承，常用在密实或大块碎冰区航行的船舶上。设有导框底骨的无舵柱单桨船舶为了减少转舵力矩，常设置舵托支承的平衡舵。

半悬挂舵即马林那舵，在双桨单舵船舶、无尾柱单桨单舵船舶及多桨多舵船舶上使用较多，且采用舵销将舵支承在呆木或者挂舵臂上。悬挂舵在无尾柱的单桨或多桨船舶上均有使用，且应尽可能设置在螺旋桨后面。对于某些要求倒航时具有良好操纵性的船舶，如渡船、拖船等，可设置首舵(效率低，很少采用)或倒车舵。目前此类船舶大多配置全回转导管螺旋桨(Z 型推进器)或者侧向助推装置。

对于大中型船舶而言，操纵性已成为考核船舶性能的重要指标。《船舶操纵性标准》以及 CCS 制定的指导性文件《海船操纵性》(1997)对于具有舵和推进器、船长大于 100m 的船舶以及化学品船和气体运输船，均要求在设计阶段做出操纵性预报，并在船舶完工后进行实船试验，试验结果应符合标准规定的操纵性指标。舵面积是影响船舶操纵性的主要因素之一，但往往受到船尾布置上的限制，在布置许可下，增大舵面积能明显地减小大舵角时的回转直径，对回转性有利；但同时却使小舵角时的阻尼力矩增大，且增大了操舵装置的功率与重量。因此，舵面积的选择有一定的适中范围。舵面积选择中常用的参数为舵面积比：

$$\gamma = \frac{A}{LT} \times 100\% \tag{8-61}$$

式中，L为船长；T为对应于夏季载重线的吃水；A为舵面积。

对于船舶操纵性指标，没有明确的定量要求，仅仅是希望在有较好的操纵性的情况下，可采用母型船进行舵面积换算。

$$A = \frac{A_0 LT}{L_0 T_0} \tag{8-62}$$

式中，L_0、T_0为母型船船长及吃水；L、T为设计船船长及吃水。

按船型统计资料选择舵面积，此种方法选择舵面积的困难在于统计资料中舵面积比的上下限范围较大，其通常适用于船舶设计的初期。

按船级社规范确定舵面积。为达到足够的操纵性，规范建议可动舵面积应不小于式(8-63)所得值：

$$A = C_1 C_2 C_3 C_4 \frac{1.75LT}{100} \tag{8-63}$$

式中，C_1、C_2、C_3、C_4分别为船型系数、舵型系数、舵剖面形状系数、舵系布置系数，在不同情况下，取值有所不同。

按图谱确定舵面积。按一般要求确定舵面积的图谱：此图谱适用于除双体船、高速船及特种作业船以外的机动海船，舵剖面NACA00常用舵型。舵的可动面积不必大于按图谱中相应曲线确定的值，但需注意以下几点：不在螺旋桨尾流中的舵，其面积应按图谱所确定的值增加50%；在港湾、运河或其他狭窄水道内频繁地机动航行的船舶，按图谱确定的舵面积应予增加；拖船或拖网渔船的舵面积应按照图谱所确定的值再增加70%；高升力舵或特殊剖面舵，其面积应按图谱确定值适当减少；舵面积大的客船、渡船、滚装船等回转时可能产生过大的横倾角，应估算相应的舵面积。

展弦比是影响舵叶的流体动力特性的主要因素，根据舵面积图谱：随着展弦比的减小，与升力系数最大值对应的临界攻角将加大，失速现象推迟出现；临界攻角以前，同一攻角下，展弦比越大，升力系数越大，即舵的展弦比较大的船，小舵角下的舵效较好，展弦比较小时，展弦比越小，升力系数最大值越大。展弦比过小时，压力中心后移，但相对而言影响较小。

在确定舵叶尺度时，往往由于尾部形状及船舶吃水的限制，展弦比的选择余地不大，一般在0.5~3.0，海船通常为2左右，内河船为1左右，舰艇在0.8~1.5。设计舵的外形时，主要应该考虑与船体和螺旋桨的良好配合，且应使结构合理、施工方便。

国内外目前使用较多的舵叶剖面有NACA系列、HEX系列、LLAFH系列、Go系列等，前两种剖面在国内的应用更为广泛。由垂直于舵杆轴线的平面截得的舵叶剖面常为矩形剖面，悬挂舵常取为倒梯形，以提高压力中心位置，减少弯矩。矩形舵的各个剖面形状完全相同，非矩形舵虽然各个剖面的弦长不同，但一般均采用相同的厚度比。

流线型舵的剖面通常为对称剖面，导流管为不对称剖面。历年来，各国发表了许多船用舵系列的水动力试验结果，给出了各种剖面形状、展弦比、侧投影形状、尖端形状、后掠角等舵的水动力资料。厚度比为舵叶剖面的最大宽度与舵宽之比,其对升力系数、压力中心系数和攻角的影响并不显著。为有利于推进,一般厚度比宜取 0.15~0.18;对内河、拥挤或限制航道中的船舶,常要求小舵角、舵效好、应舵快,故厚度比宜取 0.12~0.15;双桨三舵船的中舵和驳船舵可取厚度比>0.18;悬挂舵由于强度需要,并为了便于与舵杆相配合,应取较大厚度比,而沿着舵高方向的各剖面的厚度比可自上而下递减。

对于一定形状和面积的舵叶,舵平衡系数是舵杆位置的函数。选择合适的平衡系数,适当地缩小舵杆轴线与舵压力中心之间的间距,可在不降低升力的情况下,减小舵杆扭矩,从而选用功率较小的舵机。由于舵压力中心随着水流的攻角而变化,无论选择怎样的舵轴位置,也只能在某一攻角下达到平衡,压力中心位于舵杆轴线上,舵杆的扭矩为零,欠平衡是舵杆轴线位于压力中心之前,过平衡是舵杆轴线位于水压力中心之后。

小型船舶所需转舵力矩小,操舵装置由人操纵,宜选择小的舵平衡系数;大中型船舶考虑到操舵装置动力操纵,宜选择较大的舵平衡系数。实际舵平衡系数的选择需要考虑到与船体、螺旋桨等的配合,取值在 0.2~0.3。

8.3.3 舵设备零部件尺寸的确定

舵装置强度的核算通常是对舵杆、舵叶、舵轴、舵柄及舵销等主要部件的核算,强度核算的目的是决定舵上各部分构件尺寸的大小,包括舵杆直径、舵板厚度等。核算方法:一种是根据的船舶建造规范进行;另一种是按力学理论计算。

舵系的受力计算:

$$F = 132 K_1 K_2 K_3 K_4 A v_d^2 \tag{8-64}$$

式中,K_1 为展弦比影响系数;K_2 为舵叶剖面形状系数;K_3 为舵叶位置系数;v_d 为设计航速,按夏季载重吃水时船舶的最大营运航速确定。

舵杆力臂:

$$T = FR \tag{8-65}$$

式中,T 为船舶正车和倒车时的舵杆扭矩;F 为舵力;R 为力臂。

舵杆力臂:

$$R = \begin{cases} b_m(\alpha - \beta), & \text{无缺口舵叶} \\ b_1(\alpha_1 - \beta_1)\dfrac{A_1}{A} + b_2(\alpha_2 - \beta_2)\dfrac{A_2}{A}, & \text{有缺口舵叶} \end{cases} \tag{8-66}$$

式中,b_m 为舵叶平均宽度;α 为压力中心系数;A 为舵叶面积;A_1、A_2 分别为舵叶缺口上部和下部面积;$\beta_1 = \dfrac{A_1 f}{A}$,$\beta_2 = \dfrac{A_2 f}{A}$;$\alpha_1$、$\alpha_2$ 为系数,正车时取 0.33,倒车时取 0.66,对于固定结构(如挂舵臂)之后的部分舵,正车时取 0.25,倒车时取 0.55。

悬挂舵下舵承处的舵杆弯矩:

$$M_b = F\left[l_2 + \dfrac{l_1(2C_1 + C_2)}{3(C_1 + C_2)}\right] \tag{8-67}$$

双舵销舵和双支点平衡舵受力。

上舵销轴承的支持力：

$$P_1 = 0.7F \tag{8-68}$$

下舵销轴承的支持力：

$$P_2 = 0.6F \tag{8-69}$$

半悬挂舵受力按下列公式计算。

下舵销轴承的支持力：

$$P_1 = \frac{F}{2}\left[1 + \frac{A_1 h_m}{A(h_m - h_1)}\right] \tag{8-70}$$

上舵销轴承的支持力：

$$P_2 = \frac{F}{2}\left[\frac{A_1 h_m}{A(h_m - h_1)} - 1\right] \tag{8-71}$$

式中，l_1 为舵系下轴承中心到舵叶底部的距离；l_2 为舵系下轴承中心到舵叶顶部的距离；C_1 为舵叶底部弦长；C_2 为舵叶顶部弦长。

单舵销半悬挂舵受力：

$$\begin{cases} P_1 = \dfrac{FA_1}{l_1 A} \\ P_2 = \dfrac{FA_2}{l_2 A} \end{cases} \tag{8-72}$$

CCS 规范对于舵杆各部分尺寸的规定为舵柄处传递舵扭矩的舵杆直径应不小于式 (8-73)的值：

$$D_t = 4.2\sqrt{\frac{T}{K_s}} \tag{8-73}$$

舵杆材料系数的计算：

$$K_s = \begin{cases} (\sigma_s / 235)^{0.75}, & \sigma_s > 235\text{MPa} \\ \sigma_s / 235, & \sigma_s \leqslant 235\text{MPa} \end{cases} \tag{8-74}$$

式中，σ_s 取值应不大于 $0.7\sigma_b$ 或 450MPa，取小者。

对于双支点平衡舵及半悬挂双舵销舵的舵杆，其上舵承以下的舵杆直径应不小于上舵承处的舵杆直径。对于悬挂舵、单舵销半悬挂舵及单舵销双支点平衡舵，其下舵承处和下舵承以下的舵杆直径应不小于按式(8-75)计算所得值：

$$D_c = D_t\sqrt{1 + \frac{4}{3}\left(\frac{M_b}{T}\right)^2} \tag{8-75}$$

下舵承以上的舵杆直径应尽可能保持与下舵承处的舵杆直径一致，然后逐渐减少至上舵承处的直径。但锥体长度应不小于两直径差额的 3 倍，锥体以上至上舵承间不应有任何凹槽。单板舵的舵杆直径按以上各式计算，对悬挂舵，其下段的 1/3 可向下过渡至下舵杆直径的 75%。

流线型舵的下舵杆通常以箱型结构代替，该箱型结构由设在铸钢件下方的两块连续垂向隔板和有效舵叶旁板组成。其余的垂直隔板可连续，也可在水平隔板处切断。除了组成箱型结构的垂直隔板不应开孔外，其余的垂直隔板和水平隔板可以开孔，孔的大小应不超过隔板宽度的一半。舵叶的导缘通常用钢板弯制。舵叶的尾端(随缘)形式较多，最简单的方法是将两侧的舵叶旁板搭接，但这种方法较易产生裂纹，因此通常的做法是加设型材，如扁钢、圆钢、半圆钢或按舵叶的尾端线型加工的专用型材。

在人员不能进入舵内进行焊接时，舵叶的旁板同隔板的连接常常采用塞焊的方式，即在一侧的旁板上用间断的填角焊缝将隔板焊在旁板上，另一侧隔板上设有垫板，沿着该垫板在舵叶旁板上开长条形塞焊缝孔进行焊接，焊后将焊缝磨平。塞焊孔的最小长度为75mm，最小宽度为舵板厚度的2倍，塞焊孔两端为半圆，塞焊孔的间距不超过150mm。

流线型剖面舵叶结构的具体要求：组成箱型结构的有效舵旁板的宽度应取不大于该处舵叶横向尺度的2倍，也不大于2.5倍的下舵承处的舵杆直径或舵顶部连接法兰的长度；舵旁板、顶板和底板的厚度 t 应不小于按式(8-76)计算所得的值：

$$t = 5.5\beta\sqrt{d + \frac{F}{A} \times 10^{-4} + 2.5} \tag{8-76}$$

$$\beta = \sqrt{1.1 - 0.5\left(\frac{s}{b}\right)^2} \tag{8-77}$$

根据舵旁板的厚度，可以得到其他一系列构件的尺寸如下：①舵顶板和底板的厚度应不小于舵旁板的厚度；②舵叶内部垂直隔板和水平隔板的厚度应不小于70%的舵旁板厚度，且不小于8mm；③舵叶的导边板厚度应不小于1.2倍的舵旁板厚度，但也不必大于22mm；④半悬挂舵在下舵销区域的舵旁板应加厚，其厚度应较计算所得之厚度增加80%。加厚的舵旁板应延伸超过连续垂直隔板和下舵销区域上下的水平隔板，在角隅处应有尽可能大的圆角。

流线型剖面舵叶结构的具体要求如下：舵叶制作完成后应按规范要求做密性试验。密性试验合格后进行舵内涂装，具体方法为灌注沥青液，并使舵叶转动，以期沥青液能到达舵叶内各个部分，然后将剩余的沥青液倒出。

舵杆与舵叶的法兰连接中最常用的是水平法兰连接，很少采用垂直法兰连接。法兰的形状和尺寸取决于连接的强度要求、法兰所在处的舵剖面的形状及螺栓布置的要求等因素。水平法兰连接按CCS规范的要求，连接法兰的螺栓直径应不小于按式(8-78)所得值：

$$d_b = 0.62\sqrt{\frac{D_c^3 K_s}{nE_b K_b}} \tag{8-78}$$

式中，D_c 为下舵承处的舵杆直径；n 为螺栓总数，不小于6个；E_b 为螺栓中心与螺栓系中心的平均距离；K_s、K_b 分别为舵杆材料系数和螺栓材料系数。

按CCS规范的要求，连接法兰的厚度应不小于按式(8-79)所得值，但不大于连接法兰螺栓直径的90%：

$$t = d_b\sqrt{\frac{K_b}{K_f}} \tag{8-79}$$

式中，K_f 为法兰材料系数。

按 CCS 规范的要求，螺栓外侧的宽度应不小于 67%的螺栓直径；连接法兰的螺栓应为铰孔螺栓，螺母应有可靠的制动装置；连接法兰应配有紧配键，以减轻螺栓的负荷。如果螺栓直径按计算所得值再增加 10%，则可不装紧配键；如果舵杆与法兰分别锻制而以焊接连接，则应在整个结合面内焊透，并应符合船级社规范对于焊接的要求。

舵杆与舵叶的锥体连接可分为有键连接和无键连接，其锥体长度一般应不小于 1.5 倍下舵承处的舵杆直径，且锥形部分应无阶梯地过渡到圆柱部分。舵销通常用锥体连接方式固定，如同锥体连接的舵与舵杆，但很少用键。由于锥体需要承受一定的弯矩，所以应按锥体连接的要求进行设计。

CCS 规范对舵销及舵钮连接的要求：①舵销与销座应为锥形配合，锥体长度应不小于舵销直径；②舵销直径应不小于按相应公式计算所得的值；③销座的厚度应不小于 25%的舵销直径；④舵销轴承的长度应不小于舵销衬套的直径，但不应超过舵销衬套直径的 1.2 倍，轴承衬套外侧的舵钮厚度应不小于 25%的舵销直径。

8.4 锚 泊 设 备

8.4.1 锚泊设备的组成

锚泊设备又称为船泊设备，主要包括锚、锚链、锚链筒、锚链管、掣链器和锚机等。锚泊方式有单锚泊和双锚泊两种，单锚泊用一只艏锚停泊，双锚泊用两只艏锚停泊，常用于天气恶劣、风浪较大的水域。工程船上还根据其工作性质配有深海锚泊设备和定位锚泊设备等，登陆舰上应配艉锚。锚泊设备还可起辅助舰船操纵的作用，如协助调头、避碰、靠离码头、海滩救助及脱浅等。锚泊设备常置于舰船首部且左心配置。

船舶用锚通常可以分为系泊用锚、辅助操纵用锚和应急用锚三种方式。锚链筒是锚链进出和收藏锚杆的孔道，是锚的收藏处所，由甲板链孔、舷侧锚唇和筒体三部分组成，筒内设有喷水装置，起锚时用于冲洗锚链和锚。为防止海水从锚链筒涌上甲板，在甲板链孔处设有防浪盖。商船锚链筒轴中心线和铅垂线成 30°~40°，和中线面成 5°~15°。一些低干舷船或快速船，为了减少锚引起的水和空气阻力及锚爪击水引起的水花飞溅，在舷侧板上做能包藏锚头的锚穴。锚链管是锚链进出锚链舱的孔道，位于锚机链轮下方，正对锚链舱的中央，直径为锚链直径的 7~8 倍，上口设有防水盖，开航后应关闭，以防海水由此进入锚链舱。锚链舱是存放锚链的处所，左、右锚链舱是分开的，一般设在防撞舱壁之前，锚机下面，首尖舱的上面或后面。圆形锚链舱直径约为链径的 30 倍时，可自动盘放而不必人工排链。

掣链器设置在锚机和锚链筒之间，用于固定锚链，防止锚链滑出。在锚泊时，制链器将锚和锚链产生的拉力传递至船体，以减轻锚机的负荷，保护锚机。航行时其承受锚的重力和惯性力。目前船用制链器的种类有螺旋式、闸刀式和链式。弃链器是在紧急情况下使锚链末端迅速与船体脱开的装置，弃链器一般设在人员易于到达的地方，常见的有横闩式弃链器和螺旋式弃链器。

8.4.2 锚的分类

锚的种类大致分为有杆锚、无杆锚、大抓力锚及特种锚四大类型,见图 8-27。

(a)有杆锚　　(b)无杆锚

(c)大抓力锚(AC-14 型)　　(d)特种锚

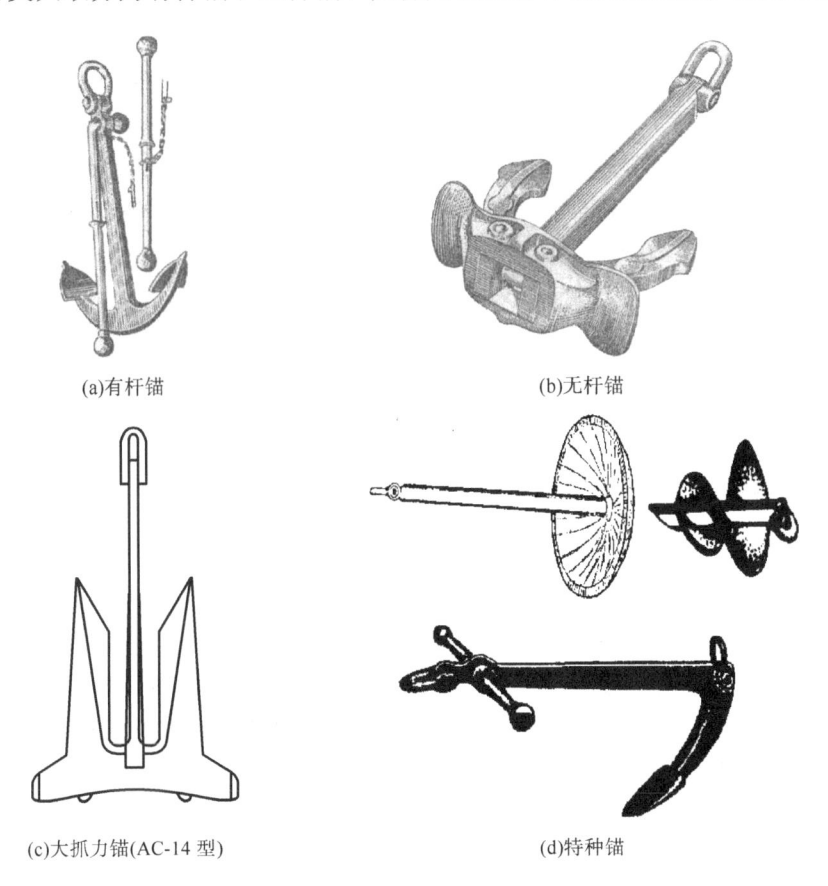

图 8-27 锚的分类

有杆锚具有横杆,其一个锚爪啮入土中,当锚在海底拖曳时,横杆能阻止锚爪倾翻,包括海军锚、层洛门锚、单爪锚及日式锚等。海军锚抓力大,能稳固地抓住各种泥土,但收放不便。层洛门锚是锚爪可以转动的海军锚,在使用中,当一个爪入土时,另一个爪即能转至锚柄并贴紧,这种锚在使用上比海军锚方便,但抓力比海军锚小,仅用一个螺栓连接锚柄,安全性差。单爪锚与海军锚类似,仅有一个爪,但尺寸较大,这种锚的抓力比海军锚大。日式锚是日本渔船上使用的一种双爪锚,横杆固定在锚冠下面,保持了抓力大的优点,且收藏便利。

无杆锚是无横杆、锚爪可以转动的两爪锚,工作时两个爪可同时啮入土中,稳定性好、土质适应性强、收藏方便,包括霍尔锚、斯贝克锚、AC-14 型锚及 DA-1 型锚。霍尔锚是第一代现代标准型无杆锚,这种锚制作简单、收藏方便、抓力较大、抓住性良好。斯贝克锚是霍尔锚的改良型,其锚冠处装有锚冠板及加强肋,这种锚的爪极易转向地面,稳定性更好,收藏时不擦伤船外板等。AC-14 型锚是无杆锚的第二代,其锚冠很宽,锚爪较粗长,且有纵向棱,这种锚重量大、抓力大、稳定性好。DA-1 型锚称作第三代无杆锚,是目前世界上最稳定、结构最先进的锚,锚冠较宽且端部为三棱形,爪很长,是用两个斜面构成的倒 V 形,两爪之间的距离很小,这种锚有最合适的啮土角度、啮上面积大、抓力大、抓住性好、稳定性强、收藏方便。

大抓力锚是一种有杆转爪锚,具有很大的抓重比,锚爪的啮土面积大,抓持的底质深而多,抓力特别大,但是锚爪易拉坏,收藏不方便。大抓力锚中有马氏锚、丹福尔锚、施得林格锚、快艇锚和斯达托锚等。马氏锚锚爪宽大,在爪中部外侧有稳定杆,为防止石块卡住锚爪不能转动,将爪内侧制成弧形。丹福尔锚与马氏锚类似,只是稳定杆布置在锚的顶部,这种锚的抓重比特别大。施得林格锚将稳定杆设计成倾斜状,两爪间距离大,以防锚爪被碎石卡住。快艇锚是快艇使用的锚,其两爪比较靠近,横杆装在爪外侧,锚冠较小,这种锚的抓力甚大,但横杆易弯曲。斯达托锚抓重比高达 15~20,锚爪特别宽大,横杆位于锚冠处,采用焊接形式,与其他锚的不同之处是有一可拆的楔子,用于改变爪转动的角度。

特种锚的形状与用途与普通锚均不同,主要是指供浮筒、囤船、浮船坞等使用的永久性系泊锚,破冰船上所用的冰锚及帆船和小艇上用的浮锚等。

8.4.3 锚链的种类、组成与标记

按照制造方法,锚链分有铸钢锚链、焊接锚链和锻造锚链三种。铸钢锚链的优点是强度较高、刚性好、撑挡不会松动,因而使用年限长;缺点是制造工艺较复杂、成本较高、耐冲击负荷差。焊接锚链的链环由圆钢弯制焊接而成,其工艺简单,成本低,质量超过其他种类的锚链。锻造锚链有较好的韧性,但制造工艺复杂,成本高,质量不稳定。按链环结构,锚链可分为有挡链的和无挡链的,在相同尺寸和材质下,有挡链的强度大,变形小,堆放时不易扭缠,在海船上应用广泛。无挡链的强度小,只用于小锚上。

用于生产有挡锚链的钢材按照强度从高到低可分为 A1、A2、A3 三级,若选用强度大的,链环尺寸就可以适当减小。链环的大小是以普通链环的直径 d 为基准的,链节是表示锚链长度的基本单位,普通有挡链环的长度为 $6d$,宽度为 $3.6d$。我国规范规定,1 节标准锚链的长度是 27.5m。英美国家常以 15 拓为 1 节,折合米制约 27.5m。也有的以 25m、20m 为 1 节。链节与链节之间多以连接链环连接。

锚链的强度估算:

$$T = 548.8d^2 \tag{8-80}$$

式中,T 为有挡锚链的强度,N;d 为链环直径,mm。

单位长度重量估算:

$$\omega_c = 0.0219d^2 \tag{8-81}$$

式中,ω_c 为有挡锚链单位长度重量,kg/m;d 为链环直径,mm。

锚重与链重的关系:

$$W_a = 60\omega_c \times 10^{-3} \tag{8-82}$$

式中,W_a 为每只锚的重量,t;ω_c 为单位长度锚链重量,kg/m。

8.4.4 锚泊设备的选取

海船的锚与锚链的配备应根据船舶的类型、航行的水域和船舶舾装数的大小按规范中所列的数据来选取。舾装数 N 是反映船舶所受的风、流作用力大小的一个参数,可由式(8-83)计算(非拖船):

$$N = \Delta^{\frac{2}{3}} + 2Bh + \frac{A}{10} \tag{8-83}$$

式中,Δ 为夏季载重线下的排水量,t;B 为船宽,m;h 为从夏季载重线到最上层舱室顶部的有效高度,m;A 为船长范围内夏季载重线以上的船体部分和上层建筑各层宽度大于 $B/4$ 的甲板室的侧投影面积的总和,m^2。

根据舾装数,可以查出锚的数量及每只锚的重量、锚链直径和总长等,还可以确定系缆设备。

锚设备的布置原则(主要是锚链筒的位置):抛锚时,靠锚自重毫无阻碍地抛入水中;起锚时,锚杆毫无阻碍地收入锚链筒;船横摇 5° 起锚时,锚爪不会钩住首柱或龙骨;锚链筒下端离最大吃水线有一定距离;锚杆进入锚链筒后,锚爪紧贴船外板,锚头紧贴凸缘;锚链筒长度可将锚杆全部收入。

对于锚机功率的估算,首先由式(8-84)计算得到拉力 T:

$$T = Q + h\omega \tag{8-84}$$

当锚链收至垂直时,计算拉力:

$$T = Q + h\omega + P \tag{8-85}$$

则

$$T = (Q + h\omega + P)\left(1 - \frac{1.025}{7.8}\right) \tag{8-86}$$

起单锚提升速度≤9m/min 功率为

$$Ne = 1.5 \times \frac{Tv}{60} \tag{8-87}$$

式中,T 为额定拉力;v 为提升速度。

思 考 题

1. 船舶主机的类型主要有哪几种?柴油机的主要参数有哪些?
2. 船舶有效功率的主要估算方法有哪几种?
3. 船舶推进器的主要类型有哪几种?
4. 船舶轴系的主要构成是什么?
5. 螺旋桨的主要参数有哪些?
6. 试描述螺旋桨主尺度确定的总体流程。
7. 船舶舵系统主要由哪些设备构成?

8. 舵的分类有哪些？

9. 舵设计的主要步骤有哪些？

10. 锚泊设备的组成有哪些？

11. 锚的种类大致分为几种？

12. 锚链的钢级有几种？哪一种强度最高？

13. 什么是船舶舾装数？舾装数的作用有哪些？

14. 舵的设计应控制好哪些主要要素？这些要素与哪些因素有关？

15. 锚设备(首锚的数量、重量、锚链规格等)是怎样确定的？

16. 64000 散货船，船长 L_{bp}=194.50m，型宽 B=32.26m，结构吃水 T_s=13.3m，方形系数 C_b=0.884，海水密度 ρ=1.025t/m^3，附体系数 k=1.005，水线至上层建筑顶部高度 h=21.4m，船体和上层建筑侧投影面积总和 A=1320m^2，计算其舾装数，并据此选择锚、锚链、拖索和系船索参数。

第 9 章 船舶经济性

社会需求与经济效益是船型发展的源动力。目前船舶经济性日益受到国内造船界的重视。最佳船型的设计不再限于最优的线型、最有效的船体结构和最先进的设备，而高效能、低成本、高利润与设备可靠性往往更为人们所注目。可以说在保证航行安全的前提下，营运最经济的船型就是最佳船型。

船舶经济性分为单船经济性、船队经济性和运输系统经济性。

船队分析包括船型、吨级、航速、船队船舶艘数、船舶与港口航道的关联等方面的论证分析。船队中单船经济性和船队总投资效果是评价船队建设方案最主要的依据。

运输系统的经济性涉及港、航、船、厂的综合经济性问题，船舶只是运输系统中的一个环节。单船经济性与系统经济性要协调配合，不仅单船经济性要好，而且系统经济效益要高。

对单船经济性的研究和掌握是从事船队分析和运输系统经济论证的基础。分析单船经济性时，必须涉及船舶年运量、船价(总投资)、运输成本、年营运收入、评价船舶方案的经济指标等诸方面问题。

9.1 船 价 估 算

9.1.1 造船成本及估算方法

造船成本组成的分类习惯虽不尽相同，但基本上都按原材料费用、配套设备费用、劳务费用、管理费用等项划分。造船成本的组成应包含成本发生的全部项目，遗漏或重复将导致报价的失误。船舶为一综合性工业产品，由于其种类、用途、航区、入级、挂旗的不同，组成成本的项目也不一致，且不同的船东对同型船的要求也不尽相同，因此在成本估计(或预算)时，必须对该船有详细的了解与周到的考虑。由于国别和地域工业水平、配套能力、管理方法和水平的差异，其成本组成比例和项目分类也各不相同。成本组成的详细分项列于图 9-1。

1. 造船成本组成的比例

不同类型、不同技术要求和不同标准的船舶，其成本组成的比例也各不相同。
1) 组成比例

若以原材料、配套设备和劳务费用三项主要组成部分为 100%，则各项成本的组成比例如下：

(1) 原材料费用 26%～33%；

(2) 配套设备费用 45%～52%；

(3) 劳务费用 24%～26%。

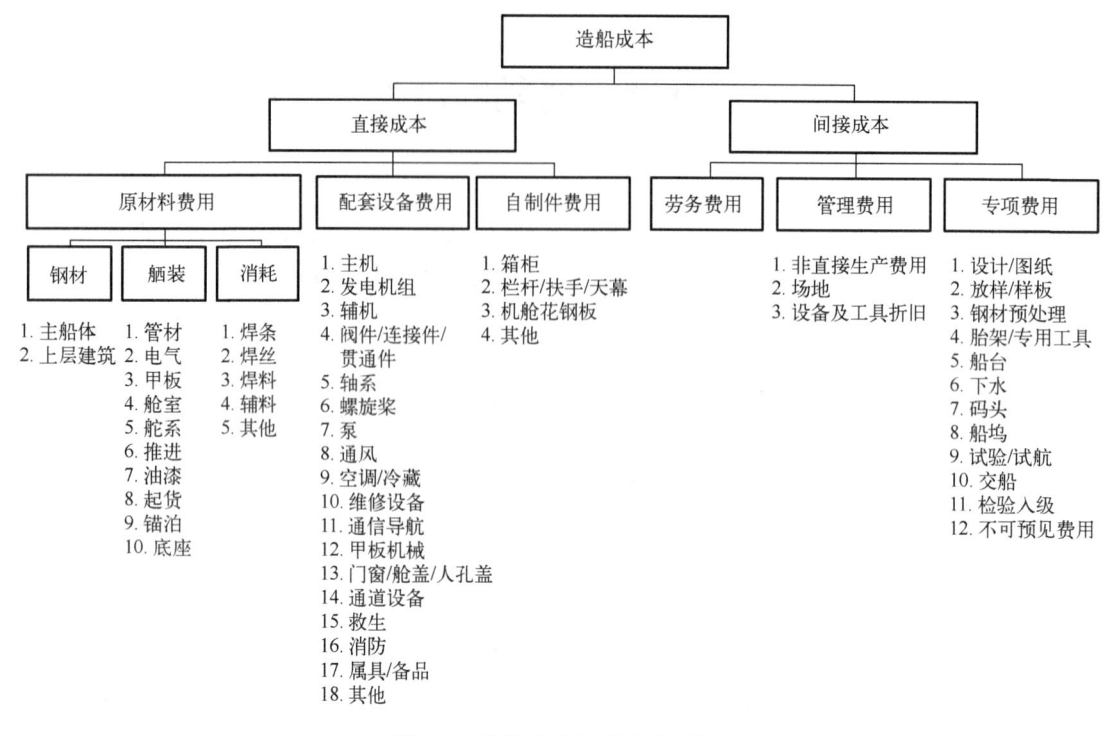

```
                              造船成本
                    ┌───────────┴───────────┐
                  直接成本                间接成本
        ┌──────────┼──────────┐      ┌─────┼─────┐
    原材料费用  配套设备费用  自制件费用  劳务费用  管理费用  专项费用
    ┌───┼───┐
   钢材 舾装 消耗
```

原材料费用:
- 钢材: 1. 主船体 2. 上层建筑
- 舾装: 1. 管材 2. 电气 3. 甲板 4. 舱室 5. 舵系 6. 推进 7. 油漆 8. 起货 9. 锚泊 10. 底座
- 消耗: 1. 焊条 2. 焊丝 3. 焊料 4. 辅料 5. 其他

配套设备费用:
1. 主机
2. 发电机组
3. 辅机
4. 阀件/连接件/贯通件
5. 轴系
6. 螺旋桨
7. 泵
8. 通风
9. 空调/冷藏
10. 维修设备
11. 通信导航
12. 甲板机械
13. 门窗/舱盖/人孔盖
14. 通道设备
15. 救生
16. 消防
17. 属具/备品
18. 其他

自制件费用:
1. 箱柜
2. 栏杆/扶手/天幕
3. 机舱花钢板
4. 其他

劳务费用:
1. 非直接生产费用
2. 场地
3. 设备及工具折旧

管理费用:

专项费用:
1. 设计/图纸
2. 放样/样板
3. 钢材预处理
4. 胎架/专用工具
5. 船台
6. 下水
7. 码头
8. 船坞
9. 试验/试航
10. 交船
11. 检验入级
12. 不可预见费用

图 9-1 造船成本组成及其项目

2) 原材料费用的组成比例

若以原材料费用为 100%,则一般干货船的原材料费用的组成比例大致如下:

(1) 主船体钢材(包括钢板和型材)65%～70%;

(2) 管材 2%～3%;

(3) 电缆 7%～8%;

(4) 绝缘及隔热材料 7%～8%;

(5) 油漆 5%～6%;

(6) 油料 3%;

(7) 辅助材料 4%;

(8) 其他材料(包括铸锻件)3%。

3) 配套设备费用的组成比例

若以全部外购配套设备费用为 100%,则以下各种设备所占外购配套设备费用的比例为:

(1) 主机及其变速齿轮箱 22%～29%;

(2) 电站 5%～6%;

(3) 推进装置及轴系 2.8%～3.2%;

(4) 冷藏、空调及通风 2.5%～3%;

(5) 甲板机械 28%～35%;

(6) 通导和电气 9%～9.5%;

(7) 仪器和仪表 5%～12%;

(8) 救生和消防 3%~4%；

(9) 其他 7%~10%。

4) 劳务费用的组成比例

若以劳务费用为 100%，则费用的组成比例大致如下：

(1) 直接工资 8%~10%；

(2) 福利费 10%~12%；

(3) 车间经费 8%~10%；

(4) 企业管理费 25%~30%；

(5) 车间制造专用费 40%~50%。

此外，造船成本的比例组成还与船型有关，且不同国家的各项目比重也有所不同。以 9.5 万吨油轮和 7 万吨散货船为例，比较中国、日本、韩国三国造船成本的差异。从表 9-1 中可以看出中国材料设备的费用明显高于日本、韩国，劳务费用、设计费用和管理费用之和勉强和日本、韩国劳务费用相当。在国内劳务费用不断提高的今天，劳务费用成本优势逐渐弱化，只能努力降低材料设备费用占比。

表 9-1 中国、日本、韩国造船成本比较 (单位：%)

比重	船型国别	材料设备费用	劳务费用	设计费用	管理费用	总成本
9.5 万吨油轮	韩国	51.0	33.8	8.2	7.0	100
	日本	54.1	27.8	9.1	9.0	100
	中国	75.3	24.7			100
7 万吨散货船	韩国	56.1	28.4	8.5	7.0	100
	日本	57.4	24.5	9.1	9.0	100
	中国	73.7	26.3			100

2. 方案设计阶段造船成本估算方法

在方案设计阶段估算造船成本非常重要，其原因有以下三点。

(1) 一般在方案设计阶段，船东通过估算造船成本做经济论证，计算净现值(Net Present Value，NPV)，从而确定能接受的建造者所报船价的范围。对于船厂，也需要衡量净现值大小，提供合理的船舶报价。

(2) 净现值(NPV) = 风险值。净现值的含义是考虑到资金的时间价值后，在使用期内，能获得的利润(还本利息后)的总现值。当其值为零时，方案的收支相抵，能达到预期的投资收益利率 i；其值为正时，表明可以超过预期的投资收益利率；其值为负时，表示达不到预期的投资收益利率。

(3) 净现值的大小一般在方案设计和研究论证阶段用来作为衡量船舶方案优劣的指标。

在方案设计阶段，可根据设计参数及专用设备型号、规格，按项目估算造船成本，即

$$C = C_{船} + C_{轮} + C_{舾} + C_{电} + C_{专} \tag{9-1}$$

式中，C 为船舶建造总成本，万元；$C_{船}$ 为船体工程建造费用，万元；$C_{轮}$ 为轮机工程建造费用，万元；$C_{舾}$ 为舾装工程建造费用，万元；$C_{电}$ 为电气工程建造费用，万元；$C_{专}$ 为专项

费用，万元。

下面分别介绍上述各项费用的估算方法。

1) 船体工程建造费用

$$C_{船} = C_w + C_1 + CH_1 \tag{9-2}$$

式中，C_w 为船体钢料费用，万元；C_1 为船体焊接材料费用，万元；CH_1 为船体工时费用，万元。

(1) 船体钢料费用：

$$C_w = \frac{W_s}{K_1} R_1 \tag{9-3}$$

式中，W_s 为船体钢料净重，t；K_1 为船厂钢料利用系数；R_1 为每吨钢料平均单价，万元/t。W_s 可按式(9-4)估算：

$$W_s = K_2 L^{1.65} \left(B + D + \frac{T}{2} \right)(0.5 C_b + 0.4) \tag{9-4}$$

式中，L 为设计水线长度，m；B 为型宽，m；D 为型深，m；T 为设计吃水，m；C_b 为方形系数；K_2 为系数，随船型、吨位大小变化。对中小型散货船，K_2 取 0.0336 左右；船舶吨位小，K_2 也小。

(2) 船体焊接材料费用：

$$C_1 = \frac{W_s}{K_1} K_3 R_2 \tag{9-5}$$

式中，K_3 为焊条、焊丝等焊材占钢料重量的百分比，一般取 0.03；R_2 为焊接材料平均单价，万元/t。

(3) 船体工时费用：

$$CH_1 = \frac{W_s^{2/3} \cdot L_{bp}}{C_b} K_4 R_3 \tag{9-6}$$

式中，L_{bp} 为船体垂线间长，m；K_4 为船体工时消耗系数；R_3 为工时平均单价，万元/h。

2) 轮机工程建造费用

$$C_{轮} = C_2 + C_3 + C_4 + CH_2 + CH_3 \tag{9-7}$$

式中，C_2 为主要设备和特殊要求费用，万元；C_3 为管子材费用，万元；C_4 为除 C_2、C_3 外的轮机材料设备费用，万元；CH_2 为轮机机械安装费用，万元；CH_3 为管材安装费用，万元。

(1) 主要设备和特殊设备费用。主要设备包括主机、发电机组、空压机、辅锅炉、废气锅炉、焚烧炉、污水处理装置等，这些可按照型号、规格询价。

特殊设备如侧推装置、无人机舱等，可根据船东要求估算价格。

(2) 管子材料费用：

$$C_3 = (1 + K_6) R_4 P_m \tag{9-8}$$

式中，P_m 为轮机管子材料用量，t；R_4 为管子材料平均单价，万元/t；K_6 为阀件、阀箱同管子材料价格之间的关系系数。

(3) 除主要设备和特殊要求费用及管材费用外的轮机材料设备费用：

$$C_4 = K_q (P_m)^{n_6} \quad (9\text{-}9)$$

式中，P_m 为主机功率，kW；K_q、n_6 为经验系数。

(4) 轮机机械安装费用：

$$CH_2 = K_{12} P_m^{0.71} R_3 \quad (9\text{-}10)$$

式中，K_{12} 为经验系数。

(5) 管系安装费用：

$$CH_3 = K_{13} P_m^{0.92} R_3 \quad (9\text{-}11)$$

式中，K_{13} 为经验系数。

3) 舾装工程建造费用

舾装工程建造费用包括舾装设备、材料费用，以及舾装制造安装工时费用，按式(9-12)计算：

$$C_{舾} = C_5 + CH_4 \quad (9\text{-}12)$$

式中，C_5 为舾装设备、材料费用，万元；CH_4 为舾装制造安装工时费用，万元。

(1) 舾装设备、材料费用：

$$C_5 = K_{14} W_0^{0.9} \quad (9\text{-}13)$$

式中，W_0 为舾装件、材料设备等重量，t；K_{14} 为经验系数。

(2) 舾装制造安装工时费用：

$$CH_4 = K_{15} W_0^{0.9} R_3 \quad (9\text{-}14)$$

式中，K_{15} 为经验系数。

4) 电气工程建造费用

电气工程建造费用包括电气工程材料、设备费用以及消耗工时费用，按式(9-15)计算：

$$C_{电} = C_9 + CH_7 \quad (9\text{-}15)$$

式中，C_9 为电气工程材料、设备费用，万元；CH_7 为电气工程消耗工时费用，万元。

(1) 电气工程材料、设备费用：

$$C_9 = K_{20} P_w^{0.22} \quad (9\text{-}16)$$

式中，P_w 为全船耗电功率，kW；K_{20} 为经验系数。

(2) 电气工程消耗工时费用：

$$CH_7 = K_{21} L_k^{0.89} R_3 \quad (9\text{-}17)$$

式中，L_k 为电缆长度，m；K_{21} 为经验系数。

5) 专项费用

专项费用一般包括设计、检验、船台、试航等费用。这些费用不易用公式计算，通常取为船舶建造成本的百分比。

上述各计算式中所含的各类经验系数可根据过去建造船舶的统计资料或按母型船资料进行估算。

9.1.2 船价组成及估算方法

造船成本是船厂为造船所发生的一切直接费用和间接费用的总和，船价则是造船成本加上销售过程中的中间环节和流通环节所发生的一切费用的总和。

船价包括造船成本、利润、税金、利息、佣金、保险费和其他风险。成本在前面已做介绍。利润包括生产利润和销售利润。税金包括进口税、出口税、增值税、销售税、印花税等。利息包括建造期间材料设备采购贷款利息。佣金为付给船舶代理人的佣金；保险费为建造期间为船舶上保险所需的费用。其他风险包括汇率风险和信贷风险。其中佣金应以设定的百分数按成本价计算，保险费与税金按船价的规定百分比计算。

在船舶初步设计完成后，根据设计部门提供的主要图纸文件(总布置图、中横剖面图、船体说明书、材料预估单及主要机电设备清单)，船厂估价部门即可逐项列表按市场价详细计算材料设备费用，并结合船厂实际详细计算工时费用(包括全厂的工资福利、动力消耗、车间费用和企业管理费)，由此算出建造成本。然后计入利润、税金、利息、佣金、保险费和其他风险等费用，得到新船船价(应当指出，这样算得的船价只是船舶报价的基础，实际报价时还要考虑到船舶市场行情和同业竞争等因素，报出有竞争力的船价)。在船舶初始设计阶段或船型论证中，通常采用如下两种简化方法来估算船价。

1. 整船概算法

在缺少资料且对估价的精度要求不高的情况下，可根据载重量或排水量(客船可根据载客量，拖船可根据主机功率)等，参考有关船型资料进行估算，即

$$\frac{P}{P_0} = \frac{\Delta^{2/3}}{\Delta_0^{2/3}} \tag{9-18}$$

$$\frac{P}{P_0} = \frac{\mathrm{DW}}{\mathrm{DW}_0} \tag{9-19}$$

式中，P 为新船船价；P_0 为相近母型船船价。

应当注意，这里采用的母型船，其技术参数与建筑形式应力求接近新船，同时还应计入建造时间差、功率与机型、建造批量的差异对新船船价加以修正。

2. 分部估算法

将船舶分成船体钢材、木作舾装、机电设备三大部分，各部分造价均根据其重量乘以每吨单价估算。此外还应加第四项费用，即间接费用，包括设计、验船、船台工程、下水、试验、利润、税收等各项。一般应按现行标准或通过算法加以决定。据此可写出船价：

$$P = (W_h \gamma_h + W_f \gamma_f + W_m \gamma_m)(1 + \alpha) \tag{9-20}$$

式中，W_h、W_f、W_m 分别为船体钢料、木作舾装、机电设备的重量；γ_h、γ_f、γ_m 分别为船体钢料、木作舾装、机电设备的每吨重量连工带料价格；α 为除上述三项造价之外的其他造价率，可取为 15%~30%。

应当指出，单位重量造价应取建造厂近期数据；间接费用也称为专项费用，包括设计费、船舶检验费、银行利息、税金、利润及船厂专项费(钢材预处理、胎架费、船台费、下

水费、码头费)等。其中,设计费约为造价的 6%,特种船舶可达 10%;检验费取 0.5%~2%;税收约 5%;利润取 6%~10%。

9.1.3 批量造船成本的变化规律

如果批量建造船舶,则研发、设计、放样、胎架、培训等一次性费用可以分摊到几艘船上;有些材料和设备如果成批订购,价格可降低。随着船舶建造批量数的增加,生产技术水平不断提高,差错逐渐减少,所有这些都导致了造船成本的降低。船厂经验表明,可以用经验曲线来描述批量生产的特征。

1. 经验曲线

经验曲线说明了批量生产时平均每艘船的成本值和累积经验的关系。

设 a = 建造首艘船的成本,X = 批量生产船数,$\overline{Y}_x$ = 平均每艘船的成本,则有

$$\overline{Y}_x = \frac{a}{X^b} \tag{9-21}$$

式中,指数 b 可根据船厂建造经验选取。

经验曲线的应用为限制范围。当批量建造数增加到一定数值时,平均每艘船的成本不会再减少,而是保持在一个最低的建造成本上。批量建造的第二艘船的总成本预计将减少约 8%。如果是同一级别的其他船,应该会有额外的节省,但不太可能超过 1%。

2. 经验曲线系数 λ

经验曲线系数 λ 反映了批量建造中每艘船的平均成本和该批量加倍批量建造每艘船的平均成本之间的比例关系,即

$$\lambda = \frac{2X \text{艘船批量生产的平均成本}}{X \text{艘船批量生产的平均成本}} = \frac{\overline{Y}_2}{a} = \frac{\overline{Y}_4}{\overline{Y}_2} = \cdots = \frac{\overline{Y}_{2X}}{\overline{Y}_X}$$

将 $\overline{Y}_2 = \dfrac{a}{2^b}$ 代入上式,则有

$$\lambda = \frac{\frac{a}{2^b}}{a} = \frac{1}{2^b} \tag{9-22}$$

式中,λ 可以从实际调研中得到。例如,美国商船的经验曲线系数在 0.90~0.95。

当批量建造船数为 X 时,该批量总的建造成本 Y_X 为

$$Y_X = X\overline{Y}_X = X \frac{a}{X^b} = aX^{1-b} \tag{9-23}$$

建造最后一艘船的成本 Y_X 则为

$$Y_X = Y_X - Y_{(X-1)} = a[X^{1-b} - (X-1)^{1-b}] \tag{9-24}$$

表 9-2 列出了美国 G4-S-65a 型船批量建造时,随批量生产船数增加,平均每艘船成本及末艘船相对第一艘船成本减少的变化。该关系的经验曲线率 b 为 0.0935。

表 9-2 批量生产船舶的建造成本减少率

批量生产船数	平均每艘船对单船的成本比	末艘船对第一艘船的成本比
1	1.000	1.000
2	0.935	0.870
3	0.897	0.830
4	0.874	0.796
5	0.856	0.784
6	0.840	0.760
7	0.828	0.750
8	0.816	0.745
9	0.808	0.735
10	0.800	0.730

3. 经验曲线的应用

(1) 市场份额方面：船厂在造船市场上得到的份额越多，意味着该船厂得到的大批量建造合同越多。经验曲线充分显示了大批量建造的有利性，因此在造船市场上，船厂为加速投资的回收，应该争取尽量多地得到批量建造的优势。

(2) 竞争分析方面：船厂可以通过运用经验曲线公式估算出不同批量数建造的价格，这不仅为船舶报价提供了依据，也为船东订购船舶提供了选择的余地，增加了合同谈判成功的机会。

(3) 确定无亏损批量数：船厂在确定了船舶的目标价格后，可以利用经验曲线来简单地估算出为满足建造预算成本必须建造出的最少批量船数，以克服生产的盲目性，保证经济效果。

9.2 营运经济性计算

为了评价一艘船舶的经济性，必须计算其基础经济数据，即计算年运量、船价、年运输成本及年收入。

进行船舶基础经济数据计算的前提是：

(1) 依据船舶设计任务书给定了船舶设计载重量、主机类型与功率以及设计服务航速；

(2) 通过调研，获得了预定航线的有关营运、经济数据；

(3) 通过初步论证，拟定了船舶主尺度要素。

9.2.1 运输能力

船舶在一年内完成的运输量 Q_t 或运输周转量 Q_{tm} 为年运量，其表达式为

$$Q_t = 2a_c W_c m \tag{9-25}$$

$$Q_{tm} = 2a_c W_c m R \tag{9-26}$$

式中，a_c 为一年内往返航程载货量(或载客量)的平均利用率，或称为负载率，%；W_c 为载货量，t；m 为年航次数(往返算一次)；R 为预定航线的航程，n mile 或 km。

1) 载货量(或载客量)平均利用率 a_c 的确定

a_c 数值取决于一年内各往返航程货流(或客流)的均衡性程度,对油、煤等大宗货物专用运输船单程满载、单程空载可取 50%,对其他一些船型根据实际进行统计分析和预测选取。

2) 年航次数 m 的确定

$$m = \frac{z}{t} \tag{9-27}$$

式中,z 为年运营天数;t 为每航次所需的天数。

(1) 年营运天数 z 的确定。

z 指船舶使用期限内每年的平均营运天数,等于 365 减去船舶修理及航线港口封冻停航天数的差值。计算时,z 根据同型船舶的多年营运实际统计分析后确定。沿海客货船 300~315 天;沿海货船、油船 280~290 天;远洋货船 290~320 天;长江拖轮 240~280 天;驳船 310~340 天。

(2) 每航次所需天数 t 的确定。

$$t = t_1 + t_2 \tag{9-28}$$

式中,t_1、t_2 分别为航行时间与停泊时间,天。

①航行时间 t_1,包括以服务航速 v_{ks} 航行的时间 t_{11} 和通过运河、进出港时减速航行的时间 t_{12},其中 t_{11} 为

$$t_{11} = \frac{2R_1}{24v_{ks}} = \frac{1}{12}\frac{R_1}{v_{ks}} \tag{9-29}$$

式中,R_1 为以服务航速航行的里程;v_{ks} 为一年内各航次的平均服务航速,可取为设计服务航速或主机额定功率为 85%~90% 时的试航速度。

t_{12} 根据运河、进出港里程及对航速限额的规定来计算,航运部门有这类资料可查阅。对多港停靠的船舶,t_{11} 和 t_{12} 的计算应分航段进行。

②停泊时间 t_2,包括货物装卸作业时间 t_{21}、非生产性停泊时间 t_{22} 辅助作业时间 t_{23}。t_{21} 可用式(9-30)计算:

$$t_{21} = 4a_c \frac{W_c}{M_c} \tag{9-30}$$

式中,M_c 为装卸效率,t/天,其值取决于码头的设备条件劳动组织、船舶本身的装卸设备情况及货舱敞开程度、船舶大小与货物种类等因素。

t_{22} 根据同航线、同型船舶的近期统计材料确定。

t_{23} 的数值一般较小,可根据实船资料(如航次报告)统计确定。

9.2.2 资本费用

船东造船的资金通常包括部分自有资金以及来自银行的贷款,因此,资本费用的最大组成部分是为支付船厂建造合同款而向银行还付的贷款,包括本金和利息。向船厂支付的款项在建造期间分期支付,最后一笔款项在保修期结束时(通常是交付后一年)支付。此外,利得税、折旧与残值等,也属于资本费用范畴。

1) 贷款与利息

船东订购船舶的资金或全部来自贷款,或来自自有资金加上贷款(如 30%自有资金+70%银行贷款)。贷款年利率取决于贷款额度、贷款年限及与金融机构的合作关系,并基于央行的基准利率。图 9-2 显示了央行历年贷款基准利率,例如,2023 年基准利率为 1 年以内年利率 4.35%,1～5 年 4.75%,5 年以上 4.9%,月利率等于年利率除以 12。

贷款可以按月等额偿还本金,月利息等于剩余未还贷款额乘以月利率。

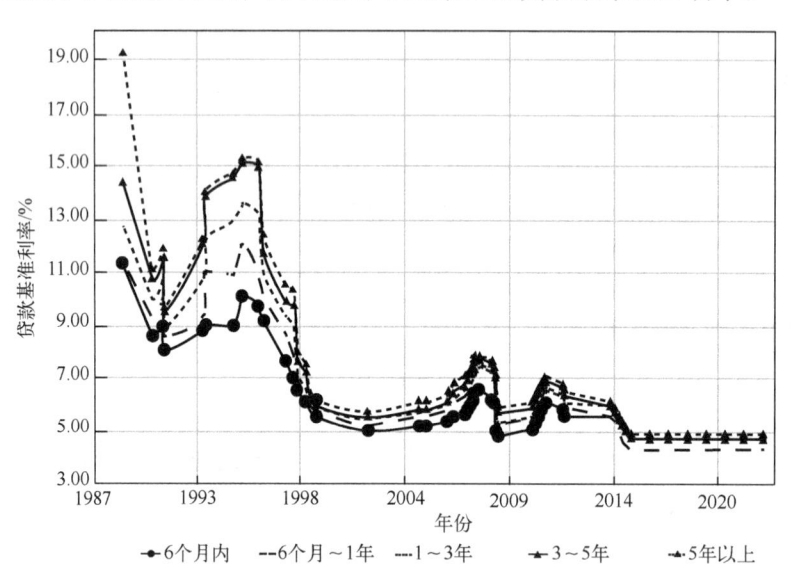

图 9-2 央行历年贷款基准利率

2) 利得税

利得税为税前利润乘以税率,税率可取为 25%。

3) 折旧与残值

船舶在使用过程中逐渐损耗,其价值逐年减少。船舶公司为了补偿损耗,在使用年限内按折旧率每年提取的一项费用称为折旧费。常用的折旧方法有直线折旧法、加速折旧法等。船舶在一定使用年限后所剩余的价值称为残值。

9.2.3 年营运成本

年营运成本(S)是船舶一年内各种成本的综合,也称为年营运总成本,包括船员费用、与船价相关的费用(折旧费、修理费、保险费)、燃料费与润料费、港口费和其他费用。

1. 船员费用 S_1

船员费用包括船员基本工资、伙食费、航行津贴、奖金等直接项目及劳保福利等附加项目。

船员工资逐年上涨,表 9-3 显示上海航运交易所 2024 年 2 月 27 日发布的中国(上海)国际海员薪酬表。

表 9-3 中国(上海)国际海员薪酬表 (单位：美元)

序号	职务	集装箱船	干散货船	油船	化学品船
1	船长	9598	9394	11857	10403
2	大副	7704	7300	9088	8404
3	二副	4673	4446	5133	5016
4	三副	4361	4145	4784	4683
5	轮机长	9244	9019	11189	9712
6	大管轮	7704	7304	9103	8326
7	二管轮(电报员)	4673	4444	5135	4987
8	电机员(管事)	4827	4434	5297	4936
9	三管轮(引水员)	4339	4142	4801	4698
10	水手长	2195	2007	2639	2499
11	机工长	2195	2004	2639	2499
12	水手	1735	1538	1819	1838
13	机工	1735	1538	1819	1838
14	大厨	2117	1968	2368	2176
15	服务生	958	720	1098	1025
	平均	4537.20	4293.53	5251.27	4869.33

注：(1) 集装箱船样本包括 < 8000TEU、8000-15000TEU；
(2) 干散货船样本包括 Capesize、Panamax、Handysize；
(3) 油轮样本包括 VLCC、Suzemax、Aframax；
(4) 化学品船样本包括远洋、近洋；
(5) 2020 年 12 月开始，薪酬表采样有所调整，样本单位调整为 18 家；
(6) 薪酬水平包括月基本工资、业绩工资、社保、航行津贴等与海上航行有关的津贴和补贴。

食物通常在船舶贸易港口当地购买，年费用基于每人每天平均费用计算，加上其他杂项费用，可按 50 美元/(人·天)计算。

2. 与船价相关的费用 S_2

1) 折旧费

新船投入营运后逐年损耗，待到使用期满时其价值仅剩船舶残值。因此在使用年限内针对这种损耗每年计入一笔折旧费。计算折旧费常用的方法为直线折旧法。

直线折旧法也称为年限平均法，按这种方法每年的折旧费相同，即

$$D = \frac{P - \Delta P}{n} \tag{9-31}$$

式中，D 为年折旧费；P 为投资；ΔP 为船舶残值，一般可取为船价 P 的 10%；n 为船舶使用年限。

2) 修理费

我国现行船舶修理分为岁修与特检两种。平均到每年的修理费可按船舶造价提成，所提取的百分数分别为：长江船 4.5%，沿海船 3.5%，远洋船 2.5%。

3) 保险费

保险费指航运公司向保险公司购买保险而交付的费用，购买保险时由航运公司提出保

价。保价不等于船价，但在论证阶段，可假定与船价相等。为了简单，年保险费可取为船价的百分数，例如，杂货船、客船、货船和客货船取 0.55%，油船取 0.7%。

3. 燃料费与润料费 S_3

1) 燃料费

根据主机与辅机(柴油发电机组)的功率和油耗率、锅炉的油耗率及使用时间可计算出航行与停泊时的航次油耗量，再乘以年航次数及燃油单价即得年燃料费。

主机在航行时取其最大持续功率的 85%～90%；柴油发电机在航行时或起货设备装卸时取其最大持续功率的 80%，停泊时取 70%。

一般柴油机船航行时使用废气锅炉，停泊时用燃油锅炉，其油耗可按航次停泊时间 25%～50%计算。

2) 润料费

润料费可按主辅机与锅炉的润滑油消耗率细算，但一般取燃料费的百分比，例如，海船低速机取 7%～10%，中速机取 10%～15%，长江船取 17%。

燃料价格受国际原油市场影响而波动，例如，当前燃油(极低硫燃油)约 600 美元/吨，柴油约 900 美元/吨，润滑油约 1380 美元/吨，见图 9-3、图 9-4 和表 9-4。

从经济性考虑，船舶可在国际航行水域燃烧重燃油，在排放控制区以及进出港时燃烧轻燃油(如柴油)或极低硫燃油。计算燃料费用时轻重燃油可参考如下比例。

远洋船：15%：85%或 10%：90%。

长江及沿海船、近海船：20%：80%。

4. 港口费 S_4

港口费是港口发生的各种费用，分为与吨位有关的费用和与载货量有关的费用。

1) 与吨位有关的费用

与吨位有关的费用包括灯塔费、吨位费、引航费、拖带费、停泊/系泊费等。这些费用支付给港务当局、导航机构、船舶代理人、拖船所有者、系泊船员等。

国际航行船舶吨位费可按 0.421 美元/总吨估算；引水费可按 0.065 美元/净吨估算；拖轮拖带费可按 1600 美元/次估算；停泊/系泊费可按 0.04 美元/(净吨·日)估算；船舶港务费可按 0.1 美元/净吨估算。也有示例中，港口费用按照 0.45 美元/总吨一并估算的。

2) 与载货吨有关的费用

与载货吨有关的费用包括运河通行费、装卸费、理货费、税金等，此项费用按年货运量吨数计算并依货种而变。

运河通行费包括向运河管理当局缴纳的正式费用和代理费，以及其他费用，通常根据所运货种按照阶梯方式收费。例如，巴拿马运河散装货按阶梯收费，见表 9-5。

又如，苏伊士运河按船舶类型阶梯收费，见表 9-6。

不同船型有不同的运河通行费。压舱状态的费用大约是满载状态费用的 85%。

装卸费主要由装卸劳动力成本组成，根据支付方式和水平、工作速度等各港口有所不同，可按 0.5～1 美元/吨估算。

税金包括营业税(国内沿海船舶税费为 3%运费收入)、印花税(国内船舶为 0.03%～0.05%货运合同价格)、城建税(营业税的 7%)、教育附加费(营业税的 4%)。

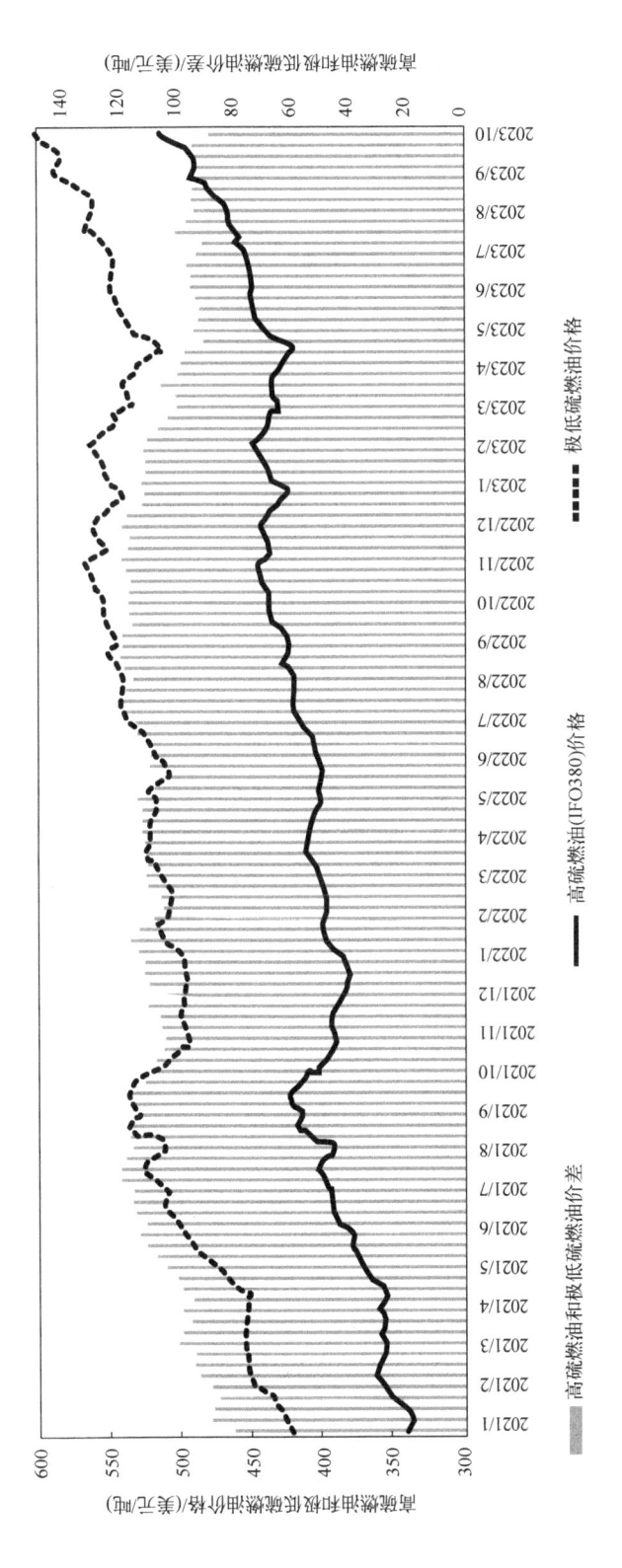

图 9-3 高硫燃油和极低硫燃油价格及价差(美元)

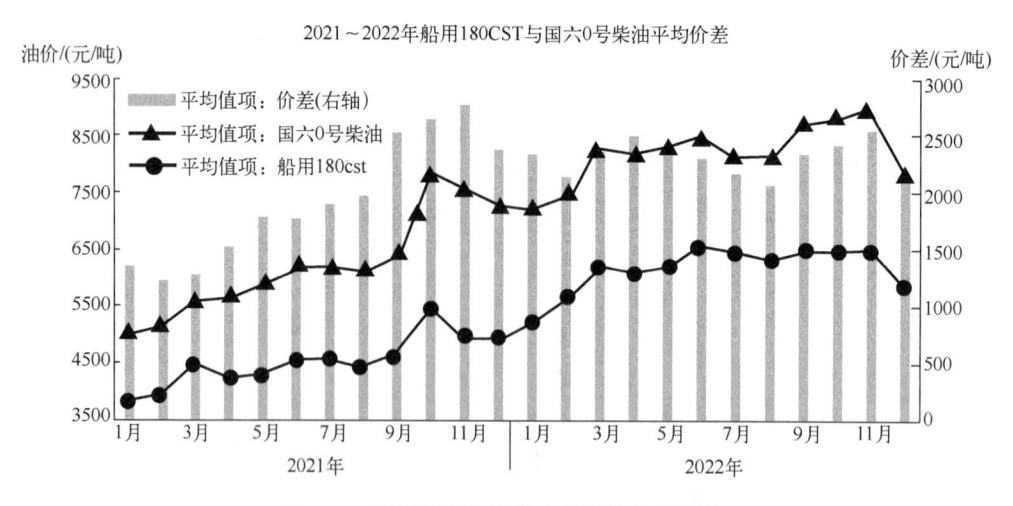

2021~2022年船用180CST与国六0号柴油平均价差

图 9-4 高硫燃油和极低硫燃油价格及价差

表 9-4 2023 年 3 月份船用滑油价格

日期	价格/(元/吨)	价格/(美元/吨)
2023-3-21	9403.33	1367
2023-3-20	9403.33	1367
2023-3-17	9486.67	1379
2023-3-16	9495.00	1381
2023-3-15	9650.00	1403

表 9-5 巴拿马运河收费标准

散装货/吨	收费/(美元/吨)	散装货/吨	收费/(美元/吨)
第一阶梯 5000DWT	4.09	第五阶梯 20000DWT	2.09
第二阶梯 5000DWT	3.23	第六阶梯 25000DWT	1.71
第三阶梯 10000DWT	2.57	第七阶梯 35000DWT	1.28
第四阶梯 20000DWT	2.38	剩余	0.86

表 9-6 苏伊士运河收费表　　　　　　　　　　　　　　（单位：美元/吨）

船舶类型	第一阶梯 5000DWT	第二阶梯 5000DWT	第三阶梯 10000DWT	第四阶梯 20000DWT	第五阶梯 30000DWT	剩余
原油船	6.49	3.62	3.25	1.40	1.40	1.21
散货船	7.21	4.14	2.97	1.05	1.00	1.00
集装箱船	7.21	4.10	3.37	2.42	2.42	2.42

港口费 S_4=航次数×吨位×与吨位相关的费率+年货运量×与货运吨相关的费率。

另一种估算方法是统计船舶营运航线上每吨或每千吨·海里的港口费费率,进而求得港口费。港口费在年总营运成本中所占比例大致为:远洋船 33%,长江船 20%,沿海船 10%。

5. 其他费用 S_5

其他费用包括物料(供应品)费、企业管理费、其他开支等,一般取总营运成本的 12%~15%。也有航运公司将其分摊到单船,例如,某公司 6 万吨级船舶分摊的企业管理费为 0.4

万美元/天。

综上，年营运总成本 S 可按式(9-32)计算：

$$S = \frac{1}{0.85}(S_1 + S_2 + S_3 + S_4) \tag{9-32}$$

9.2.4 收入与利润

1. 年收入

年收入可用下式估算：

年收入 B = 年货运量 Q_t × 平均货运单价 FR

平均货运单价(元/t 或元/(t·n mile))随时间、货种、运输里程及航线而变，可取同航线、相近船舶的平均统计值。

2. 年利润

在不计企业所得税的情况下，年度营运收入的分配如图 9-5(a)所示。由于企业要缴纳所得税，因此就产生了税前年利润和税后年利润的概念。不计企业所得税的年利润即为税前年利润；而年收入总额扣除年营运总成本和所得税以后的余额为税后年利润。它们之间的关系如图 9-5(b)所示。

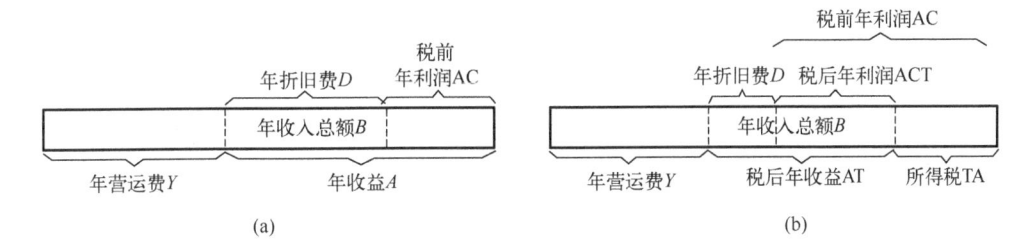

图 9-5 年度营运收入分配图

相关公式如下：

$$\text{年收益 } A = \text{年收入总额 } B - \text{年营运费 } Y \tag{9-33}$$

$$\text{年营运费 } Y = \text{年营运总成本 } S - \text{年折旧费 } D \tag{9-34}$$

$$\text{年利润 } AC = \text{年收入总额 } B - \text{年营运总成本 } S = \text{年收益 } A - \text{年折旧费 } D \tag{9-35}$$

$$\text{税后年收益 } AT = \text{年收入总额 } B - \text{年营运费 } Y - \text{所得税 } TA \tag{9-36}$$

$$\text{税后年利润 } ACT = \text{年收入总额 } B - \text{年营运总成本 } S - \text{所得税 } TA \tag{9-37}$$

经营成本即项目生产、经营过程中的支出，是为了方便进行经济评价，从总成本中分离出来的一部分费用。而折旧是指固定资产在使用过程中，由于逐渐发生损耗而贬值，人们将其价值逐年转移到产品成本中，并在产品销售收入中得到补偿，转化成货币资金。折旧费是一笔具有独立经济意义的资金，它不是真正的资金流出。因为在购置固定资产时，固定资产已经流出，没有必要也不应该再一次流出，否则会发生重复计算。在投资项目评价中，流入和流出的资金应当是真正从所分析的系统中流入和流出的资金。因此，经营成本中不应包括折旧费，即必须从总成本中将其剔除后才是经营成本。

9.3 船舶主要经济指标

1. 基本利息关系式

1) 单利与复利算法

利息有两种算法——单利和复利,分别如下。

单利: $$F=P+I=P+Pin=P(1+in) \tag{9-38}$$

复利: $$F=P(1+i)^n \tag{9-39}$$

式中,P 为本金或投资(现值);I 为利息;i 为利率(一般为年利率);n 为计算期数(一般取一年为一期);F 为本利和(终值)。

通常,银行储蓄采用单利算法,而工程经济计算则采用复利算法。

以下介绍工程经济计算中常用的若干复利算法。

2) 一次借贷(投资)一次偿还(回报)

假设目前借款额为 P(现值),年利率为 i,n 年后按复利计算应一次偿还的本利和为 F(终值),则

$$F=P(1+i)^n = P \cdot \mathrm{CA} \tag{9-40}$$

反之,

$$F=P(1+i)^{-n}=P \cdot \mathrm{PW} \tag{9-41}$$

终值因数公式:

$$\mathrm{CA}=(1+i)^n \tag{9-42}$$

即将现在的金额(现值)按复利关系换算成将来某一时刻一次发生的金额所用的乘数。

现值因数公式:

$$\mathrm{PW}=(1+i)^{-n}=1/\mathrm{CA} \tag{9-43}$$

即将未来某一时刻一次发生的金额(终值)按复利关系换算成现值所用的乘数,为终值因数的倒数。

3) 一次借贷(投资)分期等额偿还(回报)

假设目前借款为 P,今后几年内每年等额偿还 A,则几年内每年偿还款的现值总和应等于 P,即

$$\begin{aligned}P &= A(1+i)^{-1}+A(1+i)^{-2}+\cdots+A(1+i)^{-n} \\ &= A \cdot \mathrm{PW}_1 + A \cdot \mathrm{PW}_2 + \cdots + A \cdot \mathrm{PW}_n \\ &= A \cdot [1-(1+i)^{-n}]/i \\ &= A \cdot \mathrm{SPW}\end{aligned} \tag{9-44}$$

反之,

$$A=P/\mathrm{SPW}=P \cdot \mathrm{CR} \tag{9-45}$$

系列现值因数公式:

$$\mathrm{SPW}=\frac{1-(1+i)^{-n}}{i} \tag{9-46}$$

资金回收因数公式：

$$CR = \frac{1}{SPW} \tag{9-47}$$

当按月等额偿还借款时，偿还期限以月为单位，则月数 $m=12n$，月利率 $r=i/12$，则每月等额偿还 $A_m = \dfrac{P}{SPW_m} = P \cdot CR_m$，这里 $SPW_m = \dfrac{(1+r)^m - 1}{r(1+r)^m}$。

如果考虑利得税率 t，则

$$CR_t = \frac{CR - \dfrac{t}{n}}{1-t} \tag{9-48}$$

则投资的年回报为

$$A_t = P \cdot CR_t \tag{9-49}$$

CR_t 称为计及资本利得税率的资金回收因数。

4) 分期等额借贷(投资)一次偿还(回报)

假设自今年起，每年末等额借贷 A，n 年后一次偿还本利和 F，则有

$$\begin{aligned} F &= A + A(1+i)^1 + A(1+i)^2 + \cdots + A(1+i)^{n-1} \\ &= A \cdot CA_0 + A \cdot CA_1 + \cdots + A \cdot CA_{n-1} \\ &= A \cdot [(1+i)^n - 1]/i \\ &= A \cdot SCA \end{aligned} \tag{9-50}$$

反之，

$$A = F \cdot SF \tag{9-51}$$

系列终值因数公式：

$$SCA = \frac{(1+i)^n - 1}{i} \tag{9-52}$$

预付金因数公式：

$$SF = \frac{1}{SCA} \tag{9-53}$$

2. 主要经济指标

基于上述复利关系式及其计算因数，根据营运船舶的经济状况可导出如下的经济指标。

1) 净现值 NPV

净现值 NPV 是船舶使用期(n 年)内各年度的收入与支出按折现率或投资收益率 i 折现后的代数和，其含义是船舶在寿命期内还本付息后所获利润的总现值。显然，NPV>0 表示船舶盈利；NPV=0 表示收支平衡，恰好达到预定利率 i；NPV<0 表示船舶亏损。因此，NPV 是船舶盈利能力分析的一个重要指标，特别适用于多方案比较中显示不同船型方案盈利能力的差别。

对于一次投资，各年度营运收入与支出均不变的情况：

$$\mathrm{NPV}=(B-Y)\cdot\mathrm{SPW}-P+\Delta P\cdot\mathrm{PW} \tag{9-54}$$

式中，B 为年收入；Y 为年营运费(不包括折旧费)；P 为投资(资本金现值)；ΔP 为船舶残值，船舶使用期满报废时的价值。

对于分期投资，各年度收入与支出不同的情况：

$$\mathrm{NPV}=\sum_{j=m+1}^{m+n}(B_j-Y_j)\cdot\mathrm{PW}_j-\sum_{j=0}^{m}P_j\cdot\mathrm{CA}_j+\Delta P\cdot\mathrm{PW} \tag{9-55}$$

式中，m 为投资期数；n 为船舶使用年限，折现起点取船舶投入营运之日，即投资终了时。

NPV 直接表示出投资的收益，概念清楚，故受到投资决策者的欢迎，应用较为广泛。

采用 NPV 指标的前提是：年收入可估，投资、使用年限及投资收益率 i 已知。其中，i 值一般由投资决策者确定，当投资来源于贷款时，i 应高于贷款利率，对风险大的项目投资时，i 要适当取高些。

2) 净现值指数 NPVI

NPVI 为单位投资的净现值，适用于投资额相差较大而使用年限相等的方案的比较。

对于一次投资：

$$\mathrm{NPVI}=\frac{\mathrm{NPV}}{P} \tag{9-56}$$

对于分期投资：

$$\mathrm{NPVI}=\frac{\mathrm{NPV}}{\sum_{j=0}^{m}P_j\cdot\mathrm{PW}_j} \tag{9-57}$$

3) 平均年度费用 AAC

将总投资的现值按复利算法平均分摊到各年，再加上每年的平均营运费，扣除残值现值的各年度均摊，即可得到平均年度费用 AAC。对于一次投资，各年营运费相等的情况，则有

$$\mathrm{AAC}=P\cdot\mathrm{CR}+Y-(\Delta P\cdot\mathrm{PW})\mathrm{CR} \tag{9-58}$$

AAC 指标适用于使用期不同、无收入或收入不可预估的方案论证比较，如交通船、调查船等。显然，AAC 最小的方案最佳。

4) 必需运费率 RFR

RFR 是指为了达到预定的投资利率，单位运量所需支出的费用，即单位运量的平均年费用，表示为

$$\mathrm{RFR}=\mathrm{AAC}/Q_t \tag{9-59}$$

式中，Q_t 为年运量；AAC 为平均年度费用。

RFR 指标可理解为每运输 1t 货(或人次)的成本，适用于收入不能预估、运量不同的方案论证。显然，RFR 越小的方案越好。

5) 内部收益率 IRR

还本付息期内使净现值等于 0 的投资收益利率称为内部收益率。如果计算所得的 IRR 大于银行的贷款利率，则表明该项投资可贷款进行并可盈利；如果 IRR 大于企业基准收益率(通常比贷款利率高)，则表示该方案可获得预期的收益。

IRR 适用于投资额相近的不同方案比较，IRR 越大，盈利能力越高。

当忽略残值，且一次投资、各年度收益相同时，IRR 按式(9-60)求得：

$$\begin{cases} NPV = (B-Y)\cdot SPW - P = A\cdot SPW - P = 0 \\ \dfrac{A}{P} = \dfrac{1}{SPW} = \dfrac{i}{1-(1+i)^{-n}} \end{cases} \quad (9\text{-}60)$$

若已知投资 P、年收益 A 及还本付息期(或计算期)n，即可用逐次迭代法或作图法按式 (9-60)求得 i，即为内部收益率 IRR。

6) 投资偿还期 PBP

依投资 P、预定的投资收益率 i 和年度收益 A 求得的投资偿还时间称为投资偿还期。该指标是按投资一次支付、忽略残值 ΔP、各年收益相等情况求得的，即

$$P = A\cdot SPW$$

于是，

$$(1+i)^n = \dfrac{A}{A-P_i}$$

两边取对数，可求得 n，即为投资偿还期 PBP：

$$PBP = \dfrac{\lg[A/(A-P_i)]}{\lg(1+i)} \quad (9\text{-}61)$$

显然，PBP 最小的方案是最优方案，PBP 与内部收益率 IRR 对船型方案的评价是等价的。

7) 允许的最大投资额(最大船价)P_m

将整个使用期内各年的收益及残值 ΔP 折现，即得允许的最大投资额 P_m。若各年度收支情况相同并忽略残值，则

$$P_m = (B-Y)\cdot SPW \quad (9\text{-}62)$$

多方案比较中，P_m 越大，说明在特定条件(收益 A 及使用期 n)下船东出得起的船价越高，该方案竞争力越强。

3. 小结

工程经济分析中常用的经济指标如下：

(1) 经济指标是多种多样的，它们各自反映了船舶经济性(投资、成本及利润等)的某个或某些侧面，为了全面衡量船舶经济性，应避免只选用单个指标；

(2) 一般来说，NPV、RFR(或 AAC)及 PBP 应用比较广泛；

(3) 各经济指标要视具体情况选择使用，选择时可参考表 9-7；

表 9-7 经济指标使用情况

投资已定、成本可估				投资未定、收入可估
有收入			无收入	
收入可估		收入不可估		
使用期相同	使用期不同			
NPV NPVI IRR PBP	IRR	RFR AAC	AAC	P_m

(4) 当条件允许采用多种指标进行方案评价时，选用哪个(或哪几个)指标更能正确地判断方案的优劣取决于船东对设计船的期望；

(5) 各经济指标的计算从方法上看不存在困难，但基础数据的准确性却至关重要，如果基础数据不准确，则可能导致错误的结果。

9.4 船型技术经济论证

船型论证也称为船型技术经济论证，是在设计前期对船型与吨位、机型与航速等多方面进行的可行性研究工作。根据船型论证结果，才能编制新船设计任务书作为船舶设计的指导性文件。

9.4.1 调查研究

调查研究的目的是详细了解任务背景、理解透彻船东意图；实地调查与掌握航(航线、航道)、港(港口)与船(船厂、同类船舶)的客观环境、限制条件及资料，以便合理拟定船型方案；准确搜集有关基础数据，以便于船型方案计算。调查研究包括以下主要内容。

(1) 任务要求：对于货船，调查研究的内容包括货物种类、流量、流向，货物的积载因数、物理化学性质，货源情况及发展趋势等；对于客船和客货船，调查研究的内容包括客流量，旅客成分，流向现状和发展趋势，客流的季节均衡程度，搭载货物的情况等。

(2) 航线资料：主要包括航线运距和航道水深、宽度及弯道等对船舶主尺度的限制，航道水文(水流方向、流速与波浪)及气象(风向、风力等)资料，航区风浪情况对船速及航行性能的要求等。

(3) 港口资料：主要包括港口泊位数量、长度、水深，码头装卸设备的能力、装卸工艺与装卸率，码头条件对船舶装卸设备的配置、货舱口数目与布置的要求，港口各项收费标准等。

(4) 船厂资料：主要包括船台、船坞的吨位、长度与宽度，坞门宽度与水深，已建船舶的造价资料、估价方法与支付方式，批量生产能力及其对船价的影响等。

(5) 设备资料：主要包括主机、发电机组、甲板机械等的主要技术性能参数、价格及生产(包括进口)供应情况，新机型的研制计划等。

(6) 同类船舶资料：技术资料包括船型特征、主尺度、布置、结构、性能、机型、重量、重心等；营运资料包括年营运天数、航行率、装卸效率、载重量利用率、生产时间和非生产停泊时间等历年资料；经济资料包括历年各项成本的情况、各项费用及其算法、年货运量及营运收入、企业的营运成本核算方法和考核指标等。

(7) 技术政策、科技成果和法规：了解国家及交通部门的有关技术、航运政策，了解国内外船舶科技新成果，注意国内外现行规范、公约及各种法规对设计船的特殊要求和限制等。

9.4.2 论证方案设立

在查阅资料与实地调研后，可根据运输任务的要求和航线的各方面条件，考虑技术上的可行性和合理性、经济上的有利性来设立船型方案。对于运输货船，一般采用由不同载重量、航速、动力装置等组合成的若干方案。对于客船(客货船)，则由不同的客位、班期、客货比例等组合成若干方案。以下简要讨论运输货船船型方案参数的拟定。

1. 船舶载重量

考虑载重型船的载货量 W_c 占比大部分载重量这一事实，现分析载货量对经济性的影响规律，以此判断载重量的选择。

1) 载货量 W_c 对货运周转量 Q_{tm} 的影响

由货运周转量公式 $Q_{tm}=2\alpha_c W_c mR$ 可得

$$Q_{tm} = \frac{2a_c W_c zR}{t} = \frac{2a_c W_c zR}{\dfrac{2R_1}{24v_s} + t_{12} + \dfrac{4a_c W_c}{M_c} + t_{22} + t_{23}} \tag{9-63}$$

式中，z 为年营运天数；R 为预定航线的航程；W_c 为载货量，其余参数按航线实际情况取为常数。

将式(9-63)对载货量 W_c 微分得

$$dQ_{tm} = Q_{tm}\left(1 - \frac{t_{21}}{t}\right)\frac{dW_c}{W_c} \tag{9-64}$$

式(9-64)表明，增加载货量，即 $dW_c>0$，则 $dQ_{tm}>0$，货运周转量 Q_{tm} 增加，且增长率取决于装卸时间 t_{21} 与航运时间 t 之比 t_{21}/t。

对于远程、装卸效率高的船舶，增加载货量 W_c 可使其运输能力获得大的增量。

2) 载货量 W_c 对单位运输量投资 a_{tm} 的影响

将单位运输量投资公式 $a_{tm}=P/Q_{tm}$ 对 W_c 微分，可得

$$da_{tm} = a_{tm}\left(\frac{dP}{P} - \frac{dQ_{tm}}{Q_{tm}}\right) = a_{tm}\left[\frac{dP}{P} - \left(1 - \frac{t_{21}}{t}\right)\frac{dW_c}{W_c}\right] \tag{9-65}$$

式(9-65)表明，若船舶的其他技术条件(建筑特征、结构材料、设备条件、航速及主机机型等)不变，则仅增大载货量时，船体、木作舾装重量增长率均低于载货量增长率，而船体造价增长率则更低些。因此，a_{tm} 随 W_c 增加而减小。

a_{tm} 的变化幅度取决于 $\mathrm{d}P/P$ 与 $(1-t_{21}/t)(\mathrm{d}W_c/W_c)$ 的相对大小。航程越远、装卸效率越高的船,增大 W_c 对降低 a_{tm} 越有利。

3) 载货量 W_c 对单位运输成本 b_{tm} 的影响

将单位运输成本公式 $b_{tm}=S/Q_{tm}$ 对 W_c 微分,可得

$$\mathrm{d}b_{tm} = b_{tm}\left[\frac{\mathrm{d}S}{S} - \left(1-\frac{t_{21}}{t}\right)\frac{\mathrm{d}W_c}{W_c}\right] \tag{9-66}$$

式(9-66)表明,b_{tm} 随 W_c 增加而减小,减小幅度取决于各项费用相对比例及 $1-t_{21}/t$ 的大小。

远程、高装卸效率的船,其 t_{21}/t 小,燃料费与润料费占总开支的比例大,$\mathrm{d}S/S$ 小,故造大船(大的排水量及载重量)对降低 b_{tm} 有利。

综上,当货源足、运量大、航线运距长、装卸效率高时,宜采用大吨位。

随着船舶载重量的增大,单位载重吨造价将降低,单位载重吨分摊的主机功率将减少,单位载重吨分摊的燃料费与润料费也将降低,所以一般来说,载重量大的船舶经济性较好。

船舶载重量方案一般取4个或5个为宜,各方案间的间隔视方案范围的大小而定,应能明显地显示出各方案的技术经济指标的差异及其变化规律。

4) 最佳船舶吨位

对于预定航线和航速的船舶,以不同吨位做经济性计算,可得如图9-6所示的结果。

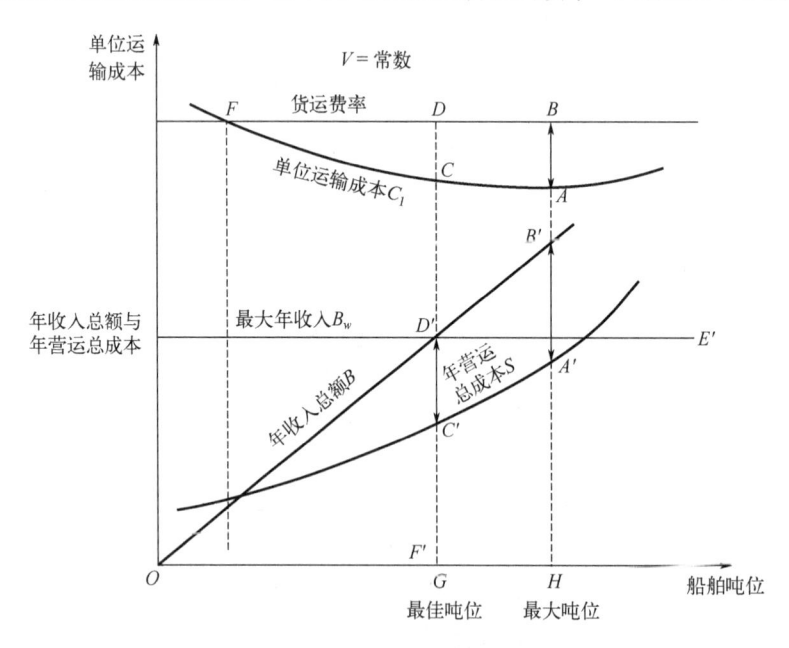

图 9-6 最佳与合理船舶吨位

图9-6上半部表示单位运输成本随吨位的变化。随着船舶吨位增加,单位运输成本下降,至 A 点即最低点。图9-6下半部为年收入与年营运总成本与吨位的关系。对应于最小单位运输成本 A 点的船舶吨位 H 点具有最大的年利润 $A'B'$,该载重吨位为所选的最大吨位。

如果船舶尺度和货源受到限制，吨位不能任意增大，在合理范围内，寻找到最大收益 $C'D'$，对应的 G 点为最佳吨位。

任何超过最佳吨位的船舶只是增加开支而收入保持不变。

2. 船舶航速

船型论证中，航速常指服务航速。航速对船的主尺度、主机功率、空船重量、船价及年营运费等均有很大影响，拟定船舶航速时考虑的因素是多方面的，如货物种类、航线参数、航行条件、经济性等。

1) 船舶航速 v_s 对货运周转量 Q_{tm} 的影响

考虑货运周转量公式：

$$Q_{tm}=\frac{2a_cW_czR}{t}=\frac{2a_cW_czR}{\frac{2R_1}{24v_s}+t_{12}+\frac{4a_cW_c}{M_c}+t_{22}+t_{23}} \tag{9-67}$$

将式(9-67)对船舶航速 v_s 微分得

$$\mathrm{d}Q_{tm}=Q_{tm}\frac{t_{11}}{t}\frac{\mathrm{d}v_s}{v_s} \tag{9-68}$$

式(9-68)表明，对于航行时间占航次时间比例大的船，增大航速对提高运输能力作用较大。对于载货量大、装卸效率高的远航程船，增大航速可使运输能力有较大的提高。对于装卸效率低而载货量大的短航程船，增大航速对提高运输能力作用不大。

2) 船舶航速 v_s 对单位运输量投资 a_{tm} 的影响

将单位运输量投资公式 $a_{tm}=P/Q_{tm}$ 对 v_s 微分，可得

$$\mathrm{d}a_{tm}=a_{tm}\left(\frac{\mathrm{d}P}{P}-\frac{\mathrm{d}Q_{tm}}{Q_{tm}}\right)=a_{tm}\left(\frac{\mathrm{d}P}{P}-\frac{t_{11}}{t}\frac{\mathrm{d}v_s}{v_s}\right) \tag{9-69}$$

式中，$\mathrm{d}P$ 包括船体造价增加 $\mathrm{d}P_h$(航速增加，C_b 减小，主尺度增加)和机电造价增加(功率与 v_s^3 成正比)$\mathrm{d}P_m$。

由式(9-69)可知，增大航速，只有航行时间与每航次所需天数之比 t_{11}/t 很大时，即远航程的低速船，才可能对降低单位运输量投资 a_{tm} 有利。

3) 船舶航速 v_s 对单位运输成本 b_{tm} 的影响

将单位运输成本公式 $b_{tm}=S/Q_{tm}$ 对 v_s 微分，可得

$$\mathrm{d}b_{tm}=b_{tm}\left(\frac{\mathrm{d}S}{S}-\frac{t_{11}}{t}\frac{\mathrm{d}v_s}{v_s}\right) \tag{9-70}$$

式(9-70)表明，随着航速 v_s 的提高，造价会有较大程度的增长，且由于燃料费与润料费正比于主机功率增长(功率与 v_s^3 成正比)，b_{tm} 上升。只有在 t_{11}/t 较大及油价、造价较低时，适当增加航速可能对降低 b_{tm} 有利。

综合考虑上述因素后，可就航速的变化范围拟定出论证方案。其下限可通过总结分析现有营运船舶实际速度的合理性加以确定；其上限可参照现代该类型新船速度的变化趋势，

取得稍高些。方案的数目一般以 5 个或 6 个为宜,速度间隔海船可为 0.5~1.0kn,内河船可为 1km/h 左右。

4) 最佳船舶航速

对于特定的载重量、装卸效率、营运收入与开支水平,以不同航速做经济性计算,可得如图 9-7 所示的结果。

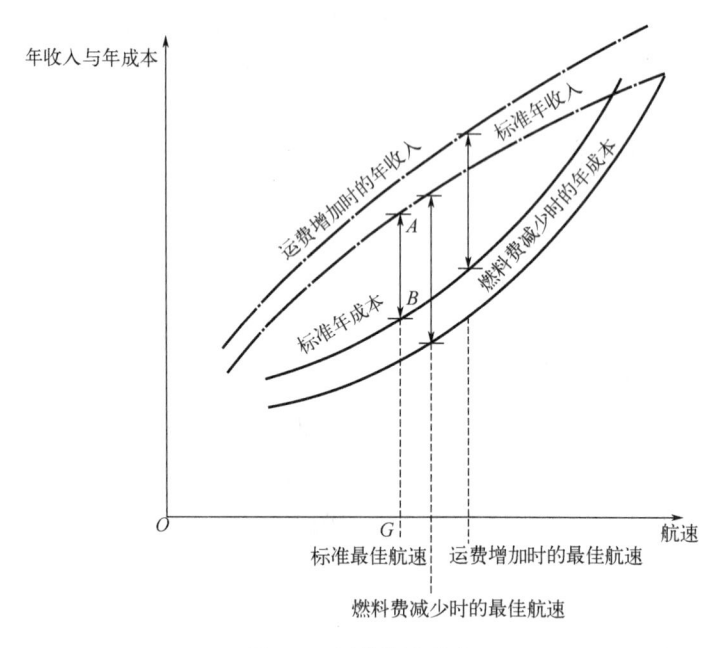

图 9-7 最佳航速确定

由图 9-7 可知,AB 为标准年最大利润,其对应航速 G 点为以利润为目标的最佳航速。影响成本和收入的因素发生波动,最佳航速也会发生相应的变化。

3. 动力装置方案的拟定

船舶机电设备的造价占全船造价的 20%~40%,动力装置的燃料费与润料费可占到船舶营运费的 35%,因此动力装置的选型是很重要的。

拟定动力装置方案(主要是主机选型)应注意以下几点。

(1) 主机机型不同,则其技术指标各异。船用主机多为柴油机,可分为高速、中速和低速机。高速机尺寸小、重量轻、单位功率造价低;燃用轻油价格高、油耗率高;部件磨损快,维修工作量大,使用寿命短;需要齿轮箱减速后带动螺旋桨,传动效率低。低速机则与其相反。

(2) 主机的各项指标对船舶经济性的影响。主机重量和尺度影响机舱尺度和空船重量,主机价格影响船价和年成本,主机油耗率影响年营运费。

(3) 机型的实际选取。根据实船统计,5880kW 以上大功率船舶,一般采用低速机,2570~5880kW 的船采用中速机或高速机,如交通艇、巡逻艇、监督艇、游艇等多采用高速机。

9.4.3 船型方案优选

1. 船型方案的技术性能、营运及经济性计算

1) 技术性能计算

技术性能计算主要是计算各船型方案的排水量、主尺度、船型系数、空船重量、载重量、载货量、货舱容积、航速、主机功率、初稳性高和横摇周期等。

2) 营运计算

营运计算的目的是预估各船型方案在实际营运中所能达到的运输能力指标,即年货(客)运输量 Q_t 或年货(客)运输周转量 Q_{tm},以供方案经济性计算。

3) 经济性计算

船型方案的经济性计算的主要内容是估算各船型方案的船价及年运输成本,进而计算方案的经济指标并为最优船型方案的选择提供依据。

2. 船型方案的优选与排序

各方案的技术性能、营运与经济性计算完成后,对各方案计算结果加以分析比较,在满足船舶使用要求与技术性能的前提下,通常选取经济性最好的船型方案作为最佳船型方案。

应当指出,若所选的经济衡准指标不同,则所得出的最佳船型方案是不同的。例如,分别使用运输成本最低、投资回收期最短、年利润最大这三种衡准求最佳航速时,最佳航速是依次增大的。因此,在选取船型时,要充分考虑设计船的使用特点、船东的资金情况与意见,取适当多的衡准指标进行综合权衡选优。

另外,某些船型方案在很大程度上由航道限制条件所确定。例如,过圣劳伦斯航道的散货船,其限制船宽为 23.2m,相应的载重量就是 27000 吨;过巴拿马运河的散货船,其限制船宽为 32.3m,相应的载重量为 60000~80000 吨;而圣劳伦斯型多用途货船,其吃水要符合世界上绝大多数港口的水深条件(30ft 左右),因此其载重量就在 17500 吨上下。

3. 船型论证中的敏感性分析

上述船型论证方法是在现有环境和船型参数基础上建立的数学模型中优选的,是一种确定性的分析过程。实际上许多环境及参数是不确定的。例如,货(客)流量、载货(客)量利用率的变化和季节性波动,装卸效率与年运营天数的变化,油价、运价及船价等数据的变化都很难准确预测。显然这些数据的不确定性或波动性会影响作为目标函数的经济衡准指标值,进而可能影响最优方案的选择。因此为提高船型论证工作的可信度,通常采用敏感性分析方法进行不确定性分析。

敏感度定义:设目标函数 $Z=f(x_1,x_2,\cdots,x_n)$ 的点 $p(x_1^0,x_2^0,\cdots,x_n^0)$ 处取

$$\frac{|\Delta x_i|}{x_i}=K, \quad i=1,2,\cdots,n \tag{9-71}$$

Z 对应于 Δx_i 的增量为 Δz_i,若 $|\Delta z_K|=\max(|\Delta z_1|,|\Delta z_2|,\cdots,|\Delta z_i|)$,则在点 P 处,变量 x_k 对 Z

较其他变量敏感。按$|\Delta z_i|$的大小顺序排队，就可找出各变量的敏感性序列。

敏感性分析可分为初步分析与详细分析两个阶段。初步分析是假定参与计算的各自变量向不利方向和有利方向变化一定的幅度，即自变量的增量为正和负，分别分析其对目标函数的影响程度和变化趋势。详细分析是将自变量在一定区间内按一定步长变动，分别计算对应的函数值。

思 考 题

1. 为什么船舶设计中越来越重视经济性？
2. 民用运输船单船技术经济分析主要包含哪些内容？
3. 船价与造船成本有什么不同？
4. 造船成本估算可用哪些方法？各有什么特点？
5. 如何计算船舶运输成本？
6. 年营运费与年运输成本有什么不同？
7. 计算折旧费有哪些主要方法？不同的计算方法对船舶营运经济性有什么影响？
8. 如何计算税前利润和税后利润？
9. 船型技术经济分析的基本步骤是什么？每一步骤有哪些主要内容？
10. 载重量对船舶经济性有什么影响？
11. 从经济性出发，船舶航速选择与哪些因素有关？
12. 在船型论证时，船型方案评价择优有哪些主要方法？
13. 敏感性分析的目的和作用是什么？
14. 某远洋运输公司以 15%的利率向银行贷款 2000 万元购买一艘运煤船，预计该船投入营运后年营运总成本为 150 万元，年煤炭运输周转数为 $120×10^4$ t·n mile。该船使用年限为 20 年，船舶残值为 200 万元。若航运市场煤炭运输单价为 4 元/ t·n mile，试判断购买此船是否经济。
15. 某散货船的船价为 12000 万元(一次投资)，设年货运量为 120 万吨，每吨货物运费为 45 元，年营运总成本中人员费用为 200 万元，燃油和滑油费用为 1600 万元，维修、保险等与造价有关的费用为 900 万元，港口、代理等与吨位或载重量有关的费用为 700 万元，其他的费用为总成本的 12%。取营运年限为 20 年，船舶的残值取船价的 10%。按投资收益率为 10%，试计算净现值 NPV、净现值指数 NPVI、平均年度费用 AAC、内部收益率 IRR、必需运费率 RFR、投资偿还期 PBP 和允许的最人投资额 P_m。
16. 船东以 4815 万美元现金购买了一艘 17 万载重吨散货船，其他收购成本 36.1 万美元。其将以每月每载重吨 10 美元的价格 5 年租期运营，之后以 3610 万美元价格出售。假设人员费用为每年 160 万美元，其他运营费用为每年 1260 万美元，每年运营时间为 11.5 个月，装载系数为 100%。按 10%贴现率计算净现值。
17. 某公司初始投资 2500 万美元用于新船购买，营运 20 年后卖掉船获得残值 250 万美元。该项目第一年产生收入 1350 万美元，营运成本(不包括折旧)820 万美元。这些收入和成本在今后 19 年内预计每年递增 1%，该项目利得税率为 33%，资本收益率为 12%。试计算项目的现金流量及评价指标(税前税后 NPV、IRR)。

18. 两船型方案 A、B 的营运与经济参数如表 9-8 所示。

表 9-8　两船型方案 A、B 的营运与经济参数

方案	船价 P/万元	年营运总成本 S /万元	年运货量 Q_t /万吨	年收入 B /万元	使用年限 n /年
A	1500	420	6.65	580	25
B	1350	385	5.85	520	20

问：

(1) 若投资利率为 10%，则哪种方案好(提示：计算两种方案的 NPV、NPVI、ACC、RFR、IRR、PBP 和 P_{max} 并进行方案比较)？

(2) 分别按照投资利率 13%、15% 和 17% 计算两种方案的 NPV，并求 IRR。

19. 64000DWT 散货船，主机额定功率 9960kW，常用功率 8964kW，服务航速 14kn，压载航速 16kn。载货量 W_c=60866t，总吨位 GT=36000，净吨位 NT=20880。该船造价 2650 万美元，自有资金 30%，银行贷款 70%，贷款年利率为 4.5%。还款方式为在营运期前 7.5 年按等额本金月末偿还。企业利得税按 25% 税率，收益率按 10%。船东给船厂付款条件为：开工付 10%，第 4 个月上船台付 10%，第 12 个月下水付 10%，第 16 个月交船付 70%(银行贷款)。本船年营运天数取 320 天，每航次平均 29 天(21 天航行，8 天在港)。航次货舱平均利用率 50%。其他已知条件如下：

(1) 船员费用包括基本工资、伙食费、航行津贴、奖金和工资附加费等，每年共 160 万美元；

(2) 本船采用直线折旧方法，残值按船价 10% 测算，折旧年限按 25 年计算；

(3) 年维修费按船舶造价 1%~2%，本船按 1%船价提取，即 26.5 万美元；

(4) 年保险费包括船舶保险费和货物损益保险费共 41 万美元；

(5) 年燃料费按照主辅机功率、油耗，根据使用时间和燃料价格计算；

(6) 年润料费按主机的润滑油耗率计算，每 1000kW 每天 35L；

(7) 年港口费根据实际调研结果，结合年航运次数测算为 30 万美元；

(8) 货物平均运费取为 25 美元/吨，货物港口装卸费取为 0.5 美元/吨；

(9) 据调研，年其他费用(材料费、管理费等)每天分摊 0.4 万美元，全年计 146 万美元。

试计算：本船的单位运输成本、投资回收期、净现值 NPV、必需运费率 RFR 等经济指标。分析单位运价 BPT(Basic freight Per Ton，每吨基本运费)、船员费用 S_1、燃料费与润料费 S_3 和收益率 i 的变化对净现值的敏感性。

参 考 文 献

方学智, 2014. 船舶设计原理[M]. 2版. 北京: 清华大学出版社.
顾敏童, 2001. 船舶设计原理[M]. 2版. 上海: 上海交通大学出版社.
关西造船协会, 2014. 造船設計便覧[M]. 4版. 东京: 海文堂.
黄浩, 2013. 船体工艺手册[M]. 3版. 北京: 国防工业出版社.
林焰, 2019. 船舶设计原理[M]. 4版. 大连: 大连理工大学出版社.
刘寅东, 2019. 船舶设计原理[M]. 2版. 北京: 国防工业出版社.
PAPANIKOLAOU A D, 2018. 船舶设计——初步设计方法[M]. 刘树魁, 封培元, 尚保国, 译. 哈尔滨: 哈尔滨工程大学出版社.
造船教科书研究会, 2006. 商船設計の基礎知識[M]. 东京: 成山堂书店.
中国船舶工业集团公司, 中国船舶重工集团公司, 中国造船工程学会, 2013a. 船舶设计实用手册(结构分册) [M]. 3版. 北京: 国防工业出版社.
中国船舶工业集团公司, 中国船舶重工集团公司, 中国造船工程学会, 2013b. 船舶设计实用手册(轮机分册) [M]. 3版. 北京: 国防工业出版社.
中国船舶工业集团公司, 中国船舶重工集团公司, 中国造船工程学会, 2013c. 船舶设计实用手册(舾装分册) [M]. 3版. 北京: 国防工业出版社.
中国船舶工业集团公司, 中国船舶重工集团公司, 中国造船工程学会, 2013d. 船舶设计实用手册(总体分册) [M]. 3版. 北京: 国防工业出版社.
中华人民共和国海事局, 2020. 船舶与海上设施法定检验规则[M]. 北京: 人民交通出版社.
An International Group of Authorities, 2003a. Ship design and construction [M]. Volume I. New York: The Society of Naval Architects and Marine Engineers.
An International Group of Authorities, 2003b. Ship design and construction[M]. Volume II. New York: The Society of Naval Architects and Marine Engineers.
BARRASS C B, 2004. Ship design and performance for masters and mates[M]. Burlington: Elsevier.
ROH M I, LEE K Y, 2018. Computational ship design[M]. Singapore: Springer.
SCHNEEKLUTH H, BERTRAM V, 1998. Ship design for efficiency and economy[M]. 2nd ed. Woburn: Butterworth-Heinemann.
WATSON D G M, 1998. Practical ship design[M]. Kidlington: Elsevier.